张爱玲传

张爱玲传

余斌·著

人民文学出版社

图书在版编目(CIP)数据

张爱玲传/余斌著.—北京：人民文学出版社，2017
ISBN 978-7-02-013526-4

Ⅰ.①张… Ⅱ.①余… Ⅲ.①张爱玲（1920—1995）—传记 Ⅳ.① K825.6

中国版本图书馆 CIP 数据核字（2017）第 270638 号

责任编辑　胡文骏
装帧设计　李思安
责任印制　苏文强

出版发行　人民文学出版社
社　　址　北京市朝内大街 166 号
邮政编码　100705
网　　址　http://www.rw-cn.com

印　　刷　三河市航远印刷有限公司
经　　销　全国新华书店等

字　　数　403 千字
开　　本　680 毫米×960 毫米　1/16
印　　张　25.25　插页 11
印　　数　1—8000
版　　次　2013 年 4 月北京第 1 版
印　　次　2018 年 9 月第 1 次印刷

书　　号　978-7-02-013526-4
定　　价　58.00 元

如有印装质量问题，请与本社图书销售中心调换。电话：010-65233595

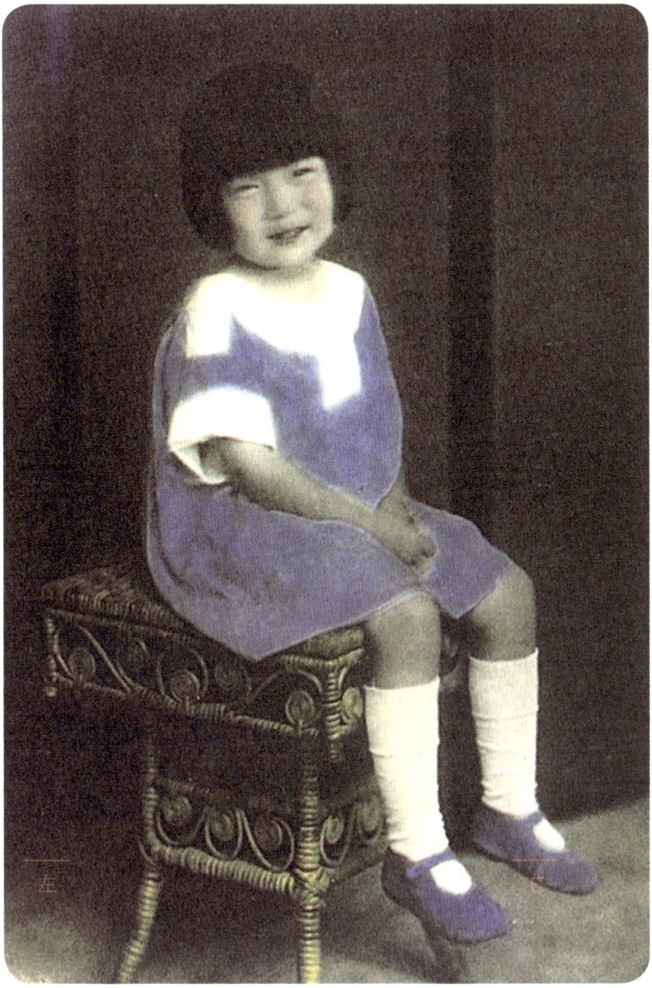

童年时的张爱玲

张爱玲八岁时回到上海,这是在上海她(居中者)与表姐、表弟的合影。

张爱玲的母亲,1926年在伦敦。

张爱玲的母亲,1930年代中期在法国。

父母离婚后,张爱玲更喜欢与姑姑相处。

张爱玲得知将要有一位继母的消息,就是来自姑姑。

1939年底,张爱玲参加上海《西风》杂志征文,以《天才梦》一文获得名誉奖第三名。

1944年,张爱玲的中短篇小说集《传奇》出版,两年后出版增订本。

1944年的张爱玲,穿着清装服饰拍照。

张爱玲对于服装有独到的品味

1945年,张爱玲的散文集《流言》出版。

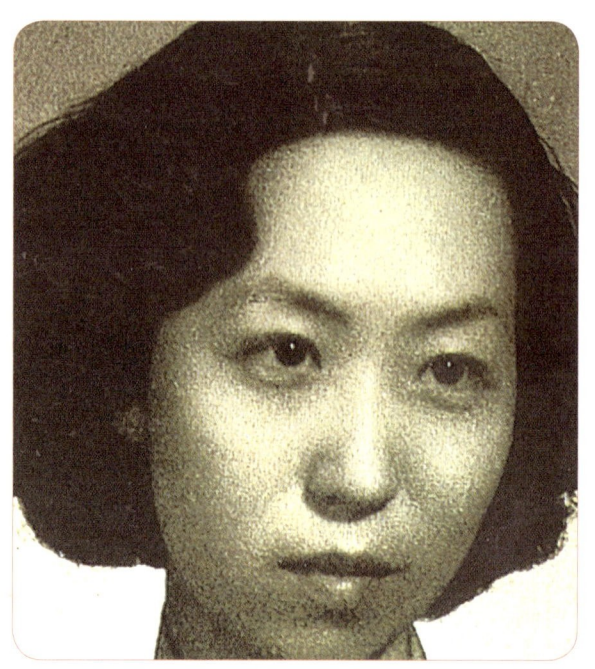

1950年或1951年张爱玲拍摄的证件照，不久后她离开祖国大陆去往香港。

1954年，张爱玲在香港。

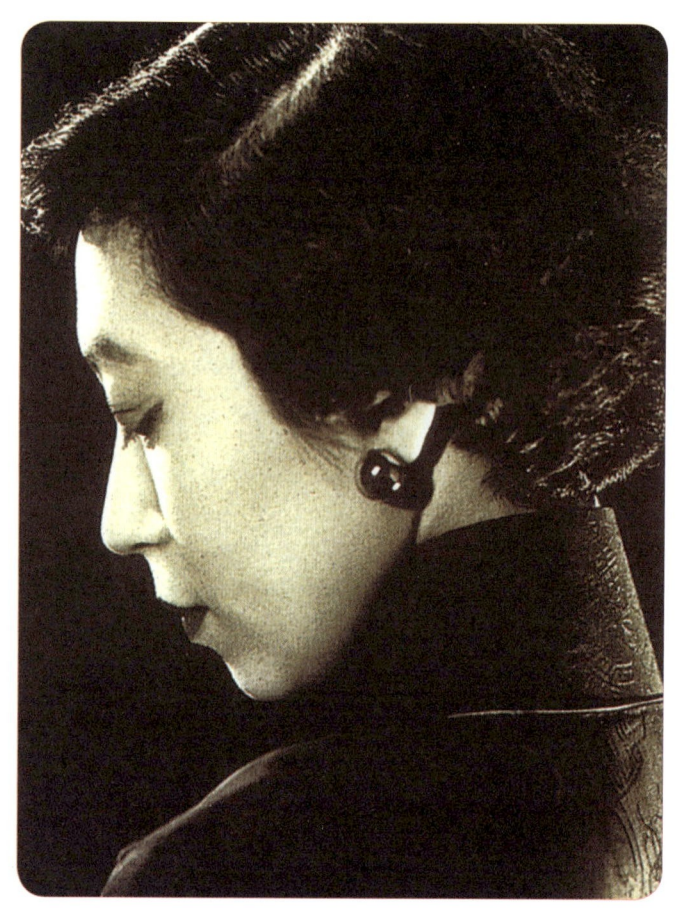

1955年,张爱玲将前往美国,这是离开香港前的留影。

1966 年的张爱玲

1994年的张爱玲,次年她悄然辞世。

·目录·

引言	001
上编（1920—1943）	001
从前	003
家庭生活场景	012
"赤裸裸地站在天底下"	024
读书岁月	037
港战中的印象	049
少作	059
卖洋文，谈中国人	069
中编（1943—1945）	079
成名	081
清水浑水	089
《传奇》世界（上）	107
《传奇》世界（下）	124

《流言》…………………………148
奇装炫人…………………………164
三人行……………………………173
『撒手』…………………………188
欲仙欲死…………………………197
一语成谶？………………………207

下编 (1945—1995) …………219

结束铅华…………………………221
乍暖还寒《十八春》……………236
悄然出走…………………………246
赤地之恋…………………………260
哀乐中年…………………………277
伤心之旅…………………………290
十年一觉《红楼梦》……………302
国语本《海上花》………………311

旧作新魂 ………………………………… 321

归于平淡 ………………………………… 337

附录 ……………………………………… 347

现代文学史上的张爱玲 ………………… 348

年表 ……………………………………… 365

参考书（篇）目 ………………………… 371

后记一 …………………………………… 377

后记二 …………………………………… 383

《张爱玲传》新版附记 ………………… 387

人文版附记 ……………………………… 391

引言

至少现在提到张爱玲，我们不必像十几年前那样，从最起码的ABC的介绍开始了。那时一般的读者固然不知张爱玲何许人也，即使研究现代文学的人，对这位作家也多半是知其名，而未见其书。如今说张爱玲在祖国大陆家喻户晓，肯定是夸张，但若说她在今天的读者中是最有号召力的现代作家之一，则不算过分。知名度可以来自学术界的肯定，更可来自传媒的作用，张爱玲于二者都沾点边，同时沾光沾得都不算大：与许多新文学作家相比，她在文学史上被给予的地位不算高，得到评价介绍的机会也不算多。此外，她的作品甚少被改编成电影、电视剧之类，即或有改作，也影响甚微。所以她的名声日高，靠的还是一种"原始积累"——她的小说散文渐渐俘虏越来越多的读者，多半还是仗着三五人的谈论，口口相传的推荐、介绍。也许这样慢慢建立起来的名声比起传媒造成的轰动效应是更靠得住的。

喜欢张爱玲的读者对她的书真是喜欢，阅读的本身即能给他们莫大的快感。乐趣还可以来自其他，是关于张爱玲的一切，那就是非同一般地喜欢，可以为这"非同一般地喜欢"作证的是，由港台那边传过来的"张迷"一词，在祖国大陆是越来越有市场了。怎么个"迷"法？寻觅她的书是一端，市面上换了各种名目出版的张氏作品多相重复，只要有一篇未见过，必要不避多数地重复买了来；搜罗有关张爱玲其人的种种又是一端，张爱玲的一言一动，不管是现在的还是过去的，再扩大一点，但凡与张有关系的人的情形，都想知道，知道并不满足，还要各就自己对张的判断，说长道短一番。而大多数人此类举动，并无功利的目的，既无当作家的宏愿，也无做研究的打算，这就是"迷"的境界了。祖国大陆的"张迷"资历尚浅，还可看看海峡的那一边。几年前台湾《联合文学》曾举办过一个活动——"谁最像张爱玲?"一是看长相,参加者将自己的照片寄了去;一是看文章,谁人所作最像出自张的手笔。此举是有组织的"迷张",由一家纯文学杂志搞这样的活动,极是少见,从中也可看出张在港台的号召力,足以使她被当做——至少是在一个不算小的圈子里——一个明星式的公众人物来对待。

近年来张爱玲风靡祖国大陆的原委,可以有多种解释。现代文学史得到修正,一些一度不见"经传",未云禁毁而形同禁毁的作家——如周作人、钱锺书、张爱玲、林语堂、梁实秋等人,其作品重新得到与祖国大陆读者见面的机缘,一读之下喜出望外,这是其一;意识形态的喧嚣平息下来,张爱玲入世近俗的态度,她执著于饮食男女、吃穿用度、身边琐事等人生之常的内容令读者油然生出返璞归真的亲切感,这是其二。此外更有属于她而别的作家没有的独特韵味,等等。不管怎么说,在祖国大陆,"张迷"的队伍是日渐壮大了。

然则许多人崇拜鲁迅,并不称做"鲁迷";不少人服膺周作人,并不称做"周迷",何以嗜张的人称做"张迷"?以文学而论,我们知道有"金庸迷"、"琼瑶迷",却很少听说有人以之称呼喜欢严肃作家的人。张爱玲的作品恰好有通俗的一面。有一类作家,为人为文极富英雄气概和悲剧的崇高感,在读者心中激起的,更多是高山仰止的崇敬之情,像鲁迅;有一类作家,学识渊博,所作出经入史,旁征博引,普通读者难入堂奥,知者亦唯有叹服,像周作人、钱锺书;有些作家所写虽是身边事,然而游戏三昧,生活被过于经意地"艺术"化,如林语堂、梁实秋,也还是雅人深致。不论为斗士,为隐士,为名士,为饱学之士,有一共同点——那不是常人或曰"俗人"的境界。张爱玲之"通"俗,不仅在于她写过《十八春》这样的通俗小说,亦不仅在于她的某些小说的可读性、趣味性,更在于她对人生的关怀是近于常人的,由此而在阅读中无形产生的亲近感无疑是众多读者可以对其人其书入"迷"的重要原因。

另一个解释是,张爱玲是个女作家。尽管她对将女作家"特别分作一栏加以评论"心有不甘,可是一般读者对女作家另眼相看,更怀有普遍的好奇心,看来却是不可免的事实。而且,阅读女作家的作品,读者更容易做人、文合一之观,迅速越过其作品而寻求对作者本人的了解,甚至往往对本人的兴趣超过了作品,这也是"迷"之为"迷"的一端。翻翻现代文学史,女作家的生平经历、个人生活显然要比男作家更能挑起普通读者张看的欲望,也更容易被涂染上传奇色彩。有的作家,像白薇,其作品时过境迁,不大有人读了,其传记倒不乏读者,即如丁玲、萧红,读者对其传记的兴趣也绝不在其作品之下。

对于读者大众,女作家似乎天生就带着神秘感和传奇性。张爱玲其人在"张迷"眼中是更带传奇色彩的。她的几篇自传性散文道出了她早年生活中的不幸与她内心的孤独,她与汪伪政府高官、长她十五岁的胡兰成的一段没有结果的婚恋更是一段不寻常的经历。假如说她的生平与萧红、丁玲、白薇诸人的经历相比尚不够浪漫或富于戏剧性的话,那她奇特的出身背景,她的衡之以常理常情可称冷漠怪僻的性情,对读者的好"奇"心是一种大大的补偿。她的性格中聚集了一大堆矛盾:她是一个善于将艺术生活化、生活艺术化的享乐主义者,又是一个对人生充满悲剧感的人;她是名门之后,贵府千金,却骄傲地宣称自己是一个自食其力的小市民;她悲天悯人,时时洞见芸芸众生"可笑"后面的"可怜",但在实际生活中却显得冷漠寡情;她通达人情世故,但她自己行来却是从衣着打扮到待人接物,均是我行我素,独标孤高;她在文章里同读者套近乎、拉家常,但始终保持着距离,不让外人窥测她的内心;她在40年代的上海大红大紫,风头出尽,几乎得到电影明星般的风光,然而几十年后,她在美国又深居简出,过着与世隔绝的生活,以致有人说:"只有张爱玲才可以同时承受灿烂夺目的喧闹及极度的孤寂。"凡此种种,均使张爱玲成为一个谜一样的人物,而谜,往往更使人入"迷"。

然而,如果要在传奇上做文章,我们最好还是去寻思张爱玲作为一个作家的传奇——她的有异于众的创作历程。张爱玲名作《传奇》、《流言》中的全部作品均写于二十五岁以前,那时她对人性已有独到

的、稳定的把握，技巧已相当圆熟，文字则更臻于化境，这样的早熟早慧，求诸现代文学史，再无第二人；现代女作家中有以机智聪慧见长者，有以抒发情感著称者，但是能将才与情打成一片，在作品中既深深进入又保持超脱的，张爱玲之外，再无第二人；张爱玲既写纯文艺作品，也写言情小说，《金锁记》、《秧歌》等令行家击节称赏，《十八春》、《不了情》则能让读者大众如醉如痴，这样身跨两界、亦雅亦俗的作家，一时无两；她的中学、大学教育均在西式学堂里完成，但她却钟情于中国的小说艺术，在创作中自觉地师承《红楼梦》、《金瓶梅》的传统，新文学作家中，走这条路子的人，少而又少。

归根结底，张爱玲是作为中国现代文学史上的一位杰出作家，而不是作为一个怪人、异人而存在的。也许她将不仅仅属于现代文学史。遥想几十年、几百年后，她会像她欣赏的李清照一样，在整个中国文学史上占据一个稳定的位置也说不定，而我们知道，那时候今天为我们所熟知的许多现代作家肯定都将被忽略不计了。还可以肯定的是，那时候的人们如被张吸引，重要的将不是她的传奇经历，而是她的作品散发的独特的芬芳。假如张爱玲真像她在《天才梦》中戏称的那样，"除了天才的梦之外一无所有——有的只是天才的怪僻缺点"，那我们不必如此认真地对待她，虽然仔细想来，每一个普通人的生活作为个案都有分析的必要，但也只是"必要"，不大可能。另一方面，即使是一个天才，他的怪僻、逸闻之类，也只配充当茶余饭后的谈资，单纯的称奇足以造谜而无助于解惑。如果我们追求的是一种理解，是对张爱玲的完整的认识，那么我们对待这位作家，最好还是采取她本人看人看世的态度："在传奇中寻找普通人"——将"传奇"归于不奇，倾听她所乐道的"通常的人生的回响"。

上 编
(1920－1943)

張愛玲

从 前

1945年4月某一天的傍晚,张爱玲独自一人在黄昏的阳台上,还未从与苏青的交谈中回过神来,她们方才正说到上进心,说到未来的世界。苏青道:"……你想,将来到底是不是要有一个理想的国家呢?"她答道:"我想是有的。可是最快也要许多年。即使我们看得见的话,也享受不到了,是下一代的世界了。"苏青叹息道:"那有什么好呢?到那时候已经老了。太平的世界里,我们变得寄人篱下了嘛!"

此时她骤然看到远处高楼边缘上附着一大块胭脂红,以为那是玻璃窗上落日的反光,再一看却是元宵的月亮,正自红红地升起。月亮在往上升,她的心却是往下沉,她想道:"这是乱世。"

"晚烟里,上海的边疆微微起伏,虽没有山也像是层峦叠嶂。我想到许多人的命运,连我在内的;有一种郁郁苍苍的身世之感。'身世之感'普通总是自伤、自怜的意思罢,但我想是可以有更大的解释的。"——如果我们想要一个带些象征意味的画面,我们也许可能选中这一幕来定格:她最爱与之相伴,也最能撩她思绪的月亮;渐起渐浓的暮色于暧昧不明中布下意兴阑珊的氛围;高楼上有凭栏独自沉吟的人。你尽可以说它是一幅现代的仕女图。

张爱玲此时尚不满二十五岁,但似乎已是饱经忧患。她肯定不止一次回首前尘,油然生出难以明言的沧桑感。向来是"登临意,无人会",谁也无从体验那惘然中蕴蓄的复杂况味。也许她会想起这些年来经历的悲喜浮沉,也许她会想到她的同学,她有过交往的那些人。也许她想到了她家人:她那位身在海外、眼下不知落脚何处的母亲,那位吸鸦片、娶姨太、曾经声言要打死她、现已断了来往的父亲,她的不得志的郁郁而终的祖父,她那个漂亮然而不争气的弟弟。甚至她也许还会想到更远,想到没有见过面,而常在亲戚口中听到的外曾祖父或是"相府老太太"。

我们确凿无疑知道的只是一点,她所沉吟的"乱世"从她外曾祖父那一辈就开始了。

岁月如流,人生如寄。个人在历史中如同微尘一粒,然而一脉相沿,繁衍不息,他又是生命长链中的一环,方生之时就已经有了他的从前——他的家谱让他的生命同遥远的过去相连。每个人的生命都隐含着一本厚厚的家谱,只是当我们翻看张爱玲的家谱时,也许会更多地想到历史。

她的祖父张佩纶(1848—1903,字幼樵、篑斋)是清末同光"清流派"的中坚人物,同治辛未翰林,官至侍讲,署左副都御史。外曾祖父李鸿章则更是大名鼎鼎,在中国近代史上扮演过不寻常的角色。这两人是古老中国走向没落的见证人,他们各有抱负,均思振作,而都回天无力。张佩纶马尾一战中看着中国的水师土崩瓦解,或许会感到大清的江山就要沉没;李鸿章则在同那些深目高鼻的谈判对手的交锋中一次又一次无奈地后退、让步,可以说他们是眼睁睁地目睹了"乱世"的到来。

张、李二人不仅是正史上的人物,同时也是野史中的要角。张佩纶宦海沉浮、大起大落的命运经众口纷传、文人渲染,变得尤其富于传奇色彩,这里面最经典的也流传最广的版本当数清末"四大谴责小说"之一的《孽海花》中的有关描述。他的发迹在曾朴的笔下就很有戏剧色彩:庄仑樵(即张佩纶)虽科场得意,考中进士第一名,授了翰林院的侍讲学士,但这位才子却是地道的穷京官,没有多少油水,又兼妻子亡故,自己不善理财,弄到有时一连三天吃白粥的地步。一日正吃着白粥,想到京里京外的官员毫无才学,就凭心黑手长、贪赃枉法,一个个居然都是鲜衣美食、驷马高车,不由心下愤然。曾朴以极世故老到的口吻半揶揄地忖度他的心理:"胸中一团饥火,夹着一股愤气,直冲上喉咙里来;就想趁着现在官阶可以上折子的当儿,把这些事情统一做一个折子,着实参他们一本,出出恶气,又显得我不畏强御的胆力;就算因此革了官,那直声震天下,就不怕没人送饭来

吃了，强如现在庸庸碌碌地干瘪死。"一本奏上去，"上头"嘉许，庄仑樵愈发得意，参了抚督参藩臬，参了六部参九卿，"半年间那一个笔头上，不知被他拔掉了多少红顶儿。满朝人人侧目，个个心惊，他所到之处谁屁也不敢放一个"。自此他"米也不愁没了，钱也不愁少了，房屋也换了高大的了，车马衣服也华丽了，正是堂上一呼，堂下百喏"。总之他靠一本本的奏折骤然间飞黄腾达了。

野史不免夸张，但张佩纶的确是因为"直声"而成为朝廷的红人。"清流党"之所以为清流，不光是因为弹劾贪官污吏，更兼评议朝政，对西方列强持强硬态度。适逢法国侵略越南，觊觎我南疆，张佩纶连上奏章十数篇，力主抗法，当时与吴大澂、宝廷、陈宝琛、张之洞等人一道，有"四谏"、"十朋"之称。这正是"清流党"的鼎盛时期，几个中坚人物都以文学侍从之臣而得重用，成为手握重权的钦差。张佩纶1884年被派赴福建会办海疆事宜。他战前慷慨陈词，心雄万夫，其实全凭书生意气，纸上谈兵，到任后并无用兵方略。这一年7月，法军统领孤拔于大风雨中率战舰掩袭，清军全无防范，又兼兵器陈旧，遂大败亏输。洋务派苦心经营的马尾船厂也毁于一旦，此即近代史上著名的"马江之战"。张佩纶身为统帅，不仅指挥无方，贻误战机，而且临阵脱逃，故而立时遭到朝野上下的齐声谴责，很快被朝廷问罪，革职流放到黑龙江热河，一番建功立业的雄心终成话柄。

光绪十四年（1888），张佩纶刑满释归，一位大人物将他这个落魄之人收归帐下。这个大人物就是镇压太平军起家的"中兴名臣"李鸿章。张佩纶过去参过他骄奢罔上之罪，而且李是主和派的领袖，而今居然不计前嫌，肯于提拔昔日的对头，自然被人称道，一时传为美谈。更妙的是李鸿章又将自己的女儿李菊耦许配张佩纶，（张的妻子流配期间亡故）张由入幕之宾变成了东床之婿。此事哄传士林，人人皆道张又交好运，到了《孽海花》中，则更演为才子佳人式的佳话。

据说中堂大人的这位千金"貌比威、施，才同班、左，贤如鲍、孟，巧夺灵、芸"，且在闺中对张已生仰慕之心，又同情他的时运不济。戏剧性的"惊艳"一幕发生在威毅伯（即李鸿章）卧房里，庄仑樵有事前来参拜，见床前立着一个美貌的小姑娘，一时不及回避，却被威毅伯望见，唤道："贤弟进来不妨事，这是小女呀——你来见见庄世兄。"小姑娘红了脸，道个万福，飞身逃进里屋。更巧的是庄仑樵瞥见桌上一卷署着"祖玄女史弄笔"的诗稿，翻过数页，就见两首议论中法战争的七律，起首两句便写道："基隆南望泪潸潸，闻道元戎匹马还！"这个"元戎"除了他还

能是谁？两首诗一气读完，末一句是"千秋功罪付史评"，对他竟是有责备更有谅解。庄仑樵当下"不觉两股热泪骨碌碌地落了下来"。威毅伯笑嘻嘻告他这是"小女涂鸦之作"，庄仑樵听后立起身来"正色"赞美。威毅伯又笑托他替女儿物色配偶，且规定"要和贤弟一样"，还"忽然很注意地看了他几眼"。庄仑樵心下明白，出来就托人去求婚，威毅伯自然是"一口应承了"。

曾朴像一切名士派的文人一样醉心于制造佳话，也一样地容易弄巧成拙，因为上面那个戏剧性的场面中威毅伯父女俩心照不宣，配合默契，听上去简直像是威毅伯精心安排了这次会面来赚庄入局。但是佳话总是为人乐道的，人们对这段姻缘，对其中的人际关系，似乎比对张、李二人在历史上扮演的角色更感兴趣。多少年以后的人谈到张爱玲时，也免不了要把祖上的这桩传奇婚姻拉来凑趣，仿佛如此一来，"张爱玲传奇"便更添传奇色彩。事实上，真正值得注意的倒是张爱玲本人的态度，有一次她对人说起，她祖母其实不大会作诗，外间传的两首诗（即《孽海花》中的两首七律）也是张佩纶改过的。既是改作，说不定诗还写在两人婚后，果真如此，曾朴笔下的佳话便彻底"解构"了。推论出此事的真相无关本书宏旨，关键是张爱玲的"透底"让我们识得张爱玲其人：她不要传奇，不要佳话。

李鸿章显然器重张佩纶的才干，这才将他引为心腹，他住在天津时，张也一直随他在幕中。但是二人虽成了翁婿关系，张佩纶"清流党"慷慨言事的书生意气似乎并未全部收敛。1900年他协助李鸿章与八国联军各国代表谈判，因在对俄国的态度上与李鸿章的意见不合，拂袖而去，回到南京，从此称病不出，绝足官场。同辈中张之洞做了两湖总督，吴大澂是江苏巡抚，盛宣怀是邮传大臣，他们偶或路过南京，故人相逢，把酒言欢，张佩纶曾慷慨悲歌，泣下数行。

他是"学而优则仕"，由科考的"正途"做的官，也像古来挂冠归隐的文人一样，过起学者生涯。他在流放期间著有《管子注》二十四卷、《庄子古义》十卷，此际又写有《涧于集》、《涧于日记》等。（所以胡兰成化名张鼎仪在温州潜逃时冒称张佩纶后人，温州宿儒刘景晨听了要说，那是有家学渊源的了。）张爱玲小时听长辈影影绰绰谈些祖辈的事，有时也想把未听明白处向大人问个明白，大人敷衍她，说全在爷爷的书里写着，她便抱了一大堆来，半懂不懂地看。她看的也许就是《涧于日记》之类。

◇ 张爱玲的祖父张佩纶

◇ 张爱玲的祖母

张家在南京的宅第是张佩纶为了与李家千金的婚事购下的,此处原为清靖逆侯张勇的府园,有三幢三十六间房屋,张以重金买下后又大加修饰,府园中的一处冠名为"绣花楼",专供其妻李氏居住使用。①民国以后此宅园几经易手。1928年10月国民政府立法院成立,立法院院长胡汉民慕名选它做了立法院的办公用房。谁知等着他的是一声虚惊。据说胡汉民高高兴兴搬进来以后,这楼房一反常态,没有一天安宁过,每到夜晚边房上下门扉在无任何外力作用的情况下竟倏忽无声地自动打开,令人毛骨悚然。更奇的是胡的一位胆大心细、臂力过人的贴身警卫不明不白在楼内开枪自杀。此事传开后,军政要员及立法院的全体职员都为之惊愕,胡汉民居然为此搬到了别处去定居。

张家的后人若听到此事不知会作何感想,想他们的先人壮志未酬,郁郁而终,死难瞑目,阴魂不散?不管怎么说,张佩纶1903年确是在这里谢世的,而张爱玲的父亲也是在这里娶了南京黄军门(军门相当于如今的省军区司令员)的小姐。大概因为父母生长在南京,又有祖籍安徽的口音,张爱玲后来说她的母语是"被北边话与安徽话的影响冲淡了的南京话"。她们家后来搬到南又搬到北,有些用人也是从南京带出去的,《私语》中写到的令她感到亲切的"毛物"一家便是,她也因他们而"对南京的小户人家一直有一种与事实不符的明丽丰足的感觉"。张家、黄家在南京肯定有不少亲朋故旧,张爱玲也去过南京,所以才有机会纠正她幼时的想象,而在《十八春》中,她写到沈世均在南京的家,写到顾曼桢的南京之行,对南京的风俗习惯、景物、建筑虽着墨不多,却能写得相当准确传神。

张家的人对张佩纶似乎大多都无好感,张的姑姑、母亲都不喜欢他,说他的相貌与漂亮的祖母不般配。这似乎是老太君态度的遗留。当年李鸿章的夫人初不允这门亲事,除了嫌张佩纶偌大年纪,又是"囚犯"之外,也嫌他其貌不扬。李鸿章在外威风八面,在家却是惧内,夫人哭闹着不依要拼老命,他也束手无策,后来还是小姐本人"巨眼识英豪",决意要嫁,这才成了好事。张爱玲似乎是继承了祖母的立场,她根本没见过祖母的面,却说祖父好。她不见得同祖母一样,倾慕祖父的才,那么她是从亲戚的言谈议论中,从祖父的手稿中感到了他是一个"真

---

① 张府所在地即在现今南京市白下路273号南京远洋航运学校校园内,冠名为"绣花楼"的三幢古式楼房有两幢已毁,仅东侧的一幢十二间仍存,被南京市政府列为文物保护单位。

人",还是祖父大起大落、坎坷颠沛的际遇更能让她听到"人生的回声",更给她一种寥廓浩茫的"身世之感"?

有李鸿章、张佩纶这样的先人,出身这样的显赫门第,张家的后人是难做的。前人栽树,后人乘凉,祖上的余荫令后人得享锦衣玉食的生活,但先人打下江山,攒下家业,后人再要想光宗耀祖,逾越先人,也就难了。于是显赫的过去成为无形重压,令后人感到难有作为(且境况也允许他无所作为),掮不动这重压者即得软骨病,成遗少,成无用之人,张爱玲的父亲、弟弟都是如此。张家上上下下似乎都是一半生活在现在,一半生活在过去,生活在先人的阴影里。张爱玲小时候常听到父亲与客人亲戚高谈"我们老太爷",亲戚甚至男女仆人也常是口不离"老太太"、"相府老太太"之类。大约议论昔日繁华是他们最风光得意的时候。

张爱玲出名后,也有人说她念念不忘自己的贵族出身:"张爱玲在发表文章之余,对于她自己的身怀'贵族血液',却是'引为殊荣',一再加以提及,俾众周知。"[1]此说不知是否属实,即使果真如此,我们也还可以找到一些反证,证明她不想沾祖上的光。《古今》编辑周黎庵某次见到她,曾向她问起与张家的关系,她含糊其辞,顾左右而言他。[2]倒不是她想隐瞒她的出身,或是不愿提及她们家的"从前"。她自小就有几分矜持,是多长了个心眼的人。她想弄明白《孽海花》中的故事,抱了爷爷的集子一个人看,"典故既多,人名无数,书信又都是些家常话。几套线装书看得头昏脑涨",但是她不好意思问先生,因为问起这些就"仿佛喜欢讲家世似的"。

这种心态也保持到她成年以后。《流言》中有好几篇自传性的散文,对其家世从未正面交代一句,说明她不愿借祖上的光来让读者增加对她的兴趣。当时关于《孽海花》人物世家的"考据"很是热闹过一阵,她则从不凑趣,有意识地与遗少及名士派的文人保持距离。她的这种态度有时甚至给人清高自恃的印象。从她的文章看,似乎只是在她晚年以后,她才能够做到不撇清高亦不自得自恃,心平气和地面对她们家的不寻常的"从前"。

随着时间的推移,张爱玲尽可不必去多那份心了,知道"张爱玲"这个名字

---

[1] 潘柳黛:《记上海几位女作家》,引自杨翼(编撰):《奇女子张爱玲》,香港,奔马出版社,24页。
[2] 参看《古今》总第50期(1944年10月)周黎庵为忏庵的《李鸿章与张佩纶》加的编后语。

的人越来越多，张佩纶的宦海浮沉、风流佳话则随了老一辈的逝去渐渐成为一段模糊不清的记忆。遥想几十年、几百年之后，张佩纶，甚至李鸿章也许都已成为只是在历史学家书斋中出没的历史剪影，而张爱玲则会像她喜欢的李清照一样，与后世的中国读者相觑相亲。到那时，张家的后人打开他们的家谱，值得他们炫耀的也许不是那位显赫一时、在政坛上叱咤风云的祖先，而是写出了《传奇》、《流言》、《秧歌》的张爱玲。

家庭生活场景

张爱玲1920年9月在坐落于上海公共租界的张家公馆里出生，以后她在祖国大陆生活的大部分时间也是在租界的地面上度过的。租界在中国的土地上，而又是外国人管辖的地盘，与中国人的生活有一种不即不离、若即若离的关系。喜欢寻绎巧合与象征性事件的人或许愿意从中生出丰富的联想：张爱玲对中国人的生活也有一种既入乎其中，又出乎其外的复杂情结；对应于租界三不管的边缘位置，她也是个永远立于一切潮流之外的边际人。

这是"五四"运动以后的中国，经过一场声势浩大的新文化运动，古老的文化与那种安稳、舒缓、妥帖的传统生活方式受到毁灭性的打击，从鸦片战争开始的那个乱世到这时似乎是愈发乱了。南边在北伐，中国的最后一位皇帝就要被逐出有天下一统气象的紫禁城，象征着王纲礼乐的彻底崩溃；这边，也就是在法国租界里，中国共产党的第一次全国代表大会就要举行……天下大乱，大乱。但是这一切都在张公馆的门外，张公馆仍是"重门深掩，帘幕低垂"。

封建士大夫的黄金时代无可挽回地过去了。事实上，在张佩纶还活着的时候，张家已走上了下坡路，到了张爱玲父亲这一辈，更只是仰赖着先人的余荫。但是百足之虫，死而不僵，一些旧世家望族表面上仍旧可以维持往昔的生活格局，旧制度的崩坏一时还没有打破家庭日常生活的平静。张爱玲的幼年就是在这样的环境中度过的。优裕的物质生活、阔绰的排场，假如说这下面潜藏着未激化的矛盾和危机的话，

它们也非童稚的心灵所能觉察。张爱玲还记得她摇摇摆摆立在一个满清遗老的藤椅前朗吟"商女不知亡国恨,隔江犹唱后庭花","眼看着他的眼泪珠滚下来",但是她当然不会同情他的"亡国恨",或是有什么异样的感触,她能领略的是生活中令她感到惬意的那一面,对于她,幼年的生活是温暖朦胧的、橙红色的岁月。

这样的印象多半是她在天津的那个家给她留下的。在她两岁时她的家搬到了天津。这时的张爱玲生活于成群的仆佣中间,常由用人抱着走亲做客,开始熟悉节日庆吊、亲友往还这些旧式生活中的日常内容。稍稍长大一点,家里专门为她和弟弟请来先生,是私塾制度,一天念到晚,这是她受教育的开始。塾师教学法的秘诀是背书,张爱玲因此记得那时天天在傍晚的窗前摇摆着身子,并且有一段时间常为了背不出书而烦恼,为此甚至到了除夕夜还用功背书,以致保姆怕她熬夜辛苦,没有照她的嘱咐早早喊她起来迎新年,第二天她醒来时鞭炮已经放过了:"我觉得一切的繁华都已经成了过去,我没有份了,躺在床上哭了又哭,不肯起来,最后被拉了起来,坐在小藤椅上,人家替我穿上新鞋的时候,还是哭——即使穿上新鞋也赶不上了。"

不过这样的"不快"遮不住童年的快乐。在院子里看她唤做"疤丫丫"的丫头在秋千架上荡秋千,听"毛物"讲《三国演义》,听一肚子"孟丽君女扮男装中状元"的"毛物新娘子"说故事,夏天穿了白地小红桃子纱短衫、红裤子在天井里唱谜语,这些都令她开心。我们还得感谢她在《私语》中记下了许多细微的印象,使我们可以感受到她的"橙红色的岁月"的质地:

> 我记得每天早上女佣把我抱到母亲床上去,是铜床,我爬在方格子青锦被上,跟着她不知所云地背唐诗……
>
> ……姨奶奶搬了进来。家里很热闹,时常有宴会,叫条子。我躲在帘子背后偷看,尤其注意同坐在一张沙发椅上的十六七岁的两姊妹,批着前刘海,穿着一样的玉色袄裤,雪白地偎依着,像生在一起似的。
>
> ……(姨奶奶)每天带我到起士林去看跳舞。我坐在桌子边,面前的蛋糕上的白奶油高齐眉毛,然而我把那一块全吃了,在那微红的黄昏里渐渐眈着,照例到三四点钟,背在佣人身上背回家。

张爱玲的印象、感受为华丽的色彩、温暖的色调涂染覆盖,从中她体味到这种生活方式特有的舒适、悠闲与慵懒。这是一个感官乐于沉溺的物质世界,而与外界隔绝造成的静谧、迟缓的生活节奏也有助于一种纤巧精致的趣味的养成——它允许并鼓励你将时间花在对身边物象、细节的鉴赏之上,迟滞,逗留,反复地玩味,从中获得愉悦的享受。一般地说,旧式生活就在这样的享受中证明自己的品位、身价,而人们也在这样的享受中达到与环境的和谐。所以并非偶然的,张爱玲在回忆中总是对一些看来微不足道的物象和细节保持着鲜明生动的印象:"松子糖装在金耳的小花瓷罐里。旁边有黄红的蟠桃式瓷缸,里面是痱子粉。下午的阳光照到磨白了的旧梳妆台上";"……梦见吃云片糕。吃着吃着,薄薄的糕变成了纸,除了涩,还感到一种难堪的怅惘";"一直喜欢吃牛奶的泡沫,喝牛奶的时候设法先把碗边的小白珠子吞下去"——这些对于微妙感受的追述都是纤细的,有工笔画的风致。夏志清曾赞赏《传奇》中关于闺阁所下的写实功夫,张之能够提供有关房屋、室内陈设、服饰等的大量的细节描绘,与她的生活环境以及在这环境中养成的精致纤巧的趣味有直接关系。①

  八岁以前,张爱玲领略到的真正有点严重性的不快似乎来自她的弟弟,虽然她弟弟是无辜的。旧式家庭中男孩子地位的尊贵是不言而喻的,她的弟弟比她小不了多少,而且长得漂亮,幼时自然是得宠的人物。不过纵使弟弟夺了她的宠,由她父母那里表现出来的偏爱想必也并非她一眼就能看出来,男尊女卑意识最重,最让她受气也最让她不能忍受的倒是底下的用人:领她弟弟的女佣唤做张干,伶俐要强,处处占先,领她的女佣因为带的是女孩,自觉心虚,凡事都让着张干,张爱玲不服,常与张干争起来,张干常常就要说:"你这个脾气只好住独家村!希望你将来嫁得远远的——弟弟也不要你回来!"——因为这个家将来是她弟弟的。张爱玲常被她气得说不出话来。她后来半真半假地称:"张干使我很早地想到男女平等的问题。"张干也使我们联想到张爱玲小说中一些处处揣摩主人心事、狐假虎威看其眼色行事,又满脑子可笑旧意识的用人形象,比如《多少恨》中夏家的女仆。

---

① 这一点甚至也反映到她的许多比喻上,她经常以一些带有室内性质的物象去形容她所要把握的对象,比如《金锁记》中"年轻人想着三十年前的月亮该是铜钱大的一个红黄的湿晕,像朵云轩信笺上落了一滴泪珠,陈旧而迷糊";《茉莉香片》中"她是绣在屏风上的鸟——恓郁的紫色缎子屏风上,织金云朵里的一只白鸟";《沉香屑·第一炉香》中梁太太的园子"仿佛乱山中凭空擎出的一支金漆托盘","只看见绿玻璃窗里闪动着灯光,绿曲曲地,一方一方,像薄荷酒里的冰块"……各种类型的都有,举不胜举,《传奇》小说风格的纤巧精致,带有室内的性质,与此不无关系。

◇ 张爱玲的父亲（左二）、母亲（右二）和姑姑（右一）

◇ 童年的张爱玲与弟弟

从用人那儿受的气使张爱玲发愿要"锐意图强",务必要胜过弟弟。但是除了不能变成男孩子以外,要胜过弟弟也太容易了。她弟弟身体没她好,没她聪明,没她会说话,读书也没她强,张爱玲说她"能够想象他心理上感受的压迫"。家中并无别的小孩,弟弟也常是她的玩伴,一同玩的时候,总是她出主意,她的主意经常得自用人给她说的故事,或是看《隋唐》一类说部得来的印象。她喜欢将两人设想成金家庄上两员"能征惯战的骁将",一个使剑,一个使锤,还有许许多多虚拟的伙伴,趁着月色翻过山头去攻打蛮人。这种时候她是喜欢弟弟的,喜欢他的秀美可爱,常忍不住要在他腮上吻一下,把他当个小玩意。也许她认真地感到愤愤不平的时候并不多。

　　不管怎么说,幼年在天津度过的岁月还是愉快的,她在回忆中不无留恋地提到这段生活,形容那个家里有一种"春日迟迟"的空气。

　　八岁的时候,他们家又搬回到上海。是坐船走海路,第一次见到大海,张爱玲很兴奋,到了上海也还是沉浸在稚童式的对于搬家、换新环境的莫名兴奋中。这个家要比天津那个家闷气多了,是中等人家常住的那种很小的石库门房子,红油壁板。但张爱玲的兴致并不因此稍减,她称对于她,"那也是有一种紧紧的朱红的快乐"。

　　只是一团高兴很快就蒙上了阴影——她父亲嗜毒成瘾,打了过度的吗啡针,离死不远了。这事给她很深的印象:"……他独自坐在阳台上,颈上搭着一块湿毛巾,两眼直视,檐前挂下了牛筋绳索那样的粗而白的雨。哗哗下着雨,听不清他嘴里喃喃说些什么,我很害怕了。"

　　张的父亲是一个典型的遗少式人物,有旧式的文化教养,会吟诗作赋。他早先对张爱玲还是喜欢的,对张很小时就显露出写作才能也有几分得意,曾替张的少时戏作《摩登红楼梦》拟过颇为像样的回目:"沧桑变幻宝黛住层楼,鸡犬升仙贾琏膺景命"、"弭讼端覆雨翻云,赛时装嗔莺叱燕"、"收放心浪子别闺闱,假虔诚情郎参教典"、"萍梗天涯有情成眷属,凄凉泉路同命作鸳鸯"、"音问浮沉良朋空洒泪,波光骀荡情侣共嬉春"、"陷阱设康衢娇娃蹈险,骊歌惊别梦游子伤怀"。他在寂寞的时候也喜欢同女儿谈谈亲朋间的笑话、琐事。但他有一切遗少的恶习,挥霍祖产、坐吃山空、吸鸦片、养姨太、逛堂子、对子女缺少责任心。张爱玲和弟弟受到的待遇在更多情况下取决于他的兴致,张从他那里领略到的封建家长式的专断、粗暴、虐待多于父爱。

就在父亲命将不保之际，张爱玲的母亲从海外归来。她是个西洋化的美夫人，头发不大黑，肤色不白，像拉丁人，张从小一直听人说她像外国人，也一直对母亲的血缘感到好奇。多年以后，这种好奇心促使她去大看人种学书，搜寻白种人史前在远东的踪迹。她母亲当然不是因为长相上的原因而天生对西洋有一种向往。这位黄家小姐是被迫与张家少爷结的婚，尽管古来不知有多少捆绑夫妻，但毕竟是新文化运动以后了，旧家庭里的气氛也有所松动，她甚至可以在结婚以后选择出国这条路，离开丈夫、儿女，跨洲越洋去留学——当然也可借此暂时避开不幸的婚姻带来的烦恼。张爱玲两岁时她就同张的姑姑一道赴法国学美术。她决然丢下儿女，而又能够成行的一个可能的原因是，张的父亲此时已在外面娶了姨太太，她或许更觉不堪忍受，而那位遗少因为方结新欢，心神不属，甚至会觉她碍事也说不定，所以也不加阻拦。事实上她前脚走那位姨太太后脚就搬进了张家。

母亲似乎随身把另一种生活方式也带了回来。大约是人之将死，其行也善，张的父亲这时痛悔前非，被送进了医院。她母亲按照她的一套来改造这个家。他们搬到一所花园洋房里，有狗，有花，有童话书，家里陡然添了许多"蕴藉华美"的亲戚朋友。张爱玲常坐在地上看她母亲与一个胖伯母并坐在钢琴凳上模仿电影里的恋爱表演，看得大笑着在狼皮褥子上滚来滚去。总之，"一切都不同了"。

在这气氛中她开始学习做西式淑女了。她跟母亲学画图，又学钢琴，学英语。至少这时候她还并不觉得学做一个淑女是困难的，也没有对此感到不耐，相反，她学得兴兴头头，甚且把家里的一切都看做是"美的顶巅"，她后来称她平生只有这一个时期是"具有西洋式淑女的风度的"。作为这风度的一部分，她也充满了忧郁的感伤，看到书里夹的一朵花，听母亲说起它的历史，就要掉下泪来。我们在她的中学作文《迟暮》中还可依稀听到这类感伤的遗响。假如她顺着这条淑女的路成功地走下去，我们是否还有幸得到那位不避俗而又脱俗的作家，也真就难说了。

但这已经是"幸福的家庭"的尾声了。她父亲似乎在把命拣回来的同时也把遗少的脾气找了回来，他不拿出生活费，要她母亲贴钱，想把她的钱逼光了，那时她要走也走不成了。记性好一点的读者会想起，遗少脾气的男人想着法子弄光女人的钱，这是张爱玲小说中反复出现的一幕：《金锁记》中小叔想骗来嫂子的钱；《倾城之恋》中哥哥用完了妹妹的钱；《创世纪》里孙子哄祖母的钱；《多少恨》中父亲死皮赖脸榨光女儿身上可怜的几个薪水；《小艾》中五太太的丈夫把她的私房钱用得干干净净。这在没落的大家族中是司空见惯的，张爱玲在她们家的圈子里听到、见到的这类事情肯定加深了她的印象。不过她父亲似乎还不是那样不堪的人，生活上也并非华奢靡费、挥霍无度。照张爱玲的说法，她父亲对于"衣食住"都不讲究，单只注意一个"行"字，在汽车上肯花点钱。他弄光她的钱的动机是要把他那位有点新思想的妻子拴在家里。

她母亲自然明白这层用意，两人为此剧烈地争吵，每逢这时吓慌了的用人便把她和弟弟拉出去，叫他们乖一点，他们也早已吓慌了，提心吊胆地在阳台上骑小脚踏车，静静地不敢出声。这一幕给张爱玲的印象太深了，使她很早就领略到无爱的婚姻的不幸，后来她提到父母的离异时带些幽默地说："虽然他们没有征求我的意见，我是表示赞成的，心里自然也惆怅，因为那红的蓝的家无法维持下去了。"虽说父母离婚后她的生活充满了不愉快，成名以后她却不止一次地在纸上、口头上坚持提醒人们，父母离了婚的孩子并不像人们想象的那样不幸。①

她的父母最后是协议离婚的，两个孩子都跟父亲过，但是条约上写明她可以常去看母亲，这给她很大的满足。父母的离异是一个转折，自此家庭生活在张爱玲的印象中开始掉彩褪色。这种感觉逐渐加深，当她有机会找到一个新的支点，从外部打量生活于其中的封闭环境时，她的感受更加强烈。这个支点就是父母离婚后母亲的家。

张爱玲自她母亲回来后，就是母亲带回的那种生活方式的忠实追随者，在母亲的家的衬映下，父亲的家更有一种颓丧的色彩。她这样描述自己的感受："（父亲与后母结婚之后）我们家搬到一所民初式样的老洋房里去，本是自己的产业，我就是在那房子里生的，房屋里有我们家太多的回忆，像重重叠叠的照片，整个的空气有点模糊。有太阳的地方使人瞌睡，阴暗的地方有古墓的清凉。房屋的青黑的心子里是清醒的，有它自己的一个怪异的世界。而在阴暗交界的边缘，看得见阳光，听得见电车的铃与大减价的布店里一遍又一遍吹打着'苏三不要哭'，在那阳光里只有昏睡。""那里什么我都看不起，鸦片、教我弟弟作《汉高祖论》的老先生、章回小说，懒洋洋灰扑扑地活下去……父亲的房间里永远是下午，在那

---

① 《苏青张爱玲对谈记》。

里坐久了便觉得沉下去，沉下去。"

对笼罩着这个家的"昏睡"、"沉下去"以及"懒洋洋灰扑扑"的气氛的真切感受，是张爱玲捕捉到的最重要的信息。当她伏在用人身上从灯红酒绿的起士林回家时，她从瞌睡的朦胧与奶油的回味中品尝到的是懒洋洋的暖意，如同"春日迟迟"的贪睡。同样是懒洋洋的生活，她现在感觉到的是秋天的萧条肃杀，日之将丧，暮气沉沉。前者于朦胧中令人惬意，后者于恍惚中令人沮丧。

父母离婚后不久，母亲又动身到法国去了。张爱玲并不怎样难过，自小到大，她和母亲一起生活的时间极其有限，她喜欢母亲的家是因为羡慕那里的西式的生活气氛和情调，对母亲的依恋倒在其次。母亲走了，姑姑还在，姑姑是同父亲气味不投，与她母亲一起搬走的，母亲的家就是姑姑的家，张爱玲看着就高兴、就觉得安慰的瓷砖浴盆和煤气炉还在那里，那里依然有些她所"不大明白的可爱的人"来来去去。此时她已在学校里住读，平时不大回家，但姑姑这里她是愿意来的。至少有一段短暂的时间，父母离婚后的孩子未必不幸这类话在她身上是适用的，既然"最初家里没有我母亲这个人，也不感到任何缺陷"，现在也不过是回复到原先的状态。虽然这一次母亲的短暂出现让她对家里旧式生活的窒人气息生出一种年轻人的夸张的愤激之情，这个家暂时却还止于"昏睡"，太平无事，直到她有了一位继母。

张爱玲自小便模模糊糊地知道，姨太太、继母这一类的角色是家庭生活中的侵入者。两三岁时她父亲在外面讨了姨太太，有次要领她到小公馆去玩，她便不从，在父亲怀中乱踢乱打地挣扎，最后是打着才去的。姨太太是个年岁比她父亲大的妓女，泼悍粗野，有堂子里的习气，张家被她闹得鸡犬不宁，她甚至掷痰盂砸破了张爱玲父亲的头，弄到族中人看不下去，逼了她走路。仆人们或者受过她的气，或者因她的出身、因为正房偏房的意识而愈加对她的做派看不入眼，那一日都称庆道："这下子好了！"但是至少在张爱玲的生活中，这位姨太太并没有构成什么威胁。相反，因为毕竟是鹊巢鸠占，名不正，言不顺，为了想在张家站稳脚跟，她倒是肯下功夫去培养感情，敷衍张家的大小姐的。她不喜欢张爱玲的弟弟（大约也有看张爱玲的父亲态度行事的成分），因此一力抬举张爱玲，领她去看跳舞，又为她做最时兴的衣裳。有次替张做了件雪青丝绒的短袄长裙，向张讨好道："看我待你多好……你喜欢我还是喜欢你母亲？"张很当真地说："喜欢你。"（多

年后她对自己因年幼不懂事说出的这句话仍有"耿耿于心"的内疚,那仿佛是"见利忘义"的举动,是对母亲的某种背叛。)

然而继母与姨太太是不同的,而且她现在已经到了懂事的年纪。当她姑姑在夏夜的小阳台上初次把就要有一位继母的消息告诉她时,她哭了。旧说部和报上连载的鸳蝴派小说中无数关于后母的故事早已让她对后母的形象得出了恶劣恐怖的印象,而今她竟要扮演那类故事中饱受虐待的悲苦角色——她简直无法接受这个事实。"我只有一个迫切的感觉:无论如何不能让这件事发生。如果那女人就在眼前,伏在栏杆上,我必定把她从阳台上推下去,一了百了。"

这当然只能是她的"狂想"。后母非她所愿地进了门。照她后来的文章判断,这位后母应该是孙宝琦的女儿①,应该也是位"大家闺秀"了。但这位闺秀是不带多少闺秀气的,也吸鸦片,而且刻毒阴鸷,有变态心理。张爱玲因为住在学校里,很少回家,所以虽然一直受到冷漠刻薄的对待,暂时却还没有领教到后母的淫威。在家里上演的那一幕"后母故事"中,最初的受害者是她弟弟,张爱玲在家里看到弟弟和小时带她的保姆受后母折磨,非常不平,但是因为实在难得回家,也就客客气气地敷衍过去。直到她母亲第二度从海外归来,她才与后母有了正面的冲突,而且正是那场冲突最终使她离开了父亲的家。

她母亲是她中学毕业那一年从海外归来的。张爱玲对父亲的家早已积下无穷的怨愤,而且她"一直是用一种罗曼蒂克的爱"来爱着母亲的,母亲的归来自然使她欣喜。她在旧家庭中长大,知道其间复杂的人际关系,而且现在她是在后母的治下,也知道父亲的脾气,这份欣喜在家里必不敢流露无遗,甚至有意无意间要加以掩饰也说不定。但是父亲还是察觉了她态度上的变化,多少年来一直跟着他,被养活、被教育,心却向着那一边,这是他不能忍受的,与前妻的芥蒂、积攒下来的怨恨无疑也更加重了他对女儿的愤怒。他甚至觉得她辜负了他,以他的自我中心,他会以为他一向器重这个女儿,待她要算是好的。

张爱玲与父亲的关系立时陷入危机,他看她怎么都不顺眼了。所以当张爱玲向他提出留学的要求时,他马上大发雷霆。张爱玲原先就有模糊的预感,知道此话题极难措辞,然而她的战战兢兢最后反倒让她取了糟糕的"演讲的方式"。她父

---

① 《表姨细姨及其它》中说:"我称我继母的姐妹'大姨'、'八姨'、'九姨'以至于'十六姨'。她们父亲孙宝琦有八个儿子、十六个女儿。"可知她继母是孙的女儿。

亲一口咬定她受了别人的挑唆。这个"别人"当然是指她母亲。她后母当场就以泼妇骂街的架势骂了出来,那口吻是我们在张爱玲以旧式大家庭作背景的小说中时常领教的:"你母亲离了婚还要干涉你们家的事。既然放不下这里,为什么不回来?可惜迟了一步,回来也只好做姨太太!"

父亲对她的恼怒以及对她母亲的记恨最后借了她与后母发生冲突之机一股脑地向她发泄出来。事情的起因微不足道:日本人进攻上海,父亲的家在苏州河边,夜间听见炮声难以入睡,她便到母亲处住了两星期。回来那天继母责她不向自己报告,张回说已对父亲说过,继母便道:"噢,对父亲说了!你眼睛里哪儿还有我呢?"说着就打了她一个嘴巴。张爱玲从小到大大约从未受过这样的侮辱,何况打她的是她一向怀恨在心的后母,她本能地要还手,却被两个老妈子赶来拉住。后母早已一路锐叫着"她打我!她打我!"奔上楼去,恶人先告状。喊声在空气里回荡,四下似乎顿时静止凝固,她心里分明地有一种大祸临头的感觉。张爱玲总是能用她于一瞬间捕捉到的物象来为这一类似真似幻的一刹那作证:"在这一刹那间,一切都变得非常清晰,下着百叶窗的暗沉沉的餐室,饭已经开上桌了,没有金鱼的金鱼缸,白瓷缸上细细描出橙红的鱼藻。"①

等着她的是一顿毒打。她父亲冲下楼来,揪住她拳足交加,吼叫着要打死她,她只觉头偏到这一边,又偏到那一边,"无数次,耳朵也震聋了"。直到她挫下身去,躺倒在地,他还揪住她的头发,又是一阵踢,直到被人拉开。这时候的张爱玲没有惧怕,不哀求,也不大哭,而且可以看出,逼急了她是要自卫的,她虽然没想到抵抗(母亲嘱她遇到这种情形万不可还手,"不然,说出去总是你的错"),待父亲走了之后却按照她的"法制观念"立刻要去报巡捕房。得知大门锁着,她又试着撒泼,叫闹踢门,想引起门外岗警的注意,但是她所受的淑女式教育没有教会她如何应付这一类事情。大门里面显然是封建家长的一统天下,最后被拘禁起来的不是她父亲,而是她。她被监禁在一间空房间里,父亲并且扬言要用手枪打死她。这时候,往日仅仅给她颓丧、雾数之感的家露出了另一重面目:"我生在里面的这座房屋突然变成生疏的了,像月光底下的,黑影中现出青白的粉墙,片面的,癫狂的……楼板上的蓝色的月光,那静静的杀机。"

---

① 张爱玲小说中的人物似乎也染上她本人的感受方式,在大祸临头或是"心酸眼凉"的一刻往往怔忡着,映入眼帘的物象分外明晰地定格。

其后她患了严重的痢疾,"差一点死去"。她父亲不请医生,也不给药。一病半年,她常躺在床上出神,这时候,关禁闭时尖锐的恐怖感转化为白日的梦魇:"……躺在床上看着秋冬的淡青的天,对面的门楼上挑起灰石的鹿角,底下累累两排小石菩萨——也不知道现在是哪一朝、哪一代……朦朦胧胧地生在这所房子里,也朦胧地死在这里么?死了就在园子里埋了。"不同于父亲重病时的害怕,这里的恐怖有更深广的内容,她似乎被借助于突发事件窥见的一种真相震慑住了。

由"春日迟迟"的慵懒惬意,到"沉下去,沉下去"的感受,再到梦魇式的恐怖,这是一个逐渐变化的心理感受过程。这个过程构成了张爱玲对"家",对旧式家庭生活方式的完整经验,它们是她对这种生活的发现——每一种感受都在某种程度上照亮、透视了这种生活的某一侧面。它们是相互补充、浑然一体的。有时令她厌恶、痛恨,有时又让她感伤眷恋。后面的感受并不取消前面的感受,假如那种梦魇式的感觉是真实的,那么幼时领略到的那种温馨也并不虚假。何况就是在那"懒洋洋灰扑扑"的气氛中,也还有她吝惜的东西。她后来承认她有时候也喜欢父亲的家:"我喜欢鸦片的云雾,雾一样的阳光,屋里乱摊着小报,看着小报,和我父亲谈谈亲戚间的笑话……"她也曾带了几分调侃地揶揄自己把母亲家看得什么都好,将父亲家看得一无是处,说她那时像个"拜火教的波斯人",把世界强行分作光明与黑暗、善与恶、神与魔的两半。

假如张爱玲一直坚持着她那时的立场,我们就无法解释她后来何以没有成为一个愤怒青年式的激进作家。

然而理解、感受的涵容升华是一回事,在现实中她却不能从容取舍,何况她现在是在那样的处境中,她只有一个念头:逃出去,离开这个家。

"赤裸裸地站在天底下"

虽然把她带大的保姆再三叮嘱："千万不可以走出这扇门呀！出去就回不来了。"张爱玲还是在病中就已经谋划着逃出去。她幼时与弟弟游戏出点子，想象力不脱看过的书的支配，现在真是非同儿戏了，她的种种计划也还是书中情节的演绎，《三剑客》、《基度山恩仇记》、《九尾龟》中逃跑脱险的情节一齐到脑子里来了。她想到《九尾龟》中的一个人物用被单结成绳子，从窗户里缒出去，比附着自己目下的景况想，她可以从花园里翻墙头出去，墙边的鹅棚正可踏脚，她甚至把更深人静时会将棚中的两只鹅惊得叫起来这样的细节也想到了。

她在床上"倾全力"听着大门的每一次开关，巡警抽出锈涩门闩的咕滋咕滋声、大门打开时的呛啷啷的巨响、通向大门的那条煤屑路上有人走过时沙子发出的吱吱声，声声入耳，甚至梦中也听到这些声音。一等到可以扶着墙行走，她便设法从保姆口中套出了两个巡警的换班时间，又伏在窗上用望远镜张望门外马路上有无行人，而后挨着墙一步步摸到铁门边，拨出门闩，闪身出去——她成功了。多年后她回想起当时的情景，仍然有一种抑制不住的喜悦流露笔端："……当真立在人行道上了！没有风，只是阴历年左近的寂寂的冷，街灯下只看见一片寒灰，但是多么可亲的世界呵！我在街沿急急走着，每一脚踏在地上都是一个响亮的吻。"

她比照着小说悬想出的那些更带惊险味道的计划最后一个也没有用上，不过她的出逃仍然无疑是她一生中最富冒险色彩的经历之一。更重要的是，她在她成长中的关键时刻永远地告别了那个家、那种扼杀青春的生活方式。也许就是这短短的几分钟、短短的几步路，已经彻底地改变了她的命运。

那个家、那种生活会把人变成什么样，她的弟弟是个极好的例子。他小时是秀美可爱的，然而在死气沉沉的家庭生活中，在父亲的喜怒无常、继母的虐待下渐渐销蚀了意志，变得萎靡不振。逃学，忤逆，没志气。关于弟弟的一件小事张爱玲一直铭然在心，那是她偶尔有一次回家碰上的：

> ……在饭桌上，为了一点小事，我父亲打了他一个嘴巴子。我大大地一震，把饭碗挡住了脸，眼泪往下直淌。我后母笑了起来道："咦，你哭什么？又不是说你！你瞧，他没哭，你倒哭了！"我丢下碗冲到隔壁的浴室里去，闩上了门，无声地抽噎着，我立在镜子面前，看着眼泪滔滔流下来，像电影里的特写。我咬着牙说："我要报仇。有一天我要报仇。"
>
> 浴室的玻璃窗临着阳台，啪的一声，一只皮球蹦到玻璃上，又弹回去了。他已经忘记了那回事了。这一类的事，他是惯了的。我没有再哭，只感到一阵寒冷的悲哀。

她弟弟已经麻木了，在环境中昏睡下去，她却不能。她的多少带些戏剧性的姿态也许同她看巴金《灭亡》一类小说引起的愤激情绪不无关系。[1] 也许我们应该承认她自小要强，与她弟弟原本就是两种性格，以此推断，她即使仍在家里继续待下去，她也未必就会变得像她弟弟那样。但是从某种意义上讲，环境的力量也是可怕的，这种生活显然已经改变了她的性情。她小时候并不缺少一般儿童的健康、活泼，可是像我们在后面将会看到的那样，她上中学时已经变得郁郁寡欢，而且给人萎靡不振的印象。

上面引的这个片段同时也很能说明张爱玲敏感内省的气质和她的早熟。在她"寒冷的悲哀"中沉淀着难以明言的寂寞与孤独感。这几乎是与自我意识俱来的对生活与环境的重大感受。随着年龄的增大，这种感受越发强烈。孤独与寂寞将自

---

[1] 张爱玲虽然对"新文艺腔"的作品素来抱有反感,中学时受学校里的空气影响,一度也曾以读新文学为荣,《童言无忌》中记她见弟弟租了许多连环画来看,便觉不上品,"认为他的口胃大有纠正的必要",其时她就正读着巴金的《灭亡》和穆时英的《南北极》。

尊心琢磨得愈加灵敏纤细，而愈是如此，她就愈是不能放过来自外部的对于心灵的哪怕是极小的伤害；将种种被伤害的感受作了放大的处理之后，她更加意识到环境的不可靠、不安全。张爱玲敏感内省的气质与冷漠的家庭气氛对心灵的窒息，这二者之间相互生发的矛盾运动构成了张爱玲性格成长中的恶性循环。其结果，过分敏感的气质发展为多疑、善疑的倾向，它使得张逐渐习惯于不是以信任的眼光，而是以审慎怀疑的态度注视周围的人与事。反映到创作中，则是一种相当冷静而挑剔的眼光成为张爱玲对人物心理洞察力的主要标志，在这种眼光的照射下，人物言行背后隐秘的心态和动机暴露得格外真切。同时，这种眼光也多少解释了张爱玲在小说散文中描写、议论虚构或真实的人物时，何以笔调往往由俏皮入于尖刻。

她逃到母亲家中，由母亲供给生活与教育费用，她甚至能从母亲的神情态度中觉察到她（母亲）"一直在怀疑我是否值得这些牺牲"。她跨出父亲家大门的那一步果如保姆所料，使她永远回不了那个家了，后母把她的一切东西分着送了人，只当她死了。这并不让她恐惧或是难过，因为她根本没打算回去。问题是，在母亲这里她能得到她所要的一切吗？我们在《私语》中看到的是，逃离父亲那个家带来的短暂兴奋过后，她又被一种新的不安所俘虏，对于她，母亲的家很快就"不复是柔和的了"。她的内省倾向，她的过度敏感都妨碍她毫无顾虑地走入这个她仰慕已久的，对于她应该是明亮、亲切的所在——在母亲家中她不像一个受尽委屈，终于回到温暖母爱中的女儿，倒像是来到贾府中的那个"步步留心，处处在意"的林黛玉。

但是也像林黛玉的情形一样，她的谨慎怀疑除了性格的关系之外，也不是没有缘故的。她曾说她"一直是用一种罗曼蒂克的爱来爱着我母亲的"，与母亲很少有接触的机会使她在相当长的时间里能将这种爱维持不坠。她还记得有两次母亲领她出去，穿过马路时偶尔拉住她的手，她便感到"一种生疏的刺激性"。一旦朝夕相处，转入真实具体的关系，母亲在她心目中的"辽远而神秘"便开始掉彩褪色。她的母亲现在也是在窘境中——大家闺秀而想走职业女性的路总不免有失落感，而她的出现无疑增加了她的母亲的负担，所以她才感到母亲是作出了牺牲。她是在窘境中学习做淑女，而要像她那些家境优裕的同学那样做淑女，保证之一应该是充足的零花钱。她三天两天向母亲伸手要钱，却使母亲渐渐地不耐烦了。小时候她站在父亲的烟炕前面要钱买钢笔或交学费之类，父亲躺在烟炕上吸鸦片，她久久地得不到回话，这是经常出现的一幕；她在母亲那里没有受到这样的"冷遇"，母亲的不耐烦却让她尝到了另一种"琐屑的难堪"，正因琐屑，这是难于启齿又一言难尽的，张爱玲在回忆中不欲提起，只是读者仍可感觉到她言下的委屈。她在私下里不可能没有抱怨，然而她是一个在不和谐的家庭中长大、富于内省倾向的人，不可能像许多受宠的小姐那样理直气壮地加责于母亲，相反，在不满的同时她又要"为自己的忘恩负义磨难着"，这只能将她同母亲的关系拖入一种更别扭、更不自然的状态。

张爱玲的姑姑曾笑说她"不知从哪里来的一身俗骨"，又分析她的父母纵有缺点，都还不俗，即不把钱当回事。可是她母亲对她的不耐烦有很大一部分就是因钱而起的，或许正因为对自己向父母讨钱时感到的那份羞辱难堪有着过于分明的记忆，张爱玲后来一再挑战式地特意宣称她对金钱的直率立场。她还在谈到对母亲的爱一点点销蚀时写出下面这样一行警句："能够爱一个人爱到问他拿零用钱的程度，那是严格的试验。"假如这真是试验，那她已经证明了，她母亲对她的爱不可能是无条件的。

当然她同母亲之间的隔阂不可能光是因为零用钱。母亲一去七八年，这段时间正是张爱玲性格成长中最重要的时刻，也是可塑性最大的时期，而且母女二人天各一方，过的是全然不同的两种生活，当她归来时，她在女儿心目中诚然还是——至少暂时还是——那个"辽远而神秘"的形象，但女儿已经不是她记忆中的女儿了。《天才梦》中说："我母亲从法国回来，将她暌隔多年的女儿研究了一下。'我懊悔从前小心看护你的伤寒症，'她告诉我，'我宁愿看你死，不愿看你活着使你自己处处受痛苦。'"熟知张爱玲在父亲家里的不幸遭遇的人容易将她母亲的话理解成对她的处境的同情和担忧，实际上看看上下文便可了然，这里的"痛苦"是指张对生活的不能适应。这段文字并非纪实，带有戏谑色彩，但它多少暗示了她母亲的失望，因为女儿没有如她期望的那样成为一个淑女。

这正是问题的关键所在。张爱玲在学校里接受的虽然是淑女式的教育，但是因为后母虐待她，父亲则以他的性情，即使在脾气好的时候也不会关心到她的这个方面，她的淑女式的训练在母亲走后事实上已经完全中断了。相反，因为心境不好，她除了读书用功之外，在生活上懒懒散散，打不起精神。这是她母亲不愿看到的，而当两人朝夕相处地在一起之后，张爱玲身上的这一面更加暴露无遗。

以她的敏感，张爱玲不可能意识不到母亲的失望，以她原先对母亲一贯的仰慕艳羡之情，她当然想让母亲满意，甚至暗中非常希冀得到母亲的赞许，但是她力不从心。①

她母亲似乎只能接受一个够得上淑女标准的女儿，她给女儿两年的时间学习"适应环境"——这是学做淑女的另一种说法。张爱玲要接受的基本训练包括"煮饭、用肥皂粉洗衣、练习行路的姿势、看人眼色、点灯后记得拉上窗帘、照镜子研究面部神态，如果没有幽默天才，千万别说笑话"等等。换句话说，所有这一切都正是她不能让母亲满意的地方。几年前当她从母亲那里接受这方面的最初的教导时，她有说不出的好奇和兴奋，这些年来她的心智已朝着另一方向发展，她的世界几乎已经缩小到她的内心，外部世界她简直无从应付。她的学习过程是她的"惊人的愚笨"让母亲感到惊奇和不满的连缀。更糟糕的是，因为得不到母亲的任何鼓励和嘉许，她不断地意识到母亲一再流露出的失望、怀疑和不耐烦，这使她感到紧张和慌恐，就像一个在考场上使尽浑身解数仍然屡战屡败的小学生登上考场一样。对于学做淑女，她再也没有幼时那种跃跃欲试的劲头和游戏的心境。她只是一次又一次地想到，"我不该拖累了她们（指母亲和姑姑）"，并且更加意识到自己的无能：

……在父亲家孤独惯了，骤然想学做人，而且是在窘境中做"淑女"，非常感到困难……常常我一个人在公寓屋顶的阳台上转来转去，西班牙式的白墙在蓝天上割出断然的条与块。仰脸向着当头的烈日，我觉得我是赤裸裸地站在天底下了，被裁判着像一切惶惑的未成年的人，困于过度的自夸与自鄙。

……逃离父亲那个家带来的短暂兴奋过去之后，她很快又被一处新的不安所俘虏。她要同激进青年划清界限，多次表示她的出逃"没有一点慷慨激昂"，绝非"娜拉出走"式的举动。那是理智、实际的考虑之后做出的决断。她母亲得知她想出逃的意图后秘密传话给她："你仔细想一想。跟父亲，自然是有钱的，跟了我，

---

① 张爱玲在她母亲面前无疑有某种心理上的劣势，她母亲虽然不是什么成功的人物，但是她几度出洋，而留学深造正是她自己的目标，另一方面，她母亲是"西洋化的美妇人"，似乎也善于社交场中的酬酢。以"所有的女人都是同行"的观点，以她的敏感早熟，则她在母亲与自己的对比中感到某种压抑是很自然的。

◇ 张爱玲的母亲,属于开风气之先的一代"新女性"。

张爱玲

◇ 张爱玲的这张照片，最符合她的母亲心目中女儿的形象。

可是一个钱也没有,你要吃得了这个苦,没有反悔的。"张爱玲那时虽然在囚禁中,渴想着自由,对父亲的家又充满愤激情绪,可是这样的现实的问题还是给她带来困扰,一度让她犹豫、彷徨。"痛苦了许久"才得出的结论是:"在家里,尽管满眼看到的是银钱进出,也不是我的,将来也不一定轮得到我,最吃重的最后几年的求学的年龄倒被耽搁了。"这就是说,她对她出逃后面临的"窘境"——包括将来的和现在的——并非全然没有心理准备。但是她没有想到银钱上的窘迫超出她的预料,更没有想到"窘境"还将包括这样的内容:她与母亲在心理上、感情上的障碍。

在这里,就张爱玲的母亲以及她们母女二人的关系多作一些探讨也许是必要的。谈到张的家庭和她的早年经历,人们似乎总是理所当然地指责她的父亲,而对她的母亲采取同情的态度,其根据是不言而喻的:她父亲是个典型的遗少,母亲则属开风气之先的一代"新女性";二人虽然都是旧婚姻制度的受害者,但前者被其同化,不仅自甘受缚,而且想以此缚住别人,后者则有个性意识,不惜作出牺牲,最终冲决罗网;在对子女的态度上,前者是个地地道道的封建家长,甚至可以说是个专制暴君,后者作为母亲虽然未能恪尽职守,那却是为了争取女权不得已而作出的牺牲,情有可原。对于这本传记而言,重要的不是就张的母亲作出公允的评价,而是她在我们的这位传主的成长过程中扮演了什么角色,她的举措对传主的心理有何影响,以及传主对她的复杂态度。从这些方面考察得出的结论,对于这位"辽远而神秘"的西洋化漂亮夫人显然是不利的。

张爱玲无疑乐于接受母亲的某些信条,尤其是争取个人权利的那部分,她心里赞同母亲离婚就是明证。她得到的关于另一种生活方式的明确信息,最初就来自母亲,而且在她早年生活中面临抉择的几个重大时刻,母亲的支持起了决定性的作用——使她得以完成西式的教育,并最终走上职业妇女的路途。但是一个女儿所要求于母亲的,决不止于这些。且不说她母亲远非一位循循善诱的教师,就算她在某种意义上碰巧扮演了人生导师的角色,站在孩子的立场上,张爱玲也还有生活原则以外的、她更想得到的东西,那就是母爱。不幸,她母亲显然是一个情感淡漠的不称职的母亲。她让女儿进学堂,让女儿学做淑女,更多的是出于对她信奉的价值观和原则的执著,而非出于对女儿的关怀。她第一次出洋,上船前大哭不止,但那似乎不是因为与儿女难分难舍,用人把四岁的张爱玲推上前去,"她不理我，只是哭"。第二次出洋，张爱玲已在学校里住读，"她来看我，我没有任何惜别的表示，她也像是很高兴，事情可以这样光滑无痕迹地度过，一点麻烦也没有，可是我知道她一定在那里想：'下一代的人，心真狠呀！'"她只对女儿没有恋母的表示感到遗憾，自己却并无多少不舍之情——至少在张爱玲眼中，她母亲似乎并没有感到抛下儿女是太大的痛苦，因为原本对儿女并无很深的情感，也就是很难说她在这方面是作出了什么了不得的牺牲。张爱玲可以接受母亲的选择，可是没有真正的矛盾和痛苦，就这样轻松地在感情上把女儿"牺牲"掉，这又是张日后——特别是与母亲有了芥蒂之后——想起时终不能释然的。

　　与父亲相比，张爱玲显然对母亲有更多的期待，这不光是指她原先对母亲的崇拜艳羡，而且一般说来，温情、眷恋一类的情感总是更多地与母亲的形象联系在一起。也正因如此，当她领教了母亲待她的冷淡之后，更觉得难以接受。细读她的自传性散文，我们可以感觉到她对母亲的态度复杂微妙，一方面她时时要说到她的"忘恩负义"，另一方面又不能释然地为自己辩解着。她对父亲从未有太大的希望，所以也无太大的失望，事过境迁之后，她可以以一种相当平和的心境说起父亲。她没有忘记父亲对自己的虐待，她没有忘记父亲曾扬言要打死她（而且不光是扬言，她在重病中他真是不管她死活的），即使如此，她甚至仍然能在某种程度上同情他的处境。当我们读到"我知道他是寂寞的，在寂寞的时候他喜欢我"的句子时，决不应怀疑"我知道"这三个字里面的低徊、沉痛之意，后面加上的一句话也不能减轻它的分量。她同样谅解母亲的处境，但是你总能感觉到她的同情中多少夹杂着勉强之意，她似乎是在勉强自己去理解母亲的苦衷，不想提起与她之间的恩怨，然而又忍不住要计较母亲给她的那些"琐屑的难堪"。胡兰成说，张爱玲"对好人好东西非常苛刻，而对小人与普通东西，亦不过是这点严格"，她母亲不是这个意义上的"好人"，她也不会把父亲看成"小人"，但是只要将二词置换成"意欲亲近的人"和"未抱幻想的人"，这个句子就可以用来解释她后来对父母态度上的微妙之处。

　　当然，我们也可以尝试作其他的解释：因为张爱玲差不多一直生活在一个女人世界里，她对男人虽也有透彻的了解，却毕竟有某种距离感，她对女人的弱点和心理则可以做到一览无遗，像她的小说、散文表明的那样，她对男人更容易达到宽容，而对女人有更多的挑剔和计较，她对父母态度的差异是否多少是这种倾

向的延伸？此外，她与父亲之间也许有着一种爱恨情结，不是弗洛伊德式的恋父之类，而是指她父亲对她显然比对她弟弟更有一份亲情，站在他的立场上，甚至可以说他对女儿并不是没有一种父爱的，尽管这种爱不可避免的是出自以他所理解的那种遗少加封建家长的方式，你却不能不承认那里面有父女间特有的一种情愫。张爱玲不止在一处提到过父亲对她的喜欢，虽说每一次都加上了限制性的饰语。顺此想下去，父亲最后对她的施暴也不是没有由喜欢到憎厌的情绪在作祟。

她母亲对她则没有流露过喜爱之意，即使在两人没有芥蒂之前，张爱玲感到的也只是一种生疏。总之，除了淡漠还是淡漠，而这种淡漠你没有可能将其解释为任何形式的母爱。所以并非偶然的,张爱玲多次流露出她对母爱的怀疑和不信任，而她的小说中的女主人公几乎无一例外地是在缺少母爱的环境中长大的。

张爱玲母亲的淡漠在很大程度上是由于性情的索然寡味。她属于张爱玲后来反感的那种被各种定型感情和生硬的条条框框所拘囿的人。张爱玲提供给我们的关于她的几组镜头——读周瘦鹃的"哀情小说"伤心落泪、与女友一起模仿电影中的恋爱场面、一本正经地告诉张爱玲关于"淑女"的刻板细则——在说明她只会按照公式化的情感行事：另一种形式的"明于知礼仪，陋于知人心"。因为有一套"先进"的公式做后盾，她也有一般"新女性"的毛病，自以为是地执著于她的标准，没有自省的能力和习惯。其结果是她成了一个对姿态比对内心的感受更感兴趣的人，几乎丧失了对于本然的情感的体验能力，包括对母爱的体验。当她尝试对女儿实施她的淑女培训两年计划时，她的这一面愈发暴露无遗。她不体谅女儿的苦衷，只是一再用她刻板生硬的"淑女"标准，用她不时流露的怀疑，用她的不耐烦提示女儿的不合格。事实上，她的那一套标准已经成为对张爱玲天性的压抑，而那一番训练对于张爱玲也成了一种不折不扣的痛苦折磨。如果张在父亲家的遭遇是一枚苦果的话，那么她在母亲家里尝到的仍是苦果，而且不见得比那一枚更易于吞咽。重要的是，母亲的苛责使她在心理成长的这个决定性时刻丧失了她最需要的东西——自信心。

张爱玲称母亲在国外的那段时间，她在学校里得到"自由发展"，这与她说自己学生生活过得不愉快并不矛盾。她的懒散、生活自理能力差虽然在同学中传为笑柄，她的优异成绩，尤其是写作方面的天赋却令同学佩服，且得到老师的称道，在这样的特别需要来自外界肯定的时期，她当然是从中找到了自信的根据。在父亲家中，她虽然得不到家庭的温暖，但父亲对她在写作方面的天赋是引以自豪的，而且不吝于鼓励和褒奖。他不是随便说说而已，他是真的器重女儿，他曾鼓励女儿学作旧体诗，又要先生为她评改。张爱玲别无所长，可以说那段时间里，她的优异成绩和写作方面的天赋是她的"日益坚强"的自信心的全部源泉。

但是她母亲更关心的显然是她是否具备了淑女的风范，而对她的写作才能毫无兴趣。或者是因为她缺乏鉴赏力，或者是她以为女儿的才华只有成为淑女风范、淑女式教养的一部分才有意义，总之她在这方面没有给过女儿任何鼓励。她对女儿在应付淑女环境时的笨拙、迟钝一再流露出来的不耐则无异于暗示张爱玲，她的那点才华没有什么了不起。张爱玲自己的一套人生见解和生活方式那时还未形成，她没有有意识地抵抗母亲对她施加的影响，也无力抵挡这种影响。而一旦采取母亲的立场（哪怕是部分地采取），她的自信便岌岌可危，又因为处在情绪最易波动、最容易从一个极端走向另一个极端的时期，自信甚至很快地走向了它的反面——自卑：她所自恃的一切现在被认为是不足以凭附的，那么除此以外她还有什么？她发现自己一无是处："我发现我不会削苹果。经过艰苦的努力我才学会补袜子。我怕上理发店，怕见客，怕给裁缝试衣裳。许多人尝试过教我织绒线，可是没有一个成功。在一间房里住了两年，问我电铃在哪儿我还茫然。我天天乘黄包车上医院去打针，接连三个月，仍然不认识那条路。总而言之，在现实的社会里，我等于一个废物。"

在过度的自夸与自鄙相纠结消长的一团惶惑中，她的两年培训计划彻底失败。她不无怨意地说："除了使我的思想失去均衡之外，我母亲的沉痛警告没有给我任何的影响。""思想失去均衡"当然是丧失自信、心理受到挫折的另一种说法。我们不能说她在父亲那里除了受了皮肉之苦外，她的心理没有受到影响，但她的闷闷不乐、郁郁寡欢多是由外部环境而起，如果她有自卑的话，这种自卑也不是由于她本人的原因，而在母亲这里她被引向了自我怀疑。从心理成长的角度看，她在后者那里遭受的挫折也许更大。当然，不论是在哪一个家，环境加予她性格发展的指向都是一致的：朝着内省、敏感、自我封闭的路上走，而孤独与寂寞则不可避免地成了她早年生活中最重大的情感体验。

张爱玲的寂寞与孤独中包含的内容是多重的，而安全感的匮乏构成了它的核心。她把自己从父亲家放逐出去，可是因为做不了合格的淑女，也不能顺利地走进这个新家。所以她在家庭生活中是个边缘人,关键是自她年纪稍微大一点,比较懂事之后,她一直没有找到一种家的感觉。她有家,而且这个家可以供给她优裕的物质生活,但是在心理的、情感的意义上,这个家等于不存在。家通常具有的避风港、庇护所的意味对于她都很快地消失了,在自己的家里她反倒更尖锐地感到缺少安全感,像她自己描述的那样,她觉得她是"赤裸裸地站在天底下"——用"赤裸裸"来形容得不到保护的感觉实在是再准确不过了,所以她一再陷入自怜与自卫相混合的奇特心态。如前所述,在禁闭室里,在病中,在公寓屋顶的阳台上,呈现于她意识中的家是一个异己的世界。她还在一篇散文中记述过她的一个梦,梦中她在一个雨夜又回到了香港:

……船到的时候是深夜,而且下大雨。我狼狈地拎着箱子上山,管理宿舍的天主教僧尼,我又不敢惊动她们,只得在黑漆漆的门洞子里过夜。(也不知为什么我要把自己刻画得那么可怜,她们何至于这样地苛待我。)风向一变,冷雨大点大点扫进来,我把一双脚直缩直缩,还是没处躲。忽然听见汽车喇叭响,来了阔客,一个施主太太带了女儿,才考进大学,以后要住读的。汽车夫砰砰拍门,宿舍里顿时灯火辉煌。我乱向里一钻,看见舍监,我像见了晚娘似的,赔笑上前……

第二天她将这个梦说给她姑姑听,"一面说,渐渐涨红了脸,满眼含泪;后来在电话上告诉一个朋友,又哭了;在一封信里提到这个梦,写到这里又哭了。简直可笑——我自从长大自立之后实在难得掉泪的"。她一再想到并对人说起这个梦,每说起又都会触动隐情,可见这个梦已成她意识背景的一部分。而且她做此梦已是在她功成名就、境遇大大改善之后,因此也就更值得玩味。精通弗洛伊德释梦术的人也许会从这个梦里分析出张爱玲的自虐倾向,因为张似乎愿意让自己在假想中处于一种不堪的境地,而又乐意反复地提到这个梦。但是我们宁愿选择一种更接近常识的解释:这个梦反映了张爱玲由大家闺秀跌落为穷学生的莫名委屈,而在更深的层次上,它所提示的是一种深入骨髓的不安全感——无家可归,走到哪里都仿佛是寄人篱下。如她自己所说的那样,实际的情形并不像梦里想象的那么糟糕,然而这倒更说明那种不安全感如影随身,挥之不去。要重建自己的信任,

要重建自己的安全感实在艰难,尤其是她养成了内省、多疑的习惯之后。她在一首诗中写道:

> 曲折的流年,
> 深深的庭院,
> 空房里晒着太阳,
> 已经成为古代的太阳了。
> 我要一直跑进去,
> 大喊:"我在这儿!
> 我在这儿呀!"①

这里面有一种疏离的性质,不安全感几乎要发展为梦魇式的恐怖。虽然可以有更广大的解释,但它无疑也贴切地传达出她感到自己被遗弃的真实感受,这种感受最初是由她的家庭让她领略到的。日后她将把她的不安全感发展成为某种对人类普遍处境的认识:我们每一个人都是时代重压下的无家可归的孤儿。

---

① 胡览乘:《张爱玲与左派》,载《天地》,1945年6月号。该诗未见在她本人的文中出现。胡览乘当是胡兰成无疑,不仅因其文风,而且别人似不可能有机会引用张未发表的诗作。

读书岁月

张爱玲的教育从她很小的时候就开始了。虽然她日后能够成为一位杰出的作家凭的是自己的勤奋努力,很少是得自父母的教益(甚至她那位留法学美术的母亲在绘画方面也没有给她什么有用的教导),但她的家除了是一个没落的贵族之家外,还可以说是一个书香门第。她的祖父是科举出身,她的父亲有旧式的文化教养(他也涉猎过"西学"的书,《私语》中提到留有她的英文题识的一本萧伯纳的戏《伤心之家》),她母亲则是"知识女性"。因她的作文而得意,鼓励她学作诗,替她的小说撰写回目,都证明她父亲对文学的兴趣,他是地道的有闲阶级,没有职业,也看不起职业,读书看报,偶尔舞文弄墨,也是消磨光阴的一途。她母亲也喜欢文学,尤其喜读小说。她有关母亲的回忆中的最亲切的一幕,便是母亲坐在马桶上读《小说月报》上连载的老舍的小说《二马》,一边笑一边念出来,而她靠在门框上笑。

所以她家里无形中有一种文学的空气,在她的正式教育开始以前,她的文学教育已经开始了,她的"人之初"是每天早上由女佣把她抱到母亲床上去,趴在被子上,跟着母亲不知所云地背唐诗。虽然"不知所云",这样的熏陶和记忆却有助于她的艺术直觉的养成。在家里她有不少书可看,她喜欢看的是旧小说,八岁时她已读过大部分的章回说部,比如百万言的《西游记》。她父亲喜读小报,家里总是这里那里随处乱摊着,她也养成了读小报的习惯。小报上她不会放过的是鸳蝴派的通俗小说,这类小说的情调、笔调都从传统小说而来,张爱玲早年喜读这类小说的原因之一就是它们有旧小说的味道。除了环境的影响之外,可能还与她模模糊糊地感到旧小说中的世界与她的家庭生活,与她知道的人与事可以相互印证有关。众所周知,她对旧小说的热情终生不渝。鉴于新式学堂(更不用说洋学堂)和社会上的时髦风尚均不鼓励这样的嗜好,甚而视为低级趣味,如果我们说张爱玲一手漂亮的英文以及西方文学、历史、艺术方面的知识是得自学校教育的话,那么她在这方面的兴趣无疑是在家里培养起来的。

她的"国学"知识中的相当一部分也得自"家教"——十岁之前,她都是从私塾先生受教,她父亲有兴致时想必也指点过她。私塾先生式的教育最重的是古文,她念中学时她弟弟仍跟了老夫子式的先生受教,先生教他作《汉高祖论》,张爱玲受教的未必是这一位,但路数也是一样的。可惜我们看不到她的课卷,只知道她那时肯定背了不少古文。她父亲有的是旧式的教养,虽然不以她在学校里写的那些"新文艺腔"的作文为忤,甚至感到得意,可是当他鼓励女儿发展写作方面的才能时,他还是劝她随了先生学作旧诗。张爱玲记得她曾作过三首七绝,有一首咏"夏雨",其中的两句,"声如羯鼓催花发,带雨莲开第一枝",先生颇为赏识,加了浓圈密点,她自己也有几分得意,只是后来写来毕竟太吃力,才没有学下去。背古书她当时必觉得枯燥乏味,作旧诗在她也是硬作,"赋得"的味道极重,但是这一番苦读、"苦吟"日后给她带来的好处也是显而易见的:新文学史上的女作家,特别是30年代、40年代的女作家,在古典文学、文字功底方面表现出良好素养的,少而又少,张爱玲是少数中的一个。

张爱玲的父亲在儿女的教育上也是典型的遗老遗少态度,就像他与民国的世界总犯别扭一样,他也拒绝民国以后普遍化了的学堂式教育。他原先似乎想让女儿像过去的大家闺秀一样,在家里完成她的全部教育。虽然张爱玲九岁时给报纸编辑的一封信中称她那时在家里补习英文,第二年大约可以考四年级,但那很可能是她母亲的主意,而她父亲其时也许正在医院里治疗。所以到她十岁母亲要把她送进学校时,她父亲一再大闹着不依,最后是她母亲"像拐卖人口一样"硬把她送去的。填写入学证时,她母亲为她的名字大费踌躇,她的小名叫"煐",张煐两个字叫着不上口,沉吟半晌不得主意,母亲道:"暂且把英文名字胡乱译两个字吧。"就音译了"爱玲"二字。大概因为不够"淑女"化,她一直想替女儿改但终于没改，后来则是她自己不愿改了。所以严格地说，到现在为止，我们是把我们的传主的学名提前使用了九年。

张爱玲进的这所学校是上海黄毛小学，她在学校里的情形我们不得而知，只知道她是住读。一直被关在家里，没有多少同龄人做伴，现在骤然过起"群居"生活，当然会有点不适应；另一方面，来到一个全新的环境里，而且父母此时还没有离异，后母还没有出现，她还是可以有较为轻松的心境来体验一种新鲜感的。她提供给我们的唯一一条资料是同学晚上在帐子里读她写的言情小说，以及因她的小说而起的小小的争执（见后文），从中可见她那时仍不失那个年纪应有的健康活泼的性情。可是因为家庭中的一系列变故，中学时代张爱玲留给老师同学的印象与上面提到的不失童趣的一幕已经完全对不上了。

张爱玲中学念的是圣玛利亚女校，这所学校系美国教会所办，与圣约翰青年学校、桃坞中学同为美国圣公会设立的大学预科性质的学校，这些学校中成绩优异的毕业生可以有机会到英美的名牌大学去深造，大名鼎鼎的林语堂便是圣约翰青年学校保送到美国去读书的。这位著名的校友不仅是母校的骄傲，而且在性质相同的其他两所学校里肯定也是常被提起的。可能多少有这方面的原因，中学时代的张爱玲特别心仪林语堂，他是她的一个参照人物，她发愿要走他的路，并且要在名气方面超过他。

这个宏愿当然是暗自对自己许下的，她的老师、同学不可能知道，而她的外表、她的言谈举止，一点也显露不出奋发有为的征兆。留在老师同学记忆中的张爱玲郁郁寡欢，意气消沉，懒散不好动，不交朋友，卧室凌乱，人也不事修饰。张爱玲的爱好者常容易根据读她小说获得的印象想象她是个懒散的人，一位超级张迷水晶未见她之前，便想象她是一个"病恹恹、懒兮兮的女人"，见面后发现她实际上很精神。但是张爱玲至少有一度的确是有这种味道的，甚至懒得掩饰这一点，这就是在中学的时候。

教会学校有教会的清肃，规矩比一般学校多而且严，圣玛利亚女校也如此。每个学生卧室里均有放鞋的专门柜子，不穿的鞋子必得放进柜里，不准随便摆放。舍监若查出谁不按规矩来，便毫不留情将那人的鞋放在走廊上示众。最常被亮出示众的，便是张爱玲的一双旧皮鞋。女孩面嫩，旁人遇此事必要面红耳赤，她则不然。她心里未尝没有一种羞愤，因为在众多花枝招展的贵族小姐前亮出的是那样一双寒酸的旧皮鞋，这不啻是将她在家里的难堪、不幸抖搂出来示众，但是她的反应是迟钝、木然的，好像懵懂到不知道在乎，在这种场合，她最剧烈的反应是道一声："啊哟，我忘了。"没有检讨抱歉之意，而且绝对不是有些活泼的女孩的撒娇、发嗲式的惊呼。

她的健忘是全校闻名的。给教师印象最深的是她常忘记交作业，每到这时老师问起缘由，她便将两手一摊道："我忘了。"也不找理由，也不辩解，只一副可怜状，老师也不忍深责，一则知道她家里的情形，二则她的成绩绝对是拔尖的。"我忘了"在她口中出现的频率太高，以致在同学中这三个字简直有权作她诨号的趋势。若有人谈起中学时代的张爱玲，她那时的同学必要夸张地模仿道："喔！爱玲，'我忘了'。"在整饬、清肃、以培养淑女为志职的教会学校，她当然是一个怪人、一个异数。

与她的怪、她的懒散健忘同样出名的，是她优异的学习成绩。她虽然常常不交作业，考试时却总得"A"或"甲"。当然，最让师生对她刮目相看的还是她的作文。

教会学校与一般学校的不同处是它将全部课程分为中文、英文两部分，最看重英文，数、理、西洋史等课程均用英文讲授，教师大都是外籍人，以老小姐居多。中文部则设国文及本国史地三科，教初中的多为师范毕业的中国小姐（《封锁》中的翠远多半就是从她们中间找到的原型），教高中的则多为前清科举出身的老学究。学校是贵族化的，要的似乎也是贵族化的国文——古国的古董。作文的命题常常是"说立志"、"论知耻"之类，比中国人办的学校更来得国粹，倒像是张爱玲家里私塾式教育的意外延续。如果她一直由那些老学究来教，以她的根底，她肯定也还是比她的同学更出色的学生，但是因为大家学来都无兴致，也不当回事，同学对她就未必会有那样佩服了。碰巧教她们的国文老师换了一位热衷新文学，又颇能鼓起学生对文学的兴趣的汪先生，这对她倒是件不大不小的幸事。

这位汪先生叫汪宏声。我们对他最应表示感激的不是他给了张爱玲多少有益的教导，也不是他最早发现了张的才华，而是他在张爱玲如日中天的时候写了篇题为《记张爱玲》的文章，成为后人了解张中学时代在学校中的情形的难得的材料，此外就是学校在他的发起下，出版了一种32开的小型杂志《国光》，从上面我们得以看到张这段时间的几篇习作。

汪先生废了八股式的道德文章，转教学生去学习写景、状物、抒情，因为他标举新文学，学生都是年纪轻轻，又都是女生，他似乎顺理成章地在学生中造成了一种崇奉"美文"的风气。他常允许学生随意命题，而性之所近，学生一下笔很自然地就走上感伤抒情的一路。汪先生批作文时看到的一篇题为《看云》的散文也属此类，他很欣赏此文，虽说里面还夹杂了几个别字，但行文流畅潇洒，辞藻浓艳华丽，水准远在其他作文之上。此文作者即张爱玲。其时汪先生刚接任国文教师，学生的名与人尚对不上号，下一次课上讲评作文时逐一点名领取作文簿，他才识得这个学生：张爱玲坐在最后一排，穿着过时的宽袍大袖的衣裳，被点了名后神情呆滞地走上前来。汪先生把她大大夸奖了一通，并当场朗读了她的作文，她还是神情呆滞，脸上并无得色。

自此张爱玲便成了汪先生的宠儿，作文每每被用来讲解示范，其后出《国光》，也把她视做扛鼎的人物。只是张生性孤僻，对此并不热心，逢编者催逼索要稿件，又是每以"哎呀，我忘了"应之。她的不算多的投稿在校刊上篇篇都算得上是顶尖之作，赢得交口称赞。同学佩服，教师休息室里也常以她为话题。但是她在圣玛利亚女校引起最大轰动的习作，还要数她在某期《国光》上登的两首未署名的打油诗。两首诗均是地道的游戏之作，以戏谑的笔触调侃取笑了两位男教师，这大概是她的幽默讽刺才能的最初显示，观察细致，写来俏皮风趣。汪先生以为小有唐突，无伤大雅，故点头通过。但教会学校于师道尊严特别讲究，被取笑的二人中有一人将打油诗视为忤逆，一状告到校长处，校长如承大事找来汪先生和几位编者细问原委，且提出三种善后办法供选择：一是向老师道歉，二是《国光》停办，三是不许张爱玲毕业。张爱玲大约没想到事情会闹到如此严重，而就其性格而言，她是个对老师同学都可冷眼旁观，却绝对不好惹是非、找麻烦的人，写打油诗不过是游戏加逞才而已。不知事情闹大后——不许毕业对她希望留学深造的梦想可是不小的威胁——她是否感到后悔、惶恐，抑或仍是迟钝懵懂，全不在乎？好在最后是大事化小，小事化无了：汪先生主张用第一法，而那位告状者大概也觉计较得过分，善罢甘休了。

实际上张爱玲写出来的一定比她捕捉到的要缓和得多，而除了这两位老师之外，她于沉默寡言之中，于外人见到的呆滞神情后面，一定也在用她的挑剔而带嘲弄意味的目光打量着周围的一切人。她没有在日后的创作中更多地利用中学生活的经验,也许是因为与她从家庭生活中获得的经验相比,与她其他的直接、间接的经验相比,这部分经验显得苍白、平面,缺少浓郁的人生味,我们只是在她后来的一篇不甚出色的人物素描《殷宝滟送花楼会》里约略可以领略到她对"女学生少奶奶的轻车熟路"的冷眼观察,以及对母校那段生活的零星回忆。——除了加入了自己的理解之外,这篇作品里的故事、背景显然都是纪实的。

张爱玲的作文虽享誉全校,她的国文水准虽受到汪先生的一再推许,但是看来并不是每个教师都肯赏识她的才华,至少圣约翰大学的考官就不肯——张爱玲中学毕业后报考该校,国文居然没考及格。汪宏声在文章中提到了此事,不无称奇之意。不过他更感到惊奇的还是张爱玲在毕业年刊调查表的"最恨"一栏中填入的一行字:"最恨——一个有天才的女子忽然结了婚。"此话出自一个十七岁的少女之口,确是惊人之语。这里面多少有点"语不惊人死不休"的意味,不过自况的成分也是不容怀疑的:那时她的自信心"日益坚强",还未在母亲的怀疑目光下演为自卑,她颇以才女自许;另一方面,她对母亲的不幸的婚姻与自己的命运作了夸张的联想。汪先生看了之后惊奇、不解而又对这位得意的学生表示理解,很爱护地希望她"暂时——只好希望是暂时——不结婚"。

以他对张爱玲的赏识、抬举,以及在打油诗风波中对她的回护,汪宏声可以算是张的一位"恩师"的,可是他似乎与圣玛利亚女校一起,都在张爱玲不想提起、愿意忘却之列。不知她对这位老师作何感想,她从未在文章中提起过这段师生之谊,也从未表示过感激之情,她肯定读过老师写自己的那篇文章,但我们不知道她的反应。不过我们也不妨把涉及她中学时期习作的那篇《存稿》看做一种含蓄的表示:她否认自己从她的国文教师那里得到了什么为文之道,她把那些受到奖掖的作文都给否定了。——既然她对新文艺已渐生不满乃至鄙薄之意,她对热心鼓吹这种"新台阁体"的汪先生当然也就说不上有什么敬意了。

中学毕业以后,张爱玲在家温书准备考大学,我们在此可以回过头来补接上前面写到的她在母亲家的那段生活,等她母亲的淑女培训两年计划过去,她已经准备着启程去香港念大学了。她母亲的两年计划宣判了她最终是一个不合格的淑女,但她在另一种考试中是合格的——那时英国伦敦大学在上海举行招生考试,她考取了。也恰在此时太平洋战争爆发,英国去不成,她这才改入了香港大学。

自从接受私塾式的教育开始,张爱玲就一直是个用功的好学生。因为要好、上进心强,她似乎从来没有让大人、先生为她的读书操过心。小时候因为背不出书,她自动加班加点,枯燥乏味的课程她也学得用心尽力。似乎只有沾上淑女味的科目她才会偷懒耍滑,比如钢琴。她喜欢钢琴正是她醉心母亲那种生活情调的那一时期,"其实喜欢的不是钢琴而是那种空气"。当她明白了学钢琴是怎么一回事,而琴先生又因为她偷懒常打她的手之后,钢琴在她眼中就成了"苦难",常在应当练琴的时间坐在钢琴后面的地板上看小说。但是对于那些于她的前途有影响的课业她从来不敢怠慢,不管喜欢不喜欢。

似乎从中学时起,她已经认定自己不会像周围的同学一样,走"女学生——少奶奶"的路,中学毕业后她母亲更是明确地让她自己做过选择。她称她母亲提出过"很公允的办法":如果要早早嫁人的话,就不必读书,用学费来装扮自己;要读书,就没有余钱兼顾到衣装上。这同她在逃离父亲家之前母亲捎话让她想明白的问题实质上是一样的。不用说,张爱玲选择了后一条路。不论走哪条道,好的成绩当然都需要,但对于走"女学生——少奶奶"路线的人,好成绩在更大的程度上只有装饰的意味,对于张爱玲,好成绩、高分数却有更实际的意义——她是要仗恃它们去获取深造的机会,最终为自己赢得社会地位与名声,所以她格外地用功。到了香港大学以后就更是如此。她的目标很明确:争取在毕业后能到英国继续深造。

张爱玲的反应并不快,她的聪明不是属于那种捷才型的,而且在港大学习的那些课程肯定不都是她擅长并且喜欢的,她也不见得都能做到举重若轻,但是用她自己的话说,那时她"真的发奋用功了",她"能够揣摩每一个教授的心思",所以"每一样"功课总是考第一,并且连得了两个奖学金。有一位教授曾说他教了十几年的书,从来没给过他给张爱玲的分数。于此可见她对分数的看重,而她为这些第一是付出了代价的。代价包括她暂时放弃了写小说的嗜好,自她断文识字、上小学、上中学,我们都可看到她的习作(规定的作文之外的),而这三年却是空白;她也不再大看她所喜爱的章回小说,直到日本人进攻香港,她的计划被打断,她才在旧小说中陶然忘情了一回。大约只有绘画没有完全被她牺牲掉,但那也是因为不占太多的时间,而且她放开手来尽情地画,也还是在战事发生之后。此外她牺牲的还有闲暇游玩时的一种轻松的心境。偶与同学出去游山玩水、看人、谈天,她总是被迫着的，心里很不情愿，认为是糟蹋时间。

后来她承认，在香港的三年，于她真正有益的也许还是学业之余的这些与山水、人，与环境、社会的接触。此话当然不难从她后来创作的那些香港"传奇"中得到印证。香港对于张爱玲是个全新的天地，这里的接近热带的地理自然环境，蓝的海、红土的山崖、长得泼辣妖异的植物，总之是浓得化不开的景物，还有殖民地的怪异的风俗人情，无一不给她留下新鲜、深刻的印象。在她这个外来者的眼中，这一切都化为一种刺激的、犯冲的、不调和的色彩和情调。这里的人也是令她感到新鲜而又陌生的。她的同学多半来自英国各殖民地国家，印度人、安南人、马来西亚人、南洋华侨的子弟、英国移民的后裔、欧亚混血儿都有，种族、文化背景各不相同。她中学的那些同学与她的背景纵有不同，相去亦不至太远，何况大都是在相同的环境中长大的，她现在的同学，则其心理、行为方式对她都有几分谜的味道。

她的计划、她的上进心抑制了她的好奇心，那时她并没有花更多的精力探究这块地方、这些人，而且她恐怕也没想到这里的一切会进入——至少是那样快地走进——她的小说。但是在港大的三年已经使她对这里的一切留下深刻的印象，她于有意无意之间已经捕捉到了一些重要的信息。如她自己所说，"生活空气的浸润感染，往往是在有意无意中的"，不必先有个存心。所以一旦回到上海，提起笔来写小说，不久前她还生活于其中的那个世界，她在那里见到的、听到的、感到的，都在她的意识中鲜活地蠢动起来，迅即为她的想象力照亮。她最先写出的"传奇"都是香港传奇：最早发表的三篇小说——《沉香屑：第一炉香》、《沉香屑：第二炉香》、《茉莉香片》——都是以香港为背景的。有时为了营造特异的气氛，她想象着让她熟悉的一些人物原型来到香港的舞台上上演他们的悲喜剧。《茉莉香片》中，聂传庆孱弱、萎靡的形象的塑造部分地来自她对弟弟的追念和印象，传庆的父亲与后母则有她父亲和后母的投影，而故事发生在香港。

同时，细心的读者会发现，张爱玲的香港传奇比她的上海传奇带有更多"怪力乱神"的成分，这恰好是因为面对着香港，她有更多的好奇和惊讶。她说她是"试着用上海人的观点来察看香港"，而她可以采取这种立场，当然因为她是一个上海人。在她的眼中，香港的生活充满了怪异和不谐调，与日常的经验不相衔接。我们可以感到张爱玲在小说中用力捕捉并刻意地要传达出她对香港的种种印象，她在创作中的相当一部分快感也来源于此。虽然她更大的兴趣在故事的情节和人物的命运，但是我们仍然可以说，这个刺目、犯冲、不中不西、半土半洋、缺少传统的小小殖民地是她小说中一个潜在的角色。在她的香港传奇中，这块地方的色彩、情调与小说中的人物给我们留下的印象同样鲜明，在某些篇章中，前者给我们的印象之强烈，甚至超过了后者。

事实上，即使撇开外部环境给她的新奇感不论，如果不是心里时时牵挂着学业、成绩的话，单凭她自己的小环境的变化，她也有充分的理由尽情地投入到课余的那些活动中去。须知从小到现在，她一直是在家长的监护，或是教会学校的严格规矩的管束之下，从来没有体验过自由自在的滋味，甚至长到十七岁，她还没有独自一人上街买过东西。大学不比中学管束得严格，她一人在外也没有了母亲家中的清规戒律，正是可以逞意而行的时候。可是为了她的计划，她心甘情愿地把到了手的自由大部分都捐弃了，她在户外的有限时间，绝大部分倒是抱着书在教室、图书馆、宿舍这几个点之间的路途上来去匆匆。

虽说她留学深造的计划未能实现，她付出的代价却不能算是白费，且不提她门门第一的成绩，她对西方文化、西方历史和文学的了解是在这三年里打下的底子。她的人生观也是在这段时间里成形，证据是，她离开香港不久后即走进文坛，而她一出手写出的作品（不论是英文的还是中文的）已经显示出她对人生的独特而稳定的把握（其后很少变化，有变化也不是方向性的转换）——那已经是一种相当成熟的人生态度，中学时代她与这样的成熟相去还很远。只是不论在美学趣味方面，还是在人生观方面，她得自教师的地方很少，多半是自己的揣摩钻研。这也是她与一般循规蹈矩的好学生的不同之处：她虽为了高分可以费神去揣测教师的心思，但从中学到大学，其实没有几个教过她的人是她所佩服的，所以没有几个教师能对她产生真正深刻的影响，包括将她视为得意学生的汪宏声。也许只有一人是例外，这就是她在港大时的历史教授佛朗士。

据张爱玲的介绍，佛朗士是个豁达随便、有几分玩世不恭的英国人，"彻底地中国化"，会写中国字，而且写得不错，爱喝酒，爱抽烟。他在人烟稀少处有三幢房子，一幢专门养猪；因为不赞成物质文明，家里不装电灯、自来水，备有一辆汽车却是给用人买菜赶集用的。他的不修边幅和三分玩世使他没有多少英国人惯有的道貌岸然的绅士气，倒有几分中国文人的名士气。校中纷传的关于他的一件趣事即可见出他的名士气的一斑：他曾与中国教授们一同游广州，到一个名声不太好的尼姑庵里去看小尼姑。他的玩世也见于他对英国的态度。他是大英帝国的臣民，对于英国的殖民地政策却没有多少同情，但也看得很随便——"也许因为世界上的傻事不止那一件"（这是张爱玲的推测）。

佛朗士自然也把他的作风带到了课堂上。他对那些枯燥乏味的教科书以及四平八稳的历史书显然是不满的，"官样文章被他耍着花腔一念，便显得十分滑稽"。张爱玲从中听出了他对历史的"独到的见地"。她曾说："现实这样东西是没有系统的，像七八个话匣子同时开唱，各唱各的，打成一片混沌。"因此她私下里总希望历史评论家"多说点不相干的话"，而她在佛朗士这里听到了。佛朗士的授课即使对张没有决定性的影响，至少也启迪和支持了她后来的态度："清坚决绝的宇宙观，不论是政治上的还是哲学上的，总未免使人嫌烦。"张爱玲称学生（当然也包括她自己）从佛朗士那里"得到了一点历史的亲切感和扼要的世界观"，并且说"可以从他那里学到的还有很多很多"——她在文章里还很少对别人表示出这样的敬意。

这位教授讲的是哪一段历史，他究竟向他的学生灌输了怎样的思想，这些都不得而知。值得注意的是，"历史的亲切感"与"扼要的世界观"恰好也点明了张爱玲把握、认识人生的独特方式以及人生观构成上的特点。她厌恶理论，并不追求观念上的自相一致，而希望在对历史、人生的"亲切感"与"扼要的世界观"之间求得平衡与统一。所谓"扼要的世界观"，作为对人生、对世界的粗略看法，本身也许分量不够，却因为有对历史、对现实的深切感受做底子而显得丰厚。在粗略的一条条看法之间，直接与间接的经验维持着活跃的演出，貌似矛盾的见解皆消融、调和于深切的感受以及对现实的态度之中。唯其如此，人生观对张爱玲具体而微，几乎是一种可以触到、见到、嗅到的不失感性生命的存在。

◇ 就读于上海圣玛利亚教会女校时的张爱玲

◇ 就读于香港大学时的张爱玲

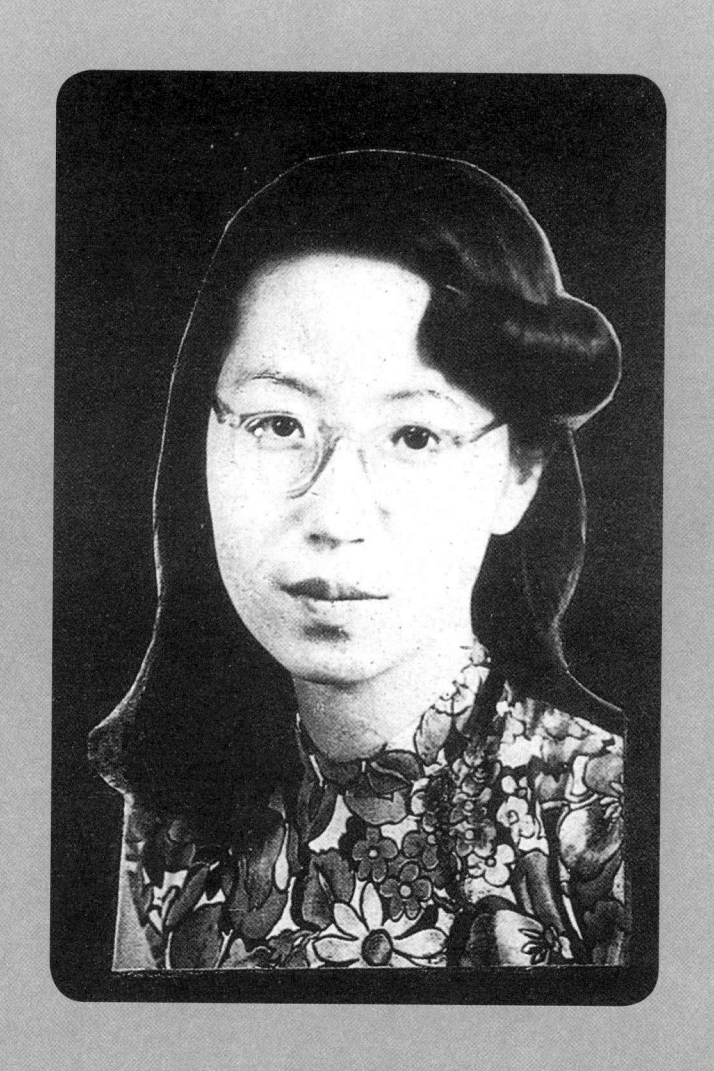

港战中的印象

张爱玲一心读书,两耳不闻窗外事。窗外事正多,不由分说地来影响她的命运。1942年12月,日本人进攻香港,中断了她埋首书本的学生生活,几年前因为欧战,她未能如愿去英国读书,这一次她毕业后赴英国深造的计划再次受挫。不过对她不久以后就将开始的写作生涯而言,学业的中断未尝不是一件好事。到此时为止,张爱玲一直生活在一个与社会保持着相当距离的封闭环境中,她的人生经验差不多全是家庭生活提供的,对更广阔的社会生活的了解大多来自阅读以及其他形式的间接体验。战事使她得到了一次直接与社会照面的机会,从战争爆发到她离港返沪,中间只有很短的时间,而且以她的内省与疏离的倾向,她依然扮演着被动的角色,但是如她自己所言,这段时间里的所见所闻对她有"切身的,剧烈的影响"。关键是她的"身世之感"中注入了更多非个人性的内容,她的个人经历与一种对社会、历史、人性的更广大的体验衔接了起来。如果说在开始写作生涯之前,张爱玲已经拥有一个相当完整的经验世界,一个稳定、成熟的人生观,那么可以说,港战中的经历为之补上了最后的,也是重要的一笔。

香港是英国人的殖民地,香港的抗战是英国人的抗战。开战的消息在这里并没有像在内地那样激起高涨的民族情绪。张爱玲是个冷眼的旁观和体验者,像她周围的大多数人一样,映现在她眼中的战争不是它的政治色彩、民族色彩,而是它的灾难性质。在这个意义上,战争如同不可抗拒的自然灾害。

英军的一座要塞挨着港大，日军的飞机来轰炸，她和同学们都躲到宿舍最下层黑漆漆的箱子间里，听着外面机关枪响着如同雨打残荷，有说不出的惶恐和恍惚。几天禁闭过后，港大停止了办公，有地方可去的同学都走了，张爱玲随了一大帮同学到防空总部去报名，领了证章参加守城工作。此举是出于不得已，她倒不是要做志愿者：学校已关门大吉，离开学校她便无处可去，吃住都无着落。可是领了证章也不见得就得了保险，战事期间到处都乱作一团，像她这样的防空团员只能分到米和黄豆，没有油，也无燃料。张爱玲原本不善自理，更未对付过这种日子，也许是无从措手，也许是懒得动手，她接连两天什么都没吃，"飘飘然去上工"。

她对饥饿的体验毕竟是肤浅的、次要的，更重要的是她体验到了人生的安稳是何其脆弱。在灾难的背景下，所有的一切都失去了确定性。她回忆围城中的感受时这样描述道："……什么都是模糊，瑟缩，靠不住。回不了家，等回去了，家也许已经不存在了。房子可以毁掉，钱转眼可以成废纸，人可以死，自己更是朝不保暮……无牵无挂的空虚与绝望……"——仍然是一种不安全感，只是它现在已不仅仅是建立在纯粹个人遭际的基础上，而获得了更广阔的视景。同时，由于战争带来的破坏与一己环境中的不和谐相比更是无从捉摸、无从控制的，因此不安全感也就来得分外强烈。就在这样的感受中，张爱玲升腾起自己关于个人命运的玄思：社会、历史的运作有如天道无亲，个人是渺小而微不足道的，他被拨弄于不可知力量的股掌之间，根本无从掌握自己的命运，自觉的努力、追求"注定了要被打翻的吧"？面对一己人生的沉浮变幻，人唯有茫然、惘然。

这样的想法后来成为她下意识的一部分背景，往明确里说，也可以讲是她对人生的稳定把握的一部分。战争、社会性的运动等等非个人的人类行为在她皆表现为惘惘的威胁，无情地侵入个人的世界，不由分说地将个人裹挟而去。此后张爱玲还将通过自己的经历、见闻和感受一再向自己印证这样的认知。比如，1949年以后到她离开祖国大陆这段时间里她的所见所闻所感，就肯定再次对她证明了惊天动地的变革面前，个人世界的安稳是如何难以守护。所以她的小说尽管大多不是社会性的，然而超出那些沉醉于封闭世界的浑然不觉的人物的视界之外，读者总能隐约意识到故事后面是一个风雨飘摇的世界。不管后来她如何深化和丰富她的认知，她的这种忧患意识首先是在港战中获得的，在《倾城之恋》的结尾，她借着对白流苏命运的议论，将她在港战中的感受直白地表达出来。

可以让她对个人命运产生惶惑、迷惘之感的一个具体事件是佛朗士教授的死——这是港战期间对她触动较大的一件事。佛朗士同其他英国人一样被征入伍，张爱玲还记得开战以前，每逢志愿兵操演，这位豁达幽默的教授总会带几分调侃拖长了腔调通知他的学生："下礼拜一不能同你们见面了，孩子们，我要去练武功。"开战后的一个黄昏，佛朗士回到兵营里去，一边走一边思索着什么问题，没听见哨兵的吆喝，哨兵便开了枪。令她感叹的还不是佛朗士死在自己人的枪下，决无"求仁得仁"的壮烈，而是这位有几分玩世的教授其实对保卫殖民地并无多少热情，他之入伍亦无多少"志愿"的成分，不过是无可无不可的随波逐流，不欲有异于众而已，谁知竟莫名其妙送了命。换了坚定的历史唯物论者，或许会以必然、偶然、不可免的牺牲之类来解释此事，但是对于张爱玲，理论是从来没有说服力的，她不能不感到人类行为的荒诞、不可理喻，也不能不从佛朗士的命运去怀疑世上是否真有所谓因果的法则。不知是出于有心还是无意，她述及此事时用了"枪杀"一词（"我们得到了佛朗士教授被枪杀的消息"），或许她觉得这个字眼犹能传达出某种荒诞感，以及这意外事件中包含的人生讽刺？无论如何，此事给她印象之深是显而易见的。她颇有几分动情地感慨道："想不到'练武功'竟送了他的命——一个好先生，一个好人。人类的浪费……"除了对胡适之，我们还很少看到她对谁有这样的追念之情。

但是张爱玲在更多的时候当然仍是保持着她冷眼旁观的一贯作风，她将冷静而挑剔的眼光投向周围的人，同时也投向自己，于众人的种种反应与行为中张看着人性。她发现了人性的盲目和偏执，人人都缩在自己封闭的壳里，对现实的处境浑然不觉："我们对于战争所抱的态度，可以打个比喻，是像一个人坐在硬板凳上打瞌睡，虽然不舒服，而且没完没结地抱怨着，到底还是睡着了。能够不理会的，我们一概不理会。出生入死，沉浮于最富色彩的经验中，我们还是我们，一尘不染，维持着素日的生活典型。"她的同学因战时没有相应的时装而犯愁；飞机在天上扔炸弹，门洞子里躲空袭的人在无谓地争闲气，谁都振振有词；一个受轻伤的年轻人因暂时成了众人注意的中心而洋洋得意；空袭警报刚刚解除，人们又"不顾命地轧电车，唯恐赶不上，牺牲了一张电车票"……落在她眼中的这一切都让她相信战争并不带来真正的震荡，人们一边本能地惶恐着、惊怕着，一边对情势的严重性毫无意识，虚荣心、贪小利、自我中心等这些世态剧中最常出现也最易受到嘲讽的内容在战争的灾难背景下仍然若无其事地继续搬演着。

张爱玲亦是她平日的疏离态度。她经历的最惊险的一幕是有一次飞机扔炸弹，轰然一声似乎就掼在头顶上，她将防空员的铁帽子罩住了脸，黑了好一阵才知自己没有被炸死。她是防空员，但那身份与她似是不相干的，她称自己是个"不尽职的人"，她还是在局外。防空员驻扎在冯平山图书馆，张爱玲在这里找到一部《醒世姻缘》，"马上得其所哉，一连几天看得抬不起头来"。图书馆房顶上架着高射机枪，成了日军的轰炸目标，炸弹一颗颗轰然落下，越落越近，她只想着："至少等我看完了吧。"还有一部《官场现形记》，她大约也是在这里发现的，这书也能让她读得如醉如痴，浑然忘我。虽然外面战火纷飞，围城中的大部分时间她还是能在躲空袭的人群中找到一个角落，埋头读她的《官场现形记》。她那时已经因用功过度患了深度近视，光线不充足，书上的字又印得极小，她还是"在炮火下"把书读完了。一边读，她一面担心的还是"能够不能够容我看完"，倒不担心她的眼睛——"一个炸弹下来，还要眼睛做什么呢？"然则若是炸死了，读书又有何用呢？这个她却没自问，读书在她已成一种本能行为，以后她去当看护，也还是躲在一边看书。

十八天的围城过去，香港落入日本人之手，应该说是沦陷了，可是香港原本是殖民地，战事的平息好似灾难的过去，人们反倒沉浸在莫名的兴奋、狂喜之中。——"我们暂时可活下去了，怎不叫人欢喜得发狂呢？"张爱玲还记得和她的同学一道满街寻找冰激淋和唇膏，挨个闯进每一家店里打探是否吃得上冰激淋，得知有一家第二天可能有卖，这些平日养尊处优的大小姐次日居然步行十多里路去饱这点口福。而且她们天天带了莫名的兴奋到城里逛街。她后来称她就是在这段时间里"学会了怎样以买东西当做一件消遣"。在街上逛着，她看见这里那里触目皆是小吃摊，三教九流的人，包括衣冠楚楚的体面人都改行做了饼师。有时她们立在街头的小摊上吃滚油煎的萝卜饼，尺来远脚底下就躺着穷人青紫的尸首，就这也不能打消她们的兴致。

一面没在狂喜的人群里，一面她却也有众醉独醒的冷眼观照："香港重新发现了'吃'的喜悦。真奇怪，一件最自然、最基本的功能，突然得到过分的注意，在情感的光强烈的照射下，竟变成下流的、反常的……宿舍里的男女学生整天谈讲的无非是吃。"一个重大的事件过去，在人们的意识中竟没有留下什么痕迹，没有反省，没有对人生的真正了悟，有的只是动物式的本能的庆幸，一种延续生命

的可能，一个重新吃东西的机会，生存的最起码条件一下变得有如上天赐福，带来令人难以置信的巨大满足，这不能不使她感到人性的盲目和人的可怜可笑。

她的一位叫苏雷珈的同学倒是因为战争变得话也多了，人也干练了。苏雷珈来自马来半岛的偏僻小镇，原先受的是修道院式的教育，她学的是医科，无知到会向人打听被解剖的尸体是否穿衣服，校内传为笑谈。用张爱玲的话说，她是"天真得可耻"。虽然她不大可能是《沉香屑：第一炉香》中愫细的原型，我们仍可以从小说开始时带了夸张神秘表情向"我"讲述"秽亵"故事的那个女孩身上瞥见她的影子。开战后苏雷珈念念不忘她的时装，炸弹就在宿舍的隔壁爆炸，舍监在催促众人下山，她仍力排众议将衣服收拾了一大箱冒了炮火运下山。箱子里的衣服在她当临时看护时给了她"空前的自信"，她因此得了男看护的注意，自信地与男看护们混在一起，她胆子大了，能吃苦，能担风险，也会开玩笑了。张爱玲的冷眼引导她去发现苏雷珈的转变其实是虚荣心的作用，她还是她。她叙述此事固然有戏谑之意，里面却有真实的心理观察。

与大多数学生的漠然、空虚相比，有位叫乔纳生的同学可以称得上是有为的青年了。他曾经加入志愿军上阵打过仗，停战后众人庆幸狂欢，唯独他充满鄙夷和愤恨，他鄙夷的不是周围人对战争的漠然，愤恨的不是未能打赢这场战争，而是计较原先许给他们这些志愿兵的特别优待条件没有兑现。打仗时他受命与另一学生出壕去将受伤的英国兵抬进来，他对此事耿耿于怀："我们两条命不抵他们一条。"张爱玲揶揄地称乔纳生"有三分像诗人拜伦"，出生入死，他仍然是他素来的自我中心，生活在自己的幻想里，"投笔从戎之际大约以为战争是基督教青年会所组织的九龙远足旅行"，战争实质上丝毫没有让他对现实有所认识。

然而战争毕竟是战争。港大的学生开战之初大都乐得欢蹦乱跳，因为平白免去了一场大考。战争中吃够了苦头，他们多少改掉了不切实际的作风，用张爱玲的话说，是"比较知道轻重了"。只是这由务虚到务实的转变令她悚然，更让她感到人的空虚。困在学校里的学生无事可做，成天就是买菜、烧菜、调情，无聊地在玻璃窗上涂满"家，甜蜜的家"的字样，或者是进入更直接的"男女"。这是否就是人现出的本相？张爱玲不禁要怀疑人是否真有所谓"进步"："去掉一切浮文，剩下的仿佛只有饮食男女这两项。人类的文明努力要想跳出单纯的兽性生活的圈子，几千年来的努力竟是枉费精神么？事实是如此。"这种怀疑态度成为张爱玲张看人生、考察人性的又一个稳定的视角，她总是能够发现现代人的机智、装饰后面的空虚，逼使她的人物露出原始人的本相。

不过最令张爱玲感到不耐的，还是乔纳生式的"热血青年"。在她看来，他们慷慨激昂的调子空洞苍白，而且可笑，因为与真实的人生毫不相干。内地的青年在抗战爆发之初对未来充满幻想，相信战火将给民族带来生机，人亦将成为崭新的人。张爱玲执著于她的所闻所见，同时也受她独特的视角的指引，对"炮火的洗礼"云云唯有不屑和鄙夷。相比而言，她看到人们在现实面前退缩、屈服，却表现出更多的宽容和同情，因为以她的观点，那毕竟是对真实人生的某种趋近。

香港战事中，许多人受不了无牵无挂的空虚绝望，急于抓住一点实在的东西，没结婚的人都赶着结婚了。报纸上挤满了结婚广告，张的同学中提早结婚的也有。她在防空总部的办公室里曾遇到过一对准备领结婚证的男女，她揣度那男的"在平日也许并不是一个'善眉善眼'的人"，他或者是个范柳原式玩世不恭的浪荡子，可是现在到这里来借汽车，一等几个小时，却是不时地与新娘子默默对视着，眼里满是恋恋不舍之情。朝不保夕的环境教他学会了怜取眼前人，珍惜到手的东西。这一幕给张爱玲极深的印象，或者她由此得了创作《倾城之恋》的灵感也未可知。至少我们可以说，她替白流苏、范柳原安排下那样一种结局时，脑子里一定想着那些匆匆结婚的人们，尤其是那对男女。放弃人生的其他许多重要的内容，退缩到个人生活的封闭小天地，固然令她感到莫名的悲哀，另一面她也有理解的同情，范柳原态度的转变在她看来乃是"艰苦的环境中应有的自觉"。假如说"自动地限制自己的活动范围，到底是青年的悲剧"，那这悲剧中也贮满她乐于寻觅的人生的苍凉意味，而张爱玲写《倾城之恋》也正是要传达出这种意味。

香港沦陷后，张爱玲倒又同她的许多同学一起，到"大学堂临时医院"去当看护。与她去做防空员一样，她做看护也还是出于不得已——张爱玲从未对社会服务表现出什么热情。这医院利用的就是港大的校舍，环境原是她所熟悉的，现在住满病人，对她成了一个陌生的、从未接触过的世界。她的病房里住的大都是战事中中了流弹的苦力，或是战乱中趁火打劫抢东西被击伤逮捕的人，断胳膊断腿，沉默、烦躁地躺在那里。脏乱的环境、污浊的空气、流血流脓的伤口、奇臭的烂蚀症、残损的肢体、麻木的面孔、痛苦扭曲的表情，这一切与张爱玲熟悉的充满布尔乔亚气息的世界相去实在太远，仿佛是现实的肮脏的某种呈现，逼着她注视。

虽然她在另一场合说及中国人的生活时曾说"脏与乱与忧伤之中，到处会发现珍贵的东西，使人高兴一上午，一天，一生一世"，她在病房里却全无这样的宽宏和从容品味的心绪，她只有一种近乎本能的不自在、憎恶、恶心。

　　布尔乔亚的世界里如果有痛苦，那也绝不是这样穷形尽相的、赤裸的痛苦——她受不了这种痛苦。病房里有一个尻骨上得了烂蚀症的患者，痛得受不了，常常整夜整夜地大声呻唤，张爱玲没有同情，唯有厌恶，"因为他在那里受磨难"——生命应当是华美的，是尽情的享受，不该有这样的惨厉。她时常上夜班，那个病人的呻唤成了她的一种折磨。她给我们记下了某天夜里的情形，那时她的同伴都昏昏欲睡，唯她一个醒着，去厨房烧牛奶：

　　　　……我把牛奶倒进去，铜锅坐在蓝色的煤气火焰中，像一尊铜佛坐在青莲花上，澄静、光丽。但是那拖长腔的"姑娘啊！姑娘啊"追到厨房里来了。小小的厨房只点一支白蜡烛，我看守着将沸的牛奶，心里发慌发怒，像被猎的兽。

　　这一幕极准确地传达出张爱玲自己的形象，她于脏与乱之中仍能为自己布置起一个"澄静、光丽"的封闭小世界，她亦拼命地闭上眼睛拒绝、抵挡外面的肮脏现实，而那个现实如同病人悠长、痛苦的叫声，执拗地挤进她的世界，侵入她的意识，令她心烦意乱。

　　对肮脏现实厌恶、惧怕的情绪驱走了与现实保持一定距离时可能会有的同情心，她称她自己是一个"不负责任的、没良心的看护"。对于病人的要求，能不理会的她尽量不理会，烂蚀症病人不停叫唤着，直要到病房里的其他人都醒了，看不过去帮着一起喊，她才烦恼万分地出现。屏风后面是她的避难所，大部分时间她躲在那里看书，用书挡开外面发生的一切。她的同伴也和她一样冷漠。如果说有不同，那就是她有更多的恼恨，不光是恨那个病人，因为她一边逃避着责任，一边也在通过同伴和自己的行为、态度究诘着人性。那个病人的死使她们如释重负，同时我们又看到她以怎样的并不超脱的语气叙述她们的反应：

　　　　这人死的那天我们大家都欢欣鼓舞。是天快亮的时候，我们将他的后事交给有经验的职业看护,自己缩到厨房里去。我的同伴用椰子油烘了一炉小面包,味道颇像中国酒酿饼。鸡在叫,又是一个冻白的早晨。我们这些自私的人若无其事地活下去了。

尖刻的讽刺后面是压抑了的悲哀。在这里,她和同伴的态度皆成为一种人性的证明,向她证明着人的孤独与自私,其中包含着人生的讽刺。张爱玲的冷嘲并无多少自责之意,她无意于道德上的判断,假如人的本性就是自私的,假如人生来就是孤独的,自责又有何用?对于她,问题的关键不是道德原则的重申,而是人性的真相必须接受。战争的特殊环境使得这真相骤然地以某种较平时更为触目的形式暴露在人们面前。在《烬余录》的结尾,我们看到张爱玲带着难以明言的复杂情绪接受她所发现的真相:

时代的车轰轰地往前开。我们坐在车上,经过的也许不过是几条熟悉的街衢,可是在漫天的火光中也自惊心动魄。就可惜我们只顾忙着在一瞥即逝的橱窗里找寻我们自己的影子——我们只看见自己的脸,苍白、渺小;我们的自私与空虚、我们恬不知耻的愚蠢——谁都像我们一样,然而我们每一个人都是孤独的。

张爱玲在香港战事中感受到的一切,全都浓缩在这儿了。

一个作家最好的早期训练是什么?海明威回答说:"不愉快的童年。"[①]这肯定不是绝对真理。假如可以将"童年"的时限大大放宽,或者干脆改作"早年",那此话对张爱玲至少是适用的。不愉快的经历使她早熟,使她养成内省的倾向,早熟、内省使她能够从自身的经历中提取更多的东西,所以她有一段并不算坎坷复杂的经历,却拥有一份并不简单肤浅的人生经验。对于不觉者,再丰富的阅历亦无用处,张爱玲的早熟早慧则使她有可能将有限的阅历转化为深度的人性体验,直至借此构筑成一个虽然狭小却相当深邃、完整的经验世界。她早年的经验之所

[①] 乔治·曾林浦敦:《海明威访问记》,见《海明威研究》,中国社会科学出版社,1981年,76页。

以特别值得注意，并且可以当做一个自足的世界来对待、把握，不仅因为这是她创作《传奇》的灵感源泉，更因她以此为依托，已经形成了稳定的人生观，其后的发展并未溢出这个基本的框架；同时她亦由此形成了张看人生的独特视角，在后来的写作生涯中一直没有离开过这个视角，纵使她求助于其他的经验，纵使她后来延展、扩大了自己的视景。

张爱玲的小说世界与她的经历，准确点说是与她的经验世界关系密切。这里所谓经验指的是个人经历中一些富有典型意味的事件里所凝聚的作家对于生活的主观感受；是事件对当事人的影响或者说是经历中已经为主观感受渗透、溶解了的部分。张爱玲不是那种天马行空、更多凭恃想象力的作家，她恋恋于事实的人生味——所谓"事实的金石声"。对于她，"生活空气的浸润感染"尤其重要，有了鲜活的感觉她才能自信地复活人生的原汁原味，而这感觉当然最好是向她的经验去寻找。另一方面，她的生活天地狭小，阅历并不丰富，所以她对自己的经验格外珍惜，力求使其涓滴不漏地转化到虚构世界中去。在她的小说创作中，尤其是在《传奇》里，她无疑最大限度地利用了她早年所经验到的一切，尽管它们在小说中出现时已经被高度地艺术化了。

细读张爱玲的小说，我们经常会发现她的生活经历与小说世界、她的个人经验与人物的感受之间的奇妙对应。没落的贵族之家是她小说中最常见的场景，不论我们将"场景"理解成环境、气氛，还是情调——张的"场景"通常具有三者打成一片的浑然一体的效果。我们在《金锁记》、《花凋》、《留情》、《倾城之恋》、《茉莉香片》、未完成的《创世纪》，乃至以女佣为主角的《小艾》中一再发现了它。在她小说中另一频频出现的场景是香港，而如前面说过的那样，她在香港的经历正是她经验世界的重要组成部分。她常常喜欢将这两个场景组合到一起，把她的两段生活放到一处来处理。她的人物大多在生活中是有其原型的，除去《茉莉香片》中传庆及其父母有她家人的影子之外，她小说中的许多其他人物也往往取自她熟悉或是有过接触的人，比如《连环套》中的霓喜及女婿，其原型麦唐纳太太、潘那矶先生她都见过。[1] 而据她自己后来所言，范柳原和《留情》中的米尧晶也有所本。[2] 虽然张

---

[1] 《〈张看〉自序》。
[2] 水晶：《蝉——夜访张爱玲》。张爱玲在同水晶的谈话中称《传奇》里的故事和人物，"差不多都'各有其本'"。谈到《红玫瑰与白玫瑰》时她说明男主人公和白玫瑰她都见到过，红玫瑰则只是听到过。

爱玲创造人物的习惯做法是"杂取多人为一人",她却喜欢从某个特定的原型开始,因为特定的原型(哪怕只见过一面也好)可以帮助她比较容易地找到她所需要的感觉,使她的想象有一个给她踏实感的凭附。

她笔下人物的许多感受经常来自她本人的具体经验,她也乐于将自己的感受寄植于不同人物的身上,借助人物对各自所处特定情境的反应表现出来。《沉香屑:第一炉香》中,葛薇龙作为一个穷亲戚的许多心理活动都传达出张爱玲在香港读书期间的感受。《十八春》中顾曼桢在禁闭中的恐怖感与张在父亲家被关禁闭时的感受显然也存在着某种对应,白流苏在意识到自己在那个没落之家必然的悲剧命运后发出的"这屋子里可住不得了!住不得了"的恍惚的自语,更无疑是她出走前在父亲家一段亲身体验在虚构世界的回声。张爱玲甚至也愿意让一些与她相去甚远的人物分享自己的人生体验。比如《金锁记》中七巧在姜季泽离去后对因与果的困惑反映了张爱玲对人生遭际复杂性的感慨,《留情》中米尧晶"对于这个世界他的爱不是爱而是痛惜"的叹喟是张对人生忧患意识的流露。

如此这般"拆碎七宝楼台",将艺术还原为材料,当然是煞风景的事情。事实上张爱玲决不肯像郁达夫一类的作家,径直把文学当做传记来作,亦不肯以简单的方式来处理她的自我形象。她的种种人生体验于她是共时性的存在,是相互渗透重叠的完整"世界",旧式家庭与香港两个场景的嫁接,将自己的情绪、感受寄植到不同类型的人物身上都是明证。找出张爱玲的生活与创作之间某些可以指认的关系并非要做索引,虽然它也许可以提供某些轶闻轶事的趣味,其真正的意义却是应该帮助我们感知她的经验世界与小说世界之间的整体的对应。英国名小说家格雷厄姆·格林有言:"一种占支配地位的经验赋予一书架的小说以一种体系上的统一性。"所谓"经验世界"可说是占支配地位的经验的总和。这是张爱玲意识的深层结构,或者说是下意识的一部分背景,不论她在某篇小说中直接描绘的是哪一个部分,作为一个整体,它们都在她想象力的深处蠢动,当虚构世界完成时,便化为弥漫其中的空气,不一定看得见,摸得着,但却无时不在,无所不在。而一个优秀作家的真正考验,当然是看他能否将个人性的经验真正地艺术化,升华为具有普遍性的东西。

不过在走入她创造的世界以前,我们最好还是先来看看张爱玲早年的另一种训练——写作基本功的训练,也追踪一下她回到上海后一举成名的经过。

少 作

张爱玲自称"从九岁时就开始向编辑先生进攻"①，但几次投稿都是泥牛入海无消息。那时的稿子是投给《新闻报》的本埠副刊，这一类副刊大约同晚报的副刊无大差别，总是以写当地之事，以当地人的眼光看人、看世为特色的。张家十有八九订了《新闻报》，盯准了这家报纸投稿，是张爱玲自作主张，还是家中大人的授意，我们不得而知，不过多半是家里人帮忙寄出的。生在高门大户，她不见得会有小户人家孩子的乐趣，一个人走到大街上，踮起脚把信件丢进高大的绿色邮筒。

十几年过去了，张爱玲红遍上海，当年的那位副刊编辑一定在大卖后悔药——他错过了一次当伯乐的机会。这时候是众编辑开始围攻张爱玲了。张爱玲无从应付，编辑便出主意让她翻箱底，拿些旧稿来用。她没有应命，但是却下决心去搜罗一番，来了一次自我回顾。回顾的结果是一篇题作《存稿》的散文。这给了我们一个难得的机会：看看张爱玲的少作。

如果刻意把张爱玲描绘成一个神童，如果想证明她天生就是个小说家，我们

---

① 《流言》1945年版中收有她的第一封投稿信的手迹，是一封稚气有趣的信："记者先生：我今年九岁，因为英文不够，所以还没有进学堂。现在先在家里补英文，明年大约可以考四年级了。前天我看见编辑室的启事，我想起我在杭州的日记来，所以寄给你看看，不知你可嫌它太长了不？我常常喜欢画画子，可是不像你们报上那天登的孙中山的儿子那一流的画子，是娃娃古装的人。喜欢填颜色，你如果要我就寄给你看看。祝你快乐。"（原信无标点）

可以说她的写作生涯七岁时就已经开始。她最初的一篇小说是一个无题的家庭伦理悲剧："一个小康之家，姓云，娶了个媳妇名叫月娥，小姑叫凤娥。哥哥出门经商去了，于是凤娥定下计策来谋害嫂嫂。"这小说未写完，一些要用到的字她还不会写，遇到笔画复杂的字，她便跑去让厨子教她。故事的内容与当时小报上的鸳鸯蝴蝶派小说很相似，她或者是从小报上得了灵感，或者更可能是从某个用人那里听来的。编个故事，用笔写下来，这事本身于她就是个大大的诱惑。她还是个七龄幼童，我们大可不必牵强附会，说她日后对家庭纠葛的兴趣在这篇涂鸦之作中已见端倪。

这小说半途而废的原因是她被另一个念头吸引住了：她要写一篇历史小说。篇名也没有想好，她就写起来，开头是："话说隋末唐初的时候。"大约是背唐诗时诗中那些大气华丽的字眼给了她一种特殊的感觉和印象，从那时起她就一直认定隋唐"是一个兴兴轰轰橙红色的年代"，所以也不要问这故事的情节，单是发生在隋唐这一点就让她兴奋。小说是在一个旧账簿的空页上起的稿，她用毛笔写满了一张，恰好有个比她大二十多岁、唤作"辫大侄侄"的亲戚走来看见，半调侃地夸了一句："喝！写起《隋唐演义》来了。"张爱玲听了很是得意。可是终于也只写了这么一张——起句套的是章回小说的句式（虽然"的"字搅在里面有点夹生），要从头到尾维持住这腔调，在一个女童实在不易。

八岁时她又换了个花样，尝试写一篇类似乌托邦的小说，题名《快乐村》："快乐村人是一个好战的高原民族，因克服苗人有功，蒙中国皇帝特许，免征赋税，并予自治权。所以快乐村是一个与外界隔绝的大家庭，自耕自织，保存着部落时代的活泼文化。"张爱玲描画这个世外桃源就像别的儿童搭积木盖房子一样兴致勃勃。[①]十二三岁时她继续玩空中楼阁的游戏，这一次起了个名字叫《理想中的理想村》。看她幻想中的极乐世界：

在小山的顶上有一所精致的跳舞厅。晚饭后，乳白色的淡烟渐渐地褪了，露出明朗的南国的蓝天。你可以听见悠扬的音乐，像一幅桃色的网从山顶上

---

① 《天才梦》中记叙她还为这理想社会绘了许多插图，"包括图书馆、'演武厅'、巧克力店、屋顶花园。公共餐室是荷花池里一座凉亭"。为自己的文字配图似是她的一种嗜好，《更衣记》英文本及《传奇》中的许多小说最初在刊物上发表时都配有精致、传神的插图。她肯定还有一些兴之所至为自己作品作的图释是没有发表的，此亦可见所写内容在她心中之明晰生动。

撒下来笼罩着全山……这里有的是活跃的青春，有的是热的火红的心，没有颓废的小老人，只有健壮的老少年。银白的月踽踽地在空空洞洞的天上徘徊，她仿佛在垂泪，她恨自己的孤独……还有那个游泳池，永远像一个慈善的老婆婆，满脸皱纹地笑着，当她看见许多活泼的孩子像小美人鱼似的扑通扑通跳下水去的时候，好快乐地爆出极大的银色水花……沿路上都是微笑的野蔷薇，风来了，它们扭一扭腰，送一个明媚的眼波，仿佛是在时装展览会里表演时装似的。清泉潺潺地从石缝里流，流，流，一直流到山下，聚成一片蓝光艳潋的池塘，在熏风吹醉了人间的时候，你可以耽在小船上，不用划，让它轻轻地，仿佛是怕惊醒了酣睡的池波，飘着飘着，在浓绿的垂杨下飘着……这是多么富于诗意的情景哟！

这乐园满是布尔乔亚的气息，点缀在这里的舞厅、游泳池，还有比喻中出现的时装，反映出那时的张爱玲对西式生活的向往。至少在这时候，我们还看不出日后成为文坛奇人的那个张爱玲的任何征兆：她的理想国恐怕也是她的许多女同学的梦想，她的文字刻意雕琢，我们只能说小学生搜罗到这许多漂亮字眼、连成如此浓艳的句子实属不易，但充其量也只是好作文而已。学校里有学校里流行的读物，其时张资平就正是中小学生中走红的作家之一，既然流行，做作文时不免就要模仿，张爱玲是同学中才华较高的模仿者。翻检旧稿，她对这个"昨日之我"大为不满，她可以轻松地调侃她写"历史小说"时的稚嫩可笑，而对这里的矫情造作却禁不住要"恶言相向"：她称这是她"最不能忍耐的新文艺滥调"，"一种新的台阁体"。她有过一行警句："那醉人的春风，把我化成了石像在你的门前。"多年后还能记得，自然是当时得意的佳句，说不定还是同学中传诵的名句，但是现在张爱玲真不愿意认这个账："我简直不相信这是我写的。"

事实上即便在当时，张爱玲对这种文体也觉得别扭。她有一位要好的同学也姓张，两人各有所好，一个喜欢张资平，一个喜欢张恨水——张爱玲从那时起就是张恨水的忠实读者。所以如果不是为了取悦老师，她私下里宁可循着自己的喜好去写曲折的言情故事——多一点情节，少一点抒情。她写成第一篇有头有尾的小说是在念小学的时候："女主角素贞和她的情人游公园，忽然有一只玉手在她肩头拍了一下，原来是她的表姐芳婷。她把男朋友介绍给芳婷，便酿成了三角恋爱的悲剧。"结局是素贞愤而投水自杀。小说用铅笔写在一本笔记簿上,这手抄本在同学中传观,众手相摩,以致弄得字迹模糊。张爱玲还记下了一桩趣事:故事中的负心汉叫殷梅生,犯了一个同学的讳,那姓殷的同学便来兴师问罪,责问"他怎么也姓殷?"自作主张就给改成了王梅生。张爱玲坚持作家的权利,复又改回去,几个回合下来,纸都擦穿了。

此后她开始尝试大部头,写了个纯粹鸳蝴派的小说《摩登红楼梦》。一共是五回,回目由她父亲代拟,前面已经提到。这小说显然写于中学时代。张爱玲对《红楼梦》一往情深,这时候情节、人物已是烂熟于胸,她把贾府中人引到现代的环境里上演喜剧,让宝玉、黛玉住楼房,让贾政坐火车,让贾琏摆出洋气派、洋礼节,但是人物仍按照原书中的性格行事:黛玉的小心眼、宝玉的惧怕父亲、贾琏的公子哥儿气……尤二姐并未吞金自逝,这会儿请下律师要控告贾琏始乱终弃;贾府里打发出去的芳官、藕官加入了歌舞团,又被贾珍父子追求;宝玉闹着要和黛玉一同出洋,负气出走,家里无奈,终于让步;最后是宝黛拌嘴闹翻,一时挽救不及,宝玉只好一人独自出国。故事情节不连贯,也别无寓意,是地道的游戏文章。可注意的是张爱玲现在驱遣章回体已经相当自如,她向我们出示的几段文字,无论叙事抑或人物对话,都已像模像样,见不出多少硬挺的痕迹。看她写贾琏得官,凤姐置酒相庆的一段:

凤姐自己坐了主席,又望着平儿笑道:"你今天也来快活快活,别拘礼了,坐到一块来乐一乐吧!"三人传杯递盏……贾琏道:"这两年不知闹了多少饥荒,如今可好了……"凤姐瞅了他一眼道:"钱留在手里要咬手的,快去多讨两个小老婆吧!"贾琏大笑道:"奶奶放心,有了你和平儿这两个美人胚子,我还讨什么小老婆呢?"凤姐冷笑道:"二爷过奖了!你自有你的心心念念的心上人放在沁园村小公馆里,还装什么假惺惺呢?大家心里都是透亮的了!"贾琏忙道:"尤家的自从你去闹了一场之后,我听了你的劝告,一趟也没有去过,这是平儿可以作证人的。"凤姐道:"除了她,你外面还不知道养着几个堂子里的呢!我明儿打听明白了来和你算一笔总账!"平儿见他俩话又岔到斜里去了,连忙打了个岔混了过去。

这与《理想中的理想村》用的全然是两副笔墨，她的同学看了一定也觉得有趣的。但这是通俗小说，上不得台盘，在学校里她还得写新文艺腔的东西。就读圣玛利亚女校期间，她在学校的年刊《凤藻》上发表了好几篇习作，有散文，也有小说。最初的一篇叫《迟暮》，千余字用来抒发一个"曾经在海外壮游，在崇山峻岭上长啸，在冻港内滑冰，在广座里高谈"，如今红颜已老的中年妇人"黄灯青卷，美人迟暮，千古一辙"的叹喟。其中的妇人或许有她母亲的影子（正合着她那时对母亲"辽远而神秘"的想象），情调、意境则像是从李清照、朱淑真一流女词人那里借来，由初二的学生写来，自然带些为赋新诗强说愁的味道。高二时写的一篇《秋雨》纯粹写景，捕捉具体物象的努力开始悄悄取代浮泛的感伤。字句虽是一般的雕琢，取譬设喻已见出些许奇特，比如"天也是阴沉沉的，像古老的住宅里缠满着蛛丝网的屋顶"。

此外校刊上也有她的议论文字，几篇读书报告和一篇《论卡通画之前途》。这些文字显示出张爱玲准确的判断力和鉴赏力，评林疑今《无轨列车》和丁玲《在黑暗中》的两则写得尤其好。她称丁玲有着"特殊的简练有力的风格"，评《莎菲女士的日记》："细腻的心理描写、强烈的个性、颓废美丽的生活，都写得极好。女主角那矛盾的浪漫的个性，可以代表'五四'运动时代一般感到新旧思想冲突的苦闷的女性们。"评《无轨列车》的一篇这样写道："这是一篇不甚连贯的漫画式的小说……中间插入二十余段与故事没有密切关系的都市风景描写，体裁很特别。全书开端以厦门鼓浪屿为背景，也许此地为作者所熟悉的吧，描写颇为真切流利，然而不久便不幸地陷入时下都市文学的滥调里去。写上海，写名媛，写有闲阶级的享乐，永远依照固定的方式，显然不是由细密的观察得来的……作者笔风模仿穆时英，多矫揉造作之处。"虽然寥寥数语，却要言不烦，是够格的书评。当年许广平向鲁迅请教为文之道，鲁迅称女性作文长于抒情，议论则是所短，往往说到一大篇仍击不中要害。张爱玲中学时的议论文字却比她的抒情散文更成熟老到。有趣的是，她评论的都是小说，而且对小说这样式已经颇有研究。

她更大的兴趣当然还是自己写小说。中学快毕业时，她在校刊上发表了两个短篇。"五四"以后，人道主义思潮一度成为知识界的主流。30年代，"阶级"观念流行，对下层的同情态度还是保留下来，知识分子视这态度为道德良知的标志，若发现了自己的漠然便要感到内疚。因为有太多"应该"的成分，那同情往往缺少诚挚的感人力量。但是在文学中表现对下层的同情已成半强制性的风气,很少有人能抗拒。身在教会学校高墙内的张爱玲提起笔来,也顺着这路子写成了一篇《牛》。这篇小说写的是贫穷:农人禄兴因家道艰难卖掉了耕牛,春来没有牛耕田,打算送两只鸡给邻居,租一条牛使,禄兴的女人伤心反对,挡不住要过日子,最后还是借了牛来。那是条蛮牛,不听使唤,反把禄兴顶翻刺死。禄兴女人成了寡妇。"展开在禄兴娘子前面的生命就是一个漫漫的长夜——缺少了吱吱咯咯的鸡声和禄兴的高大的在灯前晃来晃去的影子的晚上,该是多么寂寞的晚上啊!"用张爱玲自己的话说,《牛》"可以代表一般'爱好文艺'的都市青年描写农村的作品"。

另一篇小说是《霸王别姬》。30年代,历史小说的创作颇为热闹过一阵,作家们往往喜欢挑选家喻户晓的历史故事,或作翻案文章,或以现代意识重新给予解释,重头戏是作家的新眼光,历史背景描画的是否真切倒在其次。张爱玲的这一篇多少也是这种风气下的产物,它或者可以划入女性文学。仍然是英雄美人,仍然是垓下被围气短情长的一幕,这里的诗眼却是虞姬对自己命运的沉思。一场酣战后项羽沉沉睡去,虞姬走出帐篷,倚着营寨的栅栏凝神结想:"十余年来,她以他的壮志为她的壮志,她以他的胜利为她的胜利,他的痛苦为她的痛苦。然而每逢他睡了,她独自掌了蜡烛出来巡营的时候,她开始想起她个人的事来了。她怀疑她这样生存在世界上的目标究竟是什么。他活着,为了他的壮志而活着。他知道怎样运用他的佩刀、他的长矛、他的江东弟子去获得他的冠冕。然而她呢?她仅仅是他的高亢的英雄的呼啸的一个微弱的回声,轻下去,轻下去,终于死寂了。"果真他得了天下,那就有三宫六院,她终将被冷落、被遗弃。她对自己的思想"又厌恶又惧怕"。但是虞姬犯不着想那么远了。汉军围攻上来,项王要虞姬随他一起突围,虞姬怕他分心,拔出刀来刺进自己的胸膛。她躺在项王怀中,给他留下一句他听不懂的话:"我比较喜欢这样的收梢。"刚才的沉思是这谜语式句子的注脚:与其面对那样的命运,还不如有个漂亮的收场。是以此斩断无穷的烦恼,还是幻想用死换得冥冥中对项王的永久占有?或许二者兼而有之,于是虞姬的自刎成为一个美丽苍凉的手势。

这篇小说的确没有多少中国味道,不唯古装的人物披挂着全副现代思想的甲胄说话,而且虞姬在四面楚歌声中不想眼下的处境,却要多此一举地对另一种看来她已经不会有机会碰上的命运想入非非,实在也有几分蹊跷。值得注意的是这里的女性意识。张爱玲借这个古装的故事探讨了当代女性的处境：她们意识到自己对男人的依附，洞悉了这依附后面的空虚，却又无力摆脱这种依附，她们就在这两难之境中苦苦挣扎，虞姬的自刎不是真正的解脱，而是将这挣扎定格了——定格为一个美丽苍凉的手势。《霸王别姬》当然还有太多观念演绎的痕迹，几年后张爱玲将为我们勾画出女性的种种"苍凉手势"，那时她已经在其中注入了难以明言的人生感慨。

上学以前，张爱玲的家人是她的读者，在学校里她则有了更多的读者。老师对她的作文大加称道，同学中传观她的小说，这一定是校园生活中最让她愉快的时候。她没有可恃的美貌，也无活泼的性情，交际场中肯定不是个活跃人物，但是她的文章却让她小有名气。学生时代无忧无虑，正是容易醉心于文学的年纪，她的中学同学中试着写诗写小说的也不在少数，像她的同学张怀素，写的《若馨》已是篇幅颇大的小说，而校刊上也尽有名字出现得比她更频繁的作者。可是张爱玲仍然是最受老师、同学看重的一人。

学校的性质很可能也助成了一种文学的气氛。因为是女校，又是贵族化的教会学校，学生大都家境优裕，它的目标不是培养各种专门人才，倒是造就有教养的淑女，日后好做称职的夫人、太太。文学虽然不像钢琴那样可以充作标准淑女的金字招牌，但也是教养之一端，于陶冶性情大有益处的，当然也受到鼓励。[①]这样的环境很容易造就出几个闺秀派的作家，她们的写作颇多消遣自娱色彩，并不指望以此谋生，也不把文学当做须全力以赴的事业，嫁人或是其他一些原因都可轻易地使其放弃写作，出现在校刊上的大多数作者便是如此。所幸张爱玲没有踏上这条路，她有更浓厚的文学情结，当一个作家是她最绚丽的梦想，这个梦有时做得近乎痛苦，如她在《天才梦》里告诉我们的那样。

从中学毕业到一举成名，这中间数年时间里我们只有一个机会去追踪张爱玲作为一个作家的演进轨迹，这也是她步入文坛前在正式出版物上发表的唯一一篇文字，那就是获《西风》杂志征文比赛名誉奖第三名的《天才梦》。[②]因为它是一位被视为"天才"的敏感少女早熟早慧的告白，更因为它已然是一篇近乎"流言体"

---

① 这是说文学在校中也可受到鼓励，与重英文轻国文是两回事。
② 据张在《杂志》社主办的"女作家座谈会"上的发言，她发表的第一篇文字是一篇述冒险经历的英文散文，登在《大美晚报》上。但此文似乎在尚未被张氏"打捞"的极少数作品之列，也不知此文在发表的时间上与《天才梦》孰先孰后。

的散文,研究者均将其视为张爱玲的处女作。

《西风》是30年代极走红的一种综合性杂志,它以"译述西洋杂志精华,介绍欧美人生社会"相号召,注重趣味性、可读性,栏目五花八门,实为西式的鸳鸯蝴蝶杂志,然而因为沾了"洋"的光,虽通俗却仿佛有些身份,故而倾慕西式生活方式的中上阶层体面人家常以读《西风》为时髦。钱锺书在《围城》中写一洋买办的客厅堆了一大堆《西风》,便涉笔成趣将这种风气调侃了一番。《西风》的编辑兼发行人是黄嘉德和黄嘉音,黄嘉德最早将林语堂《生活的艺术》译成中文,林语堂的文章也一直是《西风》的重头戏,而且林语堂还是它的首席顾问,所以说该杂志是林系出版物的外围亦无不可。

仿佛是要让西方之风的影响及于国人的文字,这家杂志对提倡"西洋杂志文"尤感兴趣。所谓杂志文实质上就是一种适于副刊登载的文字,轻松、随便、家常,是林语堂鼓吹的那流小品文的普及版或大众化,其标本似乎就是美国《读者文摘》上最常见的那种文体。为刺激读者都来做杂志文,各将身边事款款道来,《西风》早就搞过征文活动,题目似乎是"我的家庭、婚姻"之类。创刊三周年之际又登出启事,"现金百元悬赏征文"。这一回的题目是"我的——":我的奋斗、我的志愿、我的梦、我的朋友……我的衣食住行,乃至我的头发、我的帽子等等,均无不可。张爱玲母亲家中大约也订有这种杂志,而林语堂既然那时正是张爱玲羡慕的人物,她多半也是《西风》的忠实读者。看了启事,她选了梦做文章,于是便有了这篇《天才梦》。

启事是1939年的9月刊出的,截稿期是1940年1月15日,所以此文应该写于1939年的年底。《霸王别姬》是两年以前写的,这两年里,张爱玲一定不时打磨着她的那支笔。这一出手真是金声玉振、不同凡响。这里再见不到"新文艺腔"的痕迹,虽是一样喜好雕琢字句、一样爱用华美的字眼,然而遣词行文已然又是一番手眼,别是一个境界了。因为是征文,因为张爱玲善度人意,我们当然多少应该考虑其中"遵命"的成分("新文艺腔"或说书体在《西风》多半是要碰壁的),但是《天才梦》亮丽的色调、尖新奇警的设喻、清新脱俗的文风,在在流露出张爱玲过人的禀赋、早熟的聪慧,绝非寻常"杂志文"所能拘囿——那只能出自张爱玲的手笔。

征文规定了那是"夫子自道"式的文章。《天才梦》起首便写道:"我是一个古怪的女孩，从小被目为天才，除了发展我的天才外别无生存的目标。然而，当童年的狂想逐渐褪色的时候，我发现我除了天才的梦之外一无所有——所有的只是天才的怪僻缺点。世人原谅瓦格涅的疏狂，可是他们不会原谅我。"——"怪"和"才"，恰恰是张迷谈论张爱玲时断断不肯放过的两点。接下来的文字都用来发展这个主题，一半演绎她的"才"：她三岁即会背诵唐诗，七岁写她的第一部小说，她对色彩、音符、字眼的敏感；一半演绎她的"怪"：她不谙女红，她怕见客，她不懂日常生活中的种种常识，总之"在现实的社会里，我等于一个废物"。这里举出的一些细节我们还将在《童言无忌》、《私语》一类自传性的散文中读到，眼下则是取了断然的排比对照方式，告白、预言的成分大于"私语"。

假如前面的文字才华高些的人都能写得出，那么文末的一段则非张爱玲莫属。她辩称她虽不谙俗务，不会做人，却不是不懂生活。"我懂得怎么看'七月巧云'，听苏格兰兵吹 bagpipe，享受微风中的藤椅，吃盐水花生，欣赏雨夜的霓虹灯，从双层公共汽车上伸出手摘树巅的绿叶。在没有人与人交接的场合，我充满了生命的欢悦。可是我一天不能克服这种咬啮性的小烦恼，生命是一袭华美的袍，爬满了蚤子。"最后一句结得峭拔突兀，是人所共知的警句。爬满了蚤子的华美的袍这一意象自有一种艳丽颓废的美，用来比喻生命，而又出自一个十八岁的少女之口，令人不由更要对张爱玲的才与怪啧啧称奇。张爱玲的喜好炼字炼句到此也成了正果——她的文字终于捉住了她敏锐的感受。

在《天才梦》中，日后张爱玲散文中交叠互见的两个方面也已经显山露水：一方面是机智俏皮，一方面是隐隐的悲哀。文章的前面部分一直保持着轻松的调子，作者挂了会心的微笑叙说她幼时一本正经的做作，诙谐地调侃揶揄她的"天才"、她的可笑的自信心。可是渐渐地调子低下去，说到她等于废物，说到她的愚笨，仿佛真的便有些烦恼，就好像局外人慢慢走入了局中，到了结尾处，竟是不由得悲从中来。

但是，烦恼虽如同蚤子挥之不去，写作却是令人愉快的，造出了那样的佳句，她一定得意非凡，一开始她也一定在急切地等待着结果。等待却是漫长的，等到征文揭晓，她已在大学里发奋攻书了。

1940 年 4 月号的《西风》上登出了征文获奖者的名单，六百八十五名应征者中有十三人得奖，照启事的规定，得奖者应是十人，因投稿踊跃，难以割舍，组织者又增设了三个名誉奖,张爱玲叨陪末座,得了名誉奖的第三名。同年的8月号上,《天才梦》与另一篇获第二名的文章一同登了出来。

任何评奖终不免是综合平衡的结果,《天才梦》在杂志文里是奇文,亦可说是偏锋文章,得不到头奖也是意料中事。令张爱玲高兴之余感到遗憾的还不是前几名获奖文章与《天才梦》相比实在平平,而是在刊出之前她不得不忍痛割爱,对她的文章大加删削:征文启事原本限的字数是五千字,但是结果公布之后却没有一概全文照登,名誉奖带安慰性质,自然被打入另册,《天才梦》压缩到了两千字。①几十年后张爱玲提起此事犹有不平,因为压缩影响了它的"内容与可信性",而第一名或者是全文照登,就长出了许多。那篇文章是《断了的琴弦——我的亡妻》,一篇悼亡之作,内容、文笔俱是平平。

《天才梦》的获奖照理应激发张爱玲的创作欲,再接再厉地不断写出新作,可是此时她已在大学读书,正做着留英深造的美梦,无暇分心于写作,直到三年后自香港归来,她才开始重温她的"天才梦"。《天才梦》遂成为她的少作的压卷之作,而当她重新拿起笔时,她已经少了一些苦恼和困惑,多了几分自信,我们看到的将不是梦,而是一个真正的天才了。

---

① 《天才梦》收入《张看》时张加的附记中有"征文限定字数,所以这篇文字极力压缩,刚在这数目内……影响这篇东西的内容的可信性"等语。但征文启事上规定的字数是五千,想必张寄去应征的稿件比发表者长得多,中奖后编辑依名次分出三六九等,要求张压缩至两千字再行发表也未可知。至于"可信性"云云,可能是指为求行文方便导致某些细节的夸张,或是文章所取的断然的对照方式未免将她的"怪"与"才"弄得过于戏剧化了。

卖洋文，谈中国人

1942年的下半年，张爱玲从香港回到上海。其时距她完成学业还有一年时间，在港大三年苦读，她是个成绩优异的好学生，本来很有希望被送到英国去深造的，如今大洋上兵舰战船多于客轮，英国也正日子不好过，留学梦是做不成了。叫人沮丧的事还不止这一桩，战火让学校遭了殃，所有的文件记录全被毁掉，她的门门功课第一如今又在哪里？三年苦读，直似春梦一场，了无痕迹。这一切很难不让她生出世事无常的怅惘。

但她正年轻，年轻人的伤口是容易愈合的。她不是学成归来，但也说不上是铩羽而归，天高地广，前面的路也正长。回上海的途中，她也许正是这样的心境，在轮船上，她已经同炎樱谈论着上海的繁华摩登，想象着将要成就的一番事业，如同一切刚刚迈出校门的年轻人一样，怀着即将踏入社会的莫名的兴奋。她有过许多梦想，但在她的日程表上，那都是大学毕业以后的事，现在大幕提前拉开，她也一样地跃跃欲试，何况这舞台是她感到亲切而又刺激的上海。

那时的上海非香港可比，它是国际性的大都市，是东方的巴黎。在香港人的心目中，上海滩霓虹灯闪烁，大高楼林立，好似一个繁华梦，一如今日上海人心目中的香港。而香港弹丸之地，不过是英国治下的边陲小城。张爱玲九岁来到上海时就对这里的摩登、洋派喜之不胜，其后十年寒窗，一墙之隔，她无暇尽情领略这都市风光，一方面也不免习而相忘。在香港呆了三年，有了一番比较，隔着时空的距离，对大上海的记忆分外诱人，也分外明晰。不仅是一家挨一家的店铺，不仅是各种各样的时髦，这里更有她感到亲切的上海人。香港人是犯冲、刺激、不调和、不平衡的，上海人则世故、聪明（即便是小聪明）、有根底、有他们的一套完整和谐。有这份世故、这份聪明的人才能懂得她张爱玲，张爱玲愿意把他们设想成她的读者。

回到上海，张爱玲同她姑姑住在一起，那是静安寺赫德路192号一幢公寓的6楼65室。以后她很长时间都是和姑姑一同生活。自从出了张家的门，张爱玲几乎就和张家的人断了来往。她一个人住在外面，小时候与她一同嬉戏的弟弟几次去看她，她也显得很是冷漠[1]，尽管她在《私语》、《童言无忌》等文中提到这个弟弟时颇有做姐姐的一份亲切。她与母亲的关系也相当疏远，唯独与这位姑姑还算亲近。她姑姑虽是张家人，与嫂嫂的关系却比同她的亲哥哥的关系好。姑嫂二人曾一同出洋留学，张爱玲母亲离婚后两人有很长时间住在一处做伴，张爱玲有一次挨父亲打骂离家出走，也是这位姑姑出面去说情，结果说情不成，张的父亲反出手打了她。张爱玲戏称"她对我们张家的人没有多少好感——对我比较好些，但也是我自动沾附上来，拿我无可奈何的缘故"。

这位姑姑走的是职业妇女的路，似乎一直在外国人的机构里做事，有一个时期还做过电台的播音。她一直未嫁，是个"单身贵族"[2]。老姑娘的身份看来并没有影响到她的性情，使之变得孤僻、冷漠。从《流言》中对她的描述推想，她的脾气要比张的母亲好得多，随和、平易、不乏幽默感。张爱玲与她有近十年的时间里朝夕相伴，而两人相处得甚为融洽，有一种亲切的戏谑的气氛。张常常"押着"她读自己的作品，又喜向她"嘀嘀咕咕"地"唠叨"家常话，她也是张遇事可以与之商量，帮着拿主张的唯一一位"家里人"。

张爱玲称她姑姑是"轻度知识分子"，"说话有一种清平的机智见识"，在她的散文中姑姑是出现频度最高的人物之一，而且每出现必出以亲切的、会心而笑的笔调。姑姑和炎樱似乎组成了张日常世界中轻松愉快那个部分。她在《姑姑语录》

---

[1] 张的弟弟张子静在张走红后的那段时间里写过一篇《我的姊姊张爱玲》，想是当时张已成新闻人物，编辑向他约的稿。文中除记琐事之外，当然要突出张的才。他在张面前显然感到自卑，至于张对他冷漠，除了因其不争气看不起他以及对张家人无好感之外，也是她的性情所致。

[2] 张的姑姑一直没有离开祖国大陆，独身数十年后，却在晚年放弃了独身生活。80年代张在祖国大陆再度走红，提到她的文章多起来，《新民晚报》上曾有文章也顺便谈到读者于她散文中熟悉了的这位姑姑的暮年婚姻。

等文中流露出的欣赏之意,一望而知。对姑姑的欣赏恐怕也包含了对姑姑选择的生活方式的欣赏,那种生活方式的要点是,自己挣钱自己花,自己管自己,自由自在,住在公寓里,清清静静,没有牵牵绊绊的人事纠缠。总之是一种清爽、利落的生活。当然,要做到自食其力,才有这一份开心和理直气壮。

张爱玲一直渴望做一个自食其力的人,后来她直白地说过:"用别人的钱,即使是父母的遗产,也不如用自己赚来的钱来得自由自在,良心上非常痛快。"并不是每一个生在高门大户里的人都会生出这样的念头,但是张爱玲的以往的遭际、眼下的处境、她的敏感、她的心性,都使她对这条道矢志不移。如今学生时代已告一段落,她当然不愿向家里伸手,再去看人眼色,再去品尝她已尝够了的寄人篱下的滋味——该是她自己养活自己的时候了。靠什么谋生呢?也许她可以在教会学校里当一名教师,像《封锁》中的翠远;也许她可以到某个机构里做个职员,像她的姑姑;也许她面对的可能性比我们所能想象的要多得多。但是她后来成了那样一位杰出的作家,那样一个传奇性的人物,以致其他的种种可能性似乎统统没有存在过——就好像命里注定只能选择作家的饭碗。不管怎么说,张爱玲决定用笔来谋她的衣食,她开始卖文了。

她最初卖的是洋文。头一个对她大加赏识、为她戴上"天才"冠冕的是一位洋人。1941年10月,上海出现了一份英文月刊,刊名《二十世纪》(*The XXth Century*)。主编克劳斯·梅奈特(Klaus Mehnert)是德国人,当过驻苏联记者,在美国的大学里教过历史,太平洋战争爆发前夕来到上海。上海是当时尚存的最后一个国际性大都市,还没有被交战国任何一方完全控制,敌对情绪也不像别处那样严重,梅奈特便想借这夹缝中的真空地带来实现他的新闻自由,对时事战局作公正客观的分析报道。虽然如此,《二十世纪》却是一份"软硬兼施"的综合性杂志,时事报道之外,也有小品、风光旅游、书评影评之类。它的主要对象是羁留亚洲的西方人,尤以上海外国租界为重点。它的作者亦是五湖四海,创刊号各文章的撰稿人便分属八个国家。

1942年年底,梅奈特从来稿中发现了一个陌生的名字 Eileen Chang,她送来的是一篇万字长文,题为 *Chinese Life and Fashions*(《中国人的生活和时装》),并配有十二幅作者本人所绘的发型、服饰插图。此文行文流畅典雅,从容自如,有英国小品文的风致,不仅见出对中国人生活和服装的独到见识,而且见出不凡

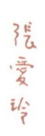

的英文造诣，加上简洁有趣的插图，真是图文并茂。梅奈特一见之下大为惊喜，很快将其刊登在 1943 年 1 月出版的《二十世纪》第 4 卷第 1 期上，并在编者例言中向读者郑重推荐，誉作者为"极有前途的青年天才"。这个"天才"就是张爱玲，而此文就是后来收入《流言》的《更衣记》的底本。

张迷读张爱玲的散文，读到《中国人的宗教》，起首一句是"这篇东西本是写给外国人看的"，没了下梢，细心的人不免就有几分疑惑，收进《流言》以前，此文是登在《天地》月刊上的，难道洋人会去读这中文杂志？答案就在《二十世纪》，事实上《流言》上的好些文章最初都是以英文形式在这里发表的。

张爱玲对文字有特殊的爱好，也有过人的感受力，对方块字如此，对蟹行文字也是一样，《天才梦》中说到她对色彩浓重、音韵铿锵的字眼的喜爱，"珠灰"、"黄昏"、"婉妙"之外，她也举出 splendour、melancholy 这样的英文词汇。

上中学，教会学校对英文的重视当然更在中文之上，校刊《凤藻》既登中文，也登英文的习作，张爱玲的英文习作 Sketches of Some Shepherds（《牧羊者素描》）、My Great Expectations（《心愿》）就登在上面。港大三年，张爱玲苦修英文。为了让英文写得地道纯熟，狠狠心三年没用中文写东西，甚至通信用的也是英文。留过洋的姑姑对她的英文功底很是佩服，说她"无论是什么英文书，她能拿起来就看，即使是一本物理或化学"。物理、化学张爱玲不喜欢，她是揣摩里面的为文之道。过人的悟性加上刻苦的砥砺，成就了张爱玲一手漂亮的英文。她姑姑的评价是，她的英文"好过中文"。迷张的人听了此话当然不会怀疑她姑姑对她英文评价过高，但却不免要为《传奇》、《流言》中那花团锦簇的文字抱屈。

不管怎么说，此时英文张爱玲正用得顺手，而单从"卖文"的角度讲，英文杂志的稿费自然比中文杂志高得多。《中国人的生活和时装》发表后颇受好评，这信息自会通过梅奈特反馈到张爱玲那里，而梅奈特也肯定要向她约稿，于是张爱玲一鼓作气，又为《二十世纪》写了好几篇文章。写得最多的是影评。1943 年底的 5 月号上登了她的 Wife, Vamp, Child（《妻子，荡妇，孩童》，即《借银灯》），评的是《梅娘曲》和《桃李争春》，自此开始到 1943 年底，几乎每一期《二十世纪》上都有张爱玲的影评文字：6 月份题为 The Opium War（《鸦片战争》），评的是《万世流芳》。7 月份的一篇没有题目，仅在 On the Screen（影评）栏下评了《秋之歌》、《浮云遮月》两部影片。

8、9月份《二十世纪》出的是合刊，张以 Mother and Daughters-in-law（《婆婆和媳妇》）为题评了《自由魂》、《两代女性》、《母亲》等三部片子。10月份的一篇又是无题，评的是李丽华、严俊、王丹凤主演的《万紫千红》和刘琼自编自导自演的《回春曲》。10月的影评题为 China Educating the Family（《中国的家庭教育》），这就是后来收入《流言》的《银宫就学记》。

张爱玲的影评本身就是上好的小品文字，不过梅奈特更推崇的还是那些大块的文章。1943年6月，张爱玲发表 Still Alive（直译是"依然活着"，中文本更名为《洋人看京戏及其它》），梅奈特在编者按中指出，元月份的张文"备受称赞"，而张爱玲的过人之处在于"她不同于她的中国同胞，她从不对中国的事物安之若素；她对她的同胞怀有的深邃好奇心使她有能力向外国人阐释中国人"。这年12月，张爱玲又在《二十世纪》发表 Demons and Fairies（直译为"神仙鬼怪"，中文本即《中国人的宗教》），在刊于《二十世纪》的文章中，该文最长，它也是张爱玲"向外国人阐释中国人"的最具雄心的尝试。因为题目太大，处理起来似乎不像《中国人的生活与服装》那样举重若轻，但仍是一样轻灵的风格，而且时而淡言微中。梅奈特在编者按中又加推荐："作者神游三界，妙想联翩，她无意解开宗教或伦理的疑窦，但却以她独有的妙悟的方式，成功地向我们解说了中国人的种种心态。"

《神仙鬼怪》是张爱玲在《二十世纪》发表的最后一篇文章，此后她的英文写作便暂时告一段落，直到1952年离开祖国大陆。所以她卖洋文只卖了一年。不过读者万勿以为她在这段时间里专卖洋文，事实上到1943年底她已用中文发表了好几篇重要的小说。像现在这样从张爱玲的创作时间表上把她的英文作品提前集中起来，除了其他的便利之外，还因为它们隐然有一个共同的主题——中国人。谈京戏实际上是要"用洋人看京戏的眼光来看看中国的一切"，说的是已成为思想背景的中国人的"集体无意识"，原题"依然活着"就出自文中这样一句话："只有在中国，历史（历史在这里是笼统地代表着公众的回忆）仍于日常生活中维持着活跃的演出。"评电影，下力最多的，也还是评中国人，《借银灯》里声明说"我看的不是电影而是电影里的中国人"。谈时装，配上十二幅插图，似乎要做"专论"了，但是她之感兴趣，还是因为衣中有人，呼之欲出，她不能不联系到中国人的生活、中国人的心理、中国人的趣味。

大体上讲，张爱玲走的还是林语堂的路线，用轻松而饶有风趣的文字向外国人介绍中国文化、中国人的生活。这一半也是为刊物的性质所决定,《二十世纪》的对象是租界的外国人,对于身边这个纷攘、神秘、滑稽的国度自有了解的兴趣,但是他们并非汉学家,了解也是以初级教科书的程度为限,若诉之以纯文艺,会有多少读者就十分可疑,所以《二十世纪》像大多数西文杂志一样,不愿给诗歌、小说之类留下一席之地。梅奈特推崇张爱玲的天才,却不道她"生来就是写小说的",亦无缘得见她这方面的才华——张爱玲这一时期的小说都是用中文写的。

正是世界大战战况正烈的年头,中国的行情似乎又看涨了——不是在租界,是在中国的那些西方盟国。世界大战改变了世界原有的格局,中国这个素来被欺侮的弱国忽然间成了反轴心国列强的盟友,贫富强弱的悬殊暂时被搁置到一边,大有同仇敌忾、共赴胜利的气象。英、美诸国的民众渴望了解盟友的情况,介绍中国的文字一时间多了起来。林语堂在美国标榜中国的哲学,萧乾、叶君健在英国或报道中国的战况,或描摹中国乡间百姓的苦难和他们的勤劳善良,加上这之前赛珍珠那部颇为流行的《大地》,西方的传媒多少在改变着西方人心目中原有的那个滑稽可笑的中国人形象,而战时的气氛似乎也使西方人乐于接受现在这个正面的中国人形象。在国内,日本人的侵略使国人的爱国主义情绪空前高涨,"五四"时期对传统文化的激烈抨击至此全然偃旗息鼓,代之而起的是对中国人传统美德、中国文化优异面的肯定和褒扬。可是上海租界的特殊地位却使它于国内外的一片大气候中保持了它的特殊,而这特殊正好容许张爱玲以一种在别处不允许有的从容超脱的态度品评中国人、中国人的生活方式。她笔下浮现的国人形象虽不可直指为"丑陋的中国人",但轻松调侃的语气见出这里面更多的是批评针砭,这是无可怀疑的。

《洋人看京戏及其它》由京戏的热闹说到中国人生活的拥挤,落脚在中国人因缺少私生活带来的毛病:"就因为缺少私生活,中国人的个性里有一点粗俗。'无事不可对人言',说不得的便是为非作歹。中国人老是诧异,外国人喜欢守那么些不必要的秘密。不守秘密的结果,最幽微亲切的感觉也得向那群不可少的旁观者自卫地解释一下。这养成了找寻借口的习惯。自己对自己也爱用借口来搪塞,因此中国人是不大明了他自己的为人的。"

《更衣记》写到古中国服饰上繁复无谓的点缀,转而讥刺中国有闲阶级的趣味:"这样聚集了无数小小的有趣之点,这样不停地另生枝节,放恣,不讲理,在不相

干的事物上浪费了精力，正是中国有闲阶级的一贯态度。唯有世界上最清闲的国家里最闲的人，方才能够领略到这细节的妙处。制造一百种相仿而不犯重的图案，固然需要艺术与时间；欣赏它，也同样地烦难。"

《银宫就学记》原名《中国的家庭教育》，谈的是两部"富有教育意味的电影"，道出的却是中国式教育的荒唐。《渔家女》的男主人公是个时代青年，也是时代青年习惯并喜爱的那种形象，张爱玲则张见了他骨子里的"中国人的脾气"：男主人公声称他不喜受过教育的女人，但却情不自禁地要教渔家女认字。"他不能抵抗这诱惑。以往的中国学者有过这样一个普遍的嗜好：教姨太太读书。其实教太太也未尝不可，如果太太生得美丽，但是这一类风流蕴藉的勾当往往要到暮年的时候，退休以后，才有这个闲心，收个'红袖添香'的女弟子以娱晚景，太太显然是不合格了。"男主人公不过是借了编导"稀有的恬静风格"提前（年纪轻轻）温习中国多少代读书人的桃色梦。"'渔家女'的恋人乐意教她书，所以'渔家女'之受教育完全是为了她先生的享受。"一石二鸟，夹枪带棒，中国读书人的恶习被抖搂出来示众，那位编导也被挖苦得惨了。

《中国人的宗教》谈的是中国人的信仰，结果发现的却是中国人并无真正的信仰，有的只是怀疑主义：

> 就因为对一切都怀疑，中国文学里弥漫着大的悲哀。只有在物质的细节上，它得到欢悦——因此《金瓶梅》《红楼梦》仔仔细细开出整桌的菜单，毫无倦意，不为什么，就因为喜欢——细节往往是和美畅快、引人入胜的，而主题永远悲观。一切对于人生的笼统观察都指向虚无。
>
> 世界各国的人都有类似的感觉，中国人与众不同的地方是：这"虚空的空虚，一切都是虚空"的感觉总像个新发现，并且就停留在这阶段。一个个中国人看见花落水流，于是迎风洒泪，对月长吁，感到生命之暂，但是他们就到这里为止，不往前想了。
>
> 受过教育的中国人认为人一年年地活下去，并不走到哪里去；人类一代一代下去，也并不走到哪里去。不管有没有意义，反正是活着。我们怎样处置自己，并没多大关系，但是活得好一点是快乐的，所以为了自己的享受，还是守规矩的好……不论在艺术里还是人生里，最难得的就是知道什么时候

应当歇手。中国人最引以自傲的就是这种约束的美。

因为"六合之外，存而不论"，中国人的世界终成为一个拥挤的人的世界，"在古中国，一切肯定的善都是从人的关系里得来"，"五四"大潮一来，中国人崇信的这些基本关系都被动摇，"中国人像西方人一样变得局促多疑了。而这对于中国人是分外痛苦的，因为他们除了人的关系之外没有别的信仰"。

这种信仰使中国人注定要把维护和谐的人际关系当做表现人之"性本善"的唯一舞台，"一切反社会的，自私的本能都不算本能。这样武断的分类，倒很有效，因为谁都不愿你说他反常"。

"然而要把自己去适合过高的人性标准，究竟麻烦，因此中国人时常抱怨'做人难'。'做'字是创造、模拟、扮演，里面有吃力的感觉。"

……

这些文章中颇多可圈可点的妙语，在在反映出张爱玲对中国人的生活的洞见，而由一个二十出头的青年女子道来，自然要让梅奈特啧啧称奇。然而张爱玲的过人之处并非她对中国文化作了如何了不得的探本的分析，而在于她以蕙质灵心从日常生活的幽微处张见了现代中国人身上蠢动着的那个传统中国人的形象；她的材料不是儒、释、道的哲学，而是大众文化，中国人日常的行为方式。

能有如此的洞见，张爱玲的本钱来自两个方面，一是她的家庭背景，一是她受的西式教育。她的身世使她谙熟古老中国的生活方式，她对传统文学艺术的喜爱使她的举证左右逢源；她受的西式教育则使她有了另一个支点，跳到圈外，借洋人的眼光对中国人的生活做一番反省。两个方面缺一不可，没有前者，就没有她鲜灵、生动、活泼的感觉——租界的洋人读罢或者但觉有趣，熟知张爱玲的人读了却要悟到里面非个中人不能道的奇特感受；没有后者，张爱玲或者会像她的大多数同胞一样，对中国的一切习而相忘、浑然不觉——至少她要在很大程度上失去她现在保有的那重有利的旁观者身份。①

或许就是这重身份让她的这组谈论中国人的文字掺进了更多惊异好奇的成

---

① 除了梅奈特说到张外来者的旁观眼光之外，沦陷时期颇为活跃的一位散文作家周班公对张的小说、散文都有类似的印象，称张的笔法虽在模仿《红楼梦》、《金瓶梅》，他仍模糊地觉得"这是一位从西方来的旅客，观察并且描写着她喜爱的中国"，并说这一点使他想起赛珍珠。见《〈传奇〉集评茶会记》，载《杂志》，1944年9月号。

分——这里更多的是对中国人生活的不失好奇心的张看，而不是价值的评判。虽然挑出了中国人的不少毛病，有挖苦，有针砭，但是见不到鲁迅"哀其不幸，怒其不争"的沉痛，也没有曹禺、巴金"吾与汝偕亡"式的愤怒，重要的是了解、知道、懂得——好奇心总是导向"知"的。

然而并非单单是好奇心的满足。或者说，对于张爱玲，好奇心当中自有严肃的因子。从给洋人看的《依然活着》到给国人看的《洋人看京戏及其它》，大堆的反语当中就冒出了一段箴言式的劝导性文字："多数中国人爱中国而不知道他们所爱的究竟是一些什么东西。无条件的爱是可钦佩的——唯一的危险就是：迟早理想要撞着了现实，每每使他们倒抽一口凉气，把心渐渐冷了。我们不幸生活于中国人中间，比不得华侨，可以一辈子隔着适当的距离崇拜着神圣的祖国。那么，索性看个仔细罢……有了惊讶与眩异，才有明了，才有靠得住的爱。"仔细地看了，她就不能不看到中国人的种种毛病。几十年后与人谈起鲁迅，她最推崇的便是鲁迅对中国人性格中的阴暗面和劣根性的暴露，而在她看来，后来的中国作家在提高民族自信心的旗帜下，走的都是"文过饰非"的路子，没有批判，只有褒扬。①

那么，有了惊异，有了明了，有了对中国人劣根性的清醒意识之后，她还有"靠得住的爱"吗？或者"爱"这个字眼还过于简单，她没有指向未来的中国梦，没有"改造国民性"抱负，有的是"了解的同情，同情的了解"，有的是复杂的爱恨情结，剪不断、理还乱的难以明言的依恋。

仿佛是要为这情结，为这依恋做注脚，1947 年《传奇》增订本问世之际，张爱玲写下了一篇《中国的日夜》。这是她买菜路上采下的一个个不相干的镜头——又一回"道路以目"。穿了打补丁棉袍的小孩、抱着胳膊闲看景致的小贩、敲着竹筒沿街化缘的道士、向亲戚絮絮数落小姑的女老板……最寻常的中国城市的街景，最寻常的中国人，最寻常的中国生活的节奏，她的内心却有异样的悸动，陌生、震惊，然而没有厌倦憎恶，有的是异样的亲切："我真快乐我是走在中国的太阳底下。我也喜欢觉得手脚都是年轻有力气的。而这一切都是连在一起的，不知为什么。快乐的时候，无线电的声音、街上的颜色，仿佛我也都有份；即使忧愁沉淀下去了

---

① 水晶：《蝉——夜访张爱玲》。

也是中国的泥沙。总之,到底是中国。"

张爱玲写作向来斟词酌句、惨淡经营,这一次,不相干的街景却让她以令她自己都感到吃惊的速度写下了一首看似更不相干的诗:

中国的日夜

我的路,
走在我自己的国土。
乱纷纷都是自己人;
补了又补,连了又连的,
补钉的彩云的人民。
我的人民,
我的青春,
我真高兴晒着太阳去买回来,
沉重累赘的一日三餐。

谯楼初鼓定天下;
安民心,
嘈嘈的烦冤的人声下沉。
沉到底……
中国,到底。

中编
(1943—1945)

張愛玲

成 名

从发表《中国人的生活与时装》开始,张爱玲算是步入文坛了。但《二十世纪》是洋人的文坛,张爱玲不是林语堂,不论就感受性而言,还是就对中文的喜爱程度而论,她的中国情结都要比后者深得多,她不能满足于那种轻倩的介绍方式。虽然三年没碰中文,她肯定还是不能、也不甘把洋人设想成她的主要读者,何况她自小就钟情于小说,心心念念于那个更广大的想象空间。① 《到底是上海人》中恭维上海人,说"只有上海人懂我的文不达意的地方",假如我们不全然当做是笼络读者的套语(事实上也不是),则我们不妨说,她想象中真正能与她心照的读者还是她的同胞。

所以就在"卖"洋文行情很不错的时候,她挟着她的《沉香屑:第一炉香》、《沉香屑:第二炉香》去叩上海文坛的门了。而且一旦在中国文坛上站稳了脚跟,张爱玲便与西文杂志挥手作别,虽然《二十世纪》一直出至1945年欧战结束才停刊,而赏识她的梅奈特肯定继续向她约过稿。这一停就是好几年,直到50年代初她离开祖国大陆以后,她才重新拣起那支写洋文的笔。

不知是因为以往投稿漫长的(有时是无望的)等待令她感到不耐,还是她学会了一点人情世故,抑或她已经有了足够的自信,总之这一次怀着对成名急切渴

---

① 洋人要看而比较容易看懂的是介绍性的文字,小说对于他们显然是更费解的。张爱玲要靠英文写小说成名,近乎不可能,即使以后她以英文写了多部小说,也还是做不到这一点。

望的张爱玲没有将作品投进邮筒,听任它到编辑大人的案上去碰运气。她宁可去"面试"。经母亲这一系的亲戚、园艺家黄岳渊的介绍,她带着稿子拜访了《紫罗兰》杂志的主编周瘦鹃。

周瘦鹃笔名紫罗兰庵主人,是鸳蝴派(又称"礼拜六派")的代表性作家,很早即因发表在早期《小说月报》上的小说《爱之花》而一举成名。其后他与王钝根一起主编《礼拜六》杂志,该杂志以"宁可不讨小老婆,不可不读《礼拜六》"相号召,其消遣游戏性质一望而知;他又曾经是《申报》副刊《自由谈》的主持人,而在新文学作家黎烈文接手改组之前,该副刊一直是鸳蝴派的重镇,因此之故,周素来是新文学阵营重点攻击的对象之一。

鸳蝴派虽然从民国初年起就一直受到新文学阵营的激烈批判,并且一度为时势所迫,交出了《小说月报》等几个重要阵地,但通俗文学这一块仍然是他们的天下,都市中发行量较大的杂志、副刊也仍然是他们的地盘。周瘦鹃身为好几家有号召力的杂志、副刊的编辑,在上海滩文坛、在鸳蝴圈中——尽管新文学作家从来不把鸳蝴派的圈子视为文坛——算得上是个"泰斗"级的人物,绝非单是耍耍笔杆的寻常通俗小说家可比。有一度报纸上曾有人写文章,斥他把持文坛,外稿多掷进纸篓,甚至不烦过目,夹袋中人的稿件则即使拆烂污亦照登不误。张爱玲不会自低身价,通过关系将稿子硬塞入周瘦鹃的"夹袋",然而此次张爱玲是经周的老交情黄岳渊(周酷爱园艺,1949 年以后还写过专谈花卉草木的书,那时是黄岳渊庭园中的常客)之介到紫罗兰庵登门拜访,她又是名门世家之后(旧派文人对门第、家学之类一向是津津乐道的),紫罗兰庵主人当然另眼相看。

此次相会,老少二人谈得甚是融洽。张爱玲待人接物时给人"夹生"之感,但她在长辈面前似乎要松弛一些。她尝自言一向对年纪大的人感到亲切,对年岁相当的人稍微有点看不起,对小孩则是尊重与恐惧。这一回她在周瘦鹃面前虽是执礼甚恭,却也还自如。她向周说起她母亲和姑姑都是他的忠实读者,她母亲且曾因他一篇哀情小说中主人公的命运而伤心落泪,并写信央求作者不要安排如此悲惨的结局。周瘦鹃听了自然大为高兴。让张爱玲高兴的却是这位主编对她奉上的小说十分欣赏。还未读正文,光看了篇名《沉香屑:第一炉香》、《沉香屑:第二炉香》,周瘦鹃便称名字起得好,大约他闻到了传统小说的气息。"五四"以后,

文学青年多将旧小说视为落伍,现在这个年纪轻轻的小姐,这个正给洋杂志写文章、理应洋派的人物居然甘于"落伍",委实可喜。他倒没有细究这名字其实亦新亦旧,中西合璧——篇名中出现冒号是地道的洋派格式。

周瘦鹃的直觉没有错,将两篇小说一气读完,他更可以相信这一点。它们与强调严肃性、思想性,鄙薄娱乐性的新文学大异其趣,从取材同可读性看似乎倒是与鸳蝴派小说不无相共之处。难得的是周瘦鹃于坚守旧式趣味之外还是个鉴赏力较高的人,他通洋文,翻译过西洋小说,是旧文人圈子中为数不多的对西方文学有所了解的人之一,他不仅看出张的小说有《红楼梦》的影子,而且看出张在写作中受到毛姆的影响,且断言它们可与毛姆的小说媲美。[①] 周瘦鹃很快拍板:两篇小说都用。《沉香屑:第一炉香》、《沉香屑:第二炉香》随即出现在《紫罗兰》的复刊号(该杂志1922年夏由周瘦鹃创办,后因故停刊,1943年5月正式复刊)和第2期(1943年6月)的显著位置上,这可不是因为熟人关系对张爱玲的优待了。周瘦鹃还在这两期的编辑例言中花了不少笔墨向读者推介这位文坛新人,并追叙了与张相识的因由。

眼见得当小说家的夙愿将偿,闯进文坛的计划已经顺利迈出了第一步,张爱玲自有莫名的兴奋。出于对老辈人的恭敬,也出于感激之情,她请周瘦鹃到家里喝下午茶,与她同住的姑姑也在一旁陪客。不请吃饭而请喝茶,这大约又是张爱玲已经习惯的英国式的待客方式了。周瘦鹃对客厅里精致典雅的陈设、器皿以至精美细巧的点心赞不绝口,后来又将受到的这番招待形诸笔墨。

周瘦鹃待这个晚辈不可谓不厚了,奇怪的是张爱玲很快改换门庭,从此再没有替《紫罗兰》写过稿。或许她觉得同后来与她联系密切的几家杂志相比,《紫罗兰》的档次低了些,在纯文艺圈中不被人看重(《紫罗兰》后来的确也不甚景气,原为月刊,后来落到不定期出版)。或许她发现另几家刊物更与她气味相投,更愿意,也更有能力把她推向文坛的顶峰。不管怎么说,眼下《沉香屑:第一炉香》、《沉香屑:第二炉香》刚出手的张爱玲急于让手里捏着的稿子来个天女散花,在更多的杂志

---

① 水晶称周瘦鹃将张的"二炉香"与毛姆小说相提并论,不过是"顺手牵羊的说法",意谓周毫无眼光,看不出张的成就超过毛姆多多,只是人云亦云把毛姆误认作大作家,借此恭维张而已。(《张爱玲的小说艺术》,96页)可是张爱玲喜读毛姆的作品,她的确受其以远东殖民地为背景的小说的影响(尤以"二炉香"最明显),虽然吸引她的主要是里面特异的殖民地的情调和氛围。周瘦鹃看到的大约就是这种表面的相似,然而在鸳蝴作家,看到这一点似也属不易。

上打响，扩大知名度，以期早日品尝到成名的喜悦。于是她同时向几家杂志进军。

张爱玲的"二炉香"并没有立即在社会上引起轰动，但是文艺圈内却有不少有心人由此注意到这位后起之秀，《万象》主编柯灵即是其一。柯灵是以编剧本和写杂文出名的新文学作家，也是著名的编辑，先后编过《文汇报》副刊《世纪风》、《大美晚报》副刊《浅草》、《正言报》副刊《草原》等。孤岛时期他与文载道、周木斋等人创办《鲁迅风》旬刊，以杂文形式反对投降，宣传抗日。上海沦陷后，《鲁迅风》的人大多留在上海，然而各奔前程。柯灵不改初衷，仍孜孜矻矻，想在沦陷区的乌烟瘴气中为新文学保住一块地盘。1943年夏天，柯灵受聘接编了商业性杂志《万象》。

《万象》原先的主编陈蝶衣和它的老板平襟亚都是鸳蝴派人物，该杂志的内容也是风花雪月的软性文字，大体上和《紫罗兰》一样，走的是鸳蝴派消遣娱乐的路线。柯灵接编后，《万象》的作者队伍为之一变，师陀、唐弢、郑定文、王元化、傅雷等人都为其撰稿。可以说，柯灵接编后的《万象》一方面力图办得生动活泼，一方面从一开始就转为新文学杂志了。

接编之初，柯灵自然特别留意物色合适的作家。一日偶阅《紫罗兰》，"奇迹似地发现了"《沉香屑：第一炉香》。柯灵的惊奇可能出于两个意外：其一，此时此地，突然冒出这等好文章；其二，这样的佳作居然出现在鸳蝴派的杂志上。柯灵有此"发现"也是他的较为温和的性情（不存党同伐异之见）、沦陷区的特殊环境（新文学作家队伍凋零、星散）以及他的身份（编辑）使然，因为新文学作家以至后来的左翼作家通常对鸳蝴派杂志上的作品是不屑一顾的。

可能多少有这方面的考虑，柯灵想通过周瘦鹃邀张爱玲为《万象》写稿时踌躇再三（当然拉旁人"发现"的新人为自己写稿也非易事），最后还是作罢。然而，张爱玲的才气给柯灵留下的印象太深，请不来这位锋芒初露的作家，心中始终不能释然。谁知就在此时，张爱玲自己找上《万象》编辑部来了。张带来了她的一部小说，请柯灵看一看。此次晤面是作者与编者的交道，不像上一次中间还夹着熟人的关系，少了一些寒暄客套，然而尽管谈话很简短，却是愉快融洽。几十年后，柯灵用"喜出望外"来描述他当时的心情。既然他早就存着这份心，那稿子实际上是必用的，这就是登在《万象》1943年8月号上的《心经》。

从这一期开始直到1944年6月，《万象》几乎每一期上都有张爱玲的作品：《心

经》之后有《琉璃瓦》①,《琉璃瓦》之后紧接着就是《连环套》的连载。但是张爱玲与《万象》的密切关系很快成为过去,在以后直至抗战结束这一年多的时间里,她再没有在这里发表过一行字,而且《连环套》未登完就不登了。个中原委,有人推测是起于迅雨(傅雷)的一篇评论,该文对《金锁记》大加赞美之余,对张的其他小说,尤其是《连环套》多有针砭,辞气诚恳而尖锐,而柯灵在编者按中对此文又有高度评价(详见后文)。当事人柯灵先生否定了这种猜想,只是对真正的起因语焉不详。②但是柯、张二人的私交一直很好,几十年后,已届耄耋之年的柯灵先生回首前尘,追述两人的交往,写下一篇《遥寄张爱玲》,情真意切,读之令人回肠荡气。

几乎与《心经》发表的同时,张爱玲的另一篇小说《茉莉香片》在《杂志》上登了出来。此番张爱玲是自己找上门去,是一般的投稿,还是《杂志》看出苗头,主动找上门来,我们不得而知。但是《杂志》显然从一开始就看中了她。随后一期上登出的《到底是上海人》很可能是约稿,即便不是,此文也肯定是编辑告知她读者反应后她以小品形式给读者的一份答辞。有一点是可以肯定的:在此后两年左右的时间里,使张爱玲青云直上、风靡上海滩的诸家刊物中,不惜血本、出力最多的,首推《杂志》。

《杂志》的背景要比《紫罗兰》、《万象》来得复杂。过去的出版物有商业性刊物、同仁刊物、党派刊物之分。商业性刊物以营利为目的,看重的是销数,全以读者大众的趣味为归依;同仁杂志是一些文学、艺术或学术上有相同志趣的人办的出版物;党派刊物则是某个党派的喉舌,受其控制,接受其津贴,人们常称其"有来头"、"有背景"。《杂志》大体上应划入第三类。《杂志》与另一刊物《新中国周报》一样,均附属于《新中国报》,而《新中国报》的后台是日本人(《新中国报》是日出一张的大报,没有过硬的后台,这样的大报在沦陷区是不可想象的)。然而《新中国报》报社的社长袁殊、主编鲁风(即刘慕清,1949 年后曾任上海公安局长杨帆的主任秘书)都是中共地下情报人员。袁殊的公开身份除报社社长之外,还有

---

① 《琉璃瓦》似乎在别处碰过壁。周班公在《传奇》座谈会上曾提到他看见《琉璃瓦》的原稿,可是他"奉命"将其退还作者了。其时他当在某家刊物做编辑、但不知哪一家刊物。
② 张爱玲本人对此事的解释是自觉写得太糟,亦感到写不下去,"只好自动腰斩"(《张看》自序)。可是当时张至少在公开场合对《连环套》之糟糕是不认账的,为此而行"腰斩"岂不是有服输的嫌疑?更说得通的原因可能还是和《万象》老板平襟亚的矛盾,他们因稿费等问题而起的摩擦在小报上传得沸沸扬扬,这一年的 8 月二人还在《海报》上打过一场笔墨官司。

国民党中央委员,还曾任汪伪政府的江苏省教育厅长。但是他们的使命是情报而非宣传,报刊的作用更在掩护,《新中国报》自然是亲日的面目。《杂志》的情形又有不同,它的取径似在给日伪文化活动方面撑撑场面。除不见政经外交时局等硬性文章外,包括各种类的文字,实地报道、人物述评,以及不定期刊出的特辑、座谈会记录是其显著特色。它与《紫罗兰》一类消闲杂志的不同处在于态度严肃,其社评、编者例言多次声称要走纯文艺的路线。在沦陷时期的上海,《杂志》也许是首屈一指的文学杂志,它聚集了张爱玲、洛川、郭朋、谷正魁、章羽、石挥等一批有才气的作家,又有特殊的背景,能够大张声势地活动,其实力绝非其他文学杂志可比。

因为有这样的实力,《杂志》能够给张爱玲带来的名声、风光,自然是其他刊物办不到的。《万象》一度是上海发行量最大的综合性杂志,它当然可以让张爱玲在读者大众和文学爱好者中打响知名度,但是《万象》肯定无力(当然也无心)将她推上极峰,将她引入上层社会的交际圈。《杂志》能做到这些,而且显然十分愿意为张捧场喝彩。从刊载张爱玲的作品起,《杂志》上叫好声几乎就没断过(胡兰成的《评张爱玲》也是分两期登在这里)。每期的编者按中几乎都有推许张氏小说的文字,而《倾城之恋》曾被当做重头戏,《杂志》而外,又在《新中国报》的文艺副刊《学艺》上刊载。《杂志》出版社推出了张的小说集《传奇》,随即出面组织文学界的知名人士座谈该书。不仅如此,1943年8月份首次发表张的小说,11月份《杂志》就安排张出席了朝鲜女舞蹈家崔承喜的欢迎会(朝鲜当时也在日本的治下);日本人投降前夕,又曾举办纳凉晚会,主宾是张爱玲和"满洲国"的电影明星李香兰。不管张爱玲本人意愿如何,她又作何感想,在这些场合,她隐然已被视为代表此间文坛做"国"际文化交流的人物。

张爱玲生性不喜政治甚至厌恶政治,《杂志》虽有日本人的背景,但不公开谈论政治,她当然愿意看到这一点,对《杂志》助她成名,她自是欣喜之外还要加上感激。投桃报李,她把最得意的小说都给了《杂志》:除上举登在《紫罗兰》和《万象》上的几篇,加上刊于《天地》的一篇《封锁》之外,《传奇》中的所有小说最初都登在这里。约有大半年的时间,《万象》、《杂志》都是逐期都有张的作品,但明眼人一眼即可看出,张并非不分彼此地对待两家刊物,给《万象》的稿子显然分量较轻。虽然张从内容到技巧口口声声为《连环套》辩护,但即便在当时,她自己对该作的散漫、平庸肯定也心里有数。

如果说周瘦鹃的《紫罗兰》帮助张爱玲在文坛顺利出了道，那我们可以说，是《杂志》让她成了名（她的成名作应是发在《杂志》上的《倾城之恋》）。

在小说赢来满堂彩之后，张爱玲又开始亮出她的另一样拿手戏——散文，并且立即打响。她将曾刊于《二十世纪》的两篇文章《依然活着》、《中国人的生活与时装》用中文重写一过，题作《洋人看京戏及其它》、《更衣记》，投给当时名噪一时的散文半月刊杂志《古今》，很快在8月、9月登了出来。

《古今》杂志社的社长是朱朴，曾任汪政府交通部的政务次长，与周佛海关系密切，汪政府的朝野人物都在《古今》上面写文章。朱朴手下的两员大将周黎庵、陶亢德都是林语堂出版物系统的人物，后者曾编《宇宙风》，前者曾编《宇宙风乙刊》。驾轻就熟，合时合宜，该杂志走的仍然是《论语》、《宇宙风》的性灵、趣味路线，不同处是更偏重考据、掌故、文史随笔之类，绅士气减弱，而更有一种中国文化本位的隐逸气、名士气加遗老遗少气。

《古今》可说是男人的天下，当时上海各杂志的班底中都颇有几位女作家，反观《古今》，月出两期，除苏青、张爱玲外，绝少女性出现在其阵容中。这一方面是因为为其写稿的头面人物多，名流雅士多，女流之辈绝难插足其间；一方面也是刊物的取向、气味使然。张爱玲的名字接连在上面出现，也说明编辑看出她的文章实在不同凡响，不可等闲视之了。可是张爱玲很可能察觉该杂志的种种气味与自己的性情不相投，而且纵能跻身其间，它亦不能让自己昂首鹤立，独上青云。所以两篇文章之后，《古今》再不见张爱玲的名字，她转向了冯和仪（苏青）办的散文小说月刊（实以散文为主）《天地》。《天地》是上海沦陷时期另一家走红的杂志，因主持人为女性，该杂志颇多女性色彩。

张爱玲与苏青气味相投、私交甚笃，而作为主编的苏青是很乐意将张作为杂志的头号"种子"抬举的。自《天地》创刊后的第2期发表《封锁》起，张的稿件几乎与《天地》的寿命相始终，给稿最勤时，同一期《天地》上你可以看到她的名字出现三次以上（包括作插图、封面设计）。

由此我们约略可以看出张爱玲对刊物杂志取舍的标准了：档次高，实力强之外，还要加上志趣相投，肯于让她在上面唱大轴戏，虽非同仁杂志于她却有同仁杂志的意味。《杂志》、《天地》遂成为与她关系最密切的两家刊物。

从 5 月份在《紫罗兰》发表《沉香屑：第一炉香》起，短短几个月的时间，张爱玲迅速"占领"了上海滩几乎所有最出名、最有影响的文学杂志，而且她最杰出的作品已相继问世。且看 1943 年 11 月里同时发表的她的作品：《洋人看京戏及其它》刊于《古今》；《金锁记》刊于《杂志》；《琉璃瓦》刊于《万象》；《封锁》刊于《天地》。文坛登龙，杂志为径，文坛金字塔正是著名杂志堆叠起来的。准此而论，张爱玲可说已是一步登天。

更值得注意的是，在沦陷时期的上海这个特定的时空里，文坛的方方面面，代表不同政治倾向、不同文学趣味的各个文学圈子似乎都是顺理成章地接纳了这位新人，而且均不吝于褒奖。我们大致可以说，《紫罗兰》代表了鸳蝴派的趣味，《古今》承袭了周作人、林语堂的"闲适"格调，《万象》坚持着新文学人道主义、现实主义的传统，对"新文艺腔"大张挞伐的《杂志》则想走纯文艺的路线，而它们竟一致对张爱玲表示推许。在新文学史上，这样的情形即使不是仅见，也肯定是少见的。

清水浑水

张爱玲出名了。她的名声直线上升,其速度用"一夜之间红遍上海"来形容并不过分。而且这名出得真够大的,上至汪精卫政府的达官贵人、日本文化界的人士,乃至军方人物(宇垣大将来中国时即想一识张爱玲其人),下至升斗小民、各种通俗小报的读者,谁都知道上海滩上出了个张爱玲。文艺圈中,张的名字更是如雷贯耳。张的小说人人争诵,一时佳评如潮。

这前后三年的时间(1943年下半年至日本人投降)也是张爱玲创作生涯中精力最弥满旺盛的时期,《传奇》、《流言》中的篇章尽出于此,不唯产量高,而且叠见佳构。她的一发不收,勤奋自是一因。《杂志》8月号(8月10日出版)上的《到底是上海人》中告诉读者,她"为上海人写了一部香港传奇,包括《沉香屑:第一炉香》、《沉香屑:第二炉香》、《茉莉香片》、《心经》、《琉璃瓦》、《封锁》、《倾城之恋》七篇"①,说明到7月底,《心经》、《琉璃瓦》、《封锁》、《倾城之恋》诸篇已在囊中,只待亮出。自港返沪到现在,她已写出七篇小说,还要加上发在《二十世纪》上的多篇英文作品,衡以它们相当奇整的水准,衡以她并不太快的写作速度(她自言写得很慢,每篇均要列出详细的写作大纲),她的发奋用功可以想见。

但是她"生来就是写小说的",写作于她并非索然寡味的苦差,反倒是赏心乐事。

---

① 我们见到的《心经》、《封锁》均以上海为背景,似与张的话有出入,可能的解释是,她对原作做了改动,改动的原因也许是要让故事在读者更熟悉的背景上发生,以增加效果。

多年以后她和水晶说起写作的甘苦，水晶多言其苦，张爱玲则单道其甘。她说她写作的时候非常高兴，写完以后则简直是"狂喜"。话虽如此，环境不同，心境有异，这"喜"也终有程度之差。而眼下，腹笥一旦打开，写得正是顺手，一篇甫出，立时招来热烈反响，对刚刚领略到成名喜悦的张爱玲说来，这也许是她创作生涯中最有理由感到"狂喜"，最用得着"狂喜"这个字眼的时刻。

"古来贤者皆寂寞"，晚年的张爱玲是寂寞的，而且像是刻意要尝一尝寂寞的滋味。二十出头的张爱玲却不需要寂寞，她要的是"绚烂"，是"狂喜"，不是"平淡"。文学史上，有些作家埋首著书，不求闻达，得二三知己足矣，世人毁誉，全作耳旁风、身外事，张爱玲一生仰慕的曹雪芹，恃才傲物，此时正在上海某幢房子里闭门写《围城》的钱锺书，都是如此。晚年的张爱玲也是这等境界。而时下张爱玲有着强烈的"世俗的进取心"（《我看苏青》），渴望掌声，渴望出人头地、大红大紫。我们知道她在海外离群索居，抱定一部《红楼梦》，能够"十年一觉迷考据"，但是，没有当年上海滩的张爱玲热，我们是否有缘读到《传奇》、《流言》中一些珠圆玉润、情文并茂的华章？难说。即使能读到，至少里面会减去几分灵动与飞扬。

成名是张爱玲的一个"情结"。她在成名还没一点影子的时候就已经为自己设计过成名后的举措了。《传奇》出版后仅四天即再版，张爱玲在再版序言中仍旧念叨着"惘惘的威胁"，而落笔处也还缀着"凄哀"的字样，但亦不掩饰内心的喜悦，开首她就写道：

> 以前我一直这样想着：等我的书出版了，我要走到每一个报摊上去看看，我要用我最喜欢的蓝绿的封面给报摊子上开一扇夜蓝的小窗户，人们可以在窗口看月亮，看热闹。我要问报贩，装出不相干的样子："销路还好吧？——太贵了，这么贵，真还有人买吗？"呵，出名要趁早呀！来得太晚的话，快乐也不那么痛快。最初在校刊上登两篇文章，也是发疯似地高兴着，自己读了一遍又一遍，每一次都像是头一次见到。现在已经没那么容易兴奋了。所以更加要催：快，快，迟了来不及了，来不及了！

虽然话里有顿挫，有反高潮，虽然是此一时，彼一时，张爱玲依然难以掩饰自己的兴奋，如今的局面又哪里是校刊上发篇不起眼的小文可比！她也许没有那么高的兴致，带着几分童心，按照当年设想的方式到街头报摊上去过成名的瘾了，不过听到人们众口纷纭地谈论着她，却有莫名的得意和高兴。报上杂志上凡有议论她的文章，她都一一剪存，还有人冒昧写信表示钦羡崇拜之意，或是希望她为前进思想服务的，她也收存，虽然不听，不答，也不作参考。她曾对人说："我是但凡人家说我好，说得不对我亦高兴。"若是劝告是责难呢？胡兰成记道："劝告她责难她的不对，则她也许生气，但亦往往只得是诧异。他们说好说坏没有说着了她，反倒给她如此分明的看见了他们本人。她每与姑姑与炎樱，或与我说起，便笑骂，只觉得又是无奈，又是开心好玩。"当时议论她的那些文章，有微词的，多逮不着痛处；说好话的，多搔不到痒处。说错了的，即使出于善意，张爱玲亦不领情。

但是胡兰成的话并非句句是实，因为至少有一篇批评文章使张爱玲领教了某种芒刺在背似的不安，她感到不可等闲视之，更不能以"开心好玩"了之了。这篇文章就是迅雨的《论张爱玲的小说》。

迅雨是著名翻译家、艺术理论家傅雷的笔名。傅雷是个孤高傲世、目下无尘的人，为人为文，力求完美。曾留学法国，专攻西方艺术史及艺术理论，在音乐、美术、文学诸方面皆有精深的造诣。他又是个倔强不苟的人，浑身上下皆是严肃，一部《傅雷家书》，拳拳父爱之外见到的，也还是他的严肃不苟。因为眼高，因为不苟，傅雷对人从不轻许。另一位留学法国的文学批评家李健吾倒是写过不少文评，与文学圈子有交往，对新文学的发展也并非不留心的傅雷对当时的中国文坛却未尝置一词(或许是有几分不屑)，闭门书斋，做他的学者。这一回是读了张爱玲的《金锁记》，怦然心动，一者赞叹作者的才华，二者实在为作者的未来担忧，于是将能找到的张氏小说通读一过，洋洋洒洒，写下一篇万字长文。

傅雷此文写得极是用心，也见出他精益求精、一丝不苟的性格，在当时评说张爱玲的诸多文章中，它无疑是最具水准、最严肃，同时也是最清醒的一篇。傅雷高度评价张的才华和成就，对《金锁记》更是推崇备至，不仅肯定它是"张女士截至目前为止的最完满之作"，而且断言它是对过去文坛流行理论、创作倾向之偏颇的"一个最圆满肯定的答复"，"至少也该列为我们文坛最美的收获之一"，"颇有《狂人日记》中某些故事的风味"[①]。傅雷当然不会止步于泛泛的称颂，他对《金

[①] 此处《狂人日记》不知何指，鲁迅、果戈理的《狂人日记》均是篇名而非书名。或者是作者将《呐喊》误记也未可知。

锁记》主题的发掘、人物的塑造、想象力的驰骋、心理描写的运用等等，均有细致精到的阐发分析，对作者那一手因充分运用音乐、绘画、历史等多方面修养而特别"富丽动人"的文体，那一手"色彩鲜明，收得住，泼得出的文章"更是赞叹不已。了解傅雷孤高性情、对艺术怀有宗教般虔敬之心的人都会知道，在傅雷，这样的赞词真是非同小可。

　　但是傅雷对艺术之神的虔敬更在于他见不得对艺术的怠慢不恭，哪怕是一位才华横溢的天才。事实上，张的小说中他真正看中、全盘接受的，只有《金锁记》一篇。他承认，如果没有《金锁记》，他甚至根本不会动念写这篇文章；而有了《金锁记》，他便不能容忍作者随意挥霍以至糟蹋自己的才华。在接下去的一大半篇幅里，傅雷对张爱玲其他所有的长、中、短篇小说，自《倾城之恋》直到《连环套》，做了程度不同的否定。他责备作者选材不严，开掘不深，主题不够鲜明，文风华而不实，有唯美主义倾向。他肯定作者技巧的纯熟，但又预言作者若沉溺于此，则成也萧何，败也萧何，日后必为所毁。傅雷最关心、最殷殷瞩望的，是作者能以忠实态度，虔诚、不苟地侍奉艺术。结尾他写道："一位旅华数十年的外侨和我闲谈时说起：'奇迹在中国不算稀奇，可是都没有好收场。'但愿这两句话永远扯不到张女士身上！"感喟之深，期望之切，溢于言表，而由傅雷字字刀劈斧砍地说出，又似厉声的正告。

　　傅雷的文章写好后署上"迅雨"的化名，交给了柯灵。柯灵对这位老友的为人和鉴赏力一直是敬重佩服的，对此文中对张爱玲的分析评价也甚以为然，所以不仅马上将该文在《万象》上刊出，而且在编后记中特别向读者郑重推荐："张爱玲是一年来最为读者所注意的作者，迅雨先生的论文，深刻而中肯，可说是近顷仅具的批评文字。迅雨先生专治艺术批评，近年来绝少执笔，我们很庆幸能把这一篇介绍于本刊读者。"文章登出来，傅雷不但不领情，反倒大发雷霆，原因是柯灵"先斩后奏"，将其中的一段文字删去了。换了别人，原是可以事先商量的，但柯灵深知傅雷为人处世认真不苟，动他一字或者就要大动干戈，事情闹僵，文章收回不给，故而方出此下策，事后果如所料。傅雷不肯就此罢休，提出要柯灵在报刊上更正，并向他公开道歉，柯灵又通过朋友向他恳切陈辞，这才息了"干戈"。

　　柯灵删去的很可能是"前言"中的一段。傅雷写此文，客观评价张爱玲之外，另一层用意是以张爱玲之长，或者说是以《金锁记》之长，见大多数新文学作品之通病。他在前言中指责新文学作家缺乏独到深刻的人生见解，没有对生活的真实体验，又对技巧抱鄙夷态度，只是一味盲目追随先生的思想，"仿佛一有准确的意识就可以立地成佛似的，区区艺术更不成问题"。举例为证，他在被删去的那段文字里点了巴金的名。巴金是当时在青年中影响最大的新文学作家，他一贯的文学信念是为人生而文学，为进步、为光明而文学。他多次表示，他的创作靠的是真诚，是激情，形式技巧之类，并不刻意追求。

傅雷和柯灵一样，对巴金很是敬重，但在至高无上的艺术面前，个人感情必须让位，他不能不言，要说，就要举最有代表性、最有影响的人物。柯灵虽然更接近左翼，也不完全接受他的观点（可能是认为以巴金作典型人物未必确当），但在艺术问题上并不坚执一端之见，只是他以为，巴金远在重庆，在沦陷区的刊物上褒贬身在抗战前线的战友，易为敌伪所乘。

张爱玲当然不知道这些"幕后"的轶事，也不想知道。她只知道她被人耳提面命地教训了，而她张爱玲岂是随便让人教训的？傅雷在文中写道："作家遇到的诱惑特别多，也许旁的更悦耳的声音，在她耳畔盖住了老生常谈的声音。"的确，悦耳的声音正多，有影响的报刊上，几乎是一面倒的叫好声。就在傅雷文章发表的同一个月，胡兰成的一篇长文《论张爱玲》就正在《杂志》上刊载（6月刊毕）。其时胡、张二人正在热恋中，此文与其说是"论"，不如说是"颂"。"颂"其文，"颂"其画，更"颂"其人，作者无意于理论上的说服力，倒是搜肠刮肚，磕磕巴巴，倾出满腹华靡浓丽的赞词："张爱玲是一枝新生的苗，寻求着阳光和空气，看来似乎是稚弱的，但因为没有受过摧残，所以没有一点病态，在长长的严冬之后，春天的消息在萌动，这新鲜的苗带给了人间以健康与明朗的，不可摧毁的生命"；"她的小说和散文，也如同她的绘画，有一种古典的，同时又有一种热带的新鲜的气息，从生之虔诚的深处迸溅生之泼刺"；"鲁迅之后有她，她是个伟大的寻求者"……对张的作品有印象的读者如不觉牛头不对马嘴，也会如堕五里雾中。这倒应了他在自传中的话：他要形容张爱玲，直如生手拉胡琴，道不着正字腔。

然而在张爱玲耳中，这声音是动听的，加上其他类似的喝彩声，傅雷那个清醒的声音在她就分外刺耳了。她有她的矜持，亦要保持她不为所动的超脱，并不立即作答，剑拔弩张与傅雷对阵。只是事隔数月之后，似乎已是风过云散、波澜不惊了，从张爱玲那里隐隐曲曲然而又是明白无误传来了应答之声——她写了一篇题作《自己的文章》的随笔，登在这年12月出版的《苦竹》月刊（胡兰成主办）上。很久以前，文人间有句流传甚广的玩笑话，道是"老婆是人家的好，文章是自己的好"，当年胡适、陈源、徐志摩那个圈子里，朋友之间亦曾用此语相调侃，一时成为谈笑之资。张爱玲将此诙谐语掐头去尾，用作题目，她对傅文的态度也就尽在不言中了。这题目轻松含蓄，不落痕迹，大有谈笑却敌之势，张爱玲拟定此题，必有几分得意。

但是里面的内容却恰与这种"开心好玩"的姿态相背反——虽然无一语是正面的答复，虽然仅开首极飘忽的交待一句"近来忽然觉得有些话要说"，但这"忽然"忽然得实在蹊跷。只需将两文并读即不难看出，张文句句皆有所指，事实上是对傅文观点逐条地进行反驳、辩难、解释，而文中虽也自谦她"不过是个文学的习作者"，论辩的语调却在针锋相对、寸步不让地说着：不！张爱玲认为，唯美主义病在无根，不在风格、技巧的华美；突出主题，"拟定了主题去编故事"是古典的写法，让故事本身去说明主题更真实、自然。针对傅雷开阔眼界，跳出男女私情小天地的劝导，她亦不含糊地答道："一般所谓'时代的纪念碑'那样的作品，我是写不出来，也不打算写。"甚至对傅雷责备她在《连环套》中漫不经心袭用旧小说滥调，她也没忘记辩称那是有意为之，为的是造成某种时空上的距离感。

几十年后，张爱玲重读《连环套》，大觉惶恐，承认那是粗制滥造。回首往事，她或者会笑话自己太年轻气盛。但是文中的主要观点和立场她肯定会坚持。事实上，《自己的文章》的动因虽在很大程度上是意气之争，但其中的许多观点却非同一般，与傅文形成了全面的对峙。傅雷虽声称他"并没意思铸造什么尺度"，其实他有现成的尺度，而且是相当纯正、苛严的古典的尺度。张爱玲虽偶或也弄错了论争的对手，假想中多少把傅雷向左翼文坛的立场推了几分（比如她误认为傅雷劝她开拓题材是要她去写战争和革命）①，但是大体上她是清楚地张见了傅雷手中的那把古典的尺子。张的观点后面将结合其创作做详尽分析。要而言之，傅雷坚信文学即宗教，应有提升、净化心灵之效（即张爱玲所谓"完成"），应使人彻底地了

---

① 胡兰成《张爱玲与左派》一文中有"平常人不是英雄，在他们的生活里没有悲剧与喜剧的截然界限，他们不那么廉价地就走到感情的尖端"，"左派理论家只说要提倡集团主义，要描写群众，便该懂得群众乃是平常人，他们广大深厚，一来就走到感情的尖端不是他们的本色"等语，部分地似也是冲傅雷的文中的观点而来，而他的论点亦反映张的态度，可知他们是将"迅雨"同"左派理论家"混为一谈了。

悟人生，纵使达到的是彻底的悲观。张爱玲则不喜这超人的境界，她只想把人的现实处境描述给读者。

傅雷的性情又使他特别迷恋悲剧的崇高，对环境抗争不息的英雄的性格、英雄的气概是他所推崇的，具有这样的性格、这等气概的人，即使成为命运的牺牲品，也不失为悲剧的英雄，而这样的人物，才配充当文学作品的主人公。张爱玲却要取消英雄，曹七巧在她是个异数，她要写的是"软弱的凡人"，而且相信"这些凡人比英雄更能代表这时代的总量"。不难看出，张爱玲的见解与一战后西方现代文学中反英雄、反高潮的倾向一脉相沿。

尽管傅雷的文章对张爱玲不能不说是个刺激，但是她的兴奋喜悦之情并不会冲淡许多，不仅因为傅雷的声音势单力薄，而且那段时间里接二连三有喜事等着她——她的第一本书、小说集《传奇》是在这一年的8月份出版，不久再版，紧接着，次年（1945）1月，散文集《流言》问世，差不多与此同时，她自己根据《倾城之恋》改编的剧本搬上了舞台，在新光大戏院上演，反响热烈。

出书是文人的盛事，当然也是张爱玲梦寐以求的。这与在杂志上发表作品又不同，杂志是众人杂处，编辑调理，书则处处见的是个人，满盘花果，皆出于"自己的园地"。因此张爱玲为张罗出书之事忙得格外卖力，务求尽善尽美。她将已发表的小说重新（不按发表的顺序）仔细编排，9月份再版，她不厌其烦，央好友炎樱重新绘制，自己又照着图案草稿重描一遍。为《流言》出版事，她更不知往印刷所跑了几回，仅为使书中附的一张照片稍如人意，她就与印刷所的师傅交涉了不下三次。然而她乐此不疲。《"卷首玉照"及其它》中描述了她的满心欢喜：

> ……在印刷所那灰色的大房间里，立在凸凹不平搭着小木桥的水泥地上，听见印刷工人道："哪！都在印着你的书，替你赶着呢。"我笑起来了，说："是的吗？真开心！"突然觉得他们都是自家人，我凭空给他们添出许多麻烦来，也是该当的事。电没有了，要用脚踏，一个职员说："印这样一张图你知道要踏多少踏？"我说："多少？"他说："十二次。"其实就是几百次我也不以为奇，但还是说："真的？"叹咤了一回。

雀跃之情，声闻纸上。

然而此时身外的世界并不似张爱玲内心的天地，是"清如水、明如镜的秋天"（《〈传奇〉再版前言》），而如傅雷所言，是"一个低气压的时代，水土特别不相宜的地方"。她越是大红大紫，越是喜不自胜，一些羁留上海、爱才惜才的文坛前辈就越是替她担心，为她扼腕。以柯灵的话说，"环境特殊，清浊难分，很犯不着在万牲园里跳交际舞。"国难方殷，更宜洁身自好，这也是许多人的共同想法。在当时的上海，一些在文坛上影响甚大、树大招风的人物保持沉默，韬光养晦，比如郑振铎；一些较晚出或与政治有一定距离的作家虽也发表作品（如师陀时有作品问世，李健吾、杨绛的话剧也在剧院里上演），但始终与敌伪控制的那一方文坛泾渭分明地划着界。关心她的人担心的不是她发表作品，而是担心她不辨贤愚投错了门，被敌伪那一方用来撑场面，日后有口难辩。就为此，郑振铎曾托柯灵转嘱张爱玲，不要"到处"发表作品，且提出具体的建议：她写了文章，可交开明书店保存，从开明支取稿费，待抗战胜利后再印行。不仅提醒她注意，而且具体为之设法，这可说明爱才人的苦心，也可见出张爱玲的才华如何被人器重。可是此话没有传到，原因是柯灵觉得交浅言深，过于冒昧。

但是不久以后柯灵就有过一次进言的机会：中央书店老板平襟亚有意给张爱玲出一本小说集，她为此写信征求柯灵的意见。她写此信，一半是因为柯灵了解中央书店的底细（《万象》杂志就是由中央书店出版的），一半也是因为感到了柯灵待她的诚挚友善。平襟亚是老资格的鸳蝴派作家，20年代即以黑幕小说《人心大变》闻名上海，后转而经商，搞所谓"一折八扣"书，专事翻印古籍和章回说部，纸张印刷甚是低劣，只是靠低价倾销取胜，中央书店实以此起家。平襟亚一方面赏识张爱玲的才华（他曾在《古今》杂志主编周黎庵面前称道张的文采），一方面当然也是因为张爱玲名声日高，有利可图，故有出书之议。柯灵身属新文学阵营，与平道不同不相为谋，受聘编《万象》实是另有所图，所以端的虽是平老板的饭碗，却站在作者立场上，替张爱玲设身处地。

他在回信中说，如果是他，宁愿婉谢垂青，并附上一份中央书店的书目，用意不言自明：混在此类书中，不能增色，反是自掉身价。他在信中也表达了他自己的，也是郑振铎等人的意思，希望她静待时机，不要急于求成。张的回信坦率干脆：她要"趁热打铁"。她的第一部书《传奇》很快问世，但出版者不是中央书店，而是《杂志》出版社。其中原委，无人道及，是看了柯灵的信后对中央书店热度降低，还是《杂志》出版社有替她出书的意向后她即不作他想？但《杂志》出版社给的条件优厚，也比中央书店更卖力，大约是一个重要因素。

柯灵见书后顿生悔意：早知如此，不如成全了中央书店——中央书店不过品流低俗，只图赚钱，《杂志》出版社却是不干不净，有日伪背景的。但是柯灵的懊悔也许是不必要的，只要《杂志》出版社有意出版《传奇》，张就不会属意中央书店；既然她的绝大多数小说都已在《杂志》上发表，她不大可能再回过头来为《杂志》出版社的来头费思量。而即使郑振铎亲自出马向她说明他的具体建议，她也肯定不会改变她"出名要趁早"的初衷。

在张爱玲，下面的两条都是无需犹疑也从不讳言的：她要出名，要早出名，出大名；政治与实际的人生无干，是浮沫，她不问政治。那么，如果政治找上门来，要她在出名和保持清白之间做出选择呢？至少在她看来，她并没有面对什么非此即彼的严峻的选择。她是个吃写作饭的，卖文为生，如此而已。登她文章的刊物背景如何，她犯不着操心，它们愿意捧场是它们的事，反正她不写一行替日本人歌功颂德的文字——清者自清，浊者自浊。只有一回，事情似乎是找上门来了：日本人操纵的"大东亚文学者大会"第三届要她参加，这当然是因为张此刻是文坛上数得着的人物，偌大的"盛会"，原本就是为了粉饰太平，名人不来，鼠辈凑数，未免脸上无光。报上将代表的名单登了出来，张爱玲名列其中。张爱玲的反应是寄去一纸辞函，上写："承聘为第三届大东亚文学者大会代表，谨辞。张爱玲谨上。"

张爱玲此举是出于何种动机，不得而知。按照她清高自恃的一贯作风，按照她毫不含糊的个人主义立场，她对自己的交待、给自己的理由不应该是对"洗不清，说不明"的顾忌。彻底的个人主义者不屈己，不干人，唯自我内心的命令是听，不因世俗的标准而违背自己的意愿，亦不求见谅于世人。她要出名，这是她个人的意愿，世人若笑她虚荣，由他笑去；同样，她不出席日本人的大会，只是她自己不喜政治，又素不喜文人圈中的某种习气，如此而已。

似乎是要坚持这种一贯的自我形象，张爱玲在文章中谈到日本人、日本文化时也仍维持着率性而谈的作风。《双声》一文中她不避亲日嫌疑，要说"同西洋同中国现代的文明比起来，我还是情愿日本的文明的"，然而她又不管日本人作何感想，大谈日本文明的悲哀，谈日本人的"许多感情都是浮面的"。此文在《天地》

第 18 期（1945 年 3 月）发表时，张爱玲谈话中的一段被删去，留下好几行小黑叉。从上下文判断，删去的部分大约是于日本人不利的言谈。日伪的天下正处在大厦将倾之时，嗅觉病态的敏感，连张爱玲与政治无涉的言论也不能容忍了。若据此说张爱玲有反日倾向，那是大错特错——这不过又一次证明了她超政治的立场。

但是，就像《倾城之恋》中说的，"在这兵荒马乱的时代，个人主义者是无处容身的"，也许的确"总有地方容得下一对平凡的夫妻"，可是容得下她这样一个成名心切，不想"平凡"，而今已变得大红大紫的人物吗？能让她惬意地保持着个人主义的一方净土吗？

原先持个人主义立场，在日本人的淫威下屈服，或从原先立场后退的，大有人在。周作人就是最典型的例子。周作人是新文化运动的健将，文学革命的领袖人物之一。20 年代即倡导"个人的人间本位"，后宣布退出社会活动，转而经营"自己的园地"，超脱于一切党派、思潮、争论之上，闭户读书，以其渊博的学识、清明的智慧烛照人生社会，隐然是纷攘喧嚣的现代社会中一位高洁出尘的隐士。在中国思想文化界，他简直就是一种人格，一种处世风范的象征。像这样一个洁身自好的人物，当然无比爱惜自己的羽毛。他羁留日本人控制下的北平，原也只想维持往日舒适闲逸的生活原型，缄口搁笔，闭门"苦住"。但是日本人不让他享受这样的清静，必要令他为己所用。威逼施压之下，周作人终于就范，由北京大学图书馆长、文学院长而"国府委员"、伪华北政务委员会教育督办，恂恂儒者竟至于穿上军装，戴上日本人的战斗帽。作为一个清高自恃的个人主义者，周作人的这番遭际不禁使人想起《红楼梦》中妙玉的一句判词——"欲洁何曾洁"。

但是张爱玲的处境是不同的。周作人不仅在中国思想文化界影响巨大，而且精通日文，对日本文化了解甚深，在日本也有一定知名度，所以早被日本文化特务打了主意。周作人一旦变节，全中国文化界皆为之震动，沦陷区的许多文人也跟着纷纷"落水"。张爱玲不过是个刚二十出头的年轻女子，出道甚晚，无党无派，没有号召力；即便大红大紫，也只不过是个有"俗名"的职业小说家而已，并无太大的利用价值。

沦陷后的上海，许多在"孤岛"时期呐喊抗日，痛斥投降派的作家处境险恶，一些作家为此蹲日伪的班房而终不屈服，胆怯者则急于洗刷自己，主动"洗心革面"，摇身登上"和平文坛"。张爱玲则没有反日的"前科"，且素不问政治，所

写不过男女之私、家长里短，从政治的角度看是个没有色彩、微不足道的小人物，所以轮不到她来面临上面那些"刀架在脖子上"的时刻。而且以她或深或浅有些交往的那些人物论，她也算是"朝中有人"的，真的遇上要她在政治上表态的局面，为她搪塞、说项亦并非不可能。

平心而论，在某种程度上，在有限的范围内，张爱玲的确仍然可以保持她的个人主义。沦陷区的大环境也留下了这样的缝隙。

日本人以武力占领了中国的东南半壁河山，但中国政府并未俯首称臣，左右支绌忙于在军事上、政治上站稳脚跟的日本人，实在无暇顾及意识形态的控制，而且也根本拿不出一套稍微像样点的文化政策。日本宣传家声称侵略之举有反共防共的意义，但中国老百姓对政治毫无兴趣；他们奢谈亚洲的兴起，称对亚洲各国的侵略是亚洲人起而反抗西方帝国主义，但这说辞鬼也不信。拿不出可以充当意识形态的货色，只好又把孔教抬出来维系人心，以造就"中心意识"，利其统治。然而也不过是虚应事故，走走过场。周作人写《中国的思想问题》，坚持其理性态度，与日伪所倡孔教大有违碍，虽有日本狂热分子片冈铁兵跳出来斥责"反动老作家"，但日方很快息事宁人，以不了了之。后来周作人一口咬定此事是他的学生沈启无从中捣鬼，登报声明，将其革出师门，一场风波遂染上私人恩怨色彩。

在文学方面，日伪配合"大东亚圣战"，曾鼓吹"大东亚文学"，与抗战文艺唱对台戏，又有所谓"和平文学"。但抗战文艺有民众的民族情绪作基础，"和平文学"之流则既是暗地的宣传，又不得人心，徒增人恨，鼓动家唇燥舌焦给文坛指"方向"，可他们自己终亦数不出几部作品能算作是他们的"进账"，很快自感无趣，偃旗息鼓。南方沦陷区与东北、华北沦陷区更有不同，日本人在那边经营日久，根基稍深，尚可拼凑一些文艺机构组织，在其操纵下搞些有规模的活动，上海、南京这边则是一盘散沙，不成阵式。所以，沦陷区的文坛终形成这样的局面：只要不涉政治，不谈国事，没有明显的反日倾向，各种作品均听之任之。而且30年代成名的作家大多退入大后方，沦陷区文坛实际上仍遥尊那边为主力，甚至日本人控制的报刊，"文坛动态"等专栏内也常登那些一贯宣传抗日的作家的消息，意识形态的半真空状态，于此可见一斑。

这样的氛围中，有两类文学大行其道，一类是充满酒色财气的鸳蝴文学或准鸳蝴文学,一种是吟风弄月、怡情养性的名士派文学。张爱玲的作品两边都不沾,但是其小说的言情内容令某些读者当它作新奇别致的鸳蝴文学,那一手潇洒跌宕、甚有根底的文字又能得到风雅之士的赏识。失去意识形态主宰的文坛,于张爱玲反倒是一个"水土相宜的地方"。对她出名,出大名有利的另一因素是,汪精卫政府朝野人物中有一种特别的文人气息。

从某种意义上讲,汪伪政府可以说是一个文人政府,其首脑和高层人物多系著名学府出身,且擅长舞文弄墨。中国人素来重视夷夏之分,忠奸之辨,于春秋大义有亏,便要落下千古骂名。读书人"读书明理",身担道统,更明白一为汉奸,则铁案如山,永世再难翻身。所以历史上那些投靠异族的文人往往内心惶恐,害怕身后的骂名。降清的钱谦益便是显例。汪伪一伙以身事敌,表面上大言不惭,内心也自觉理不直、气不壮。周佛海暗通重庆,脚踩两只船,为自己留下后路,汪精卫即使在私下场合也要自欺欺人,说他依然尊重庆方面是正统,诗文中又曲表心迹,仿佛倒是他忍辱负重,有万般的不得已和委屈。这也正是无行文人之所以无行:既要做婊子,又要竖牌坊。

文人又不免有书生气,汪精卫等人满以为一旦作出"牺牲",投靠过去,那边就将高车驷马,待为上宾,于是大展和日"鸿图",或可留名青史。而日本人要的是地地道道的傀儡、忠实听话的走狗,伪政府的文武大员甚至落到进出城门须对日本兵鞠躬如仪的地步。重庆那一边在严令通缉,日本人以巴儿视之,这伙汉奸真有说不出的失落感了。

由于这些原因,汪伪政府笼罩着一种心灰意懒的气氛。中国文人向来是讲究出处进退的,官场失意,便要寄情山水诗文,以为消遣。于是汪政府里便有这样的怪现象:许多政要似乎都不是在一心一意地做官,而仿佛是好整以暇地过着亦官亦隐的生活。他们舞文弄墨,那些政论性的东西倒也罢了,偏有许多都是个人性质的文字。西方的政要退休之后写自传,周佛海、陈公博正据于要津之时便兴致盎然地写自传性的回忆文章(周佛海的这类文字甚至有十几篇之多,结为《往矣集》出版,在沦陷区畅销),预先为自己树碑立传。身为头号人物的汪精卫也有闲情逸致,与文人唱和,又写《故人故事》、《读陶随笔》这样的"性灵"文章。官员办文艺性杂志的也大有人在,宣传部次长胡兰成办了一份《苦竹》,交通部政务次长朱朴办了《古今》,法治委员会副主任金雄白(朱子家)办了《平报》。《古今》一份撰稿人名单，汪精卫、周佛海、陈公博、梁鸿志等人赫然其上，而且当真经常"赐稿"，并非虚应事故。须知《古今》全无官方色彩，倒是一份文人气颇重，宇宙之大，苍蝇之微，无所不谈，唯不大谈政治的"文史半月刊"。

《古今》的封面上高官与文人雅士的名字列在一处，他们也的确是肯于同文人为伍的。汪精卫为吴湖帆画册题过诗，朱朴搞"朴园雅集"，与会者都是文人，周佛海亦命驾前往。有这样富于文人气息的氛围，崭露头角、势头逼人的张爱玲进入要人们的视界也是意料中的事。而张爱玲的身世又使文坛政坛的人物对她更感兴趣。当时雅人最喜写、喜读的文章，是掌故、考据之类。渔樵闲话，细说前朝，是时人乐道的话题。恰好《古今》上登出一篇《孽海花人物本事》之类的文章，对书中人物一一按迹索踪，对号入座，其后一连又有几篇补遗补正类的文章发表，一时沸沸扬扬，煞是热闹。考证《孽海花》少不了要说到李鸿章嫁女招婿，再从书里考到书外，自然要发现眼前正走红的这位才女张爱玲原来是名门之后、贵府千金。这当然又是一个有趣的话题。《古今》编辑周黎庵曾当面向张爱玲问起此事，得到证实后便在自己的杂志上津津乐道起来。一时之间，文苑、政坛，上上下下都知道上海出了个张爱玲，又都知道张爱玲是清朝大臣张佩纶之后。

甚至武人也有慕张爱玲之名的，身为税警团长的熊剑东就几次想宴请张爱玲，带些文人气的官员则更不用说了。张爱玲曾写过一篇题作《打人》的短文，写她在外滩见一警察无故殴打小孩，心下愤然，恨不能马上做个官或是主席夫人，"走上前给那警察两个耳刮子"。文章仍是她一贯的机智诙谐的作风，结尾自我调侃道："偶尔天真一下不要紧……有系统的天真下去，到底不大好。"伪政府的一位教育部长不知是看了此文还是听人说起，大不以为然，对胡兰成道："张小姐于西洋文学有这样深的修养，年纪轻轻可真是难得。但她想做主席夫人，可真是不好说了！"这位部长看走了眼，徒惹人笑，但这趣事也说明南京政府朝中时将张爱玲其人其文引为谈资。

在中国现代文学史上，与政治没有瓜葛而又像张爱玲这样在高层人物中享有颇高知名度的，恐怕为数不多。假如不是这样一种气候，这样一个"政府"，张爱玲的名声也许会在更大的程度上局限于文人的圈子和读者大众。张爱玲一向声称她宁愿将读者大众视为她的"主人"，未必定要见赏于党国要人——如果一定让她做选择，她是宁见于"世人"，不见于"要人"的——但是不管什么人，喜欢她的人多一点，她只有高兴，况且"朝"中人的喝彩显然使她在社会上的知名度更上了一层楼。

也是由于汪伪政府中有这样一种政治上无所作为的气氛，要人们对张爱玲的赏识很大程度上倒真是出于文学的本身，出于爱才的缘故，未尝打算更多地从政治的角度加以利用，因为他们自己对政治就提不起精神。他们只是赞她的文章文采欲流，一支笔百媚千娇。十多年后美国政府的一家新闻机构授权张爱玲写一部带有政治色彩的小说，汪伪的人则没有打过类似的主意。

既然受到要人的推许，张爱玲自然也少不了上流社交圈的应酬。但张爱玲的不喜见客，脾气夹生是出了名的。很多人在她那儿吃过闭门羹，她亦不轻易接受别人的邀请。就算事先有约，她也要求别人准时准点。一度与她关系不错，后又反目的另一当时走红的女作家潘柳黛曾形容道：

> 如果她和你约定的是下午三点钟到她家里来，不巧你若时间没有把握准，两点三刻就到了的话，那么她即使来为你应门，还是照样会把脸一板，对你说："张爱玲小姐现在不会客。"然后把门彭地一声关上……万一你迟到了，三点一刻才去，那她更会振振有词地告诉你："张爱玲小姐已经出去了。"

这也不独对一般人是如此。后面还将提到，胡兰成头一次去访张爱玲，就是但闻其声而未见其人。日本军人宇垣大将到上海，想一识张爱玲其人，胡兰成便说请她请不来，只能去访她，而且就是往访也要问她愿与不愿。熊剑东几次想宴请张爱玲，胡兰成也替她婉言谢绝了。这虽是胡自己拿的主意，但他至少是摸准了张的脾气才替她挡驾的。

张爱玲不愿见这些权势熏天的人物，并不是怕沾腥惹臊，有损自己的清白，因为她也和日本人池田纪笃友善，也曾出入周佛海的家门，更不用说与胡兰成的一场婚恋。她只是性情如此，有些人她看着不顺眼，便不愿打交道，而一种社交场合，若要她处在凑趣附和、其存在似有还无的位置上，她也不干。但如果她喜欢某人，却也乐于交往。总之是要按自己的意愿行事，不被人家赚了去。她的对人喜与不喜，并不从道德的判断来，而要看有无情趣，聪明不聪明。胡兰成曾说，张爱玲论人，"总是把聪明放在第一"。她在一篇文章中说，好人爱看坏人的故事，坏人可不爱看好人的故事。我们似也可以说，张爱玲宁与聪明的"坏人"打交道，亦不愿与愚笨的"好人"为伍。

至于什么是好人，什么是坏人，以她个人主义、怀疑主义的立场，以她的人性观，人就是人，"好人"是人，"坏人"也是人，不是神，也不是兽。伟人是人，小人也是人；民族英雄是人，汉奸也是人，是人就有人的属性。张爱玲在小说里观察、捕捉、感应的，正是这种人气——人的属性，而在现实生活中亦然。她是个职业作家，与人往还亦未尝忘怀对"人"的张看，这张看又全从细微处来。她到周佛海家，见到满堂的贵重器物，出来对人只说她不喜，道是"其气不扬"。

出了名，张爱玲的社会活动也多起来了。虽然她不喜群居生活，不善交际也讨厌交际，而且和其他文人比起来，和她的机会比起来，她出来应酬的时候并不多。但现在毕竟是她春风得意的时候，而且她年轻，她愿意尽情地品尝出名的喜悦。这大概是张爱玲一生中最肯于抛头露面的一段时间。

在公开场合，张爱玲显露出她矜持孤傲、难于合群的性情。但凡她出现的场合，即便做不了主角，她也决不甘于给别人当配角，不论话多话少，或是默然不语，她必使人意识到她不容忽视的存在，所谓"自己的存在分外分明"。当然，若是她会受冷落的场合，她也不会去。她又决不做，也做不来一团和气状。若是与人不合，写起文章来她可以远兜远转，暗下针砭，时弄小巧，不着痕迹；但在众人的场合她却不能好整以暇、游刃有余，往往要弄到"图穷匕首见"。但她临事必要辨明己意，即使为此出语生硬，唐突了他人，破坏了气氛。所以有几次聚会，即使通过事后整理的文字报道我们也能感觉到，一团和气之中，张爱玲的声音最是一个冷冷的不和谐的音调。

1945年7月某日傍晚，《杂志》出版社在咸阳路2号搞纳凉晚会，"邀请东亚明星李香兰女士和中国女作家张爱玲举行座谈"。李香兰出生在东北，是沦陷区最出风头的电影明星，一曲《夜来香》更不知风靡了多少观众。她在日本人操纵的影片中一向扮着中国女人热恋日本美男子那一类的角色，以表中日亲善，战后一度要以汉奸罪治其罪，后查明她确系日本人，遂令其归国。《杂志》出版社将张爱玲抬出来与李香兰分庭抗礼地唱对手戏，可见是把张当做一张王牌的。那天出席作陪的两位主要人物也非同小可：一位是在汪伪政府中有多种官衔的金雄白，一个是日本海军接管后的《申报》社社长陈彬龢。日本人松本大尉和川喜多长政似乎也只有旁听的份。

张爱玲是由她姑姑和炎樱陪同着一起来的。她见客或是到公共场合，多是有人做伴，尤其炎樱，几乎逢场必到，好似她的卫星。以炎樱的身份，"《传奇》集评茶会"和"女作家座谈会"，严格说来她是没有资格与会的，但她竟都伴同张爱玲左右。有亲近的人一道，不惯见人的张爱玲感到放松自如几分，也使自己、使他人更意识到她的存在。即使那场合的"大气候"不对，在她为自己"创造"的这个贴身小环境中，她还是一个中心、一个主人。

关于纳凉会的报道还附了与会者合影的照片。相片上李香兰、金雄白、陈彬龢、炎樱等人站成一排，脸朝镜头，面带笑容，唯张爱玲一个人坐在炎樱身前，双目低垂，神情落落寡合——这也恰好就是张爱玲在纳凉会上的姿态。

这样的聚会与《传奇》座谈会、女作家座谈会不同，既不是同一个行当的人，又无固定的谈论话题，原本就是交际应酬的性质。金雄白居然不辞劳苦从他园里采了许多玉米棒子来，说是李香兰好此物，专门为其预备，真也其乐融融。但是张爱玲写文章常是"大题小做"，再大的题目也多有谐语，偏是这等场合松弛不下来。众人轻轻松松凑趣笑谈的场合，她打不来哈哈，要说正经话。她和李香兰本不是一路人，李香兰台上台下均是一副天真纯情派头，眼下这场合也是一副小鸟依人状，后得知面前这位静默寡言的作家年岁比自己还小，多少有几分诧异，自语道："比我还小？"张爱玲接上一句道："像是您，就到了三十岁一定还是像小女孩子那样的活泼吧？"话里也不知是恭维，还是讥诮。

既是消闲凑趣，席中也尽是凑趣的话题。陈彬龢一开始就把"第一流的中国女作家和第一流的东亚女明星"往一起凑，问张编戏、李主演的片子该是怎样。李香兰称她对浅薄的纯情戏已感不足，似她这样已二十六岁的女人更想演不平凡的"激情"戏。陈彬龢便问张爱玲："假定要请张小姐以你自己一年来大部分的生活经验，编一个电影剧本，而以李小姐为主角，那么这主角该是怎样一个人物？"女作家、女明星的私生活最宜成为花边新闻，这"一年来"张与胡兰成正在热恋中，在场的人大都知道，"大部分的生活经验"所指的还能是什么呢？

张爱玲不接这个茬，既不谈她的"生活经验"，也根本不考虑要为李香兰写戏，直言"这样的一个剧本，恐怕与李小姐的个性不是顶合适"，又正正经经分析李香兰的戏路子，说她像"仙女"，像小鸟，不像一个普通的女人，"人的许多复杂与麻烦的问题她都不会有"，替她着想，还是光开开演唱会的好。这番话自是可以正听，也可以反听。

陈彬龢好像不愿放过他的话题，谈论一阵别的话题之后又提起小报上纷传张的恋爱，问她的恋爱观如何。张爱玲此前曾与苏青对谈，很直率地对婚姻、恋爱等问题表达过自己的意见。但是在这种场合、与这干人权作谈资似地议论这话题，她却不愿。而且陈彬龢有那番影影绰绰、旁敲侧击的话在前，现在又联上小报的传言，她岂能容外人到她口中来窥探她的私生活？她正色答道："就使我有什么意见，也舍不得这样轻易地告诉您的吧？我是个职业文人，而且向来是惜墨如金的，随便说掉了岂不损失太大了么？"凛然难犯的架势不容在场的人将此话当做狡狯语来听，陈彬龢算是自讨没趣。座中都是交际场中人，齐场哈哈打个圆场，张爱玲这才缓下语气。

那一天的另一个话题是大报和小报，因为两个主陪都是新闻界的闻人。张爱玲倒是喜欢这样的话题，就此说的话也最多。她称她喜读小报，"它有非常浓厚的生活情趣，可以代表我们这里的都市文明"，可以看到"最普通的上海市民"。对大报则是陈彬龢问到她头上，她也不含糊恭维两句了事，要顶真地说"大报似乎同生活隔得远一点"，又说上海人一度多看大报不过是想从上面看点户口米、户口糖的消息之类。陈彬龢主持的《申报》是老资格的大报，因战事一度停刊，系由日本海军出面恢复，言论比汪政府报纸更为亲日，在当时要算是最有势力的大报之一。他听张说了此话心有不甘，要捍卫大报的地位，辩说大报与时局关系密切，一般太太小姐不关心现实，生活超然，才对大报冷淡。张爱玲不肯让步，偏说大报与现实生活离得很远，又因为是代人立言，使用的是一种没有色彩的灰色语汇，因此她毫无兴趣。

张爱玲与陈彬龢的一番对话，说的是大报小报，实则见出她的人生态度以及对政治的态度。她倒不是反对哪一种政治——是政治她就讨厌。

但是不管她关心与否，政治局势很快有了大的变化。纳凉会以后不到一个月，8月15日，日本人宣布无条件投降了。到刊登纳凉会报道的那一期《杂志》（8月号）出版时，那位在纳凉会上谈笑风生的陈彬龢已逃得无踪无影。纳凉晚会也成了张爱玲在沦陷时期公开场合露面的最后一次。以她的交往，她对时局的变化不会一无所知，按照常理，在这种时候她多少应该存个心，不要和李香兰、金雄白、陈彬龢这些有汉奸嫌疑的人物搅在一起（何况是公开露面），免得以后更说不清。但是张爱玲就是张爱玲，她相信恺撒的归于恺撒，耶稣的归于耶稣，政治的归于政治，个人的归于个人，自己的归于自己——她有她自己的判断，有她自己的完整，有属于她自己的与旁人无干的天地。以此，她拒绝出席"大东亚文学者大会"，也以此，她不避嫌疑在这个时候去参加纳凉会。

《传奇》世界（上）

　　傅雷在他洋洋洒洒的论文中这样描述张爱玲的小说："遗老遗少和小资产阶级，全部为男女问题这噩梦所苦，噩梦中是淫雨连绵的秋天，潮腻腻、灰暗、肮脏、窒息与腐烂的气味，像是病人临终的房间。烦恼、焦急、挣扎，全无结果。噩梦没有边际，也就无从逃脱。零星的折磨，生死的苦难，在此只是无名的浪费。青春、幻想、热情、希望，都没有生存的地方。川嫦的卧房，姚先生的家，封锁期间的电车车厢，扩大起来便是整个的社会，一切之上还有一只瞧不及的巨手张开着，不知从哪儿重重地压下来，要压瘪每个人的心房。这样一幅图案印在劣质的报纸上，纸条和对照模糊一点，就该和张女士的短篇差不多。"无需加以更改和修正，《传奇》世界的大致轮廓和图案就在这里了。这里不仅有题材的归纳、主题的勾勒、人物的类聚，还有对张爱玲小说世界整体背景的生动描绘和说明。

　　或许我们首先应该将这段表述看做对《传奇》的大背景或曰大环境的把握。姚先生的家、川嫦的房间等等，作为故事展开的具体环境单个地看，并没有什么超出特定地点、场所的意义，然而当它们与《倾城之恋》中的白公馆、《金锁记》中的姜公馆、《茉莉香片》中的传庆家、《留情》中杨太太的府第等，由于一种内在的相似性，在读者的心目中相互重叠，发生关联，构成一个独特的"世界"时，每一个具体环境就在作者统一的命意下获得了超越自身的新的意义。一个场景如果重复出现，它就有可能变为一种象征。上面所举各篇小说中的具体环境当然不是同一个，然而它们有内在的相似性——都是没落的旧式家庭。更重要的是，它们有同样灰暗的色调，同样腐烂的、令人窒息的气味——又使人们可以将它们当做同一个来看待。这是衰落的中国封建文化的缩影，也可以说，一种衰落中的文化构成了《传奇》世界的总背景。

　　文化是一个宽广的概念，它包括了生活方式、思维方式、价值观念、日常习俗、道德规范等等，而文化的衰落往往表现在这一切在到来的时代面前显得不合时宜。囿于过时的生活方式，抱着陈旧信念的人们不能应付现实，不是失败，就是陷于可笑的境地。《传奇》增订本印行时张对封面设计所做的说明证明她对自己要表现的是什么有着极清醒的意识："（封面）借用了晚清的一张时装仕女图，画着个女人幽幽地在那里弄骨牌。旁边坐着奶妈，抱着孩子，仿佛是晚饭后家常的一幕，可是栏杆外，很突兀地，有个比例不对的人形，像鬼魂出现似的，那是现代人，非常好奇地孜孜往里窥视。如果这个画面里有使人感到不安的地方，那也正是我希望造成的气氛。"那个尺寸大于古装人几倍的现代人的身形在画面上造成一种压迫感，室内原有的宁静、和谐全被打破了，然而画中人并不觉察到身后的情形，兀自专注于骨牌的世界，这正是对《传奇》中人物的极好写照。他们固然已失去了那种静谧的文化氛围，现代生活的冲击使他们的神经一再地被骚扰，然而他们对时代作出的反应、他们与时代的关系实质上却正如古装人之于身后的现代人。他们忘却了时代，也被时代忘却，整个地封闭在旧的生活方式中，始终背向着时代盲目地挣扎，不知道生活中发生波动震荡的真正原因，现代人的出现因此是一场不折不扣的梦魇。这些败落之家从一开始起就已经处在一种无可挽回的颓势中，根本不可能出现"兰桂齐芳"的转机，又因为外界的重大变化始终呈现在这些旧式人物的主观感受之中，小说中没有一个像《家》中的觉慧、《雷雨》中的周冲那样代表着新的生活方式的内视点，甚至也没有像觉新、曾文清（《北京人》）那样虽无力挣脱旧文化影响，却能够反省旧的生活方式的人物，《传奇》的世界更显示出它无望和封闭的性质。

　　在一些现代小说的理论中，背景变成了"气氛"或"情调"。在《传奇》中，代表旧文化的旧的生活方式的式微正是通过笼罩于全书的颓丧气氛和情调得到说明的。这种情调和气氛见于室内的陈设、人物的服饰、日常生活的细节、人与人之间的关系，总之，是环绕着主人公的一切。这一切将一种文化、一种生活方式

立体化、具象化，人物是融于这气氛中的一部分，而在这褪色的背景的衬映下，人物的悲剧命运更见得分明。

要说明主人公的命运与其背景之间的关系，《茉莉香片》是一个极好的例子。聂传庆的背景就是他的父亲、他的家。他的父亲是个遗少型的人物，他的家弥漫着鸦片的烟香。尽管这个家只是故事中的一个场景，但是他的家、他的父亲却是他苦恼的真正根源。小说直接展示的是传庆的变态心理，而他的心理变态、他的性格，却是那个家一手造成的。他是病态的、毫无生气的生活方式结出的一枚苦涩的果实。

> 他家是一座大宅。他们初从上海搬来的时候，满园子的花木，没两三年的功夫，枯的枯，死的死，砍掉的砍掉，太阳光晒着，满眼的荒凉。一个打杂的，在草地上拖翻了一张藤椅子，把一壶滚水浇上去，杀臭虫。

> （言丹朱有一次想去传庆家打网球）传庆笑道："我们的网球场，很少有机会腾出来打网球，多半是晾满衣服，天暖的时候，他们在那里煮鸦片烟。"

这就是传庆的家，他的笑中该有酸楚的恨恨不已的内容。《传奇》中没有新与旧的正面冲突，没有对败落过程的交待，张爱玲习惯于用具体的物象传达出来的一种情调、气氛来说明一切，生活上的腐朽通过它的结果呈现出来：聂传庆的耳朵有些聋，那是他父亲加于他的肉体的伤害，他的内心受到的不断的折磨更为严重，那也是他的家庭施予他的。他因此憎恨父亲，憎恨家，希望在言子夜教授身上寻找到理想的父亲形象。当这个企求幻灭之后，他又在言丹朱身上寻找寄托，对丹朱施暴前一段狂热的表白吐露出他的心声："丹朱，如果你同别人相爱着，对于他你不过是一个爱人。可是对于我，你不单是一个爱人，你是一个创造者，一个父亲、母亲、一个新的环境、新的天地，你是过去与未来，你是神。"可见言子夜父女在他是另一种生活方式的象征，而他的不幸来自他与家、与父亲之间的宿命的关系。这种关系不单使他得不到父爱，而且使他在生活的其他方面也看不到希望。

然而"他爸爸并不是有意想把他训练成这样一个人，现在他爸爸见了他，只感到愤怒与无可奈何，私下里又有点怕"。真正的罪魁为谁？只能是他父亲代表的那种生活方式。父子间关系的紧张、他对父亲的厌憎、父亲对他的恐惧,都由那种特定的生活方式铸成。他父亲本是没落文化的殉葬品,现在又成了罩在他头上的阴影。

这种生活对他的毒化更表现在,他即使对环境不满,充满憎恶之情,也无力摆脱它。正像父亲对他无可奈何一样,他也怀着厌恶、恐惧,无可奈何地不断在自己身上发现父亲的影子。他已经没有力量改变自己,只有在言子夜差一点成为自己父亲的幻想中找点安慰,或者绝望地向外界的力量呼吁——甚至这种对于生活的态度,也是过去的生活交给他的。他成了一个废人,对丹珠的施暴实质上不过是一种自戕的行为。小说以四个字作结:"他跑不了。"——那就是说,他抹不掉自己的背景。丹珠的出现将不断向他提示这个背景的存在,而变态心理的折磨注定要延续下去,这就是他真正的宿命。

聂传庆在《传奇》中是一个特殊的例子,在更多的情况下,张爱玲关心的是旧文化、旧生活方式没落背景下那些青年妇女的命运。《花凋》中的川嫦、《金锁记》中的姜长安、《倾城之恋》中的白流苏和宝络、《红玫瑰与白玫瑰》中的孟烟鹂、《红鸾禧》中的邱玉清、《沉香屑:第一炉香》中的葛薇龙,等等,这些人在过去都是所谓"大家闺秀",如今随着她们的家庭、门第的贬值,她们的身价也一落千丈。她们的不幸在于,在社会的眼中她们已成了一批陈旧过时的货色,然而她们的家长仍抱着陈旧过时的信念,希望找到门当户对的人家,结一门体面的婚姻。她们的全部教养都来自旧的文化、旧的生活方式,这些教养皆是为出嫁做准备的,生活的唯一出路在于婚姻,按照旧的信条,她们又只能"待字闺中",出去交际被认为是有损身份。这样的矜持在过去是大家风范的证据,现在却乏人赞赏,反使她们婚姻的机会更少,于是嫁不出去的危机成了她们的一个噩梦。

新时代中旧式女子陷入婚姻困境,这在凌淑华的小说里曾经得到表现,鲁迅有过甚高评价的《绣枕》,就非常出色地描绘了一个为旧式婚姻观念牺牲了的女子的悲哀。"五四"以后的小说,大多以包办婚姻的不幸揭露旧礼教、旧道德的罪恶,凌淑华放过了这一主题,她以旧式女子处境的尴尬来说明旧派人物的落伍。在这个意义上,张爱玲有相似之处。不过《传奇》小说中的女子大体上生活在稍后一些的时期,旧的一套的不合时宜显得更加触目,这些人物以及她们的家长,已经多少迁就了现实,张爱玲也比凌淑华更加曲折多面地展示她们面临的困境。

白流苏离婚后住在娘家，那个已离了婚的丈夫的死使她在娘家的日子一下变得复杂微妙了。找到一桩安全的婚姻是她摆脱烦难的唯一出路。徐太太点明了这个真相："找事都是假的，还是找个人是真的。"这对《传奇》中的绝大多数女子都适用。她们的一切教育都是为出嫁做准备，难怪婚姻动机构成了生活中的一个主旋律。白流苏的自忖可以说是对她们所受教育的一种说明："除了人之外，她没有旁的兴趣，她所有的一点学识，凭着这点本领，她能够做一个贤惠的媳妇、一个细心的母亲。"这是进入另一个大家庭，周旋于叔嫂公婆之间的必备条件，除此之外，流苏一无所能："我又没念过两句书，肩不能挑，手不能提，我能干什么？"她还会女红——她在故事中出现的第一个镜头，便是坐着在绣一双拖鞋。凭着旧式教育给她的这一切，她能找到一个好人家么？白流苏也知道一切如今不时兴了，所以她向徐太太抱怨："……像我们这样的家庭，哪儿肯放我们出去交际……依仗着家里人，他们根本不赞成……"愈是如此，与那些新派女子比起来就愈是缺少竞争的能力。白流苏最后总算有了一个圆满的收场，具有讽刺意味的是，将她与范柳原联系在一起的最初的契机恰恰是"妇德、妇言、妇容、妇功"以外的东西——她会跳舞。原是为宝络去相亲，范柳原看上的偏是流苏。四奶奶回来之后愤愤地道："我们诗礼人家，不准学跳舞的——像你三妈，像我，都是大户人家的小姐。活过这半辈子，什么世面没见过，我们就不会跳！"宝络不会跳舞，她应该是更标准的大家闺秀，按照四奶奶的信条，理想的人选怎么也该是她，可范柳原偏偏对她无兴趣。在这场无意识的角逐中，"残花败柳"的流苏出人意料地占了上风。流苏还有更大的罪过，她离过婚，这也是四奶奶看她不起的理由。但是四奶奶的矜持清高有什么用呢？——只见得迂腐可笑。当小说临近结尾时，四奶奶居然也闹着要同四爷离婚了。

　　《传奇》中的其他女子与白流苏相比，情形大有改观。"养在深闺人未识"显然是不行了，旧家庭也要维新，孟烟鹂、邱玉清、郑川嫦，以至七巧治下的姜长安，都有机会进学堂，然而生活方式未变，观念信条一仍其旧，断文识字代替女红手工，西体中用，最后的目标依然是一桩靠得住的婚姻。所以外面的学校倒在其次，"郑川嫦可以说一下地就进了'新娘学校'"。为门第所限，郑家的女儿不能当女店员、女打字员，只能做"女结婚员"，出去做事等于宣布放弃淑女的身份，这身份食之无味，弃之可惜。要保住这身份，婚姻对她们才成为迫切的课题，而又是真正的难题。

但是真正因此陷入绝境的情形并不多见，只是在《金锁记》中的姜长安身上我们看到一出彻头彻尾的悲剧。长安与《绣枕》中的那位小姐又有不同，她生活在较晚一些的时候，受到社会气氛的熏染，多少已经取了较为主动的姿态，是她的家庭，是七巧的诡计更直接地夺去了她可能的婚姻。除她而外，婚姻问题经常导向了喜剧和闹剧。一种生活方式腐朽没落到这种程度，以致那些原本带着悲剧意味的人物已经失去了悲剧的美，只能上演可笑的滑稽戏了。然而滑稽可笑中透露的恰好又正是大家闺秀们的式微。

《倾城之恋》中三奶奶、四奶奶听说有范柳原这么一个婚姻的机会，连忙争抢着要让女儿挤上前去，而那天晚上，惨遭淘汰的金枝、金蝉急不可待地等着相亲的人们的音信，一副十足的猴急相倒是披露出败落之家的小姐们在婚姻中饥不择食、慌不择路的心态，那种未必为个中人清楚地意识到的恐惧心理，也许是这一流人中存在着的"集体无意识"。

在《红鸾禧》中，邱玉清得到一桩令她心满意足的婚姻，但是在她的一团高兴中我们看到的却是相反的内容。邱玉清小心翼翼地掩饰自己的兴奋，"坐在石鼓上，身子向前倾，一手托着腮，抑郁地看着她的两个女傧相，玉清小心地不使她自己露出高兴的神气——为了出嫁而欢欣鼓舞，仿佛坐实了她是个老处女似的"。要掩饰是她的门第要求于她的风仪，作者的讥讽却把这种掩饰变成了哈哈镜，更显出她的兴奋不一般。她要去的姜家是新起的暴发户，按照旧的眼光，邱玉清的出嫁不是高攀，而是俯就，这样一桩看来是委屈了她的婚姻居然也让她如此兴奋不已，唯有在对这一团高兴的掩饰中才勉强地证明着身份的高贵，一团喜气中显出的，岂不正是旧式淑女的末路？难怪在新派的二乔四美的想象中，玉清已经成了"银幕上最后映出的雪白耀眼的'完'字，而她们是精彩的下期佳片预告"。旧式淑女的形象的确在历史的银幕上渐渐地黯淡下去，她们或是像姜长安一样，谱一曲哀歌，留下一个"苍凉的手势"，或者是在向现实让步，因勉强跟趟而显得可笑。

《传奇》中的大多数人都受到旧的文化背景的制约，张爱玲也最善于塑造在这个背景制约下的人物。有些次要人物往往只有短暂的登场机会，而张爱玲往往只借助一些细节，寥寥数语就能将人物的性格气质呈现出来。例如《金锁记》中的姜季泽，第一次登场时作者让他"一路打着哈欠进来"，仅仅着重写他"水汪汪的眼睛里永远透着三分不耐烦"的神态，写他倒骑了椅子将女人们剥了孝敬老母的核桃仁一个一个拈来吃的动作，便活灵活现画出了一个败家的阔少形象。《花凋》中郑先生的名士派头加遗少派头则从他给家里安排的日常生活秩序中体现出来：

> 说不上来郑家是穷还是阔。呼奴使婢的一大家子人，住了一幢洋房，床只有两只，小姐们每晚抱了铺盖到客室里打地铺，客室里稀稀朗朗的几件家具也是借来的，只有架无线电是自己置的，留声机匣子里有最新的流行唱片。他们不断地吃零食，全家坐了汽车看电影去。孩子蛀了牙没钱补，在学校里买不起钢笔头，佣人们因工资欠得过多，不得不做下去。下人在厨房里开一桌饭，全弄堂的底下人都来分享，八仙桌四周的长板凳上挤满人。

《传奇》中人物与特定的生活方式联系在一起，张爱玲经常是在写人的时候，也就在写一种生活。上面所举的遗少是《传奇》中再一出现的人物，其他如较常出现的太太、姨奶奶、丫鬟、小姐，也都是与旧式生活联系在一起的人物，随身带着旧式生活的气氛。他们都是传统的中国人。当张爱玲把自己的笔探向一些与这种生活、与旧的文化背景间的关系疏远以至于无的人物时，她的笔往往失去了写前一类人物时所具有的从容自如，乔其乔和范柳原即是明显的例子。这两个人物在各自的故事中都是所谓男主人公，出现的机会也不少，但作者始终不能从正面把握住他们，她想让他们作为立体的形象活着，但她始终不能进入他们的内心世界，当她希望在浪子的特点以外从他们身上找到一点更为结实的东西以丰富人物形象时，人物形象反而模糊了——他们始终是影影绰绰的影子。

这并非因为作者是个女作家，男性形象对她是个难题，我们看到，即使是作为故事头号人物出现的男性形象，只要他在旧文化的背景下出现，只要他在某种程度上负荷着所谓传统的分量，张爱玲的笔能立时就显得沉稳有力、不浮不乱。只要将佟振保、米尧晶与乔其乔、范柳原一比较，就可以证明上面的判断。佟、米二人是在旧式生活边缘上行走的人，尽管喝过洋墨水，骨子里依然是旧式的中国人。米先生与淳于敦凤的结合可说是更彻底地把自己带回到旧式生活中去，而佟振保关于女人的观念正烙着旧文化的印记，"一个是圣洁的妻，一个是热烈的情妇——普通人向来是这样把节烈分开来讲的"。发生在振保身上的悲喜剧不用说与这观念有着必然联系，而佟、米二人都是按照中国式的逻辑对外部做出反应，也就是说，他们思想意识中的背景是旧文化的某些观念，这正是张爱玲能准确描写他们的心理，使他们的性格生动、丰满的原因。

熟悉旧的生活方式，谙晓旧式人物的习性，擅长描写没落的文化背景下的人物的悲喜剧，这本身就说明了张爱玲与传统文化之间深刻的联系。她是没落世家的后裔，故对旧式生活的腐朽没落等有着真切的体验与清醒的意识，正如鲁迅所说，这些情形，"非同阶级是不能深知的，加以袭击，撕其面具，当比不熟悉此中情形者更加有力"。《传奇》中形形色色的病态人物凑集在一起，反映着他们身后的生活方式、文化背景的病态，张爱玲准确地把握了她的人物封闭于其中的那种生活的颓丧、没落的特征。

为了强调这一特征，她甚至有意识地造成一些人物外观上的对比，如《红鸾禧》中二乔四美的丰满结实衬出玉清的瘦削，《红玫瑰与白玫瑰》中王娇蕊的丰腴衬出孟烟鹏的苍白，《茉莉香片》中言丹珠的活力、朝气衬出聂传庆的干瘪萎靡。前者当然不是什么新人形象，但是张爱玲似乎意在说明，与那种旧式的生活靠得越近，就越难以避免染上它所特有的一股死气。在《金锁记》中，张爱玲更借了童世舫的意识活动来揭示旧式生活的特质："……卷着云头的花梨炕，冰凉的黄藤芯子，柚子的寒香……姨奶奶添了孩子。这就是他所怀念的古中国……他的幽闲贞静的中国闺秀是抽鸦片的！他坐了起来，双手托着头，感到了难堪的落寞。"童世舫的古中国梦的失落部分也是张爱玲对旧文化、旧的生活方式的失望。《传奇》因此成为展现旧式生活奄奄一息、行将就木的一卷褪色的画卷。聂传庆跑不了，《传奇》世界中的大多数人也都跑不了，因为他们按照老的时钟生活，"他们唱歌唱走了板，跟不上生命的胡琴"，为旧的生活方式封闭着，而这旧的一切正在走下坡路，他们如同坐在就要坠落山崖的闷罐子车内，谁也不得脱身，只能像川嫦临死前感觉到的那样，"硕大无朋的自身和这腐烂美丽的世界，两个尸身背对背拴在一起，你坠着我，我坠着你，往下沉"。《传奇》中的人物与旧文化、旧的生活方式，正是这种"你坠着我，我坠着你"的关系。

尽管张爱玲在小说中反映了旧文化的衰落，反映了旧的生活方式的崩溃，这一切对于她却不过是舞台上的布景，她的最高命意不是鞭挞和批判，而是在这布景下上演普遍的、永恒的人生悲喜剧。亨利·菲尔丁向读者介绍他的作品说："这里替读者准备下的食品不是别的，乃是人性。"张爱玲备下的也是这样一道菜，在

张爱玲看来,她的布景——那个新旧交替中的时代,那种没落的文化——恰好使人性表现得更加淋漓尽致。说《传奇》是"开向沪、港洋场社会的窗口",只能是我们基于现实主义标准对它做出的价值判断,假如《传奇》可以称为一个窗口,那么张爱玲希望通过这窗口张看到的便是永恒的人生,普遍的人性。她当然也这样希望她的读者。

在《传奇》中,普遍的人性凝定在普通人的身上。《传奇》初版扉页上有作者这样的题词:"书名叫传奇,目的是在传奇里面寻找普通人,在普通人里寻找传奇。"这里的普通人绝非社会学、经济学意义上的划分——按照贫与富的标准,几亿中国百姓眼中的白流苏、葛薇龙、佟振保之流,当然不那么普通——而是与英雄、超人相对的概念。毋宁说这里的"普通"是一种品格气质、精神思想上的定义。普通人没有脱俗的理想,没有过人的理性,没有超人的毅力,没有超凡的美德,他们只不过按照世俗的要求,按照自己的常识处世行事,好与坏都被性格的平庸限制着,干不出惊人的事件,只配领略平淡无奇的生活,唯其普通,体现在这些人身上的人性在张爱玲看来才更带有普遍的意味。至于把普通人与传奇联系在一起,则是她希望在普通人身上咀嚼出浓稠的人生况味,而又将奇归于不奇,滤去人们一厢情愿掺和在巧合事件中的浪漫成分。

《传奇》全部小说的写作不过经历了一年半的时间,然而即使在这样短的时间内,小说的外观已经发生了微妙的变化,大致说来,这种变化的趋向是"绚烂归于平淡"——小说中"奇"的因素减少以至消失。在写作时间较早的那些小说中,张爱玲注意制造出"奇"的效果,《沉香屑:第一炉香》中的"奇"来自薇龙面对的新奇的环境,《沉香屑:第二炉香》中的"奇"来自奇特的事件,《心经》中的"奇"来自恋父情结,《茉莉香片》中的"奇"来自聂传庆的变态心理,《金锁记》中的"奇"来自七巧的乖戾的性格,《倾城之恋》中的"奇"来自突转的结局。《留情》、《红鸾禧》、《红玫瑰与白玫瑰》、《等》、《桂花蒸 阿小悲秋》等小说写作时间靠后,作者已经放弃了曲折故事情节的经营,小说中的其人其事、其情其境都不再包含任何"奇"的成分,作者的风格转向了平实。然而不论在奇异中,还是在平凡里,张爱玲的目光始终专注于人性,在故事中发现着人性的规定。

《传奇》中展现的人生是书中不同人物的一份又一份的失败记录。故事开始时,主人公经常处于一个人生转折的当口,通过一段具体的人生故事,主人公在生活中的位置发生了变化，或是毁灭或是落到一个比原先更不堪的境地。有的时候，作者只是截取人生的一个或几个片段，人物的实际处境也许没有变化，但他们的内心感受已经与前大不相同。在记录这个过程的同时，作者似乎更注意人物的内心经历，当故事结束时，主人公原先对生活的信念以及自我感觉已经得到调整。从一种特定的对生活的意识到这种意识的被否定或被动摇，这是一个内在的圆周运动。在《传奇》中，这一运动注定地表现为一个下坠的过程：原先生活构想的幻灭、精神的萎缩、自信的丧失——这是作者为人物安排的认识必然（也就是人生真谛）的路径。通过自己的失败，他们认识到现实的肮脏、复杂、不可理喻。

《年轻的时候》中的潘汝良原本爱幻想，愿意戴着玫瑰色的眼镜看世界。沁西亚在他眼中是仙女，一连串实际接触后，他的梦一点点褪色，渐渐发现她不过是一个平平常常的女孩子，而且从她的婚姻，从她的重病中看见了人生的悲哀，于是他在这个女孩子的身上获得了启示，调整了对现实的意识，故事这样开始："潘汝良读书，有个坏脾气，手里捏着铅笔，不肯闲着，老是在书头上画小人。"结尾是"汝良从此不在书头上画小人了，他的书现在总是很干净"。这说明他的幻想已经对现实作出了让步。

潘汝良对人生的体察在很大程度上都是从旁观者的角色来进行的，《传奇》中的大多数人物是通过自身的遭际更深刻地洞察了现实的严酷与人生的悲剧性。《沉香屑：第一炉香》中的葛薇龙并不像汝良那样浪漫，但她有自己的标准，有维护人格完整的自信，尽管她知道梁宅不合于她的标准，却抱有出污泥而不染的幻想。她的态度很现实，可是计划着好好把书念完，这仍然不失为她的一种理想。这个不算过分的期望在结尾时被彻底否定了——"她已经没有天长地久的计划"。这中间是她一点一点地发现对生活的预期与生活的真相之间的距离，而后一步一步地在现实面前退缩。由想念书到想嫁人，由想找一个理想伴侣到抓住乔其乔这个可能的机会，由想结婚到情愿只做情人，由情人到发现乔其乔的不忠之后仍然嫁给他，直至死了心为梁太太弄人，为乔其乔弄钱，这就是薇龙失败的历程。这里的每一次让步在过去都是不可想象的，当司徒协的出现逼着她向乔其乔的追求认输时，她已经觉得自己作出了重大牺牲，因为她感觉到乔其乔的不诚实，"也许乔其乔的追求她不过是一时高兴；也许他对任何女孩子都是这样的"。此时薇龙仍然有自信，有幻想，有希望："的确，在过去，乔其乔不肯好好地做人，他的人生观太消极……幸而他现在还年轻,只要他的妻子爱他,他什么事不能做?"然而事实很快告诉她,这样的在她看来已经是缩小了的愿望依然是过分的。乔其乔不给她当好妻子的机会,只要她做情妇。"这和薇龙原本的期望相差太远了,她仿佛一连向后猛跌了十来丈远。"不幸的是,这还不是最后的一步,现实一定要把她的所有自信,把她的幻想剔除得干干净净才肯罢休。不愿意有一天变成梁夫人那样的人,这是薇龙的信念,是她的人格标准,最后的结果却是这一天来得那么快,她的情形甚至比梁夫人更糟。小说最后乔其乔、薇龙逛湾仔是惨淡的一幕,薇龙意识到自己的命运实质上跟妓女差不多:"怎么没有分别呢?她们是不得已,我是自愿的。"她在黑暗中伤心抽泣,然而也认命了。

张爱玲并不希望用这样一则故事来控诉社会,假如其中有社会批判因素的话,那也是它的副主题。张爱玲首先想在这险恶的环境,肮脏、复杂、不可理喻的现实背景之下展示人的脆弱、幻想的脆弱。她承认、接受这个现实。在她看来,现实原本就是如此,而这个现实是难以抗拒的,人只有节节败退,所以她无可奈何地哀叹:"总之,生命是残酷的。看到我们缩小又缩小的怯怯的愿望,我总觉得有无限的惨伤。"

的确,人的不能掌握自己的命运是张爱玲小说的潜在主题。《传奇》中没有人对命运的胜利、理想对现实的凯旋,人的自信结果往往被证明不过是自负,受到现实无情的嘲讽。《心经》中的许小寒起初乐观自信,她以为能够把握住父亲,而把握父亲在她就是把握了自己。她骄傲,因为她能支配龚海立,可以捉弄波兰,广而言之,她自以为是现实,是周围环境的主人。故事的发展却证明她不过是现实的牺牲品,父亲的弃她而去摧毁了她良好的自我感觉,她哆嗦着预感到她已经"管不得自己了"。

《红玫瑰与白玫瑰》中的佟振保"下定决心要创造一个'对'的世界随身带着,在那袖珍世界里,他是绝对的主人。"事与愿违,他在生活中遇到的是一连串的"不对"。他总是想证明自己的主动,结果无往而不被证明他总是被动的,故事中出现的几个女人反复地向他提示,他做不了自己的主人。巴黎的第一次嫖妓在他是难堪的经验,"嫖,不怕嫖得下流、随便、肮脏黯败"。他的难堪在于他控制不了局面,不是他在导演,相反,他仿佛是被拉来客串一出不相干的戏。在与玫瑰的关系中,佟振保获得了做主人的自信,虽然这种自信以背地里的懊悔作代价,然而回国后王娇蕊的出现很快又把他从主人的位置上颠下来。当他们第一次接吻时，王娇蕊过于娴熟的姿态与他的发狠、他的自证自疑恰成对照。不由自主、失去控制的不是娇蕊，而是他，不论他怎样企图说服自己，也改变不了这样的事实，两人关系中这样的局面并不是他的初衷。在交谈中小心翼翼，躲到公寓外面回避与娇蕊的接触才是振保想做自己与环境的主人的有意识的努力，可是这种努力注定是徒劳。与孟烟鹂的结婚是振保做绝对的主人的又一次尝试，这个尝试显然又告失败，裁缝与烟鹂的通奸使他发现自己亲手铸造的世界依然又充满了"不对"，《红玫瑰与白玫瑰》于是成了一则主人公想做自己与环境的主人而不可得的故事。故事结尾回到了小说的开头，这是现在的佟振保——他"改过自新，又变了个好人"。一声长叹表示他的认命：大约不再愚妄地想创造一个"对"的世界，不再想做绝对的主人了。

假如说在佟振保的失败中除了对人以为可以主宰自己的愚妄的讥讽之外，也含着对佟振保陈腐观念、褊狭视野的嘲弄，那么《倾城之恋》的故事则是命运对人的自主意识的更彻底的否定。《倾城之恋》是《传奇》中唯一以大团圆结局收场的小说。白流苏如履薄冰地跨过了一段危险的情妇生涯，终于如愿以偿，得到了一桩她所向往的安全可靠的婚姻：范柳原不仅同她结婚，而且真正把她当做自家人——名正言顺的妻子——来对待。在旧小说中，在鸳蝴派作家的笔下，这可说是尽善尽美的结局——有情人终成眷属，不是吗？但是这样的处理与张爱玲对人生的理解背道而驰，她在表面的圆满之下发现了更深刻的不圆满。她要做的不是把结婚推向一个喜庆的高潮，而是冲淡轻松的气氛，让可能出现的高潮跌落下来。白流苏得到了想要的一切，与故事开始时的处境相反，她成了白公馆中人人羡慕的对象。"然而流苏还是有点惆怅"，这样的结局是她的爱对范柳原的征服吗？是她凭自己的魅力、手腕挣来的吗？正是在这里，一桩姻缘证明的不是人生的美满，反倒暴露出人生更大的缺憾。白流苏有过自己的努力，她声称能管得住自己，结果证明她管不住，她成了范柳原的情妇。成全了她的不是她的奋斗，而是凌驾于个人意志之上的命运，白、范结合证明的不是人对命运的主宰，而是命运对人的随意摆布。在这不可抗拒的命运的衬映之下，个人的努力简直可怜，范柳原在调情阶段对白流苏说："……生死与离别，都是大事，不由我们支配的，比起外界的力量，我们人是多么小，多么小！可是我们偏要说，我永远和你在一起，我们一

生一世都别离开，好像我们自己做得了主似的！"白流苏不相信，她以为那是花花公子油滑的遁词——在范柳原，那的确是遁词，然而这里面却包含着张爱玲理解的生命的真实。最后白流苏相信了："香港的陷落成全了她，但是在这不可理喻的世界里，谁知道什么是因，什么是果？谁知道呢？"这正是使她惆怅的原因——一桩可靠的婚姻向她晓谕了更广大的人生的不可靠。在这种不可靠的面前，人比在婚姻中更显得无能为力。《倾城之恋》因此成为一个"苍凉的故事"。

《传奇》中的人物登场时，都在不同程度上抱着掌握自己命运的信念，以为自己的处境可以通过个人的努力得到改善，当故事的帷幕徐徐落下时，他们的信念全部夭折，不得不承认现实与环境的力量，这就是《传奇》中画出的一个又一个圆周。表现在外部的活动上，便是明知挣扎无益，便不挣扎了；执著也是徒然，便舍弃了——他们都是小人物，没有"知其不可为而为之"的勇气。这样的圆周运动同时揭示了人的盲目与无知，那些人物抱有的信念与人生真相之间的巨大反差就是证明。人的盲目无知还反映在人物对现实的错觉中。《沉香屑：第二炉香》中的罗杰·安白登教授开着汽车，春风得意，"他深信绝对不会出乱子，他有一种安全的感觉"。其实他的身边危机四伏，充满不安。张爱玲有意识地强调他的安全感，用以与后面接踵而至的打击形成对比，教授很快就在追悼细的路上感受到"一片怔忡的庞大而不彻底的宁静"。安全感变成了恐怖感，他最后就在这恐怖感中自杀。这个结局冷酷地嘲弄了他在登场时的感觉。在《花凋》的结尾，张爱玲安排了一个同样强烈的对比。母亲替重病中的郑川嫦买了一双鞋：

她从被窝里伸出一只脚来踏在鞋里重新试一试，道：这种皮看上去倒很牢，总可以穿两三年呢。

她死在三星期后。

赫然的两个"三"将人对命运的盲目反衬得触目惊心，川嫦话中的"两三年"不过是随口出之，"她死在三星期后"并没有什么必然的道理，这样的排比倒是更清楚地显露了作者的用意，她要以此来宣示人生与人性的必然。

人的渺小、人的无知映照出现实的不可抗拒。现实在《传奇》中被赋予了多重的含意，在《花凋》中它是自然法则，在《沉香屑：第一炉香》中它是险恶的环境，在《倾城之恋》中它是重大的事变……但是张爱玲并不把现实看做外在于人的存在，人就是这样冷酷的肮脏复杂的不可理喻的现实的一部分。或者说，现实不仅是外部世界的真实，也是人性的真实，导致人物失败与挫折的不但是外来的苦难，更是人的与生俱来的情欲。外部世界诚然是不可理喻的，人是可以理喻的吗？葛薇龙"明明知道乔其乔不过是个极普通的浪子，没有什么可怕，可怕的是他引起的她那不可理喻的蛮暴的热情"。佟振保的周围不存在什么外部的压力，可是他的情欲一再地拖着他往下沉，他抵挡不住异性的诱惑实质上是抵挡不住自己情欲的诱惑，几个女人的出现不过充当了他的情欲的测度计。

在《金锁记》中，人物的情欲更是燃烧到可以点着火的程度，畸形的婚姻在姜家为七巧安排了一个特殊的位置，这个位置给了她觊觎黄金的机会，剥夺了她正常的情欲的满足。黄金欲膨胀得越大，恋爱欲也就被压抑得越厉害，然而压抑并不能使恋爱欲熄灭，越是压抑得厉害，情欲越是要通过反常的方式寻求出路，恋爱欲的得不到满足导致她对金钱的疯狂追求。起初她用黄金之梦来抵挡情欲之火，结果当情欲变相地借金钱之欲显形时，她丧失了人性。七巧与姜季泽的两次相遇是小说中最富于戏剧性的场面，平淡的对话下面激烈的内心搏斗，使它们充满一触即发的紧张。在第一个场面中，七巧"颤声说话"，"脸庞的下半部抖得像嘴里含着滚烫的蜡油，用尖细的声音逼出话来"，那些对僵尸一样的丈夫的刻骨怨愤的台词以及她对季泽由爱得不到手而生出的嫉恨，照彻她内心如焚的情欲。但是为了黄金之梦，她不得不按捺住情欲，她不敢明目张胆地追求季泽，只能恨恨地"低声道：'我就不懂，我什么地方不如人？我有什么地方不好……'"在第二个场面中，七巧已经因为黄金的缘故，用捉迷藏式的浮薄的调笑包裹着内心的情欲过了十年，她终于听到季泽叫她"七巧"了：

季泽立在她跟前，两手合在她扇子上，他也老了十年了。然而两人究竟还是那两个人啊！他难道是哄她的吗？他想她的钱？仅仅这一念便使她暴怒起来了……

她甘心地把最后一个满足爱情的希望吹肥皂泡似地吹破了。为了黄金，过去她只能在双关的挑逗语言中咀嚼一点爱情变味的渣子，现在她又用黄金欲制服最后一点爱情，对季泽的渴望是七巧人性的表征，泯灭了这点爱，她便彻底地套上了黄金的枷锁，变成地道的疯子。不幸她还是人母，是婆婆，她的疯狂不仅使自己走向毁灭，而且将身边的人拉来做陪葬。"三十年来她戴着黄金的枷锁，她用那沉重的枷角劈杀了几个人，没死的也送了半条命"，"她知道周围的人恨毒了她"，但是她无法控制她自己，只能让疯狂拖着她往绝路上走。疯狂来自黄金欲，而黄金欲变成盲目的破坏力量，又是爱情不得满足的直接结果。她要报复，报复她为黄金付出的代价，不顾一切，不择对象，情欲就是这样盲目地支配着人。

七巧是《传奇》中唯一的英雄，谁也没有像她这样在失望与绝望中仍然不停止最后的挣扎，情欲的力量在任何人身上都没有像在七巧身上那样具有如此巨大的破坏性。然而其他人也同样为情欲支配着，尽管情欲并不总是表现得那么强烈。情欲的本质在于它的非理性，而非理性经常与下意识联系在一起。许多论者都注意到《传奇》对非理性与潜意识的表现，这种表现正是通过对人的情欲的盲目性的展示来进行的，或者说，张爱玲对情欲的力量的渲染正是对人的非理性、人的潜意识的强调。在那些篇幅较长、对人物命运做了正面交待的小说中，盲目的情欲始终是导致悲剧的一个重要因素。葛薇龙、佟振保、白流苏、许小寒等人起初之所以有那种掌握自己命运的幻想与自信，是因为他们潜在的生存欲望欺骗了他们，生存欲望改变了现实的形貌，使他们一厢情愿地对待世界，对待自己。就连在《花凋》这篇人物命运与情欲力量并没有直接关联的小说中，张爱玲也不失时机地表现人的情欲的盲目，正是想活下去的顽强欲望使川嫦做出了错误的判断——她以为还能活很久。

人逃脱不了情欲的支配，这就是张爱玲发现的人性的规定。她经常以情欲，以非理性来解释人物的失败与挫折，这使《传奇》与旧小说，与鸳蝴派小说严格地区分开来。旧小说用因果报应的迷信来说明一切，而造成悲剧的原因在鸳蝴派小说中不是一个坏到极点的恶人，便是偶然的巧合。王国维在《红楼梦评论》中按照叔本华的观念，将悲剧分为三种，第一种是"由恶之人，极其所有之能力以交媾之者"，第二种是"由于盲目之命运者"，第三种是"由于剧中人物之位置及关系，而不得不然者，非必有蛇蝎之性质与意外之变故也"。在王国维看来，第三种悲剧展示了一种必然："但由普通之人物，普通之境遇，逼之不得不如是，彼等明知其害，交施之，而交受之，各加以力，而各不任其咎……彼示人生最大之不幸，非例外之事，而人生之所固有故也，若前二种之悲剧，吾人对蛇蝎之人物，与盲目之命运，未尝不悚然战栗，然以其罕见之故，犹悻吾生之可以免，而不必求息肩之地也。但在第三种则见此非常之势力，足以破坏人生之福祉者，无时而不可坠于吾前，且此等惨酷之行，不但时时可受诸己，而或可以加诸人，躬丁其酷，而无不平之可鸣，此可谓天下至惨也。"假如说旧小说、鸳蝴派小说所写悲剧属于前两种的话，张爱玲在《传奇》中希望表现的就是第三种悲剧——无时不在，无所不在，而又无不平之可鸣的"至惨"悲剧，而"不得不然"的人物之位置则是不同人物的情欲交互作用的结果。每个人都有情欲，悲剧的因素不仅存在于外界的威胁，更在于人的本性之中，因此悲剧不是人们可能会遇到的偶然，而是人人必将面临的必然。情欲与生命相始终，悲剧因此无休无止，不断袭来，一步一步将人引入更加悲惨的境地。人之不幸，诚如老子所说："吾所以有大患者，唯吾有身。"不幸是注定的、与生俱来的，《传奇》中故而弥漫着宿命的气息。

人生是残酷的，人性的真相是可怕的。一般的人没有勇气面对这幅可怕的图景，假如偶然的机缘使人们从一己的欲望里与偏见中跳出来瞥见这幅图景，对生命的本相有所了悟，他们也不可能长久地停留在这一点上——生命的可怕与恐怖是一般人的意识难以负荷的，人们只有回到纷扰的现实去，埋头于眼前的琐事之中，借助习惯的力量忘却生命的恐怖。对于张爱玲，人生的悲剧是永恒的、无涯的，因此往远看，朝透里想，万事皆悲，看看眼前，看看周围，人才感到还有可为，还能找到一点快乐。她的人物都在眼前的欢乐中寻找着避难所。葛薇龙在湾仔看到的是"无边的荒凉，无边的恐怖"，"她的未来也是如此——不能想，想起来只有无边的恐怖，她没有天长地久的计划，只有在这眼前的琐碎的小东西里，她的畏缩不宁的心能够得到暂时的休息"。

张爱玲在《传奇》中多次通过人物突出了人的不敢想、不能想，以说明直面人生给人带来的重压。这种意识并不是人物自觉意识到的，《桂花蒸 阿小悲秋》中的女佣人阿小只是在一个偶然的场合里突然朦胧地感觉到一阵恐怖和悲哀。她自己也未必能解说得清，因为没有什么具体的、直接的原因，她只是为她自己突如其来的疯狂的自由所惊惧，"心里模糊地觉得不行，不行！"四周无人的清静吓住了她，自由吓住了她，通常她的时间都是由喧闹忙碌来填满的，她总是有事情可做，总是在人丛中，有具体的琐事可谈，现在她是一个人，她有时间思想了！

她马上感到了空虚，感到荒凉，一个个忙碌的日子是容易对付的，而阿小此刻面对的是混沌的人生的重压，她要把孩子领回来，有孩子在身边，她就不再"自由"，不再有无边际的胡思乱想的机会——她的思绪找到了具体实在的寄托。小说结束时，阿小已经完全恢复了平静，她打听楼上的新娘夜里如何寻死觅活地打闹，抱怨别人将瓜壳果皮乱扔，脑子里不再留下空隙———旦回到日常习惯的轨道上，她便有了一种安全感。《封锁》中电车车厢里的一群人偶然暂时地脱离了日常习惯的轨道，一时无事可做，看见一个人在看用来包着包子的报纸，马上群起效仿，"看报的看报，没有报的看发票，看章程，看名片，任何印刷物都没有的人，就看街上的市招，他们不能不填满这可怕的空虚，不然，他们的脑子会活动起来，思想是一件痛苦的事"。

　　人性是盲目的，人生因盲目而残酷。在《传奇》中，这一切表现为现实的肮脏、复杂、不可理喻，假如不是被情欲或是虚荣心所欺瞒，人对现实的了解实质上仅限于这一点：生活即痛苦，人生即是永恒的悲剧，这就是人所能达到的最高的，也是真正的认识。对于张爱玲，认识人生就是认识人生的悲剧性，但是，获得这种认识，既不给人带来安慰，也无助于现实处境的改变，相反，它将人置于幻灭、空虚的重压之下。《传奇》中的故事因此成了没有多少亮色的无望的彻头彻尾的悲剧。《琉璃瓦》、《红鸾禧》等几幕短小的喜剧只是这个悲剧的补充。张爱玲曾经这样议论《金瓶梅》、《红楼梦》："只有在物质的细节上，它得到欢悦……仔仔细细开出整桌的菜单，毫无倦意，不为什么，就因为喜欢——细节往往是和美畅快、引人入胜的，而主题永远悲观，一切对于人生的笼统观察都指向虚无。"在某种意义上，这倒也适用于对《传奇》的解释。

《传奇》世界（下）

阅读《传奇》，人们最初得到的审美愉悦，也许来自小说中层出不穷的意象。一个个意象纷至沓来，令人目不暇接，它们为读者带来了一个生动的感性世界，而意象的新颖别致、不落窠臼又不断给人以新奇之感。

张爱玲的意象经常具有鲜明的视觉效果，一段文字就如同一幅画：

> 薇龙靠在门橱上，眼看着阳台上的雨，雨点儿打到水门汀地上，捉到了一点灯光，的溜溜地急转，银光直泼到尺来远，像是足尖舞者银白色的裙舞……

> 她（七巧）到了窗前，揭开了那边上缀有小绒球的墨绿洋色窗帘，季泽正从穿堂里往外走，长衫搭在臂上，晴天的风像一群白鸽子钻进他的纺绸裤里去，哪儿都钻到了，飘飘拍着翅子……

> ……振保抱着胳膊，伏在栏杆上，楼下一辆煌煌点着灯的电车停在门道，许多人上去下来，一车的灯，又开走了。街上静荡荡只剩下公寓下层牛肉庄的灯光，风吹着的两片落叶踏拉踏拉仿佛没人穿的破鞋，自己走上一程子……

画面里无一不是人所习见的物象，没有田园风光，没有奇情异趣。作者就从这些最寻常的意象中传达出美感。"捉到"了灯光的雨、钻入纺绸袷裤的风、静静的街上移动的树叶，写得都是极其传神。而关键还不在于譬喻的巧妙，假如你没有忘记画面边缘站着的黯然神伤、注视着这些景物的人，你将会发现，这些意象都构成了自己独特的意境。

正如心理学家指出的那样，意象作为感受上知觉的经验在心中的重现，未必一定是视觉上的，可以有触觉的意象、听觉的意象，等等。张爱玲不仅善于制造视觉意象，其他各种意象，她也能写得同样生动鲜明。她的特长更在于，她经常将各种感官印象贯通，打成一片，使意象更为新奇，更富于弹性。在她那里，颜色可以转化为声音，触觉可以转化为听觉。月光的凄清可以像笛声一样呜呜咽咽（《沉香屑：第二炉香》），树叶剪影的零落颤动可以像不成腔的一串小音符，发出檐前铁马的叮当（《倾城之恋》）。而当薇龙在梦中试着衣服时，不同的质料在触觉上引起的反应使她像是在听不同的音乐：

> 毛质品毛绒绒的像富于调拨性的爵士乐，厚沉沉的丝绒像忧郁的古典化的歌剧主题歌，柔滑的软缎像"蓝色的多瑙河"，凉阴阴地引着人，流遍了全身。

飘入佟振保家天井里的笛声则更是变化多端，它可以有形体，有动作，还可以超出物象，负载更多的想象：

> 蓝天上飘着小白云，街上卖笛子的人在那里吹笛子，尖柔忸怩的东方的歌，一扭一扭出来了，像绣像小说里画的梦，一缕白气，从帐子里出来，涨大了，内中有种幻境，像懒蛇一般地舒展开来，后来终于太瞌睡，终于连梦也睡着了。

各种感官捕捉到的形象相互生发，相互补充，相互说明，这是通感，是通感唤起的联觉意象。亚里士多德曾经将善用譬喻看做判断一个作家是否有天才的标准，"因为要想出一个好的隐喻字，须能看出事物的相似之点"。联觉意象实质上也是一种譬喻，它以一种感觉去说明另一种感觉，而张的这些意象之所以出人意料又不使人觉得离谱，正在于她找到了不同感觉的交汇点，笛声的呜咽与月色的冷清，传达的是同样的情调；铁马的叮当与树叶的零落颤动在不同的感官上造成的是同样的间断、不连续的感觉。卖笛人吹出的单调忸怩的旋律与蛇盘绕的形状有着某种暗合，旋律的拖沓则呼应着蛇的疲懒。同一个意象从不同角度去感觉，意象于是显现出新的面目，而在多重感觉的复合中，意象又获得了新的具体性，更加立体化，也更加生动可感。

然而张爱玲大量的使用意象的目的还不仅仅在于增强故事的生动性与画面感，她的意象的魅力，也不仅仅在于联想的丰富、修辞的巧妙、摹写的逼真，她更善于用意象来传达人物特定的心理状态。理查兹认为："使意象具有功用的，不是它作为一个意象的生动性，而是它作为一个心理事件与感觉奇特结合的特征。"张爱玲具有灵敏细致的感受能力，这种能力是心理上的，同时又是感官上的，因此她总是能毫不费力地将人物的感官印象与情绪状态有效地联系起来。在她的笔下，人物的心理反应与感官印象往往具有同步的性质，感官捕捉到的意象几乎是直接地展示着特定的心理内容。

为自己的暴力行为震惊的聂传庆"感到家里冷极了，白粉墙也冻得发青"，他的冷的感受照彻了他内心的绝望，而他逃离现场时，"只看见月光里一层一层的石阶，在眼前兔起鹘落"。石阶在视觉中的跳荡、闪烁不定，反映的正是内心的慌乱。不必了解薇龙与乔其乔头一次接触时内心闪过怎样的意念，只要注意一下她胳膊瞬时有过怎样异样的感觉，你便不难体察她的不安："给她那双绿眼睛一看，她觉得她的手臂像热腾腾的牛奶似的，从青色的壶（她穿着瓷青薄绸旗袍）里倒了出来，管也管不住，整个地自己全泼出来了。"罗杰·安白登茫然空洞的心境则又在下面这个意象中变得具体而微："整个的世界像一个蛀空了的牙齿，麻木木的，倒也不觉得什么，只是风来的时候，隐隐的有一些酸痛。"

《传奇》中的所有小说都以都市生活为内容，但是其中却不乏自然景物的意象。对于张爱玲笔下的人物，自然景物不是独立于感觉之外的观赏对象，人物总是有意无意而又执拗地在上面涂抹着自己的主观色彩。张爱玲绝少做那种静态的、纯客观记录式的景物描写，她让读者通过人物的眼睛来打量外部世界，这个世界的每一个角落都被人物生动的感受所覆盖，每一片景色都为人物特定的心理氛围所笼罩，人与物之间的感应到了这样的程度，以致"一片风景就是一种心理状态"。

年轻的人想着三十年前的月亮该是铜钱大的一个红黄晕湿,像朵云轩信笺上落了一滴泪珠,陈旧而迷糊。老年人回忆中的三十年前的月亮是欢愉的,比眼前的月亮大、圆、白;然而隔着三十年的辛苦路往回看,再好的月亮也不免带点凄凉。

同一个月亮的意象,竟负荷着如此不同的心理内容。《金锁记》中这段脍炙人口的描写不妨看做一种提示:重要的不是物象本身,而是投射在它上面的人的情绪。被情人负心弄得心灰意懒,薇龙眼中的天空便带着严冷肃杀之气:

她躺在床上,看着窗子外面的天。中午的太阳煌煌地照着,天却是金属品的冷冷的白色,像刀子一般割痛了眼睛。秋深了,一只鸟向山巅飞去,黑鸟在白天下,飞到顶高,像在刀口上刮了一刮似的,惨叫了一声,翻过山那边去了。

绝望到痛苦的抽搐也归于平息,临死前川嫦从窗里看到的天空又别有一番滋味:

永远从同一角度看,永远是那样磁青的一块,非常平静,仿佛这一天早已过去了,那淡青的窗户成了病榻旁的古玩摆设。

写月光下的世界似乎是张爱玲的拿手好戏,一派银辉之下永远有新的事物:

……崖脚下的松涛奔腾澎湃,更有一种耐冷的树,叶子一面儿绿一面儿白,大风吹着,满山的叶子掀腾翻覆,只看见点点银光四溅,云开处,冬天的微黄的月亮出来了,白苍苍的天与海在丹珠身后张开了云母石屏风,她披着翡翠天鹅绒的斗篷,上面连着风兜,风兜的里子是白色的天鹅绒,风兜半褪在她脑后,露出高高堆在顶上的卷发,背着光,她的脸看不分明,只觉得她的一双眼睛灼灼地注视着他。

月下天与海的背景如同屏风，丹珠仿佛成了屏风上的仙女，虚幻缥缈，可望而不可即，传庆内心的恍惚正隐现在这月色迷离之中。

在罗杰新婚出现意想不到的变故的那个夜晚，月光下的校园居然显得令人毛骨悚然：

> 那时候，夜深了，月光照得地上碧青，铁栏杆外，挨挨挤挤长着墨绿的木槿树，地底下喷出来的热气，凝结成了一朵朵多大的红花。木槿花是南洋种，充满了热带森林的回忆——回忆里有眼睛亮晶晶的黑色怪兽，也有半开化的人们的爱。木槿树下面，枝枝叶叶，不多的空隙里，生着各种的草花，都是毒辣的黄色、紫色、深粉红——火山的涎沫，还有一种背对背开的并蒂莲花，白的，上面有老虎黄的斑纹，在这些花木之间，又有无数的昆虫，蠕蠕地爬动，唧唧地叫唤着，再加上银色的小四脚蛇，阁阁作声的青蛙，造成一片怔忡不宁的庞大而不彻底的寂静。

这个意象出现在罗杰想追回愫细的场面之前，作者并未将之直接纳入人物的知觉范围，然而那怔忡不宁，似乎藏着静静杀机的气氛，却仍然与人物的心理氛围有着某种可以感知、认知的同构的关系。愫细的惊惧、罗杰的惶恐全部在自然景物意象的神秘色彩中得以对象化；体味到它的神秘、恐怖，你也就摸到了人物内心的脉搏。王国维曾经说过："昔人注词有'景语'、'情语'之别，不知一切'景语'皆'情语'也。"这是论诗词，而对张小说中大量的景物意象也当做如是观。不同处在于，诗词中情与景的交融统一于诗人的心境，《传奇》中情与景的呼应存在于故事中特定人物的内心。正因为景语即情语，客观的外部世界皆着"我"主观之色，无生命的景物才仿佛有了自己的生命，会有表情，有感觉，会大声地呼喊：

> 雨越下越大，天忽然回过脸来，漆黑的大脸，尘世上一切都惊惶逃遁，黑暗里拼拎碰隆，雷电急走。痛楚的青、白、紫，一亮一亮照进小厨房，玻璃被逼往里凹进去。(《桂花蒸 阿小悲秋》)

> 楼上的品字式的三间屋、楼下品字式的三间屋，全是堂堂地点着灯，新

打了蜡的地板，照得雪亮。没有人影儿，一间又一间，呼喊着空虚……（《倾城之恋》）

像不少论者已经指出的那样，张爱玲强调人物的感官印象。上文所引述的一些例子也说明了这一特点。张爱玲对感官快感与感性事物有一种难言的喜好，她喜欢各种色彩，喜欢不同的气味，并且总是希望将自己的印象固定下来。她在这方面的想象力、分辨力之丰富精微，经常达到惊人的程度。对于感官印象的准确把握使她笔下的意象常新。俄国形式主义理论家什克洛夫斯基认为，"艺术之所以存在，就是为了使人恢复对生活的感觉，使石头显出石头的质感。艺术的目的是使人感觉到事物，而不是仅仅知道事物。艺术的技巧就是使对象陌生，使形式变得困难，增加感觉的难度，因为感觉过程本身就是审美的目的，必须设法延长，艺术是体验对象的艺术构成的一种方式，而对象本身并不重要。"不论是否是绝对真理，用来说明张爱玲的技巧是恰当的。张爱玲所强调的正是对事物的感觉，而她的秘诀正是陌生化。

使对象陌生化的途径多种多样。张爱玲并不接受新感觉派的建议——"你还不如用孩子的眼光去看"，她也无需像刘呐鸥、穆时英那样，借助精神畸形病态者的感官对外界事物来一番夸张变形。她写的大多是感觉正常的人，但是张知道，只要让人物离开日常的心境，他们周围的世界便会变得陌生，而当人物被放置到一个对他来说是新的环境时，他会有异样的感觉。

梁太太的公馆对于薇龙是一个奇异的现实，在她真正进入这里的生活之前，里面的一切连同周围的一切都像一个谜。《沉香屑：第一炉香》开头的大部分笔墨都用于渲染环境使薇龙产生的陌生新奇之感。薇龙从不同角度去忖度、发现着这个环境，从远景到近景，在白天，在月夜，换了这篇小说中的其他任何人，都不会这样去体验，去感受：

薇龙沿着路往山下走，太阳已偏了西，山背后大红大紫，金绿交错，热闹非凡，倒像雪茄烟盒上的商标画。满山的棕榈、芭蕉，都被毒日头烘焙得干黄卷曲，像雪茄烟丝。南方的落日是快的，黄昏只是一刹那。这边太阳还没有下去，那边，在山路的尽头，烟树迷离，青溶溶地，早有一撇月影儿。

薇龙由西向东走，越走那儿越白越晶亮，仿佛是一头肥胸脯的凤凰，栖在路的转弯处，在树枝叉里做了窠。越走越觉得月亮就在前头树深处，走到了，树便没有了。薇龙站住了歇了一会儿脚，倒有点惘然。再回头看姑妈的家，依稀还见那黄地红边的窗棂，绿玻璃窗映着海色，那巍巍的白房子，盖着绿色的玻璃瓦，很有点像古代的皇陵。

不久以后，她第二次来到这里，那房子迎面越移越近，她仍然恍若梦中：

> 那是个潮湿的春天的晚上，香港山上的雾是最有名的。梁家那白房子粘粘地溶化在白雾里，只看见绿玻璃里闪动着灯光，绿幽幽地，一方一方，像薄荷酒里的冰块。渐渐地冰块也化了水——雾浓了，窗格子的灯光也消失了。

薇龙心中的惘然、虚飘之感正像白雾，用一幅轻纱将那房子罩在一片朦胧的氛围之中，也就在这氛围中，读者延长了感觉的时间。

在《倾城之恋》中，我们发现的是另一种例子。流苏离了婚的丈夫的死亡在白公馆里引起骚动，家庭内部矛盾的突然明朗化把流苏推离日常情感的轨道，剧烈震动之后的心境中，原本熟悉的环境顿时变得陌生：

> ……门掩上了，堂屋里暗着，门的上端玻璃格子里透进两个黄色的灯光，落在青砖地上。朦胧中可以看见堂屋里顺着墙高高下下堆着一排书箱、紫檀匣子，刻着绿泥款识。正中天然几上，玻璃罩子里，搁着珐蓝自鸣钟，机括早坏了，停了多年。两旁垂着珠红对联，闪着金色寿字团花，一朵花托着一个墨汁淋漓的大字。在微光里，一个个的字都像浮在半空中，离着纸老远。流苏觉得自己就是对联上的一个字，虚飘飘的，不落实地。白公馆有这么一点像神仙的洞府，这里悠悠忽忽过了一天，世上已经过了一千年。可是这里过了一千年，也同一天差不多。因为每天都是一样的单调与无聊。

突然的转折引起的对于习惯了的事物的重新发现——熟悉的变成陌生的——不仅是对环境，也包括构成环境一部分的人。葛薇龙有了在豪华梁宅的第一次经

验之后，家里的用人便显得有些异样。

> ……（陈妈）身穿一件簇新蓝竹布罩褂，浆得挺硬，人一窖便在蓝布褂里打磨旋，擦得那竹布渐沥沙啦响，她和梁太太家的睇睇和睨儿一般地打着辫子，她那辫子却扎得杀气腾腾，像武侠小说里的九节钢鞭。薇龙忽然之间觉得自己并不认识她……

《传奇》中的意象新颖、丰富而生动，这后面跃动的是作者活泼泼的直觉。白流苏在黑夜中能直觉地知道花的颜色，张爱玲的直觉则有着更广阔的活动天地。她习惯于具象式的思考，总是希望凭借直觉挖掘出表象后面的本质，而又使抽象的东西感性化。她在很小的时候便乐于相信自己的直觉，比如，凭着"英格兰"、"法兰西"几个字，她便相信前者"应该是蓝天下的小红房子"，后者是"微雨的青色"。她的直觉当然并不总是这样幼稚。她的意象经常具有这样的功能，她能让读者在习见事物构成的表象中直观生活的某些本质方面，或者说她能让读者在感性事物中感觉到本质。在上面引述过的一个段落中，白流苏对那副对联的重新发现，对于一种气氛的陌生感，不仅披露人物内心感受，那对联，那些摆设……总之，物象本身就在显示着旧式生活特有的情调，体验了那种"悠悠忽忽"的感受，你也便把握了这种生活的某个本质的方面。

白流苏在香港码头下船时的新奇感受不仅展示她内心的波动，而且透过她的感受让读者对香港生活情调有一种直观的把握。

> ……好容易靠了岸，她方才有机会到甲板上去看海景。那是个火辣辣的下午，望过去最触目的便是码头上围列着的巨型广告牌，红的，桔红的，粉红的，倒映在绿油油的海水里，一条条、一抹抹刺激性的犯冲的色彩蹿上落下，在水里厮杀得异常热闹。流苏想着，在这夸张的城里，就是栽个跟头，只怕也比别处痛些……

"犯冲"、"刺激"，种种不和谐、生硬强烈的对照，不唯香港的南国地方色彩，而且连同殖民地生活固有的杂凑、畸形的情调这些难以言传的本质特征在这里通过流苏的感官而具象化了。那种生活仿佛具体地表现为某种色彩、某种物象,具象景物的意象简直一身二任,它是自身,是人物的感官印象与心理反应的统一,又通过自身呈现着某种本质,不仅符合个别情境的规定、心境的规定,而且符合表象后面的本质的规定。这样的例子在《传奇》中还有,比如初访梁府时葛薇龙细致观察之下的梁家的室内陈设,因引文过长,兹不再举。

《传奇》中的意象功用繁多,它被用来增加小说的画面感,用来强调感官印象,用来映现人物的心理状态。她用不同的手法来使意象显得新奇,它们都服从于一个总的要求:增加小说的感受性——让读者"感觉到"。不论是外界物象,还是内心世界,都让其呈现出感性的面貌,《传奇》世界因而是一个充满了色彩、气味、声音的感性世界。

张爱玲在制造精巧的意象方面可谓惨淡经营,而她在选择细节、组合意象时,并非仅仅为了适合情节内容,她同时希望借助这些意象间接地评判具体情节的道德面。因而《传奇》中的许多意象往往具有双重含意,既是规定情境中的动作,又是人物处境或是人物之间关系的隐喻和象征。

《沉香屑:第一炉香》中的葛薇龙由一个单纯、自信、希望保持自己人格完整的少女到幻想的贬值、自信的破灭终至于人格的丧失,这个过程被一系列隐喻巧妙地暗示出来。

梁夫人处置乱了她算盘的丫头睨睨的一幕是薇龙悲剧命运的预演。睨睨以为可以一走了之,离开香港便不再受梁夫人的挟持,然而梁夫人胸有成竹地断言:"你跑不了!"她轻而易举地将睨睨制服了:

> 梁太太跋上了鞋,把烟卷向一盆杜鹃花里一丢,站起身来便走。那杜鹃花开得密密层层的,烟卷儿窝在花瓣子里,一霎时就烧黄了一块。

睨睨的遭际就像这杜鹃花,梁太太随手一扔之下,她整个毁了。这也正是很快就要应在薇龙身上的事,薇龙料想不到那会是如此惊人的相似。她也以离开香港作盾牌抵抗她的悲剧命运,梁太太老谋深算,绵里藏针的一席话很快使她屈服——她跑不了。无论具体的原因有何不同,她和睨睨的命运是一样的惨,上面那个意象暗示了这一点,同时又点明了薇龙与姑妈关系的实际含意。故事的结尾,作者有意将乔其乔口中衔着的烟卷的火星形容为一朵花，以回应这个意象："火光一亮，在那凛冽的寒夜里，他的唇上仿佛开了一朵橙红色的花，花立时谢了，又是寒冷与黑暗……"假如盛开的杜鹃象征着薇龙人格上的完整，那么火星的熄灭则意味着薇龙整个人格的崩溃。

类似的隐喻在这篇小说中一再出现。初到梁宅的第二天，薇龙站在窗前发呆：

窗外就是那块长方形的草坪，修剪得齐齐整整，洒上些晓露，碧绿的，绿得有点牛气。有只麻雀，一步一步试探着用八字脚向前走，走了一截子，似乎被这愚笨的绿色祖国大陆给弄糊涂了，又一步一步走了回来。

麻雀是薇龙的化身，麻雀在"绿得有点牛气"的草坪上的惶惑，恰恰点明了薇龙与她所面临的这个陌生环境的关系。

乔其乔对薇龙摊牌说他不愿结婚的一场戏中有这样的描写：

薇龙抓住他的外衣翻领，抬着头，哀恳似地注视着他的脸。她竭力地在他的黑眼镜里寻找他的眼睛，可是她只看见眼镜里反映的她自己的影子，缩小的，而且惨白的。

张爱玲在此显示了她制造隐喻的灵巧的手腕。映现在墨镜上的影子，当然是缩小的，然而这里陈述的不是一个物理事实，作者还想借助这个极其自然的意象，来说明薇龙希望的萎缩、理想的贬值。

《沉香屑：第二炉香》中的隐喻有所不同，它们是靠人物感受与幻觉的重复出现来实现的。

经历了新婚之夜的不愉快之后，罗杰登门找回愫细，一时言归于好，准备一起回家，在楼下又碰到被潜在的歇斯底里病症弄得性情冷僻的靡丽笙，当她阴郁地说出话来时，罗杰感到一阵莫名的恐惧：

靡丽笙轻轻地哼了一声，也不知道她是笑还是呻吟。她说，妈，到底愫细比我勇敢，我后来没跟弗兰克在电话上说过一句话，她提到她丈夫弗兰克的名字时，薄薄的嘴唇向上一掀，露出一排小小的牙齿来，在灯光下，白得发蓝。小蓝牙齿……罗杰打了一个寒噤。

灯光下的牙齿显得发蓝，这是视觉上正常的印象，而罗杰是一种怔忡不宁的心境，下意识的联想把他带入可怕的幻觉之中——小蓝牙齿实质上不存在，它只存在于罗杰异样的心理气氛中。

罗杰回到家中，愫细在她眼中成了神秘不可解的生物，当他希望找回对愫细的真实感、现实感时，他又陷入了幻觉：

（愫细）把双手掩住了眼睛，头向后仰着，笑的时候露出一排小小的牙齿，白得发蓝……小蓝牙齿？但是多么美！

"小蓝牙齿"把愫细与糜丽笙联系在一起，就在这一瞬间，罗杰瞥见了愫细身上潜伏着的歇斯底里症状，他洞悉了姐妹俩的相似——她们接受的都是密秋儿太太修道院式的禁欲主义教育，美丽是表面上的天真纯洁，而骨子里的无知、愚蠢多么可怕。罗杰自杀的一幕将这种可怕显现得更加意蕴丰富。

水沸了，他把水壶移过一边去，煤气的火光，像一朵硕大的黑心的蓝菊花，细长的花瓣向里拳曲着，他把火渐渐地关小了，花瓣子渐渐地短了，短了，快没有了，只剩下一圈整齐的小蓝牙齿，但是在完全消灭之前，突然向外一扑，伸为一两寸长的尖利的獠牙，只一刹那，就"拍"地一炸，化为乌有。他把煤气关了，又关上了门，上了闩，然后重新点了煤气，但是这一次他没有擦火柴点上火。

"小蓝牙齿"与"尖利的獠牙"构成奇异的对比，前者的美诱惑、吸引了罗杰，后者却冷漠地将罗杰吞噬，而它们原本是同一个东西。没有假借任何理性的、明确的解释，这个意象道出了罗杰的悲剧的复杂的内涵，深于一切语言、一切啼笑。

假如说小蓝牙的隐喻是借助罗杰的感受说明着悲剧的内涵，那么另一个反映愫细在整个过程中实出于无意识的隐喻则从另一角度对此做了补充。愫细对罗杰

婚礼后的心理变化毫无觉察。当罗杰预感到这桩婚事中隐存着的不幸，想弄明愫细对发生的一切究竟有无真正的意识而一再追问时，她只是觉得好玩有趣，重复说："滑稽的人！"

> 愫细发觉罗杰仍旧在那里眼睁睁地望着她，若有所思，便笑着撮尖了嘴唇，向他的眼睛里吹了一口气，罗杰只得闭上眼睛。

第二天当她从巴克先生的办公室里出来，采了蓝色牵牛花，向花心吹口气，她又回想起这个细节。此时愫细已经平静下来，罗杰是不对的，但她在心里已经准备以居高临下的姿态原谅他了。由牵牛花，愫细想到罗杰的蓝眼睛：

> ……其实并不很蓝，但是愫细每逢感情冲动时，往往能够幻想它们是这朵牵牛花的颜色，她又吹了那朵花，笑了一笑，把它放在手心里，两只手拍了一下，把花压扁了。

对于愫细，头夜的一幕不过是那"滑稽的人"导演的喜剧，她根本没有意识到问题的严肃性、严重性，这个只让她觉得有趣的将花压扁的无意识动作恰如其分地点明了愫细在这出悲剧中扮演的角色。正是她的无意识、她的天真后面的愚蠢无知威胁着罗杰，最后毁了他，而愫细本人在整个过程中浑然不觉——她只"笑了一笑"。

《倾城之恋》中将白流苏与胡琴声拉扯到一块的一段描写与上面的例子不同，它被作者用来隐喻人物内心的转机：

> ……阳台上，四爷又拉起胡琴来了，依着那抑扬顿挫的调子，流苏不由得偏着头，微微飞了个眼风，做了个手势，她对着镜子这一表演，那胡琴听上去便不是胡琴，而是笙箫琴瑟奏着的殿堂舞曲，她向左走了几步，又向右走了几步，她走一步路都仿佛是合着失了传的古代音乐的节拍。她忽然笑了，阴阴的、不怀好意的一笑，那音乐便戛然而止。外面的胡琴继续拉下去，可是胡琴诉说的是一些辽远的忠孝节义的故事，不与她相干了。

幻觉中音乐的升起，举手投足间流苏顾盼到的是她在传统道德背景下的自我形象，然而"阴阴的"一笑间，这个形象被否定、抹去，这个被休掉的妇人已经决心不再扮演家族要求她扮演的角色。胡琴声在她听觉上的渐远、模糊以至消失，暗示的正是流苏内心对三纲五常的反叛，而作者议论式的插入——胡琴声代表着忠孝节义——几乎使隐喻显朗化，流苏的决断没有具体的内容，却有明确的意向，唯其如此，隐喻使得这段描写更见得自然浑成。这个隐喻同时提示读者，流苏以后的举动将会是越轨的。

《红玫瑰与白玫瑰》结尾处的隐喻处理得更为含蓄有力。那是在振保冲烟鹂发了一通无名火之后，半夜里醒来，瞥见一双鞋：

地板正中躺着烟鹂的一双绣花鞋，微带八字式，一只前些，一只后些，像有一个不敢现形的鬼怯怯向他走过来，央求着，振保坐在床上，看了许久，再躺下时，他叹了一口气，觉得他旧日的善良的空气一点一点偷着走近，包围了他，无数的烦忧与责任与蚊子一同飞绕，叮他，吸吮他。

一明一暗两个譬喻，烦忧与责任如同蚊虫挥斥不去，而烟鹂给他的感受，烟鹂在他的心目中的形象、地位全部凝定、外化于一双绣花鞋上。此时并不存在人物之间有形的对抗，这段描写却借助隐喻无形中将两人之间内在的冲突充分地戏剧化。

成功地使用隐喻的例子在《传奇》中俯拾即是，可以说，现代文学史上很难找出其他任何作家像张爱玲这样在小说中运用如此繁复的隐喻技巧，而且在隐喻的制造上总是显得别出心裁、不同凡响。大量的隐喻散布在故事的进程中，从不同角度、不同侧面丰富了小说的意蕴，同时又将小说的题旨传达得更为含蓄隽永，从而也使小说具有浓厚的象征色彩。

张爱玲的高明处在于，在她制造的隐喻中，暗示者与暗示对象彼此相互渗透、贯通，高度合一，暗示者不仅是表现手段，它本身就构成表现目的的一部分，因而具有审美的自足性，即使你阅读过程中忽略了意象后面暗含的象征意味，终篇之际，你也照样可以获得足够的审美享受。然而，如果你发现了意象背后作者更深一层的用意，你将对整个故事的内涵有更多的体验，而审美趣味也能得到更大

的满足,这不能不归因于作者手法的娴熟——每一个隐喻都是那样浑然天成,毫无雕琢痕迹。隐喻中的每一个意象都是寻常的,符合规定情境,符合日常的经验,没有夸张变形,没有超自然力量的介入,然而它们本身就是如此具有复杂的意蕴,具有足够的象征力量。每一笔都是严格意义上的写实,然而每一笔亦皆见出象征的空灵。张独具慧眼地发现了那些具有两面性、双关性的意象,并且将它们再现的功能与象征的潜能都充分地调动起来,后者紧紧附着于前者,又是前者的自然引申。运用隐喻—象征的手法的目的之一是追求含蓄,而《传奇》中隐喻制造的本身也体现着含蓄的原则,这些隐喻决不给人以触目之感,隐喻中虚与实之间保持的微妙平衡使它们与总体的写实手法无间地融为一体,也就是在这一点上,我们见出了张爱玲小说风格的综合效果——不同的表现手法、手段在她那里取得了和谐。由意象点化而来的隐喻手法,对象征性的自觉追求,显然来自现代西方小说传统,而在张许多小说中构成写实手法之技巧因素的骨干——白描式的叙述,却来自古典小说的传统。张能将二者有机地结合起来,与她并写虚实两面、追求象征的含蓄自然分不开,她的善于捕捉意象的艺术本能、她的分寸感为她的追求提供了保证。

《传奇》中的隐喻大多是对故事的特定情势、具体人物关系的烛照,暗示对象是故事内部可感知的具体、特定的对象,因此隐喻关系不是导向故事之外,而是依存于故事的具体进程之中。它们的功能是定向的,暗示者与暗示对象之间存在着明确的对应关系,每一个隐喻都在故事之中界定着自己的范围。这里的象征并不是涵盖全篇的整体的象征,也就是说,象征作为一种要素并没有成为结构的原则,隐喻是丰富叙事技巧的手段,象征服务于故事,而非故事效命于象征。显然这种规定性的隐喻—象征更符合中国人的欣赏习惯,它不妨碍叙述的生动流畅,又使故事的叙述遍布机巧,这给读者一种既陌生新鲜又熟悉亲切的感觉:陌生新鲜的是技巧手法的本身,熟悉亲切是运用之妙引起的感受。张爱玲仿佛在一种崭新的完全现代的形式之下将一种传统的、旧式的趣味——古典小说中针脚绵密的转闪腾挪、反衬照应的笔法复活了。

局部的象征之外,张爱玲间或也使用整体的象征,《封锁》就是一例。在这篇小说中,象征不再处于配角的地位,它渗透在整个小说结构中,象征让读者的视线射到小说之外的广大背景上,只有跃出小说描绘的实存世界,才能把握到暗示者与暗示对象之间的隐喻关系。《封锁》中的情形观照的是作者对人性的看法、对人生的复杂意识，因此小说是作为一个整体向着一个超现实的存在开放。作者在小说的一头一尾，两次使用电车的铃声来暗示封锁中情境的超现实性质：

> 如果不碰到封锁，电车的进行是永远不会断的，封锁了，摇铃了，"叮铃，叮铃"每一个"铃"字是冷冷的一小点，一点一点连成一条虚线，切断了时间与空间。
>
> 封锁开放了，"叮铃，叮铃"摇着铃，每一个铃字是冷冷的一点，一点一点连成一条虚线，切断时间与空间。

这中间是一种真空状态，铃声抹去了人的所有联系、所有背景，也抹去了由此而来的在现实生活中的种种瞻前顾后的考虑，封锁期间的环境是被提纯净化了的人类处境，人性在这里得到了还原的机会，于是通常被对于现实利害的盘算封建了的真实欲望，被生活惯性动作掩盖了的内心深处的空虚纷纷现以原形，登台演出，封锁中的电车于是成为人性真相的展览馆。从这个象征的意义上，我们把握到小说题目的反讽意味：封锁中人性是开放，而在通常的情况下，人性反处在封锁之中，人性偶然短暂的开放不过是个"不近情理的梦"。有形的封锁的开放使人回到更持久的无形的封锁之中，人性真相总是被遮掩起来，而这正是人生的真相。人生的常态就是对人性真相的封锁，封锁因此成为人的处境的象征。

类似的小说还有一篇《等》，一群各式各样的太太、姨太太等着医生做推拿，互相吐着苦水，各有各的抱怨，谁都沉浸在自己狭隘的悲剧气氛中。小说没有情节，就是诊所候诊的一幕，从头到尾全被没完没了又毫无意义的抱怨填满，只是在最后作者点了一笔："生命自顾自地过去了。""等待"作为一种人生状态的象征，重在暗示人对生命无知、麻木又无可奈何的状态，我们或许可以从张对港战中人们心理状态的描述——"……互相抱怨着，但终于还是睡着了……"——中找到一点注解。《封锁》与《等》在具体手法运用上容有不同，质量上容有高低（前者对象征的运用更为精巧、圆熟，后者则显得过实、沉闷、呆板），但是遵循的总原则是相同的，即"本体的象征"：《封锁》与《等》都有超出直接描写对象的"言外之旨"（不同于隐喻，这是对小说整体的超出）。同时它本身仍可被当做现实的一

个片段来接受。宗桢与翠远在电车上的邂逅，一群妇人等待推拿时的唠叨，不论在情理上还是在心理上，都是可信的。使它们具有象征意味的是作者对情节、背景所做的淡化处理，以及篇名的抽象对读者的诱导。只要将这两篇小说与《传奇》中的其他篇目作一比较，这些特点就尤其显得突出。

傅雷早在《金锁记》刚刚发表不久，就对其中电影手法的运用击节称赏：小说明显地由三个部分组成，由第一部分七巧在姜公馆的生活，到第二部分七巧成为富有的寡妇中间的十年时间被略去，这里的过渡是以类于电影中的蒙太奇手法来完成的："……风从窗子里进来，面对挂着的回文雕漆长镜被吹得摇摇晃晃，磕托磕托敲着墙。七巧双手按住了镜子，镜子里反映着翠竹帘子和一副金绿山水屏条依旧在风中来回荡漾着，望久了，便有一种晕船的感觉。再定睛看时，翠竹帘子已经褪了色，金绿山水换了一张她丈夫的遗像，镜子里的人也老了十年。"

假如说这样的例子在张的小说中还是绝无仅有的话，那么用电影的手法来给小说开头则是比较常见的了。以讲故事人的身份在开篇设置一个短短的引子，制造一点气氛，并在结尾时回到讲述故事的情境，以造成首尾的呼应，这样的镜框式结构在张的小说中是常见的格局，而短小的引子过去之后，张经常用电影的手法来展开故事。《沉香屑：第一炉香》开头推出的便是这样一个画面："在故事的开端，葛薇龙，一个极普通的女孩子，站在半山里一座大住宅的走廊上，向花园里远远望过去。"紧接着透过薇龙的眼睛见出的姑妈的宅院，宅院的里里外外如同工笔画一样展现在我们面前，这里先是对准薇龙的长镜头，作者给读者规定的外视角，而后镜头迅速拉开，转换成主观镜头，由读者看薇龙变成读者随着薇龙的视线去看，去发现。

《沉香屑：第二炉香》也是这样燃着的。交待了故事的出处、来历之后，张这样开头："起先，我们看见罗杰·安白登在开汽车，也许那是个晴天，也许是阴天；对于罗杰，那是个淡色的、高音的世界，到处是光与音乐。"与《沉香屑：第一炉香》不同的是，在一个长镜头之后，作者的笔马上探向罗杰的内心，罗杰完全浸泡在自己的兴奋之中，外部世界的真实图景模糊以至消失了。

《茉莉香片》这样开始：

您先倒上一杯茶——当心烫，您尖着嘴轻轻吹着它，在茶烟缭绕中，您可以看见香港的公共汽车顺着柏油山道徐徐地驶下山来,开车的身后站了一个人,抱着一大捆杜鹃花,人倚在窗口。那枝枝桠桠的杜鹃花便伸到后面的一个玻璃窗外,红成一片。后面那一个座位上坐着聂传庆,一个二十上下的男孩子。说他是二十岁,眉梢嘴角却又有点老态。同时他那窄窄的肩膀和细长的脖子又似乎是十六七岁发育未完全的样子。他穿了一件蓝绸子的夹袍,捧着一叠书,侧着身子坐着,头抵在玻璃上,蒙古型的鹅蛋脸、淡眉毛、吊梢眼,衬着后面粉霞缎一样的花光,很有几分女性美,唯有他的鼻子却是过分地高了一点,与那纤柔的脸庞犯了冲。他嘴里衔着一张桃红色的车票,人仿佛是眈着了。

车子突然停住了,他睁开眼一看,上来了一个同学,言教授的女儿言丹珠。

这三篇小说的开头造成的是同样的效果,它们帮助读者迅速进入故事的规定情境中去。这些小说维持了讲故事的结构,但作者不是用说书人的方法讲故事,而是用电影的方法展开故事。在这一类小说中,张爱玲首先造成了作者的距离感,前面的小引:"在故事的开端……","在茶烟缭绕中,您可以看见……","起先,我们看见……"等都造成空间上的距离感,紧接着作者就借助镜头的推移转换,将这种距离感很快地消除掉。

张有意识地制造距离感自有她的用意,不难看出,小说前面短小的引子与传统白话小说前面的楔子、入话有着完全两样的功能,它不是用以做任何内容上的概述或情节上的提示。假如说它归根结底不外是为了吸引读者注意力的话,那么它提示的是一种情绪,一种氛围,故事叙述者要求读者静下来,做好情绪上的准备。从这个意义上讲,它很像有些电影开头的旁白,它的存在本身说明着叙述者与假想的听众同故事之间在时间上的距离。随着情绪的渐渐沉静,读者对时间的感觉被悄悄地从听故事的现在引渡到故事发生的那一点。与小说的进入画面联系在一起,读者在时空距离上的由远及近,在情绪心理上的由动及静,使小说获得了一种笼罩全篇的特殊氛围。假如我们注意到作者总是在结尾处让画面渐渐暗淡下去,同时操起故事叙述者的声音提示读者故事已经结束,让读者的情绪从幻觉的深处浮上现实的水面,我们将更清楚地看到张如何使这样的氛围统一完整,带有和谐的封闭性。中间部分的故事清晰而真切,故事的外缘却是朦胧的、模糊的,唯有透过缭绕的茶烟和袅袅的香气，我们才能走进主人公的世界。朦胧与清晰、虚与实构成的对比使读者在总体上产生恍恍惚惚的感觉，包围在特殊氛围中的故事似梦非梦，就像一段失而复得的记忆，这正是张爱玲希望达到的效果。假如说张为自己的小说配制了精巧的镜框，这个镜框就是封闭故事的氛围，而氛围的制造又是靠电影化的方法来完成的：开头是"淡入"，结尾是"淡出"，画面的由隐到显再到渐渐隐去，恰好吻合故事述者的情绪过程。淡入与淡出在视觉上产生的缓慢、恍惚、静谧的感觉延展了读者的思绪，使故事负载了更多的回味、追忆，这与张在风格上对含蓄的美的追求是完全一致的。

淡入、淡出的镜框式结构在《传奇》中是很典型的结构模式，与那些更符合近代西方小说模式的《花凋》、《年青的时候》等相比，上面所举各篇更带有张爱玲的个人特征。有意思的是，使用这种结构的基本上是篇幅较长的小说，并且无一例外地充满不胜低徊的哀婉之情。或许张觉得"淡入"、"淡出"的形式最自然不过地外化了她那绵绵不绝的、沉淀的忧伤。

《金锁记》、《倾城之恋》实质上也属于同样的结构模式。《倾城之恋》以万盏灯火、琴声咿咿哑哑的全景镜头开始，而后循着琴声摇向拉琴人："白四爷单身坐在黑沉沉的破阳台上，拉着胡琴。"小说结尾时又回到了开头的全景镜头："胡琴咿咿哑哑拉着，在万盏灯火的夜晚，拉过来又拉过去，说不尽凄凉的故事。"《金锁记》以那段令人叫绝的感慨、遐想开头，随后巧妙地一转，马上追踪月光把读者带入故事的情境。结尾又回到月亮上："三十年前的月亮早已沉下去，三十年前的人也死了，然而三十年前的故事还没完——完不了。"两篇小说中讲故事的人表面上被取消了，没有"我"，也没有谈话对象，但是作者与读者之间的关系实质上并没有改变，读者被要求（由一个忧伤而略显苍老的声音引领着）进入作者规定的氛围，然后是由远及近的视觉形象。这里仍然维持着讲故事的格局，具体细致的形迹上容有差别与变通，整体上却暗合以氛围包容笼罩故事——"淡入"、"淡出"的开合原则。含蓄之外，我们也不难发现，这样封闭式的镜框结构使张的小说具有一种对称的图案美。

以上所述都是张使电影手法在小说里具有结构功能，或是将之转化为自己的风格要素的例子，张对电影手法的借鉴还不止于此。在一些局部的描写上，她也喜欢用电影手法来加强效果。《金锁记》中"特写"的出现即是一例。

季泽弄钱诡计不成，被七巧赶走之后，用人也被七巧轰走，房间里只剩下七巧一人。用人端给季泽吃的酸梅汤打翻在桌上，这时房间里一切都被略去，出现的是关于酸梅汤的特写："酸梅汤沿着桌子一滴一滴朝下滴，像迟迟的夜漏——一滴，两滴……一更，二更……一年，一百年。"这慢慢的一滴一滴仿佛在替七巧计算另一种时间——心理时间，通过这个主观特写镜头，七巧突发情绪过后内心的恍惚、难言的空虚不着一词地显示出来。另一个更为成功的例子是关于长安的描写，七巧使诡计破坏长安的婚姻，假意请长安的恋人童世舫吃饭，暗示长安有吸鸦片的恶习，长安从楼上下来，母亲的话她猜到了，也听见了。这时作者给了我们一个鞋子的特写："长安悄悄地走下楼来，玄色绣花鞋与白袜停留在日色昏黄的楼梯上，停了一会，又上去了，一级一级，走进没有光的所在。"没有面部表情的刻画，没有心理活动的交待，只有黑鞋白袜与楼梯构成的图案，日色昏黄的楼梯是充塞整个画面的背景，人们的视线聚焦于这个背景上两只鞋的动作。黯淡的色调、迟缓的动作、滞重的气氛，并且人们的视线正随着两只鞋被引向"没有光的所在"。长安孤苦无助的心境，对生活中最后一个亮点的幻想的死灭在这里被表现得如此简洁，又如此含蓄蕴藉，意味深长。

韦勒克认为小说的心理描写技巧来自三种原型："莎士比亚式的独白是这些技巧的原型之一；斯泰恩对洛克关于观念自由联想理论的运用是另一个原型；'内心分析'即作者对人物的思想感情的活动加以概述，则是第三个原型。"这种概括是就直接的心理描写而言，并不能涵盖小说心理描写的全部领域。张爱玲擅长的手法是暗示、侧面烘托，她追求心理描写的间接性——传统小说以形写神的手法，让动作、对话等形之于外的活动以及环境来折射人物的心理内容。因此，《传奇》中大量的动作、对话、景物等都是广义上的心理描写。

在追求间接效果的同时，张也不一概排斥直接呈现人物内心活动的做法。她采用的基本上是内心独白和自由联想——当然未必是韦勒克定义的那些——实质上是写意识的流动。其共同的特点，就是在直接把读者导入人物内心活动中去的同时，没有作者方面的评论解释加以干扰。

《金锁记》中的第二部分，姜季泽一番花言巧语说得七巧信以为真，一时旧情复萌：

……七巧低着头，沐浴在光辉里，细细的音乐，细细的喜悦……这些年了，他跟她捉迷藏似的，只是近不得身，原来还有今天！可不是，这半辈子已经完了——花一般的年纪已经过去了。人生就是这样的错综复杂、不讲理，当初为什么她嫁到姜家来？为了钱么？不是的，为了遇见季泽，为了命里注定她要和季泽相爱。她微微抬起头来，季泽立在她跟前，两手合在她扇子上，两颊贴在她扇子上，他又老了十年，然而人究竟还是那个人啊！他难道是哄她么？他想她的钱——她卖掉她的一生换来的几个钱？仅仅这一转念便使她暴怒起来，就算她错怪了他，他为她吃的苦抵得过她为他吃的苦么？好容易她死了心了，他又来撩拨她，她恨他。他还在看她。他的眼睛——虽然隔了十年，人还是那个人啊！就算他是骗骗她的，迟一点儿发现不好吗？即使明知是骗人的，他太会演戏了，也就跟真的差不多吧？

　　不行！她不能有把柄落在这厮手里。姜家的人是厉害的，她的钱只怕保不住。她得先证明他是真心不是……

　　在张的小说中，这可能是最长的一段内心独白。短短几百字充满紧张的戏剧性以及戏剧性的转折。在这个特定的场合里，所有外部的描写、侧面的烘托都已经不足以充分展示七巧内心活动的全部复杂性，假如没有这一段向着七巧内心纵深处的掘取作为铺垫，后面七巧积蓄的感情的突然爆发就显得缺少更丰富的心理内涵，因而也就不可能具有那样震撼人心的力度。作者与七巧在这里不分主客完全融为一体，没有任何外加的分析与评判，七巧自己呈现着自己，借助七巧内心无声的自问自答、自证自疑，季泽引起的难以明言的复杂情绪——喜与悲的交织，爱与恨不停地相互转换，不爽分毫、曲尽其妙地展现出来。

　　假如说内心独白表现的是人物明确意识层上的心理活动，那么自由联想手法捕捉的则是意识与下意识中间地带的心理活动。两者的差别在于，内心独白表现的心理活动有序而呈线性，自由联想展示的心理活动则是散漫的，枝节横生，旁逸斜出。《茉莉香片》中的聂传庆是个心理变态的人物，自由联想手法在塑造这一形象时找到了最好的用武之地。

　　聂传庆为他命中注定、无法逃脱的家庭所苦，终日神思恍惚，他坐在课堂上，只有言教授仿佛隔着遥远距离虚飘飘送来的声音，在他与周围环境之间维系着若即若离的关系：

> ……传庆想着，在他的血管中，或许会流着这个人的血，如果……该是什么样的果子呢？该是淡青色的晶莹多汁的果子，像荔枝而没有核，甜里面带着点辛酸。如果……如果他母亲当初略微任性、自私一点……如果她不是那么瞻前顾后——顾后！她果真顾到了未来么？她替她未来的子女设想过了么？她害了她的孩子！传庆并不是不知道他对母亲的谴责是不公正的。她那时候到底是一个十七八岁的女孩子，有那么坚强的道德观念，已经是难得的了。任何人遇到难解决的问题，也只能够"行其心之所安"罢了，他能怪他的母亲么？

这个段落是对传庆心理活动的状拟，传庆望着言子夜，一下联想到自己，想到自己与这个人一度可能出现的关系，于是开始假想，由如果的"果"的发音联想到果子，果子的"甜里面带点辛酸"是想到这种可能没有成为现实而带来的怅惘，但是假如"如果"结出了果呢？思绪在此重新调转头来延伸下去，在这里，心理活动有总的方向性，却找不到焦点，思绪飘忽不定，不断地由一个点引渡到另一个点，其间充满了非逻辑的跳跃。张爱玲的高明之处在于她真实地表现了人物意识的混乱状态，同时又在这种状态的自我呈现中让读者比较容易地把握到意识流动的脉络，人物内心活动本身是无序的，作者巧妙地赋予它一种秩序——非逻辑的秩序。读者感到可信，但又不会如堕五里雾中。

这样的例子在《传奇》中为数甚多。《心经》中纠缠在恋父情结里的许小寒，父女俩小有龃龉，一个屋内、一个屋外站着，"隔着玻璃，峰仪的手按在小寒的胳膊上。——象牙黄的圆圆的手臂，袍子是幻丽的花洋纱，朱漆似的红底子，上面印着青头白脸的孩子，无数的孩子在他的指头缝里蠕动，小寒——那可爱的大孩子，有着光泽的、象牙黄的肉体的大孩子……峰仪猛地抽回他的手……"

峰仪的意识流动起于视觉无意识的移动。当袍子上印着的孩子由视觉进入大脑后，思绪猛地一跳，脱开具体物象，由孩子想到小寒，由孩子在他指缝蠕动想到肉体，回溯到小寒象牙黄的膀子，最后孩子、肉体、象牙黄统为一体，峰仪被

自己的乱伦意识所震惊，联想戛然而止。

《茉莉香片》中的另一个例子更为典型。聂传庆回到他逃脱不了的家中，父亲、后母的斥骂、奚落，阵阵飘来的鸦片烟香都使他读不进书：

> ……他伏在大理石桌面上。桌面冰凉的，像公共汽车上的玻璃窗。
>
> 窗外的杜鹃花，窗里的言丹珠……丹珠的父亲是言子夜，那名字，他小的时候，还不大识字，就见到了。在一本破旧的《早潮》杂志封面里的空页上，他曾经一个字一个字吃力地认着："碧落女史清玩。言子夜赠。"他的母亲的名字是冯碧落。

他刚刚在汽车上遇见言丹珠，因而这段联想显得十分流畅而自然。玻璃与桌面在触觉上引起的相同反应成为联想的触发点。

无论是内心独白还是自由联想，张爱玲在运用这些技巧时总是遵守节制的原则：适可而止，绝不信笔挥洒。在现代文学史上，自觉使用这些技巧的并非张爱玲一人，新感觉派的作家在更大的规模上运用着这些技巧。张与他们的不同在于，对于张爱玲，它们仅仅是技巧，对于新感觉派的作家，它们不仅是技巧，而且就是创作方法。新感觉派的作家经常让人物的感受和内心活动膨胀到超过人物性格的程度，而外部世界也淹没在主观感受与意识流动的汪洋大海之中，支离破碎，不能给人留下整体的印象。有的时候，内心活动更成为人与现实之间难以穿透的壁障。张在进入人物内心时却总是能够让读者感受到外部世界的存在，不管人物内心的活动进行得如何紧张，他们总是处于外部世界的现实联系中。我们看到了人们内心的骚动，同时也看见他们的形貌、神态，并且始终感觉到具体环境清晰的轮廓——它是固定的、时空中的一个确定的点。

与新感觉派作家不同，张的摄像机不是从内部向外张看，而是从外部进入内部，她不抛弃情节。尽管她不是一个平面的故事叙述者，也不是仅仅关注客观真实的小说家，但她却使小说保持了故事的叙述框架。她不允许人物的意识泛滥到迫使故事流中断，从而使情节始终保持向前发展的动势。她靠两个方面的努力做到了这一点。其一，人物的内心独白、自由联想总是有情境上的规定性。它们总是作为对于具体事象的特定反应出现，由外部的事件生发，也被外部世界打断或是限制（它们大都是简短的，作者不是靠自己出面概述来做到这一点，她对人物的心理活动进行筛选，挑出一些有自我表现力的亮点，让它们自我概括，自我说明），因此，这些描写总是带有间接性、瞬时性的特征，十分妥帖地镶嵌在叙述结构的整体上。其二，与前面一点相联系，张在处理由外部叙述描绘进入人物内心以及由人物内心回到外部现实的转换时做得很自然。入，入得自然；出，出得自然。由外入内，由内到外，不留半点痕迹，读者不知不觉地随着作者从容自如地出入，这样，心理描写与情节叙述打成一片，保证了叙事风格的流畅、和谐、统一。

意象的丰富生动，隐喻的繁复巧妙，电影手法出神入化的运用，直接的心理描写的妥帖、深入，这几个方面构成了张小说风格的不同侧面，其中大部分并非她的首创，甚至也不是由她率先引入中国现代小说，她的独到之处在于：各种技巧在她手里运用得纯熟自如，几乎臻于化境。更可贵的是，各种技巧在她的小说里相互补充、融洽无间，获得了综合的效果，这种综合的优势使得大多数现代作家在小说艺术方面难以望其项背。

其实，《传奇》给人留下的更为深刻的印象还在于张在小说中实现了更大范围的综合，不论是在情调趣味上，还是在手法技巧上，她都将中国传统小说与西方现代小说有效地调和起来，形成崭新的艺术境界。传统的力量在《传奇》中主要表现为旧的情趣对新的手法技巧的消化与渗透，这也是我们应该在"新"中寻找"旧"的面影，并且将局部的技巧还原到讲故事的叙述结构的背景之上的原因。这是真正的和谐，不是简单的凑合，而是我中有你、你中有我的胶着，换句话说，当张爱玲独到地使用着这些技巧时，技巧手法的本身就已经体现着新与旧、中与西的统一。

新旧文字的糅合、新旧意境的交错，构成了张小说独特的风貌，也是《传奇》主要艺术魅力的所在。假如还需要对《传奇》风格的审美特征有更具体的把握，我们将以含蓄、典雅、精巧来加以概括。含蓄是张无论使用哪种技巧都遵循着的原则，而典雅、精巧不仅体现在小说的整体，而且体现在小说的局部——从结构布局到意象、隐喻的经营以至遣词造句。

《传奇》中的小说，并不是每一篇都达到了同样的高度，而技巧并非在每一篇小说中都提供了最好的效用。比如前面提到的《等》过于平实，《花凋》风格前后不够统一，《留情》显得单调而沉闷，而在"二炉香"中，作者醉心于氛围的制造，对主人公对环境感受的描写密度过大，反而窒碍人物性格的显现，因而有难忘的氛围，却没有使主人公成为难忘的形象。不过作为整体的个人风格，含蓄、典雅、精巧对《传奇》中的所有小说基本上是适用的。

《流言》

　　《传奇》出版几个月后问世的《流言》花费了张爱玲更多的心血。按照当时她在文坛上的赫赫名声，她的书销路不用愁，出书根本无需她费神，以《杂志》出版社对她的推许、优待，再替她出一本散文集似乎也是顺理成章的。可是张爱玲宁可自己来张罗。她找到一家出版公司，而后从备纸张、跑印刷到校对，全部一手包下。可能她觉得这样出出来的书更能满足她的一些细致的研究，更能让她称心如意。也许亲手操持，眼看着自己的作品一步一步变成一本漂亮的书，这过程本身就有一种趣味。

　　沦陷时期纸币不值钱，物资紧缺，家家户户都忙着囤货，囤什么的都有。张爱玲除了像《童言无忌》中戏说的"囤"过没要紧的几块衣料之外，还当真有派上了用场的囤积。当时纸张的供应非常紧张，她便囤下一些白报纸，连晚上睡觉也睡在上面，异样亲切欣喜地有一种踏实感。《流言》就是用这些囤货印的。

　　她集了自己身着各种衣装的照片，半身的、全身的，各种姿态、情调的都有，并且精心勾了一帧自画像放在卷首，又从自己的画稿中细心挑出一批速写，作为书中的插页。总之是力求将这书弄得别致，从里到外都是一本地地道道的张爱玲的书。为了书她不惮烦难一遍遍跑印刷所。原来像这样事务性的奔走以及与人打交道，她皆以为苦，现在似乎乐此不疲，最后居然接洽得两不吃亏。凡此均反映出她愉悦的心境，人逢喜事精神爽，她之对生活充满兴趣，她的焕发的精力都从

这里来。

《流言》不及《传奇》读者的众多。《传奇》问世后当月即再版，其后又出增订本，《流言》初版虽然很快就再版，但抗战胜利后没有再印过。①同时，张爱玲的声誉主要也是靠《传奇》建立起来的，它一直是批评注意的焦点，以《流言》为对象的批评则为数寥寥。这同文类的不同不无关系，散文的"私语"性质似乎决定了它比小说更是属于少数人的阅读的对象，我们不能想象《流言》中的哪篇文章能有《倾城之恋》的轰动效应，另一方面，对批评界而言，散文好像更适于充当欣赏而不是批评的对象。

可是在圈内，她的散文似乎比她的小说更能得到一致的好评。《传奇》座谈会上，发言者对她的小说赞美之余多少也还有些微词，比如善造氛围而结构稍嫌松散、全篇不如一节、一节不如一句，等等，散文虽在题外，却常是很自然地就被拿来与她的小说作比较，而比较的结果总是对她的散文有利。小说家谭惟翰称读张的散文"比小说更有味"，班公的评价则更带有史家的眼光："她的小说是一种新的尝试，可是我以为她的散文、她的文体，在中国文学的演进史上，是有她一定地位了的。"言下之意，她的小说尚在摸索阶段，她的散文则已臻于成熟、完美。②

一些资深的读者喜爱张的散文胜于她的小说，部分的原因与其说是他们以为张的小说尚有改进的余地，不如说他们对散文这种形式本身有更大的兴趣，像《古今》的圈子中，读散文的人肯定较读小说者为多。中国文人对"文"的重视远在小说之上，作文、读文的传统相当深厚，即使在小说地位得以提升的文学革命以后也还是如此。有教养的读者往往一入中年便不复以读小说为乐，这个圈子与文学青年的那个圈子有着两样的趣味，更执著于"天然胜于人为"的鉴赏标准，而散文以其性质似乎天生就较少人为的痕迹。正像中国画只需简单的技法，其境界的高下更取决于作画者的心性、修养、趣味一样，散文的技巧也相对简单。小说有更多复杂的营构，有更多的地方要求助于匠心——更容易分解出一个纯粹的技巧层面。所谓技巧，正是"人为"。即如张爱玲，她的散文显然比她的小说更来得

---

① 张爱玲在沦陷时期发表的散文多有未及收入《流言》者，没有像《传奇》一样出增订本，可能是张对它们不像对小说那样重视，但《流言》在普通读者中的影响和号召力不及《传奇》，可能也是一个因素。有趣的是，当代的读者似乎更偏爱《流言》，至少对它的兴趣一点也不亚于《传奇》，祖国大陆以各种名目出版的张爱玲散文集不下十数种，而《张爱玲散文全编》(浙江文艺出版社，1992年)可以登上畅销书排行榜，便是证据。此外，如今模仿张氏散文风格的人也远较模仿其小说风格的作者为多。
② 《〈传奇〉集评茶会》，载《杂志》月刊，1944年9月号。

从容不迫、挥洒自如。《传奇》中的小说常给人刻意经营的印象，一些篇目，其开篇、收束、布局重复雷同，易现"格律的成分"，她的散文则往往可以做到起落无迹，"行于所当行，止于所当止"；甚至她的语言文字也是在散文中更见自然流畅，小说中则时有过分雕琢的痕迹。可是将两种不同的文类硬相比附，定其高下，究非明智之举，我们只能各以其自身的尺度加以衡量。

然而班公对张爱玲散文下的断语仍然值得注意，而且看来不难达成共识。

新文学作家中散文高手不在少数。第一个十年散文被称为诸文学样式中成就最高的，既有周氏兄弟那样的大师，更有朱自清、俞平伯、郁达夫、陈源、冰心等众多的名家，不仅打破白话文不能为文学的神话，而且对后来者有示范的意义。30年代，小说、戏剧等样式渐趋成熟，而散文的光辉仍不为其所掩，丰子恺、梁遇春、萧红、吴组缃、沈从文等人的散文均自成一家。以何其芳《画梦录》为代表的精致浓丽、低吟个人幽绪遐思的散文隐然造成一时的风气。林语堂先后创办《论语》、《人间世》、《宇宙风》三大杂志，高唱"闲适"、"性灵"，有人反对，有人应和，杂文小品文杂志纷纷出现，以至文坛上将1934年、1935年称做"杂志年"、"小品文年"。抗战军兴，报告文学因缘际会，一时成为最得宠的文学样式，散文这种个人化的文体暂时沉寂，可是寂寞中也还有新人佳作出现，而一些学者也加入散文作者行列，王了一（王力）的《龙虫并雕斋琐语》、梁实秋的《雅舍小品》、钱锺书的《写在人生边上》，或针砭时弊陋习，或戏语人生，嬉笑怒骂，皆成文章，构成散文创作的特异景观。至于此时的沦陷区，由于日伪统治下的一种特殊气氛，散文反倒有一种畸形的繁荣，各种散文小品杂志数量之多，别时别地少见，又因有一些汪伪头面人物资助或加入笔阵，声势更壮，虽然并未出现多少可以自成一家的作者，却是热闹非常，俨然是又一个散文兴盛的时期。

无需详尽的描述，仅以三言两语的勾画，我们也可知道现代文学史上散文创作的兴旺和名家的众多。尽管如此，张爱玲以她薄薄的一册《流言》，仍然能于众多的名家之中独树一帜，卓然而立。

张爱玲的散文在沦陷区的文坛上一出现，立时给人耳目一新的感觉。也许最初使人称奇的，是文中焕发的才气（最早同读者见面的是《洋人看京戏及其它》、《更衣记》等篇）。其时的风气，大致可以从《古今》、《天地》见其端绪。《天地》上的一些文章与生活较为贴近，亦较多感情色彩，但许多作者述身边琐事而缺少见识才气，常给人单薄琐碎的感觉。①真正左右文坛风气的当然还是《古今》，围绕在《古今》周围的作者显然遥奉周作人为旗帜。如前所述，该杂志的编辑都是林语堂的旧部，而林语堂标榜"闲适"、"性灵"，也供奉过周作人这尊菩萨，只是他麾下的杂志另有他带来的一些洋派的才子气绅士气，《古今》则更有国粹色彩，更追随周作人的路向。

画虎不成反类犬，这些作者拾撷来周作人文章最容易被人效仿又最不易模仿的两个特征，一是抄书，一是所谓"冲淡"。于是杂志上见到的尽是些抄书连缀成的长文，或是做出"冲淡"模样的"性灵"文章；文抄公以学养掩饰其才情的不足，号"冲淡"者适见其性情的索然寡味。灰扑扑的陈言、无话找话的做作、不死不活的书卷气、假古董、小摆设，构成一个没有生命跃动的苍白世界。时风所趋，连苏青这样有自己风格的作家偶或也被其诱惑，要让自己的文章染上点古气，而一些文思枯窘、搜肠刮肚的末流作手也都"冲淡"起来。

张爱玲自出手眼，自铸新词，她的文章在一派雍容揖让的沉沉暮气中吹进的是一股清风。所谓"冲淡"，大略也就是含蓄，含蓄的一大要义，便是不露才，不露才往往成为掩饰无才的冠冕堂皇的借口。张爱玲偏是逞才使气，并不收敛锋芒，其隽永的讽刺、尖新的造语、顾盼生姿的行文，使其文章显得分外妖娆俊俏。气盛言宜，她的文章议论风生，神采飞扬，从头到尾，一气呵成，毫无阻滞，正是傅雷赞叹的，是"色彩鲜明，收得住，泼得出的文章"。

另一显才气的是她的炼字炼句。《流言》的读者谁也不会放过文中处处散落的警句，《洋人看京戏及其它》中说："但凡有一句适当的成语可用，中国人是不肯直截地说话的。而仔细地想来，几乎每一种可能的情形都有一句合适的成语来相配。替人家写篇序就是'佛头着粪'，写篇跋就是'狗尾续貂'。我国近年来流传的隽语，百分之九十就是成语的巧妙的运用。"她则自出机杼，陈言务去，本其聪慧，酿造出地道的张爱玲式的警句。凡此皆与流行的文风形成鲜明的对照——时尚丝毫影响不到她，她仿佛是从另一个世界带来了一支笔。若说她与当时的散文有何对话关系，那就是她有些短文对时下文风微露调侃之意。《话说胡萝卜》写道：

---

① 《天地》因为由苏青主持，颇多女性色彩，所登文章多拾撷身边琐事，没有《古今》的书卷气，而生活气息较浓。

有一天,我们桌上有一样萝卜煨肉汤。我问我姑姑:"洋花萝卜跟胡萝卜都是古时候从外国传进来的吧?"她说:"别问我这些事,我不知道。"她想了一想,接下去说道:

"我第一次同胡萝卜接触,是小时候养叫油子,就喂它胡萝卜。还记得那时候奶奶总是把胡萝卜对切一半,塞在笼子里,大约那样算切得小了。——要不然我们吃的菜里是向来没有胡萝卜这样东西的。——为什么给叫油子吃这个,我也不懂。"

我把这一席话暗暗记下,一字不移地写下来,看看忍不住要笑,因为只消加上"话说胡萝卜"的标题,就是一篇时髦的散文,虽说不上冲淡隽永,至少在报章杂志里也可以充数。而且妙在短——才起头,已经完了,更使人低徊不已。

这篇短文同另一篇《雨伞下》一样,都是谑而不虐的游戏文章,是对那种看似大有深意,其实并无深意的"冲淡"文章的戏拟。

张爱玲的散文当然不是空穴来风,她的文体深受英国散文的影响,这一点在《天才梦》中已见端倪。

《中国新文学大系》散文卷导言的两位作者周作人、郁达夫都是现代散文的建设者和最好的见证人。论及现代散文的发展,周作人强调"现代的散文在新文学中受外国的影响最少,这与其说是文学革命的,还不如说是文艺复兴的产物",所谓"复兴"指的是古来言志派文学,尤其是明末公安派小品文的复兴;郁达夫则特别看重英国小品文字对中国现代散文的影响。虽然二人侧重有所不同,但都承认新散文的发达实有外援内应两个因素。周作人开初提倡美文,心中的范本即是英国人的散文;郁达夫认为英国散文所以能在中国有深远的影响,一个重要的原因是"中国所最发达也最有成绩的笔记之类,在性质和趣味上,与英国的 Essay 很有气脉相通的地方"。总之,从源流上看,晚明小品和英国散文可说是中国现代散文的不祧之祖。有些作家从中受到的影响是间接的、广义上的,即通过鲁迅、周作人等人的介绍评论以及示范,体认到散文不衫不履,叙事、抒情、议论无所不可的性质。有些作家则与之有更为直接的承传关系,从文风、格调都可见其渊源所自。像周作人、俞平伯、废名之于明末的散文,朱湘、梁遇春、梁实秋、林

语堂、钱锺书、张爱玲之于英国小品。

张爱玲接受的是西方式的教育,在圣玛利亚女校,尤其是在香港大学,所读英文范文中当不乏英国散文名家的作品,她练笔的那段时间,又正是林语堂提倡幽默,鼓吹西洋杂志文不遗余力的时候,受英国小品文的影响是很自然的事情。她写小说从中国章回说部中得到很多教益,写散文则似乎古代的作家并没有给她提供范本,相反,她提到过的几位英国作家中,萧伯纳、赫胥黎、毛姆,同时也都是小品文的高手。她在港大三年写信坚持用英文,回到上海后最初也是用英文从事写作,这无疑也影响到她的文体。郑树森教授指出她在《二十世纪》上发表的作品"略带一点维多利亚末期文风"①,事实上她转而用中文写作之后,虽然中文流利之极,绝无翻译腔,但文章的情调以及结构章法,仍然带有英国小品的风致。且不说先有英文本的《更衣记》、《洋人看京戏及其它》等篇,像《公寓生活记趣》、《谈女人》等文也是如此。这也是张爱玲的散文在沦陷区文坛上一出现即给人耳目一新之感的一个原因,因为林语堂走后,这一路的散文音沉响绝,少有高手之作,充斥杂志的都是暮气沉沉、缺少活气的考据、抄书之类了。

郁达夫将古人的笔记与英国人的小品相比较,指出前者少一点"在英国散文里极是普遍的幽默味",轻松随便、诙谐风趣,也确是英国散文的一般特点。幽默从机智来,机智最易见于议论,译作小品的那个字眼在英文中本就有论说之意,虽说是"非正式的"(informal)、"随意的"(familiar),也还是围绕着某个话题的"论"。梁遇春、梁实秋、钱锺书的散文皆长于议论,《流言》中的许多文章也以议论为主,叙事、抒情倒在其次,所以张爱玲最初的散文给人的强烈印象就是作者的机智,即使那些"记"文中也可见到大量狡黠灵慧的俏皮话,而文章的起承转合往往是靠这些轻灵的议论推动的。

英国文人的幽默自然是英国式的幽默,轻松随便中也还透着几分矜持,矜持意味着保持距离。即如以《伊利亚随笔》垂名于世的兰姆,虽然属于亲切和感情自然流露的作家之列,多愁善感,家中又迭遭惨剧,可是文中的"伊利亚"仍是从容风趣的,他头脑中具有创作能力的那一面不去面对心灵中最大的隐痛。张爱玲称"大众实在是最可爱的顾主",在《到底是上海人》、《童言无忌》里颇将读者

---

① 郑树森:《张爱玲与〈二十世纪〉》,见郑树森(编):《张爱玲的世界》,42页。

恭维了一番,而在散文中亦常将自己的所见所闻、所历所感娓娓道来。然而她与读者的关系却是亲而不昵,用她自己的话说:"大众是抽象的。如果必须要一个主人的话,当然情愿要一个抽象的。"这里面也就有她的距离感。一方面,她毫不忸怩做作地流露出自己的真情实感,另一方面,她的这种流露绝非"交心"式的和盘托出。她对自己的经历和情感的描述往往经过了过滤,像她几篇自传性散文写到她青少年时代的悲欢:"不是心腹话也是心腹话了吧?"可是这里面时间、空间上的距离对于她是重要的,着迹着相的记叙都在事情已经进入了记忆之后,这时她已经有余裕在重新体验当时的情感的同时跳出局外来观察分析自己。《私语》中记她在父亲家中的遭际,对于她可谓刻骨铭心,但是在叙述中,她已经可以带着几分超脱来调侃自己简单可笑的判断,称自己"像拜火教的波斯人,把世界强行分作两半",在这种自嘲性的语气中,事情自然减少了几分严重性。她写《天才梦》应该是自信心尚未完全恢复的时候,甚至在那时她也已经能够幽自己一默,我们该记起她说到她的"天才"时那种揶揄的口吻。

二三十年代是新文学的涕泪交零的时期,散文也来得特别情感洋溢。还在它的草创时期,散文的功用似乎已经更多地定格在写景抒情上,周作人20年代初即对此现象提出批评,说时下的散文"落了窠臼,用上多少自然现象的字面,衰弱的感伤的口气,不大有生命了"。郁达夫以文学为自传,将散文作倾吐内心积郁的工具,引来无数文学青年的效仿,将原原本本、不加处理地向读者坦露个人的情感认作散文的第一要义,更造成了一种浪漫感伤的风气。与之相比,张爱玲的散文显然理智的成分更多,她之流露个人情感也是以理节情的。这里面的距离感与她的性情有关,与她对感情泛滥的新文艺腔的厌恶有关,同时,英国散文对她的影响也是一个因素。

然而爱好张爱玲的读者所津津乐道的"流言体"绝非单纯是对英国散文的模仿,也非"幽默"、"机智"、"矜持"等语即足以尽之。张爱玲最初的取径应是英国的小品,甚或是所谓"西洋杂志文",但她终能脱化出来,自成一家,正像程砚秋初时师从梅兰芳而最后创出了程派唱腔一样。如果可以暂时不避生硬武断之嫌,我们不妨将《流言》中的散文分解出"张看"和"私语"两种成分,前者好似客厅里在众人面前谈笑风生,后者则好似私室内对着二三知己的低声细语;前者偏于对外,以好奇心作动力,以活泼的心智作望远镜或显微镜,后者则是内向的,有个人感情和个人态度的更直接、更坦率的流露。据此我们可将张爱玲的散文粗略地分为两类,最初以英文形式发表的那些篇什,如《更衣记》、《洋人看京戏及其它》、《中国人的宗教》等,更多张看的成分。[①] 那些自传性的篇什,如《童言无忌》、《私语》、《烬余录》、《我看苏青》等等,则无疑更多私语的性质。[②] 前一类态度上更为超脱,挥挥洒洒,往往可以置身局外;后一类态度上则是沉潜的,讲述者就是局中人——虽然未尝不可以将其视为一种更直接具体的"张看"(比如《私语》何尝不是对旧式大家庭生活的张看)。其间的差别可以从以下这一点上看出:

前一类散文中时常出现的那个虚拟的、超然的"我们"在后一类文中差不多被更本色、更为个性化的"我"取代了。这当然与文章的性质不无关系,可是我们应该注意到,越是到后来,"张看"与"私语"这二者在她文中越是打成了一片,或者说,"张看"也更多地被纳入了"私语"的语境中。《谈音乐》、《谈跳舞》等似乎也可成为比较纯粹的"张看"话题,可是只要同《洋人看京戏及其它》一类文章作一比较,自不难发现它们加入了更多"私语"的成分。

毫无疑问,注入了"私语"以后的文章更能完整地表达张爱玲的个性气质,因此更为个人化——情感与理智融为一体,叙事、抒情、议论打成一片,允许她直接地、自如地处理自己的所见所闻、所思所感、所历所悟。先有英文本的那些文章虽是一等一的妙文,却易为英式散文笼罩,较后的文章则一方面仍有机智风趣,有距离感的特点,另一方面增加了情感的深度,及于一些细故琐事、非常个人化的感触,这已经是张爱玲特有的一种风格了。如果说一个天分很高的人也可写出《中国人的宗教》、《洋人看京戏及其它》这样的文章的话,那么《私语》、《童言无忌》、《烬余录》、《谈音乐》这样的文章却只能是属于张爱玲的了,这不光是因为其中的自传色彩,而且因为里面的张爱玲更松弛自如,其表达方式也完全张爱玲化了。

一种独特的风格的形成固然有传统的借鉴、刻苦的磨炼等种种因素,但是散文这种形式之所以更个人化的,实是因为作者的个性气质比在别处更是风格的根底。反过来说,如果"风格即人"、"文如其人"这一类老话仍有其合理性,那么

---

① 登在《二十世纪》上的那些文章译为中文后皆有所改动,大多是因对象不同而加的背景说明文字,但也有改动较大的,如《更衣记》结尾那段精彩的议论就是后来加的。这种地方往往"离题"而更能表现作者的个性。
② 《我看苏青》以及后面引到的《卷首玉照及其它》等文均未收入《流言》,但亦写于同一时期,同属"流言体",反映的是作者同一时期的思想和风格,故在这里与《流言》中的文章放在一起讨论。

散文无疑比其他文学样式更有资格充当作家个性气质、人生态度的见证。要想张看张爱玲,《流言》是个便捷的通道。

我们在《流言》中首先见到的是一个对人生的一切表示了强烈的好奇、强烈的爱好而又善于享受人生乐趣的张爱玲。她在《天才梦》中即向读者描述了她从种种生活乐趣中体味到生命的欢悦。在这里我们更看到她与同学一道在香港街头有滋有味地吃着小甜饼,津津有味地跟着开电梯的人学着如何煮出又松、又透、又不塌皮烂骨的红米饭,又津津地回味牛奶泡沫在碗边堆成的小白珠子,回味小时吃云片糕吃完时"一种难堪的怅惘";看到她兴致勃勃地从一家店铺转到另一家,将一块块布料比来划去,琢磨着买与不买;看到她逛街景,在五光十色的橱窗前流连忘返,又被小摊子吸引着,掏钱买下零碎的小玩意;看到她频频地进出电影院,又会独自溜出去看绍兴戏、蹦蹦戏;看到她沉醉于成名的喜悦,也看到她兴兴头头地装扮自己,兴兴头头地拍照,兴兴头头地布置房间,把自己的相片烘云托月弄得"很安好了"。

吃、穿、游玩、花钱,无一不让她感到愉快,而声音、颜色、气味,都能给她带来莫名的快感。气味这东西似乎是没有多少可讲究的,可是张爱玲可以无微不至地从各种气味里找到快乐:

> 气味也是这样的。别人不喜欢的有许多气味我都喜欢,雾的轻微的霉气,雨打湿的灰尘,葱,蒜,廉价的香水。像汽油,有人闻见了要头昏,我却要特意坐到汽车夫旁边,或是走到汽车后面,等它开动的时候"布布布"放气。每年用汽油擦洗衣服,满房都是清刚明亮的气息;我母亲从来不要我帮忙,因为我故意地把手脚放慢了,尽着汽油大量蒸发。
>
> 牛奶烧糊了,火柴烧黑了,那焦香我闻见了就觉得饿。油漆的气味,因为簇崭新,所以是积极奋发的,仿佛在新房子里过年,清冷,干净,兴旺。火腿咸肉花生油搁得日子久,变了味,有一种"油哈"气,那个我也喜欢,使油更油得厉害、烂熟、丰盈,如同古时候的"米烂陈仓"。香港打仗的时候我们的菜都是椰子油烧的,有强烈的肥皂味,起初吃不惯要吐,后来发现肥皂也有一种寒香。战争期间没有牙膏,用洗衣服的粗肥皂擦牙齿我也不介意。

生活中的情趣是要去"发现"的,汽油因其被发现了"清刚明亮","油哈"气因其联想到"米烂陈仓"而更添几分快感。这里也透露出张爱玲之"善于"享受生活,"善于"捕捉生活情趣中的消息,她的秘诀委实在于以一种审美的态度来看待日常生活的情境,以此,她可以毫不勉强地将寻常的声、色、味的感官快感转化为精神上的愉悦。她的确善于以从容欣赏的眼光来打量、"发现"身边的平凡世界:

> 许多身边杂事自有她愉快的性质。看不到田园的茄子,到菜场去看看也好——那么复杂的、油润的紫色;新绿的豌豆,热艳的辣椒,金黄的面筋,像太阳里的肥皂泡。把菠菜洗过了,倒在油锅里,每每有一两片碎叶子粘在篾篓底上,抖也抖不下来;迎着亮,翠生生的枝叶在竹片编成的方格子上招展着,使人联想到篱上的扁豆花。其实又何必"联想"呢?篾篓子的本身的美不就够了么?

> 夏天房里下着帘子,龙须草席上堆着一叠旧睡衣,折得很齐整,翠蓝夏布衫,青绸裤,那翠蓝与那青在一起有一种森森细细的美,并不一定使人发生什么联想,只是在房间的薄暗里挖空了一块,悄没声地留出这块地方来给喜悦。我坐在一边,无心中看到了,也高兴了好一会。

> 我们的公寓邻近电车厂,可是我始终没弄清楚电车是几点钟回家。"电车回家"这句子仿佛不很合适——大家公认电车为没有灵魂的机械,而"回家"两个字有着无数情感洋溢的联系。但是你没见过电车进厂的特殊情形罢?一辆衔接一辆,像排了队的小孩,嘈杂、叫嚣,愉快地打着哑嗓子的铃:"克林,克赖,克赖!"吵闹之中又带着一点由疲乏而生的驯服,是快上床的孩子,等着母亲来洗刷他们。车里灯点得雪亮。专做下班的售票员的生意的小贩们曼声兜售着面包。有时候,电车全进厂了,单剩下一辆,神秘地,像被遗弃了似的,停在街心。从上面望上去,只见它在半夜的月光中袒露着白肚皮。

> 上海所谓"牛肉庄"是可爱的地方,雪白干净,瓷砖墙上丁字式贴着"汤

肉××元，腓利××元"的深桃红纸条。屋顶上，球形的大白灯罩着防空的黑布套，衬着大红里子，明朗得很。白外套的伙计们个个都是红润肥胖，笑嘻嘻的，一只脚踏着板凳，立着看小报。他们的茄子特别大，他们的洋葱特别香，他们的猪特别的该杀。门口停着塌车，运了两口猪进来，齐齐整整，尚未开剥，嘴尖有些血渍，肚腹掀开一线，露出大红里子。不知道为什么，看了绝无丝毫不愉快的感觉，一切都是再应当也没有，再合法、再合式也没有。

　　类似这样的段落还可无休止地罗列下去。以审美的眼光去看，风雨过后高楼上房屋里留下的"风声雨味"、嘈杂的市声、寻常的街景、生手拉二胡不成腔的调子，等等，都成了可以欣赏品味的对象。这种审美化的生活态度很容易使人想起发明了种种生活小情趣的林语堂和善将生活艺术化、艺术生活化的周作人。但是张爱玲的"生活的艺术"是更世俗化也更自然的，没有林语堂游戏人生的名士气，也没有周作人不食人间烟火的"冲淡"。中国文人士大夫生活艺术的背后总是衬着"不为无益之事，何以遣有涯之生"的潜台词，张爱玲不矫情，不撇清，她对生活情趣的捕捉更有一种清新的气息。冲淡了"生活的艺术"的雅人深致的气味的，是她对女人角色的认同，对世俗生活的认同，以及发自于内的亲近感。

　　我们在《流言》中看到的张爱玲是一个地地道道的女人，她向我们展示的也是一个地道的女人世界。她的题材大多取自身边的琐事，而这也正组成了女人有着特别爱好的一些生活内容：上菜场、逛街、购物、打扮、零食，等等。她的话题几乎总是可以归入女人的话题：女人的天性、女人对男人的依赖、没有佣人的好处、身边杂事的乐趣，等等。更重要的是她向我们展示的这个世界浸透了女人的感性，她对那些细故琐事的叙述和谈论充满了女性对生活特有的一种体验和感应。她一往情深地谈起一块布料、一件衣服，那种从穿衣中体味到的喜悦诚然于男人是不足道的，而她对"细细森森"的美，对那种"牵牵绊绊"、"意意思思"的感觉的不胜低徊的回味，也透着女性纤细的感性。

　　在张爱玲那里，女人不是神性化的母爱的化身，也不是衣袂飘飘的仙女，她代表了生老病死、四季循环，代表了现世的生活和人间味，所以她对女人角色的认同某种意义上也正是对世俗生活的认同。饮食男女，吃穿用度或许是太物质化了吧？但是对于张爱玲，"精神上与物质上的善，向来是打成一片的"，更重要的是，

执著于此正是对现世的虔敬,是对生命情趣的切实的把握。所以她珍视生活中一些看来是极微不足道的享受,她对芸芸众生世俗的进取心也有无言的尊重。她自豪地给自己冠戴上许多"俗气"的头衔:"一学会了'拜金主义'这名词,我就坚持我是拜金主义者";"每一次看到'小市民'的字样我就局促地想到自己,仿佛胸前佩着这样的红绸字条"。甚至她的"恶俗不堪"的名字也使她恋恋不舍:"世上有用的人往往是俗人。我愿意保留我的俗不可耐的名字,向我自己作为一个警告,设法除去一般知书识字的人咬文嚼字的积习,从柴米油盐、肥皂、水与太阳之中去寻找实际的人生。"

琐细的世俗生活方是"实际的人生"——对世俗生活中体味到的"拘拘束束"的苦乐的执著通向了对生命真实本相和人生真谛的寻绎,此所以当张爱玲以寻常的俗人所不具备的自信宣称她是一个俗人时,言下颇有挑战的意味。她的潜在的论争对手有两类人。一类人对生活持浪漫的态度,或是只肯定精神的意义,不屑于生活物质的也即世俗的那一面,她母亲对钱的清高是典型的例子;或是对现实不满,坚信"生活在别处",这是心中郁结的青年人的典型态度。张爱玲以为她母亲那样的布尔乔亚气味是矫情的,也是苍白的,一味的清高导致的是与普通人的生活的隔膜,而普通人的生活才充满着真实人生的回响。所以她不仅在钱上面摆出与母亲完全相反的姿态,而且为自己每一步朝着普通人生活的贴近而自喜:"上街买菜去,大约是有一种浪漫公子的浪漫态度罢?然而最近,一个卖菜的老头称了菜装进我的网袋的时候,把网袋的绊子衔在嘴里衔了一会儿。我拎着那湿濡的绊子,并没有什么异样的感觉。自己发现与前不同的地方,心里很高兴,好像是一点踏实的进步,也说不出是为什么。"至于那些愤激的理想主义的青年,他们的愤懑,他们对"辽远的,辽远的地方"的迷恋使他们放过了对身边世界的具体而微的生命真实的体验,从而背离了生活的本质。张爱玲曾经有过她内心郁结的时期,她庆幸的是自己没有被推离当下的凡俗生活:"多少总受了点伤,可是不太严重,不能够使我感到剧烈的憎恶,使我激越起来,超过这一切;只能够使我生活得比较切实,有个写实的底子;使我对眼前所有格外知道爱惜,使这世界显得更丰富。"

另一类人显然接受了现实,与拒绝现实的愤怒青年相比,他们自然是享受现世人生的,林语堂可以视为这种态度的代表。可是他们的"生活的艺术"里有更多的世故,对世俗生活多的是俯就,少了一份执著,也就往往流于玩世。这与张爱玲的人生信念格格不入:"玩世"即失去了生命的素朴,像她在《谈跳舞》中形容交际舞,"什么都讲究一个'写意相'"。与原本的生活失去相觑相亲的着着实实的接触,而在世人对柴米油盐、吃穿用度中微末的喜怒哀乐、酸甜苦辣的执著,实有着寻常人生的如泣如诉的庄严。张爱玲十分欣赏好友苏青朴素、实在的生活态度,因为那里面透着对世俗生活的认真与执著,可是在《我看苏青》中她对苏青成名以后的作风却含蓄地表示了一点不满,称她的地位已经有点特殊,四周的那些人也有一种特殊的习气,不能代表一般的男人,这无非是不愿苏青染上文人玩世不恭的习气,偏离普通人的生活,失去那份朴素。

张爱玲把自己从前一类人中划出去,所以她能尽情地领略世俗生活的乐趣;她有意识地与后一类人保持着距离,所以她有一份严肃的人生观,对人生能保持强烈的好奇、强烈的爱好,而生活对于她始终充满着新鲜。

正是对于普通人的生活的执著,使得张爱玲乐意认同最易为知识阶层嘲笑、讥讽的小市民,有时候她简直就是捐着"小市民"的旗帜。小市民就是她心目中的普通人。是现代都市的大众,往具体里说,也就是她喜欢的上海人。"谁都说上海人坏,可是坏得有分寸。上海人会奉承,会趋炎附势,会浑水摸鱼。然而,因为他们有处世艺术,他们演得不过分。"她所欣赏的是他们的"虚伪之中有真实,浮华之中有素朴",油滑、机巧是对现存秩序的调侃,"有分寸"、"不过火"则保证了他们不会铤而走险,仍然保留着对世俗生活的亲切,是真心实意过日子的一群人。所以他们代表和象征着张爱玲所恋恋不舍的人生的安稳的一面。高尔基挑剔托尔斯泰、陀思妥耶夫斯基身上的庸人气息时说:"小市民喜欢在心里保持一个舒适的境地,当他心里的一切都安排得妥妥帖帖的时候,他的心境是安宁的。他是一个个人主义者,这同没有一只山羊没有膻味一样是确凿无疑的。"①同样确凿无疑的,是高尔基的浪漫的英雄主义的标准,而对于张爱玲,执著于个人舒适的动机,正透现着普通人对现世的虔敬,又正是普通人才是"时代的广大的负荷者"。这里面包含着她对小民百姓的卑微而平庸的生活的深深的理解和同情,这也是她对人生的正视——正视人生的凡俗的性质。

但是张爱玲在把自己归入小市民群中的同时保持着她入乎其中又出乎其外的

---

① 高尔基:《谈小市民习气》,见高尔基:《〈论文学〉续集》,53页。

冷静的自省。小市民与自己有形的外部活动直接同一，张爱玲却于执著于物质生活的享受的同时保有另一座小市民难以进入的精神上的象牙之塔。她的生活艺术，她对人生的审美化的态度原本有着某种距离感，而她的疏离倾向更在于她对人生处境的悲剧意识。这种意识来自她早年的生活经历，来自没落之家后裔莫名的失落感，来自她对动乱环境的"乱世"性质的悲凉的感怀，来自她对人类文明日渐衰丧的隐忧，也正是这一切构成了她的"身世之感"。背负着如此沉重的身世之感，她不能全然地忘情，"刺激性的享乐，如同浴缸里浅浅地放了水，坐在里面，热气上腾，也感到昏然的愉快，然而终究浅，就使躺下去，也没法淹没全身，思想复杂一点的人，再荒唐，也难求得整个的沉湎"。因此我们在《流言》里看到的又是一个浸透着怀疑精神的清醒的现代人形象。

我们看到张爱玲一面从平淡凡俗的日常生活中领受着欢悦，另一面又刻刻不能忘怀"思想背景中惘惘的威胁"。她对她姑姑常常挂在嘴边的"乱世"、"盛世"之说倍感亲切，以致"乱世"成了她自己的词汇，她不无悚然惊心地沉吟着："这是乱世。"她不断地自问，眼前的一切是不是"注定了要被打翻的"。她亦不住提醒自己对这"一切都靠不住"的时代，"我应该有数"。时代动荡不安，文明极其脆弱，而现代人的生活则是慌促的——"他们只能在愚蠢中得到休息"。正是这种敏感，这种清醒的意识使得"荒凉"二字成为她最喜欢用的字眼，也正以此，西方人眼中的冒险家乐园，小市民白日梦中光怪陆离的上海，在她的笔下却于缤纷色彩中露出了黯淡破败。

享受生活的欢悦的亮色浴在了四周浓重的暗影里，机智、轻快的调子与压抑了的悲哀在《流言》中互相纠结着交替出现，即使是最轻松的话题，也时而不期然地泛出悲凉之音。我们于那个流连街市对生活中的一切充满好奇和喜悦的张爱玲之外，又经常看见一个高楼上独自凭栏、满怀惆怅，或是小室里孤灯独对、黯然神伤的张爱玲。甚至在炭火的暖意里我们也能感到一份难以排遣的寂寞：

> 到了晚上，我坐在火盆边，就要去睡觉了，把炭基子戳戳碎，可以有非常温暖的一刹那；炭屑发出很大的热气，星星红火，散布在高高下下的灰堆里，像山城的元夜，放的烟火，不由得使人想起唐宋的灯市的记载。可是我真可笑，用火钳夹住火杨梅似的红炭基，只是舍不得弄碎它。碎了之后，灿烂地大烧

一下就没有了。虽然我马上就要去睡觉,再烧下去于我也无益,但还是非常地心痛。这一种吝惜,我倒是很喜欢的。

"心痛"、"吝惜"底里是伤世忧生。她说她"寄住在旧梦里,在旧梦里做着新梦",然而她却是纷扰动荡的乱世里的一个醒着做梦的人。唯其醒着,对稍纵即逝的人生之乐才更有一份"吝惜"之情。

> ……远处飘来跳舞厅的音乐,女人尖细的喉咙唱着:"蔷薇蔷薇处处开!"偌大的上海,没有几家人点着灯,更显得夜的空旷。我房间里倒还没熄灯……丝绒败了色的边缘被灯光喷上了灰扑扑的淡金色,帘子在大风里蓬飘,街上急驶过一辆奇异的车,不知是不是捉强盗,"哗!哗!"锐叫,像轮船的汽笛,海船上的别离,命运性的决裂,冷到人心里去。"哗!哗!"渐渐远了。在这样的凶残的、大而破的夜晚,给它到处开起蔷薇花来,是不能想象的事,然而这女人还是细声细气很乐观地说是开着的。即使不过是绸绢的蔷薇,缀在帐顶、灯罩、帽沿、袖口、鞋尖、阳伞上,那幼小的圆满也有它的可亲可爱。

"凶残的、大而破的夜晚"与那"乐观"的、嗲而忸怩的歌声构成了讽刺性的对比,张爱玲的洞明世事的冷眼,她对于时代、人生的悲剧感使她不能接受,甚至不能容忍这样虚假造作的"乐观",可是在"影子似地沉没下去"的时代里,"人觉得自己是被抛弃了,为了证实自己的存在,抓住一点真实的、最基本的东西,不能不求助于古老的记忆","幼小的圆满"也是世人对生命的执著。张爱玲并没有让自己的讽刺发展到断然的否定,像她喜欢的胡琴的调子,远兜远转,还是回到了人间——唯其时代是仓促的,还有更大的破坏要来,那"幼小的圆满"才更显其无比的珍贵。

这也正是张爱玲的人生态度的写照,她时时清醒地意识到时代的悲哀、人生的残缺,同时又不放过在现实的脏、乱与忧伤当中随处发现、体味人生"可亲可爱"的那一面,从而并不陷入绝望。她从高楼的公寓里张看着人生,观照着芸芸众生的凡俗的生存方式,她在时代荒凉的背景下瞥见了人的盲目、狭隘、自私、可怜可笑,在她的散文里散落着大量的对于小市民白日梦和价值观的讽刺讥诮,然而她却认同着他们对于生存的依恋和执著。《流言》中的张爱玲最终定格于她对自己的一张相片的描述：

> 我立在阳台上，在黯蓝的月光里看那张照片，照片里的笑，似乎有藐视的意味——因为太感到兴趣的缘故，仿佛只有兴趣没有感情了，然而那注视里还是有对这世界难言的恋慕。

奇装炫人

成名给张爱玲带来莫大的喜悦，若说人生安稳的时候多，飞扬的时候少，若说飞扬就是一种随心所欲的感觉，那现在正是张爱玲飞扬的时候，服装会向你透露她飞扬的喜悦。她的笔已是从容自如，她也要放纵一下自己的喜好，随心所欲地穿衣。她的笔潇潇洒洒、飘然不群，她的服装独出心裁、惊世骇俗。当时一家报刊上登过一张题作"钢笔与口红"的漫画，画的是文坛上最走红的女作家：潘柳黛身上盘曲着一条蛇，苏青一手挟书稿一手拎包行色匆匆，张爱玲却是身着一件古装的短袄，旁书一行字，道是"奇装炫人的张爱玲"，不言其他，单道她的衣装，足见给人留下的印象之深。她的文章众口传诵，她的衣着也成了上海滩上的热门话题。事隔数十年，说到张爱玲，当时与她有过接触的人提到她，不免就要说到她的奇装异服，而从她散文中了解她的人对她的服装也有一种说不出的好奇心。①

张爱玲自小对服饰就有一种难言的喜好。她各时期的梦想里都替衣饰留下了显著的位置。十二三岁时，她理想中的理想村里有盛大的时装表演；中学时代，她于梦想着"要比林语堂还出风头"的同时，也没有忘记发愿"要穿最别致的衣服周游世界"。事实上她在更小的时候已经对漂亮的衣服入迷。她母亲因爱做衣服，

---

① 比如记者采访王桢和时不忘追问张衣着的细节，《现代文学》的一帮年轻人见张前对她的衣着充满好奇，后来水晶在美国访张爱玲时对她的穿着也特别注意。

◇张爱玲与影星李香兰的合影

張愛玲

◇ 张爱玲对服饰有一种难言的喜好

曾经招来她父亲的讥嘲："一个人又不是衣裳架子！"她最初的回忆之一就是她母亲站在镜前，在绿短袄上别上翡翠胸针，而她在一旁仰脸观看，羡慕不已，发愿"八岁要梳爱司头，十岁要穿高跟鞋"，恨不能立时上长到可以梳妆打扮的年纪。父亲的嘲笑当然不会对她有影响，而爱衣饰本是女人天性，也不必由她母亲来传染。可是好不容易熬到长成少女，幼时的梦还是难圆。

上中学，正是花枝招展的年纪，偏赶上父母离异，她随了父亲，在继母的治下，小姐的身份忽然间变得暧昧不明。父亲自然不会操心女儿的衣着，她只能拣继母的剩货。事隔多年，张爱玲提到此事仍是心意难平："永远不能忘记一件黯红的薄棉袍，碎牛肉的颜色，穿不完地穿着，就像浑身都长了冻疮，冬天已经过去了，还留着冻疮的疤——是那样的憎恶与羞耻。"她周围的同学大多家境优裕，一个个都是公主似的人物，穿红着绿，把校园作了争奇斗艳的舞台；而她本是金枝玉叶，如今光看衣着，她直是个寒伧的小家碧玉。青春期里的人神经是赤裸的，他们不懂如何缓解自己的痛楚，只会夸大这痛楚，锐利到锥心刺骨。何况这是女校，一个地道的女人世界，衣饰是永不枯竭的话题。张爱玲不免自惭形秽。回想起中学的不愉快，她首先联想到的便是自己陈旧难看、不入时的衣衫。局外人很难想象此事带给她的刺激有多大——她不仅羞惭，而且"憎恶"，说是压抑的愤怒也不为过。①

或许就因为这压抑，因为对这不快的过于分明的记忆，她念大学时得了两个奖学金，马上拿去做了一堆衣服。可惜我们无从知晓她在香港大学时期的装束，也不知道让她在上海大出风头的那些奇装中的某些是否就出在这堆衣服里。既然没人提起，我们宁可猜想她做的那些衣服还没有别致到出格的地步——虽说是随心所欲，她在穿着上的作风肯定不及后来的大胆。

成名给了她自信。假如过去做了件奇装她要自问，"这可穿得出去？"那现在她是真正的敢做敢穿，随心所欲了。上海人还没有修炼到见"怪"不怪的境界，对她过于奇特的时装不免啧啧有声，然而笑话由人笑话，她自率性而行——自信、胆量与名气是成正比的。《更衣记》结尾写一小孩子骑着车卖弄本领，双手脱把轻

---

① 50年代在香港张爱玲曾对朋友解释说："我小时没有好衣服穿，后来有一阵子拼命穿得鲜艳，以致博得'奇装异服'的'美名'，穿过就算了，现在也不想了。"不过补偿心理似乎还是不能解释她那时的穿着何以大胆到出格的地步。

情地飞掠而过，满街人那一刻充满不可理喻的景仰之心，接着发议论道："人生最可爱的当儿便在那一撒手吧？""撒手"也便是飞扬的喜悦。张爱玲在处世方面并不是一个"不知眉高眼低"的人，但眼下正逢她"飞扬"的时日，她先就在衣饰上"撒手"了，这一撒手给文坛逸史添加了不少有趣的材料。

她为出版《传奇》到印刷所去校稿样，穿着奇装异服，使整个印刷所的工人停了工。

她穿着奇装异服到苏青家里去，整条巷子为之轰动，她走在前面，后面就追满了看热闹的小孩子，一面追，一面叫。

某次参加一个朋友的婚礼，她穿一套前清老样子的绣花袄裤去道喜，满座宾客惊奇不已。

《倾城之恋》改编成话剧后将由大中剧团上演，柯灵介绍了剧团的主持人周剑云与张爱玲在一家餐馆见面，周剑云战前是明星剧团三巨头之一，社交场上见多识广，一见之下却被镇住，居然有几分拘谨——为她显赫的文名，也惊于她独标孤高的外表。

这都见于回忆文字，当时报刊上报道张爱玲的消息，也总要费些笔墨说说她的衣装，小报不用说，更是大加渲染。通常只有电影明星的衣着才是人们感兴趣的，而那一阵张爱玲风头之健，隐然更在其上。她创下了一个文坛之最——从来没有哪一位作家的服饰似这般耸人听闻。一入街谈巷议，毁誉并肩而来，多少年后也还是如此。称道的人追认那是"文化服装"，中西结合，古今并举，有古老文化的雅趣与韵味。鄙薄的人斥为洋场产物，好莱坞式的美国噱头，倘若再翻翻家谱，挂上李鸿章，则要幽默一句，说那些奇装是又一道杂烩。最愿花力气挖苦的，是一度与张爱玲有交情、后来翻了脸的潘柳黛。她一篇记上海女作家的文章说到张爱玲，几乎用了一半的篇幅来嘲笑她的奇装异服：

> 有一次我和苏青打电话和她约好，到她赫德路的公寓去看她，见她穿一件柠檬黄袒胸裸臂的晚礼服，浑身香气袭人，手镯项链，满头珠翠，使人一望而知她是在盛装打扮中。
>
> 我和苏青不禁为之一怔，问她是不是要上街？她说："不是上街，是等朋友到家里来吃茶。"当时苏青与我的衣饰都很随便，相形之下，觉得很窘，怕

她有什么重要客人要来，以为我们在场，也许不方便，便交换了一下眼色，非常识相地说："既然你有朋友要来，我们就走了，改日来也是一样。"谁知张爱玲却慢条斯理地说："我的朋友已经来了，就是你们俩呀！"这时我们才知道原来她的盛妆正是款待我们的，弄得我们两人感到更窘，好像一点不懂礼貌的野人一样。

还有一次相值，张爱玲忽然问我："你找得到你祖母的衣裳找不到？"我说："干吗？"她说："你可以穿她的衣裳呀！"我说："我穿她的衣裳，不是像穿寿衣一样吗？"她说："那有什么关系，别致。"

……她著西装，会把自己打扮成一个十八世纪少妇，她穿旗袍，会把自己打扮得像我们的祖母或太祖母，脸是年青人的脸，服装是老古董的服装，就是这一记，融会了古今中外的大噱头，她把自己先安排成一个传奇人物。

据说有人问过张爱玲，何以要做老奶奶式的打扮，她答道："我既不是美女，又没有什么特点，不用这些来招摇，怎么引得别人的注意？"不过究竟是推心置腹说的私房话，还是说俏皮话挡开外人的窥探，也就难说。

有了上面这些证据，我们大可施以漫画手法，说张爱玲为了出风头，不惜玩胆子瞎穿，正像笑话说的，你若敢夏天穿棉袄，保准时髦。事实上张爱玲却是个眼光独到的服装鉴赏家。一篇《更衣记》，将清末以来服装的变迁从容道来，说得头头是道，且不论对时代气氛、社会心理的准确把握，就服装论服装，也令行家心折，害得如今许多时装杂志上的文章也要学她的路子。她说起服装一往情深、充满感觉，而她品评起来，也真是精细入微：

日本花布，一件就是一幅图案。买回家来，没交给裁缝之前我常常几次三番拿出来鉴赏：棕榈树的叶子半掩着缅甸的小庙，雨纷纷的，在红棕色的热带；初夏的池塘，水上结了一层绿膜，飘着浮萍和断梗的紫的白的丁香，仿佛应当填入《哀江南》的小令里；还有一件，题材是"雨中花"，白底子上，阴戚的紫色的大花，水滴滴的。

……有一种橄榄绿的暗色绸，上面掠过大的黑影，满蓄着风雷。还有一种丝质的日本料子，淡湖色，闪着木纹、水纹；每隔一段路，水上飘着两朵

茶碗大的梅花，铁钩银划，像中世纪礼拜堂里的五彩玻璃窗画，红玻璃上嵌着沉重的铁质边沿。

　　《金瓶梅》中有一段，写到家人媳妇宋蕙莲穿着大红袄，借了条紫裙子穿着，西门庆看着不顺眼，开箱子找了一匹蓝绸与她做裙子。读过《金瓶梅》的人都会记得蕙莲自缢身亡，但是恐怕谁也没有张爱玲那份细心——她从这闲闲一笔中发现了西门庆在服装上的鉴赏力。日常交往中，上至达官贵人、阔太太、千金小姐，下至仆佣丫鬟、舞女娼妓，衣履饰物都逃不过她的眼，哪怕是极细微之处。衣服于她不是不相干的行头，它是一个人性格、心境的延伸和投射，与人的言谈举止打成一片，造成整个的印象。难怪她写小说交待人物时总不忘精心描摹他们的装束——没有衣服的人是不完整的，女主人公当然更是如此。

　　新派小说家写人物的衣着往往粗针大线，只求达意，一半因为不感兴趣，一半也因为不精通。张爱玲在这上面却是决不肯将就马虎，她得的是《红楼梦》的真传，力求细致准确，而她的服装知识给了她本钱。假如将她小说、散文中描绘过的服饰搜罗过来，那就是一次相当规模的民国服装展览。

　　但是她对民国时期的时装并不倾心，她更眷恋的是古人衣着的"那种婉妙复杂的调和"："色泽的调和，中国人新从西洋学到了'对照'与'和谐'两条规矩——用粗浅的看法，对照便是红与绿，和谐便是绿与绿。殊不知两种不同的绿，其冲突倾轧是非常显著的；两种绿越是只推板一点点，看了越使人不安。红绿对照，有一种可喜的刺激性。可是太直率的对照，大红大绿，就像圣诞树似的，缺少回味。"又说："现代的中国人往往说从前的人不懂得配色。古人的对照不是绝对的，而是参差的对照，譬如说：宝蓝配苹果绿，松花色配大红。我们已经忘记了从前所知道的。"

　　她不止于鉴赏，也要一试身手。张爱玲的奇装异服都是她自己设计的，若是交给裁缝，任是如何奇特、怪异，也就有限。张爱玲对中国的时装业也有话说：巴黎的时装设计师领导服装潮流，"我们的裁缝是没有主意的。公众的幻想往往不谋而合，裁缝只有追随的份儿"。仿佛想改改这现状（当然也是出名给了她自信），她一度谋划着要和好友炎樱一起替人设计服装——也许是她撺掇炎樱，也许是炎樱怂恿她——而且广告也在一家杂志上登出来了，上写："炎樱姊妹与张

爱玲合办炎樱时装设计，大衣、旗袍、背心、袄裤、西式衣裙。电约时间，电话三八一三五，下午三时至八时。"（原广告无标点。）未写地址，大约是家里作业，并无店面。没人知道这是一时兴起，还是当真有过周密的计划。找上门来的主顾多不多，她们设计出了什么样的服装，这些都不得而知。不过张爱玲的奇装异服在上海滩已成新闻，这形象生动的广告会不会令她那些可能的主顾望而却步？穿她那种格调的衣装走在稠人广众之间，真要有"挺身而出"的勇气。

要见识她的装扮，得到《流言》中去翻看她提供给读者的图画、照片。这里有一幅自画像，是正面的剪影，照例面无五官，视线自然被引向她的姿态装扮：画中人驻足而立，两手背在身后，像是拍照的姿势；齐膝的裙子，一件薄质料加了垫肩的衫子松松垂下，至胁间收进去，以致衣袂稍稍有些张开，一眼看去，你多半要猜画中人是个有几分羞怯的少女，而那装束也不过是较别致的都市仕女装。但是张爱玲对古人的衣装太迷恋了，她的趣味也引着她向旧时的服装找灵感。她最出名、最"经典"的发明是旗袍外面罩一件古式的夹袄。旗袍不稀罕，稀罕的是那夹袄、那搭配：一袭拟古式齐膝的夹袄，超级的宽身大袖，水红绸子，用特别宽的黑缎镶边，右襟下有一朵舒卷的云头——也许是如意，长袍短套，罩在旗袍外面。张爱玲对那大袄尤其满意，我们所能见到的张该时期的许多照片，穿的都是这种大袄。《流言》的封面人物（实为张爱玲的又一自画像）最引人注目的仍是这种大袄。所收三张照片下面将《传奇》再版前言中的一句话作了题词："有一天我们的文明，不论是升华还是浮华，都要成为过去。然而现在还是清如水明如镜的秋天，我应当是快乐的。"但是照片上的人毫无喜意，光裸的墙壁、低垂的双目、木然的身形，再加上这件大袄，倒好像是面对着废墟，无端地让人想到世事沧桑。这与那着时装的剪影恰好映出张爱玲心境的两面：一个有童心的好奇，于现世生活中尽情享受；一个早熟早慧，悲天悯人，时时意识到那"惘惘的背景"，仿佛张见了未来的地老天荒。

以张爱玲的趣味，一般化的衣装当然让她看了不入眼。她对好友苏青的穿着打扮就时常不以为然。后来她说她懂得苏青的观点了："对于她，一件考究的衣服就是一件考究的衣服。于她自己，是得用；于众人，是表示她的身份地位，对于她立意要吸引的人，是吸引。"然则衣着对她自己意味着什么？套用她的格式，我们可以说，衣服对她不仅是衣服。于自己那是小规模的创造，是尽情的游戏，是生活的艺术，是艺术的生活；于众人，那是她个性、气质、心境的流露，是她希望制造的效果。尽管一再声称她是个自食其力的小市民，她的衣着却拒人千里，划出与他们之间的适当距离。在社交场合，衣装又是她攻防的堡垒。她敏于思讷于言，不善交际，但是她的衣着让她"此时无声胜有声"，无言中亦咄咄逼人。自信让她穿出惊世骇俗的服装，这服装也在增强她的自信。说到底，她的奇装异服是她为自己创造的一个贴身的环境。

衣饰似乎也是她心情、境遇的温度计，随着她命运的起伏而起变化。她的"飞扬"只有很短的时间，她"撒手"奇装异服也只限于上海沦陷的那段时间。抗战胜利后，她的处境艰难，避人耳目尚恐不及，她所设计的那些奇装自然收起不提。50年代她的熟人在香港见到她，发现她的穿着一如常人，一点没有特别的地方。（潘柳黛对此刻薄一句道："想见她是引人注意的目的已经达到，不需要以奇装异服为号召了吧？"）60年代，王桢和等人见到的张爱玲，衣饰上也只是有限地别致了。

但是我们不必在她的服装语汇中寻绎微言大义，遍翻她的"更衣记"了，衣装毕竟只是衣装，处在狂喜之境的张爱玲还有更大的"撒手"之举。

三人行

张爱玲性情孤僻，难于与人相处；张爱玲自我封闭，从不试图与人沟通；张爱玲虽因处在春风得意之时，作风有所改变，肯于抛头露面，然在许多场合的举措益发给人留下孤傲冷漠的印象……像前面那样把张爱玲描绘成一座孤岛之后，再来看她同炎樱、苏青的关系，我们虽不必感到大出意外的惊讶，总不免有几分好奇。这两个人的名字在《流言》及张的公开谈话中屡屡出现，而且每出现必伴以赞叹之词，或是流露出欣赏之意。遍搜《流言》，除了她姑姑之外，在为人、性情、见解上真正得她赞赏的，也仅此二人而已。炎樱是张爱玲在香港大学念书时的同学，后几乎成为张形影不离的朋友，直至张爱玲定居美国，二人仍时常在一起，她恐怕是与张相交最久、私交最好的一人。苏青则可以说是张的文友，沦陷时期与张在文坛上齐名，是现代文学史上应有一席之地的女作家，同行之中要数她与张最是气味相投，关系最为密切。因此这两人都值得多写几笔。

炎樱是位锡兰女子[①]，本名 Fatima，中文名字按音译叫做莫黛，"炎樱"是张爱玲为她取的名字。张爱玲在香港并无来往密切的亲朋故旧，港大三年，除了放假，她皆在校园中度过。终日与同学相处，不论交情深浅，总该有不少朋友，

[①] 张爱玲称炎樱是锡兰女子，胡兰成《今生今世》中说她是印度人，有些介绍张的文章也说她是印度人，或者是从胡处来。不过炎樱当是混血儿，因张爱玲与她谈话说到杂种人云云，曾有一点担心自己说走了嘴的意思，见《双声》。

但她没有。她似乎是圈外之人,只是以她略显挑剔的冷眼把周围同学一一看了个透。独对炎樱她不以冷眼相向,反倒亲如手足。《烬余录》中将男男女女的同学都嘲讽挖苦惨了,轮到炎樱的却是好话:"同学中只有炎樱胆大,冒死上城去看电影——看的是五彩卡通——回宿舍后又独自在楼上洗澡,流弹打碎了浴室的玻璃窗,她还在盆里从容地泼水唱歌,舍监听见歌声,大大地发怒了。她的不在乎仿佛是对众人的恐怖的一种讽嘲。"

张爱玲发奋攻书之余,偶亦出校门去看电影、逛街、买零食,做伴的往往就是炎樱。有时与熟人有些来往,两人也是一道。张爱玲小说中一些人物,如《连环套》中的霓喜、《沉香屑:第二炉香》的男主人公罗杰,其原型就是与炎樱一同认识的。炎樱的家也在上海,所以放假回家两人也多是结伴而行。张爱玲敏感却不多愁,不哭则已,要哭就是号啕大哭。据说她只大哭过两回,其中的一回便是某次港大放暑假,炎樱没有等她就回了上海,她平时并不想家,这次不知怎么觉得落了单,倒在床上大哭大喊得不可开交。

炎樱与张爱玲有同好,两人都爱绘画,都喜欢服装,都善领略日常生活中的情趣。在港大时她们就一起作画。张爱玲勾图,炎樱着色。张爱玲又为炎樱画过肖像,还颇得人赞赏,他们的一位俄国教授居然要出五元港币买下。两个人陶醉其中,全忘却身边的连天战火。事隔多时,张爱玲还记得一幅画里炎樱的用色,说那不同的蓝绿色令她想起"沧海月明珠有泪,蓝田日暖玉生烟"两句诗。① 炎樱不是画家,没有画作发表,但是她为《传奇》设计的封面仍使我们有机会看到她的才华。《传奇》再版时用的封面就是炎樱起的稿,张爱玲说她"为那强有力的美丽的图案所震慑,心甘情愿地像描红一样地一笔一笔临摹了一遍。"《传奇》增订本的封面也是张爱玲请炎樱设计的,借用了晚清的一张时装仕女图,画着个女人在桌边玩骨牌,旁有奶妈抱着小儿,安稳静谧有"古墓的清凉",然而身后突有一面无五官、现代装扮、比例不对的人形出现,探身朝里张望,画外人的有似鬼魅与画中人的浑然不觉造成一种怔忡不安的气氛。这个封面较前面的那一张更见出色,构思巧妙,不落窠臼,与书的内容配合得天衣无缝。

---

① 《传奇》初版的封面不知是何人设计,或者也征求过张本人的意见,所用蓝色与张联想到李商隐诗句的蓝绿色或者有几分接近。

炎樱的画见出她的聪明才气，张爱玲也特别欣赏她的聪明。张爱玲自己的聪明常与她的冥想苦思分不开，炎樱则更有一种不假思索的急智，她的聪明以此也更多散落在脱口而出的俏皮话里。张爱玲觉得任其随意挥霍掉实在可惜，便记下一些在她看来是机趣天成的妙语，又描摹说那些话的环境，与读者共赏，《炎樱语录》、《双声》等就都是的。事实上，她常向炎樱身上找灵感，特别是一时找不到东西的时候——很可能也就是编辑索稿甚急之时，炎樱便被拉了来作题材，沦陷期最末的一段时间里的散文，除上举《双声》外，《我看苏青》、《吉利》、《气短情长及其它》等，也都写到炎樱，几乎是无炎樱不成篇。因为常与张爱玲同行同止，又常在张的散文中出现，她也成了文人圈中熟知的人物，像诗人路易士（即后来的纪弦），便也以她为题材写过文章。

炎樱不谙中文，中国话说不了几句，汉字也识不得几个，但她对中国人的生活、中国的艺术充满了好奇，比如，她跑去听苏州故事（张爱玲告诉她是苏州评弹），居然也听得津津有味。因为是在完全不同的背景下长大的，她觉得中国的种种事物特别有趣，也有更多的讶异。这些地方，当她与张爱玲谈论着的时候，对张必有所触发，张爱玲对中国人生活的张看，里面有些或者借重了炎樱好奇的眼光，至少我们可以想象她须时常向炎樱解说她所不明了的中国人的生活和艺术，并且要对付炎樱刨根究底的追问，而这同时就是对自己的认识的澄清。

炎樱也想当作家，曾将自己的随感和身边趣事写下来。不会中文不要紧，张爱玲欣然效劳，将炎樱的好几篇小文《死歌》、《女装、女色》、《浪子与善女人》等从英文译过来，替她在《天地》、《苦竹》等杂志上发表。文中少不了要提到张爱玲，可以让人想起当时她们在一起的情形。比如《浪子与善女人》中写到张爱玲成名后，她们上街变得招人耳目了，在街上走着，就有一群小女学生跟在后面唱着："张爱玲！张爱玲！"大一点的女孩子也回过头来打量，有一次更有一个外国绅士尾随其后，慌张叽喳着，状甚可怜，原来是嗫嚅着要请张爱玲在他的杂志上签名，炎樱简直当是个乞丐，差点要掏零钱闹出笑话。更有趣的是下面的一段慨叹："从前有许多疯狂的事现在都不便做了，譬如我们喜欢某一个店的栗子粉蛋糕，一个店的奶油松饼，另一家的咖啡，就不能买了糕和饼带到咖啡店去吃，因为要被认出，我们也不愿人家想着我们是太古怪或是这么小气地逃避捐税，所以至多只能吃着蛋糕，幻想着饼和咖啡；然后吃着饼，回忆到蛋糕，做着咖啡的梦；

最后一面啜着咖啡，一面冥想着糕与饼。"①炎樱的文章不事雕饰，不讲究章法，轻松俏皮，如闻其声，有时就像女学生快嘴快舌，在抢着说话，前言未毕，后语又至。有些地方，因为与张爱玲情味相投，所写常常可能就是二人闲谈的话题，又因是张的翻译，感觉、文风笔致，都有张爱玲散文的影子，比如这一段："有一张留声机片你有没有听见过，渡边×子唱的'支那之夜'。是女人的性质的最好的表现，美丽的、诱惑性的，甚至于奸恶，却又慷慨到不可理喻。火星的居民如果想知道地上的'女人'到底是什么样的东西，只要把这张唱片奏给他们听，就是最流畅的解释。那歌声是这样热烘烘的暖肚的，又是深刻的、有利爪抓人的，像女人天生的机灵，同时又很大量，自我牺牲到惹厌的程度。"②因为见解、趣味太合拍了，她谈服饰，谈艺术，谈女人，竟可视为张爱玲的补充，像《无花果》里"中国女人在男子大众的眼光里是完得特别快"，驳将女人形容为花的比喻，称她见到的女人多是无花果，"花与果同时绽开了，果实精神饱满，果实里的花却是压缩的，扭曲的，都认不出是花了"之类的议论，都闻得见张爱玲的气息。

张爱玲喜在人前说炎樱的好话，知道亲近的人如姑姑、胡兰成也喜欢她，她便很高兴。炎樱自然与张爱玲亲近，而且不用说也极佩服张的才华。她因语言关系读不了张爱玲的作品，但其中情节人物张肯定都对她说过。因为张爱玲朋友圈子中唯她一人是过去的交情，她似乎是张最忠实的捍卫者。张在公开场合露面，她几乎次次都很乐意地随了去"保驾"、捧场。纳凉会上，先是众人围着李香兰提问，李香兰俨然主角，似是很有风头。后有人向张问一问题，张尚在思索，炎樱立时替她抢场子，声音响亮地插上一句"旁白"道："可以听得见她的脑筋在轧轧转动"，言毕又用手做出摇开麦拉的架势。又有一次是在《传奇》座谈会上，与会者赞美之余多说张的作品整篇不如局部，单个的句子又更见其好。炎樱又替张辩道："她的作品像一条流水，是无可分的，应该从整个来看，不过读的人是一勺一勺的吸收而已。"这也许是张爱玲想说而在这场合不便说的话，炎樱直可说是她的代言人了。

事实上从性格上讲，张爱玲与炎樱完全是两种人。炎樱有一次突发奇想，撺掇张爱玲两人一起制新衣装，各人衣服前面都写一句联语，走在街上碰了面会合

---

①② 炎樱：《浪子与善女人》，载《杂志》，1945年7月，93页。

◇张爱玲的同学、好友炎樱

◇ 张爱玲与炎樱

◇◇ 苏青

在一起,忽然上下联成了对——她们两人的性格也有这种相映成趣的互补之妙(炎樱曾戏称她们两人在一起是"很合理想的滑稽搭档")。张爱玲冷漠好静好独处,炎樱却是热情好动好热闹。张敏于思讷于言,炎樱则虽张说她"俏皮话之外还另有使人吃惊的思想",却滔滔不绝说上许多理论,结果只像一阵风来去得无影无踪,好似是智力的游戏。张的矜持也恰与炎樱的毫无心机相对。后者的大说大笑,口无遮拦多少有几分像《红楼梦》中的史湘云。她曾将西方的一句谚语"两个头总比一个好"(意谓两个人比一个人更聪明)篡改作"两个头总比一个头好——在枕头上",而且这句话是写在作文里,而且看卷子的教授是教堂里的神父。张爱玲戏说:"她这种大胆,任何以大胆著名的作家恐怕也望尘莫及。"

虽说性格判若霄壤,张爱玲却喜与炎樱相伴。她曾说她不喜小孩,但她却喜欢炎樱的孩子气。她们一起谈天说地,从东西文化一直谈到男女私情、妒忌,谈到衣饰,谈到圣诞会上的游戏,相熟的某一个人;她们一起忙《流言》的出版,为选用哪几张照片商议来商议去;她们一起买鞋、做衣服,一起筹划搞时装设计;她们一起逛商店,泡咖啡馆,吃冰激淋,一起为谁该付多少钱锱铢必较地争来争去……在一起总是兴兴头头。甚至炎樱买东西时硬要抹掉零头,与卖主讨价还价,张爱玲也觉得开心有趣。胡兰成说他们三人在一处时但觉他的笨拙多余,由此也可想见二人到一处有似女学生的聚首,自顾自笑谈不了,将他人晾在一边。

也许炎樱之于张爱玲,比张爱玲之于炎樱更重要。唯有和炎樱在一处时,张爱玲与她自己年龄相称的那一面才得以更充分地显露出来。她们即使谈严重的话题也可以做到轻松,而张爱玲的文章每写及炎樱,笔调也便轻松起来。在炎樱面前,她也许是最放松的,没有了她一贯的矜持;也许是因为炎樱的性情,也许是因为她们相识时毕竟只有十七八岁,总之与炎樱在一起时张爱玲似乎更容易回到,或者说是领略到一种少女的心境、少女的情怀。

如果说同炎樱在一起张爱玲面对的是一个无忧无虑的少女的世界,那么和苏青在一起,她则进入到一个更带世俗气然而也更有人生酸甜苦辣滋味的女人世界。

苏青原名冯和仪,浙江宁波人,比张爱玲大四岁。苏青大学未毕业就承父母之命结了婚,婚后生活颇不顺心,苦闷中遂寄情于写作。她的第一篇文章《产女》投给林语堂系的刊物《论语》,编者将其更名为《生儿育女》,很快在1935年的4月号上登了出来。其后她一发不收,接连写了《我国的女子教育》、《现代母性》、

《论女子的交友》、《论离婚》等文章，成为《论语》的撰稿人之一。她的文章多是从自身经历去探讨妇女的命运、权利和义务，文风直白泼辣，不事雕琢，令人感到她是有动于衷，不吐不快。

她丈夫的大男子主义使他不容妻子红杏出墙，即使是文字也罢。苏青也感到忍无可忍，不再坐而论道，真的与丈夫离了婚。

苏青在文坛上出道要比张爱玲早好几年，但她变得大红大紫，人人皆知，却是在上海沦陷以后，"苏青"这个笔名也是这时候起用的，此前她一直署的是本名。在读者当中，她影响最大的一本书是自传体小说《结婚十年》，其内容基本上都是她的亲身经历，于夫妇纠葛、姑嫂勃谿、婆媳矛盾之外，也写到性的苦闷，按当时的水准称得上大胆，结果也就如张爱玲所说："许多人，本来对文艺不感兴趣的，也要买一本《结婚十年》看看里面可有大段的性描写。"抗战胜利后，有报章杂志给苏青加了顶"性贩子"的大帽，这本书就是主要的罪证之一，然而此书反而因此名气更大，到1948年年底，《结婚十年》已出到十八版。

在文人圈子里，苏青出名更倚仗她的散文和她创办的一份杂志——《天地》。或许是受到成名的鼓舞，或许是周围有一帮人喝彩捧场，她在沦陷时期的文章与前相比更是直白无隐，言人所不敢言、不愿言，虽然仍不失其严肃，但有时也就有几分是在卖弄胆子。她曾将孔子的一句名言"饮食男女，人之大欲存焉"重新断作"饮食男，女人之大欲存焉"，虽然不过是重复"食色，性也"的意思，但因专讲女人，又从女人口中说出，似乎大可演绎成女人离不得汉子，女人心里就想着汉子之类，于是一班名士派文人不禁眉飞色舞，要手之舞之，足之蹈之了。实际上苏青此语不过道出女人对男人之"爱恨情结"，又兼有几分恨女人自家不争气的意思，但到了一班文人口里，便徒有谐谑乃至轻薄之意。

最初使苏青扬名上海的杂志是《古今》，因《古今》编者实为《论语》的班底，而苏青算得上是《论语》旧人，故也成为《古今》的撰稿人，她也许是该杂志最为器重的女作家，是经常为其撰稿的唯一女性。朱朴搞所谓"朴园雅集"，与会的女性只有她一个。但苏青不是张爱玲，她喜欢社会活动，不满足单是投稿，终在1943年自己办了"散文小说月刊"《天地》。当时社会上风传苏青能办起这份杂志，是凭借了周佛海、陈公博的支持之力。又传她是陈公博的情妇：她曾在伪上海市政府做职员，其时陈公博正兼着伪上海市长，她遂成为陈的"女秘书"之一

云云。战时纸张紧张,"陈设法配给她很多白报纸,作家坐在满载白报纸的卡车上招摇过市,顾盼自喜,文化界一时传为笑谈"①。这段"艳史"是否属实无关宏旨,但周佛海、陈公博对苏青很赏识却是无疑的。苏青可以出入这些贵人的官邸,周、陈及周的老婆周杨淑慧、儿子周幼海均有文字在《天地》上发表。而《天地》办得也很是热闹风光。令我们感兴趣的则是以下两点:张爱玲的散文多刊登于此,而且她为该杂志出的力还不止于此;胡兰成最初知道有个张爱玲,就是因为读了登在上面的《封锁》。

张爱玲成名后,上海文坛上似乎形成了苏张并称的局面。搞批评的人谈到张爱玲,时常顺笔就写到苏青;写苏青,时常不免就提到张爱玲,专门研究女作家的谭正璧更有一篇文章,题目就叫《苏青与张爱玲》。她们两人的相似处与相异处同样明显,都是大名鼎鼎,又私交甚笃,正是比较的好话题,所以两个名字往往捉对在报刊上出现。

苏青的大胆感言、毫无忌惮,常令一般女人要避她三分,而她似乎也对女人表示不耐,女作家中也没有什么人令她佩服,更多的时候她倒是乐于同男人为伍。但她对张爱玲却是另眼相看,虽说她出名更早,虽说文人相轻,出了名的女作家更易相妒,她却是不存芥蒂,无保留地称道张的才华。《传奇》座谈会上她言道:"张女士真可以说是一个'仙才'了,我最钦佩她,并不是瞎捧。"她的《天地》也是张爱玲径可视做自己的园地的,编者例言中常有对她作品的特别推荐。

张爱玲恃才傲物,一般女作家根本不放在眼中,独对苏青肯于抬举:"如果必须把女作家特别分作一栏来评论的话,那么,把我同冰心、白薇她们来比较,我实在不能引以为荣,只有和苏青相提并论我是甘心情愿的。"张爱玲又是脾气古怪、不能容人的,苏青的要强与直来直去使她很容易开罪人,张却肯对她行谦让之道:"在日常生活中碰见他们(指形形色色的人),因为我的幼稚无能,我知道我同他们混在一起,得不到什么好处的,如果必须有接触,也是斤斤计较,没有一点容让,必要个恩怨分明。但是像苏青,即使她有什么地方开罪我,我也不会记恨的。"这也不光是说说而已,她和苏青对谈,苏青总是抢话说,而她竟肯于附和。

在女作家座谈会上,这许多的女作家当中,就是她们两人惺惺相惜、厮抬厮敬。

---

① 刘心皇:《抗战时期沦陷区文学史》,120页。

写作上两人似乎也有一种默契，有时就像是在唱和。张爱玲有《我看苏青》，苏青投桃报李，还一篇《我看张爱玲》。张爱玲写过一篇《自己的文章》，苏青也有一篇同题的随笔。张爱玲要为形形色色的女人画像，曾打算写一组人物素描，集成"列女传"，苏青有同样的念头，要写"女像陈列所"，仅写成的一篇又有张爱玲配的图。

一份《天地》是她们文字之交的纽带。潘柳黛曾说，"张爱玲的被发掘，是苏青办《天地》月刊的时候，她投了一篇稿子给苏青。苏青一见此人文笔不凡，于是便函约晤谈，从此变成了朋友，而且把她拉进文坛，大力推荐，以为得力的左右手。"[①] 其实张在《天地》露面之前已发表了她最著名的几篇小说，正不必等苏青来发掘，而张肯降尊纡贵，充苏青的"左右手"，当然也是笑话。不过张爱玲倒一直是《天地》的台柱子。《天地》共出二十一期，张爱玲无作的只有三期。她又还为这个杂志专门设计过封面，后面几期直至终刊一直用着。苏青最初给张的索稿信，一开头就写"叨在同性"，张说她看了总要笑，大约从中可见苏青其人，也喜欢这样的人。当然好感可能在此前她们彼此看到对方的文章时就已经存在了。

张爱玲与苏青的关系不像炎樱，她和炎樱常来常往，与苏青则实际上很少见面，她们的交情似也不在女人间特有的"推心置腹"或"私房话"。苏青的一些消息和苦衷，张爱玲反倒常是从别人口中得知，或是从她的文章中看到。但身为女人，又同是希望把住"生活基本情趣"的，自然也有女人日常生活中的那些内容。某次苏青做一件黑呢大衣，张爱玲和炎樱就跟了去当参谋。她在《我看苏青》中很传神地记下当时的情形：

……炎樱说："线条简单的于她最相宜。"把大衣的翻领首先去掉，装饰性的祻也去掉，方形的大口袋也去掉，肩头过度的垫高也减掉。最后，前面的一排大纽扣也要去掉，改装暗扣。苏青渐渐不以为然了，用商量的口吻说道："我想……纽扣总要的吧？人家都有的！没有好像有点滑稽。"

张爱玲的衣装总是标新立异、独出心裁的，对苏青衣着随了街面上的时髦走，单讲派头、考究，自然不以为然。其实二人的歧异又何止这一端？她以《我看苏青》

---

① 潘柳黛：《记上海几位女作家》，转引自杨翼（编）：《奇女子张爱玲》，24页。

为苏青画像，勾出的轮廓正见出她与苏青的不同。且看她对苏青的描述：

> 她是眼高手低的。
>
> 即使在她的写作里，她也没有过人的理性。她的理性不过是常识——虽然常识也正是难得的东西。
>
> 苏青在理论上往往跳不出流行思想的圈子，可是以苏青来提倡距离，本来就是笑话，因为她是那样一个兴兴轰轰火烧似的人，她没法子伸伸缩缩、寸步留心的。
>
> 她又有她天真的一方面，很容易把人想得非常崇高，然后很快地又发现他的卑劣之点，一次又一次，憧憬破灭了。

张爱玲不会塌了架子去敷衍着写捧场文章，她这些话都说得极实在也极有分寸。而把这些话题颠倒一下，就可用到她自己身上去：张爱玲手不低，但眼是高的；张爱玲富于理性，思想不为流行见解所缚；张爱玲与人与事总是留着距离；张爱玲不会心血来潮，她总是能冷眼看人的。

就仗着眼高与距离，她敢说她能"纯粹以写小说的态度加以推测"苏青，而"我喜欢她超过她喜欢我，是因为我知道她比较深的缘故"。"我知道她比较深"言下之意即"我对她的了解超过她对我的了解"，或者是"我之能懂得她，更甚于她之懂得自己"。你能看透别人而别人吃不准你——与苏青这样的人交往，张爱玲是有一种安全感的。

文如其人，苏张二人的文风也是大异其趣。虽然同为作家，关系又非同一般，应有相互影响一说，但她们尽管在内容上时有呼应交叉，风格上却是各不相犯。张爱玲的蕴藉、含蓄给人印象之深，一如苏青的直白、泼辣。最主要的还是在与读者的关系上，苏青是直来直去，无甚保留，张爱玲则始终保持适当距离，即使在散文里，"私语"、"童言无忌"之外还有游戏三昧。张的为文之"道"且按下不表。苏青基本上是没有"第二自我"的，在创作中也不耐烦为自己找个替身，写散文固不必说，就是写小说，她也爱用第一人称，素材不做什么伪装就塞进小说里，而且这素材全来自她的亲身经历，她书中的人物无一例外全是她自己。

虽然性情不同，处世方式各异，文章路数大相径庭，张爱玲对苏青仍怀有好感。

她说她与苏青谈话，到后来常有点恋恋不舍。这也并非故作姿态的虚语。因为她常在苏青那里看到和得到她所匮乏的东西。她的矜持是否有时也使她"生活得轻描淡写，与生命之间也有了距离"？她的怕受伤害、易受伤害是否使她有时候转过头来羡慕苏青感情上屡屡受挫却依然能全身心投入的"健康的底子"？她把种种自己尚未经历过的事事先就想清楚了，是否生活也因此而成了"第二轮的"？所以我们宁说张爱玲对苏青是既感到优越，又不无恋恋。一方面，以她的聪明，她当然明白她的判断力比苏青高明，知人论世更有见地；另一方面"人是不能多想的"，多想万事皆悲，高明的结果经常是"高处不胜寒"，那优越守着也就有些心虚。情与理的平衡悬于一发，过犹不及。所以张爱玲要恋恋于苏青让她感到的暖意：苏青凭常识看人、行事，与物质生活同一——用张的话说，苏青对于她"就象征着物质生活"，而物质生活是现世的、常识的、安稳的、实实在在的。

但是张爱玲与苏青的投合也不仅仅是出于性情上的互补，她们毕竟还有许多看法上的一致。张在女作家座谈会上称近代的女作家中她最喜欢苏青，"踏实地把握住生活情趣的，苏青是第一个。她的特点是'伟大的单纯'。经过她那俊洁的表现方法，最普通的话成为最动人的，因为人类的共同性，她比谁都懂得"①。又说她们"都是非常明显地有着世俗的进取心"。"伟大的单纯"正来自对生活情趣的把握，来自"世俗的进取心"。革命、理想、罗曼蒂克的爱情，这些都是超世俗的，世俗的则是名、利两端，身为女人，她们的进取心又可解释为，她们想得到普通妇女希望得到的那些东西。这就是她们的现世关怀，这也就是她们基本的取材范围：婚姻、爱情、家庭、女人的挫折、女人的处境——一个充满女性气息的世界。张爱玲的经历限制她把重心放在婚前的女人，苏青结过婚又离了婚，将更多的笔墨用去写女人为妻子、为母亲的甘苦。以女性生活的历程和天地看，她们的创作倒又是相互衔接、补充的（虽然《结婚十年》的素材若让张爱玲来写必定另是一个面目）。她们牢守女性本位，常是非常自觉地从女性的立场去看社会，看人生，而亦时常反顾自身，说她们有一种女人情结也不为过。

就因为看中两人的默契之处，知道她们对女性处境的关怀，当然也是因为张爱玲、苏青这两个名字的号召力，《杂志》的记者为她们搞了一次对谈。这次对谈

---

① 《女作家座谈会》，《杂志》，1944年4月。

是一天下午在张爱玲的寓所里进行的,过后记者将谈话内容整理出来,登在1945年3月号的《杂志》上,题作《苏青张爱玲对谈记——关于妇女、家庭、婚姻诸问题》。为求醒豁,记者分节分段,加上了如下一些小标题:"职业妇女的苦闷"、"用丈夫的钱是一种快乐"、"职业女性的威胁——丈夫被人夺去"、"科学育儿法"、"母亲的感情"、"被抑屈的快活"、"女人最怕'失嫁'"、"大家庭与小家庭"、"同居问题"、"谁是标准丈夫"。

将谈话的内容一一复述未免小题大做,因为记者的提问常是具体琐碎,而苏、张二人的回答也是顺水推舟,随意漫谈,不似为文时那样经意和深入。但是写文章做不到这样直白而及于细微——尤其是张爱玲,而在这里,即使从小标题我们也能更具体地察知"世俗的进取心"、"生活情趣"的一些基本的方面,同时这些标题本身已经明确地向我们透露了她们的态度,即接受、认同女人的性别角色和社会角色。

新文化运动以后,个性解放、人道主义成为知识界的主流,妇女解放当然是其重要的方面,贞操、女子就业、离婚、妇女的社会地位等问题都曾是激起热烈讨论的话题。作家常是社会感应的神经,女作家身在局中,更有不可不言者。冰心、绿漪、凌淑华、沅君、丁玲、白薇等人,或颂扬女性的伟大,或描摹女子的心态、处境,或抒发受歧视、被压迫的愤懑,总之或隐或显、或浓或淡,皆含着女性觉醒的题旨。二三十年代在侪辈中领风骚的冰心、丁玲恰好也代表着女性觉醒的两种路向。当时就有人给二人分别冠以"闺秀派"和"新女性"的头衔[①],其间的分别在于:前者并不跳出礼教之外,在既成规范以内张扬女性精神的伟大崇高,后者则与男权中心的社会正面对抗,要成为像男子一样的强者;前者接受性别角色而加以神化,后者则挣扎着要摆脱这一角色取得与男子一样的社会身份。

张爱玲对这两种取向都不能接受。"女作家座谈会"上被问及喜爱的女作家时她说道:"冰心的清婉往往流于做作,丁玲的初期作品是好的,后来略有点力不从心。"说的是创作风格,然结合她对苏青的赞赏来看,里面也含着对妇女问题的见解和对于女性角色的判断。她不愿对了母爱的祭坛顶礼膜拜:"普通一般提倡母爱的都是做儿子而不做母亲的男人,而女人,如果也标榜母爱的话,那是她明白她

---

① 毅真:《几位当代中国女小说家》,收入黄人影(编):《当代中国女作家论》,上海光华书局,1933年。

本身是不足重的,男人只尊敬她这一点,所以不得不加以夸张,浑身是母亲了。"其他对于女性的神话她也一概看破:"'翩若惊鸿,宛若游龙'的洛神不过是个古装的美女,世俗所供奉的观音不过是古装的美女赤了脚,半裸的高大肥硕的希腊石像不过是女运动家,金发的圣母不过是个俏奶妈,当众喂了一千余年的奶。"这些议论尖刻犀利,见出她清醒自觉的女性意识,简直是标准的女权主义姿态。但是她又绝对讨厌西方人称做"蓝袜子"的那一型的女人。苏青有次说她看看自己房里的东西都是她自己所置,但并不觉得有何自豪,细想回头倒有几分伤心。张爱玲对此大表赞同和理解,那些梗着脖子称自己如何自立的女人,她只觉那是负气。她称她"不喜欢男性化的女人",而且在她看来,那些从《娜拉》学会了"出走"的人往往不过是自己向自己戏剧化地扮了一个"苍凉的手势"。

不管是对女性神话的不耐,还是对负气姿态的不屑,里面都有一种不肯自欺的理性精神。她对"男性化女人"的拒绝说明她接受女性的角色,但她并不以为要把女性抬上神的宝座是接受的条件,她有她自己对女人性别角色的理解和把握:"男子偏于某一方面的发展,而女人是最普遍的、基本的,代表四季循环、土地、生老病死、饮食繁殖。女人把人类飞跃太空的灵智拴在踏实的根桩上。"又说:"超人是男性的,神却带有女性的成分,超人与神不同。超人是进取的,是一种生存的目标。神是广大的同情、慈悲、了解、安息。"

然而这只是理论上的认知。另一方面她须面对的是女性在社会中的现实处境。身为女人,她时时感到这是一个男人中心的社会,像上面引述过的文字表明的那样,她一语道破对母爱的膜拜后面藏着的男性话语,在《借银灯》一文中她亦看破所谓"妇德",实质上乃是"怎样在一个多妻主义的丈夫面前,愉快地尊行一夫一妻主义";现实中女人的命运则更令她"悲怆":"女人一辈子讲的是男人,念的是男人,怨的是男人,永远永远。"然则如何既坚持了女性传统的权利,又能摆脱加于女性身上的非人性?张爱玲不会开药方,也不相信有什么简单的又是根本的解决办法。和苏青谈妇女问题,她持的是极其务实的态度,比如关于妇女走出家庭寻找职业,似乎是"解放"的一条途径了,她赞成妇女走出去,可是她的理由却是很实际的:"常常看到一种太太,没有脑筋,也没有吸引力,又不讲究打扮。因为自己觉得很牢靠,用不着费神去抓住她的丈夫。和这样的女人比起来,还是在外面跑跑的职业女性要可爱一点,和社会上接触得多了,时时刻刻警醒着,对于服饰和待人接物的方

法，自然要注意些，不说别的，单是谈话的资料也要多些，有兴趣些。"谈到女人的早婚，她说道："早婚我不一定反对。有些女人，没有什么长处，年纪再大些也不会增加她的才能见识的，而且也并不美，不过年轻的时候也有她的一种新鲜可爱，那样的女人还是赶早嫁了的好，因为年轻，她有较多的机会适应环境，跟着她丈夫的生活情形而发展。"这些议论的前提似乎是接受男性中心的事实了，但是对于张爱玲，断然的理论是空洞的，关键是如何就近求得实在的幸福。即此而论，重要的就是各人的自处之道了。

事实上，她与苏青对谈之时，她自己正结结实实地碰触着普通女人感到困扰的、往往构成了女性生活的中心的那个问题——恋爱、婚姻。那么，她何以自处？

"撒 手"[①]

张爱玲与苏青对谈时，记者还曾问到一个十分具体的问题："依照女人的观点，标准丈夫的条件怎样？"苏青不假思索，从第一直数到第五，第五条是"年龄应比女方大五岁至十岁"。张爱玲不作具体回答，声称她不要框框，独对苏青的第五条她是附议的，而且以为男方的岁数还可加码："我一直想着，男子的年龄应当大十岁或是十岁以上，我总觉得女人应当天真一点，男人应当有经验一点。"她是否真的"一直"这么想，不知道，我们只知道张爱玲当时正品味着婚恋带来的欢欣爱悦，而那位令她深陷情网的丈夫恰好比她大了十几岁。那么此话是"夫子自道"，是经验之谈吗？她当时沉溺其中——这也许是她一生中最浪漫的一次"飞扬"，最大胆的一次"撒手"，她也许真的忘记了或者是不愿去想未来"惘惘的威胁"，即使她想了，想遍了各种各样的可能，她也未必会想到，这段恋情竟会以那样的方式收场。

将近半个世纪过去，台湾畅销作家三毛以张的这段恋情为素材写成了电影剧本《滚滚红尘》，很快搬上了银幕，张爱玲再度成为一个传奇性的人物。贵族的出

[①] 以下三章的材料多取自胡兰成的自传《今生今世》。文如其人，此书虽写于晚年，应是"不惑"、"知命"之作，而仍大言不惭，沾沾自得之意随处可见。书中《民国女子》等章详写与张的关系，虽然裁剪、渲染、有刻意制造佳话之嫌，亦且不脱自我标榜之意，但以他的为人行事及张的性情判断，书中所述及张爱玲的部分大体可信，笔者所为是对这些材料做出自己的理解。以下凡从该书引录者不再一一注明，读者度上下文之意当可知何者出诸胡书。

身、非凡的才华、怪僻的性情，加上这段很快夭折的恋情，构成了世人心目中的张爱玲传奇，而不幸的婚恋无疑被当做了这传奇中最富于戏剧色彩的部分。作为张爱玲的崇拜者，作为一个愿意相信感情至上的女子，三毛也许愿意相信，即便结局归于苍凉，这恋情也是生命中真正的华彩乐章。电影里的传奇加进了三毛的想象——那是她的一种诠释。换了张爱玲，即使里面有传奇的成分，她亦将以她清洁的理性将奇归于不奇。但是，尽管人物被笨拙地敷上了公式化的理想色彩，人们仍然知道而且对他们的原型感兴趣，他们知道女主人公写的是张爱玲，而那个叫做章能才的男主人公就是胡兰成。

胡兰成生于1906年，浙江嵊县人，家在离县城几十里的下北乡胡村。幼时随母亲过活，家境贫寒，然他读书聪明，是个乡间才子。小学毕业后到杭州蕙兰中学念书，二年级时考取杭州邮务局邮务生，三个月后因与局长作对被开除。二十一岁赴北平，在燕京大学副校长室做抄写文书工作，又旁听该校的课程。北伐时回到家乡，先后在杭州中山英文专修学校、萧山湘湖师范学校任教。这以后南下广西，辗转南宁、百色、柳州等地，当了五年中学教员。

但胡兰成显然不能安于教书生涯，他对政治、时局皆有兴趣，且以雄才大略自负。1936年两广事件发生，兵谏中央政府抗日。他受第七军军长廖磊之聘兼办《柳州日报》，即在报上鼓吹"发动对日抗战必须与民间起兵开创新朝的气运结合，不可利用为地方军人对中央相争，相妥协的手段"，引人注目。事件平息后曾因此在桂林受到第四集团军（桂系）司令部的军法审判，被监禁了三十三天，后白崇禧送了他五百元钱，算是礼送出境。

胡兰成虽因文字惹祸，却也因此引起各方的注意，有汪派背景的《中华日报》邀他撰稿，他的几篇政论发表后又受到日本刊物的青睐，当即译载，他亦因此更被《中华日报》器重，曾邀他出任总主笔。抗战爆发，上海沦陷后，胡被调到香港《南华日报》当总主笔，用"流沙"的笔名写社论，同时又供职实为汪派机构的"蔚蓝书店"，每月为其写一篇报告。此时胡兰成写政论文章已颇有名气，俨然是个知名的政论家。汪精卫有意栽培他做自家的笔杆子，曾派亲信慰问他，后陈璧君到香港亦与他见面，将他的薪水由六十元港币加到三百六十元港币，另给两千元机密费。这以后汪精卫搞所谓"和平运动"，胡自然地成了入幕之宾，而且是骨干分子。

和平运动初起时，实际的活动还止于宣传鼓吹造声势，弄笔杆子的胡兰成成了要角。《中华日报》成立社论委员会，决定宣传方针大计，该委员会主席是汪精卫，总主笔胡兰成，撰述则有周佛海、陶希圣、林柏生、梅思平、李圣五等人，胡在回忆录中开出这张名单，俨然他只一人之下，而在众人之上了。汪政府成立，他先后有过中央委员、宣传部次长、行政院法治局局长等头衔，又在一段时间里当过汪精卫的机密秘书，常向汪精卫进言，而汪亦时常问计于他，故他又是"公馆派"（与周佛海派相对）的一分子。

胡兰成以一介布衣，在短短两三年的时间由一个普通的中学教书匠居然爬上政府大员的高位，出入民国元老汪精卫的公馆，真可说是平步青云、飞黄腾达了。甚至他自己也没有想到会交上这样的好运，事过多年他说起"和平运动时位居第五"犹透出得意之情。胡兰成骨子里是个旧式的中国文人，满脑子进退出处、江山新朝、布衣卿相之思。他在柳州撰写政论就有秀才纵论天下事的派头，那时还无人拔识，而今一朝得道，便颇以新朝人物自许。旧文人入世的最大抱负是治国平天下，一个个又都自以为是文韬武略安邦定国之才。才略要"货与帝王家"，无人赏识就是"不才明主弃"。不论是在治世里"学而优则仕"，还是在乱世里充幕僚、当师爷，建功立业的关键在遇到一位明主。胡兰成自认遇到了一位"明主"——汪精卫，汪精卫称他"兰成先生"，殷殷垂询，岂不是待以卿相之礼了？他由议政而参政，由幕僚而智囊、心腹、入幕这条道走得顺当，比起来，他在汪公馆里的地位或者还要在蒋介石身边的"文胆"陈布雷之上。胡兰成自言他曾相信过共产主义，但他真正相信的还是"明主"，相信他这样的"能臣"治世，相信成则王败则寇。所以此时他不能不受宠若惊，不能不感到踌躇满志、意气扬扬。

虽然他知道日本人卵翼下的傀儡政府实在算不得"新朝"，但他何曾这般风光？况且以他的狂妄自负，似乎只要汪精卫对他言听计从，虽是危难之局也可扭转乾坤，开出"新朝"的。但是胡兰成很快又失意了。

和平运动到组成"政府"，一个大摊子渐渐铺开来，舞笔杆造舆论已非首要之事了，又有形形色色的人物冒出来，胡的位子往后靠了许多；在尔虞我诈的权力倾轧中，文人又毕竟是文人，不是实权人物的对手，加上他的狂妄自大、自说自话常惹得"故主"汪精卫不喜，到1943年下半年时他已被晾到了一边。但是胡不甘寂寞，还是舞文弄墨论天下事，或是为了日后证明他的见识，或是再因此而令新主赏识。通过日本使馆的官员清水、池田笃纪，他又和日本政界军界的少壮派人物接触频频，其文章也译成日文发表，在日人中造成颇大的影响。这文章与汪政府的口径不一，而此时汪政府与日本人之间正矛盾重重，一时不知此文有何背景，如临大敌，将胡兰成抓了起来，胡甚至以为命将不保，后因日本军人出面施压，终获释放。

胡兰成与张爱玲相识，恰在胡获释以后不久。

事实上在被捕之前，胡兰成已知张爱玲其人。《天地》创刊后，因胡是有名的文人，而且不仅是文人，还是要人，苏青大约也想请他写稿，故每期都给他寄上。胡兰成平日不大看报章杂志，现在失意赋闲，不再涉足官场，也便拿了《天地》消遣。他对杂志主持人苏青的文笔颇为欣赏，说是"女娘笔下这样落落大方，倒是难为她"，也仅此而已。不过看第二期《天地》①，翻到一篇《封锁》，署名张爱玲，他原本是躺在藤椅上看的，看这一篇却是才看得一二节，不觉身体就坐直起来，而且居然细细读完一遍之后又从头再读一遍。过后犹觉不足，又让画家朋友胡金人看。

意下未足是读其文还想知其人，他便写了一封信去问苏青，苏青回信告诉他作者是个女子。也不知信中有无更详的介绍，反正胡接信的感觉是"世上但凡有一句话，一件事，是关于张爱玲的，便皆成为好"。后面几期《天地》来，上面除张的散文《公寓生活记趣》、《道路以目》之外，还登了张的照片。有照片，散文又不比小说，是写实，胡兰成感到"这就是真的了"。他的旧文人气里还有一面是名士的风流自赏，多有才子佳人的绮思。也不知是刻意要制造佳话，还是当真兴奋得颠颠倒倒，他在回忆录中记他看了文章、照片后的情状，如此这般地写道："见了好人好事，会将信将疑，似乎要一回又一回证明其果然是这样的，所以我一回又一回傻里傻气地高兴，却不问问与我何干。"

这应该是1944年1月胡出狱以后的事（登有张爱玲照片的第四期《天地》是1月份出版）。2月初他到上海，一下火车就去找苏青。和平运动是以上海为基地，《中华日报》报社也在上海，胡的家即安在那里。后伪政府成立，他到南京去做官，又在南京大石桥石婆婆巷有一住处，但家室仍在上海，时常两边走动（汪政府官员多在两地皆有公馆）。胡兰成未及归家即去寻苏青，固然是对苏青的文章及所办杂志颇为赏识，然此番匆匆而来，主要动机却是向她打探张爱玲其人。苏青告诉

---

① 《今生今世》中胡兰成说他在创刊号上读到《封锁》，又称他在第2期上见到张的另一文章及照片，显然都是误记。

他张爱玲等闲不见人，胡心有不甘，还是一意要访她，便讨她的地址，张的住处向来秘而不宣，只有极少数人知道，而她又是不大管对方身份的，所以苏青迟疑了一阵才将地址写下。

其实此时张爱玲对胡兰成其人也已略有所知了，而且听说胡在南京下狱，还同苏青去过一趟周佛海家，想看看有什么法子可以救他。后来胡兰成说她此举是因"动了怜才之念"，但胡的"才"见于他的政论，张爱玲素不过问时事，未必会读他的文章，何以知道他的才？即使略知他的才名，读过几篇文章，以她的性情，替一个素不相识的人去奔走也是不可想象的事。较为合理的解释是，与她关系密切的苏青曾将胡写信打听她的情形（或许还有赞语）一事对她说起，她对胡有了印象，有了好感，因其知己而心存感激，这才在他落难之后随苏青——苏青那时显然比她更知道胡兰成，与周佛海一家也更熟一些——一道去周佛海家打探情由。

但是，尽管已知胡兰成其人，尽管已经有过"救人"之类，张爱玲觉得来访得突然，她没有准备，也还是不见：第二天胡兰成找到张的寓所，果真吃了闭门羹，张爱玲不开门，从门洞里朝外张望，他只得了个通报姓名的机会，从门洞里递进去一张纸条。胡扫兴而归，但是隔了一天以后，张爱玲又打电话给胡兰成，说来看他，而且她的住处距胡的寓所不远，说来很快也就到了。

胡兰成读过张的作品，见过她的照片，但是在他客厅里出现的张爱玲与他想象中才华横溢的女作家全然不合。《天地》上登的那张照片是正面头像，只有面部，文静清秀的样子，看上去会让人以为是个单薄纤巧的人，胡兰成没想到她竟是个子很高，而且"像十七八岁正在成长中，身体与衣裳彼此叛逆"；张爱玲的文章从容老到，令人猜想她会是个深通世故，应对自如的人，胡兰成此刻见到的张爱玲却是没见过世面怯生生怕见人的样子，有几分不知所措，似乎"连女学生的成熟亦没有"，更不像是个作家。想象与实际相去太远，胡兰成一时也感到愕然，只觉客厅里的气氛有些不对。

张爱玲生活圈子狭小逼窄，并没有与多少人打过交道，她在有些场合似给人咄咄逼人的印象，但她出现的场合多是于她有利的，或是有亲近的人呵护左右，或是众人群星捧月似的围着她转，轮到她一个人应付局面，特别是骤然面对不大熟识的人，她还是怯场，感到窘迫，不会寒暄，亦不知从何说起。好在怯场的人不必为冷场负责，也更耐得住冷场。胡兰成见状倒生怕伤害委屈了张爱玲，不住说这说那，问这问那，用滔滔话语填塞可能会出现的冷场。他议论时下流行的作品，谈她的文章好在何处，又讲他在南京、在伪政府的种种，还问她每月稿费收入之类的具体问题。张爱玲曾说她习惯于当听众，人说她听，她便感到很自在。现在也是如此，她一言不发只管坐着静静地听，唯问到自己头上才答上几句。

二人头一次见面，竟一坐坐了五个小时，也不知是双方都不无恋恋之意，还是张爱玲曾想退退又不知如何不着痕迹地告退，而胡兰成一时竟也不知如何收场。天色向晚时胡兰成送张爱玲出来到弄堂口，两人并肩走着，胡兰成忽然说："你的身材这样高，这怎么可以？"似有诙谐玩笑之意。张爱玲听了很觉诧异，一则初次见面，此话实在问得突兀，二则以她受的淑女式教育，以她孤傲冷僻的性情，何曾有哪个男人这样随便唐突地对她说话？她几乎要起反感了，但到底也没有怎样。事后回过头来想想，当又是别有一番滋味在心头。胡兰成对他"涉笔成趣"的轻言撩拨颇为得意，从后面他与另几个女人的关系中可以看出，在没有经验的女子面前他常有这种从容自信，若即若离的撩拨也是他的惯伎，甚合他落拓不羁的名士做派；而后来他与张爱玲有了那样一层关系，忍不住回过头来自赞一回，说"这一声就把两人说得这样近"，似乎这一问也是他在两人关系中出奇制胜的得意之笔。

这一问也只是出于他的名士派积习。第一次见面之后，胡兰成有惊奇之意而并无多少爱慕之情。他甚至并不觉得张爱玲漂亮——张爱玲貌不惊人，看上去似还不及照片给人的印象；他也不觉得她有何招人喜爱之处，她的文章才华毕露，在人前却毫不聪明外扬。假如没读过她的作品，不了解她的家世，即使在街上擦肩而过，胡兰成也不会特别注意到她。但是胡兰成此前满以为读其文已知其人了。他走南闯北几十年，见过些场面，阅人颇多，当然自负知人论世是虽不中亦中的，而今张爱玲的出现将他的既成概念统统打翻。张的文与人，他的猜度与实际之间的反差皆过于触目，令他惊异。不言其他，单是这份惊异就已经足以促他第二天急急地再度去叩张爱玲的家门了。

这一次张爱玲是在自己的房里迎他，穿了宝蓝绸的袄裤，戴着嫩黄边框的眼镜。她请周瘦鹃喝茶，她姑姑作陪，周说那是在一间"洁而精"的客室，或许是她们姑侄二人共用的客厅。张爱玲的房间更见她的口味性情，自又是一番景象。"一种现代的新鲜明亮几乎是带刺激性"，令满室陈设俱显出华贵之气。加上她的一身装束,胡兰成见了心中大感惊讶,大约前一天他得到的印象与此情此景又对不上号,大大出乎他的意料。这回是轮到他感到不安了。据说偶尔有文化人到这里来勉强坐得一回,也是但觉"不可逼视",不可久留。胡兰成更觉这里有"兵气"。

不过胡兰成倒是一坐坐了很久。仍然是他侃侃而谈,大谈理论,又讲他的生平。张爱玲只管坐着静听。但这里是她的天地,她熟悉的环境,她到底不似上次的拘谨。胡兰成也在文人圈中,当然知道《孽海花》中影射李鸿章、张佩纶的那段掌故,遂问到此事。张爱玲把她祖母亦即书中那位李家女才子的诗抄给胡看,辨正说她祖母作诗并不高明,这一首也是她祖父改过的。胡兰成听了对张又有一份佩服,觉得她肯这样破坏佳话,这才写得好小说。

然而胡兰成自己是喜欢而且愿意制造佳话的。他出身寒门,做了高官也是贫儿暴富,如寻常旧文人一般,对门第出身暗自还是有讲究。他虽要做脱略状,不止一回称他更不自比张佩纶云云,骨子里却是不能免俗。后来他逢别人夸耀门第,便要抬出张爱玲的贵族出身来镇人,颇为自得。在南京时他又曾专门去踏看张家老宅,于废池颓垣、残砖瓦砾之中遥想张家当年的亭台楼阁之胜。他当然把他同张爱玲这位不世才女又兼名门之后的情缘视做可风可诵的佳话,常常在人前说起。他之倾慕张爱玲,她的家世令他惊羡,觉得脸上有光,也是一个不大不小的诱因。

这次会面,张爱玲还说到她听说胡入狱后与苏青一起去周佛海家打探奔走的事。胡兰成听了又是大感诧异,感激之情还在其次,他没想到张对政治会这般幼稚可笑,异想天开:且不说他与周佛海素来气味不投,身属两派(周自领"周佛海派",胡是"公馆派";后周暗通重庆,胡却是与日本人关系密切),宦海风波又岂是她能过问插足的。他又没有想到与他素昧平生,很少出门的张爱玲会对他大起关心。而今他刚刚出狱,正当落难之际,不禁要想到当年张佩纶发配热河归来,一介囚徒,戴罪之身,却有中堂大人的千金做他的红颜知己,他这一番过往,正堪比拟。以他风流自赏的名士习气,日后他还要想他与张佩纶一般,也是已届中年,比小姐大了许多,也是已有妻小(只是张原配已过世,而他的发妻虽亡故,却已经续娶),同时他主持《中华日报》,书生论政,时时搅起轩然大波,似乎也是个"言官"的身份,"直言不讳",又俨然是个"清流党",而他两次下狱,似乎也像张佩纶一般命途多舛。

那日回到家中,胡兰成给张爱玲写了第一封信。前次相会他将人比文,印象大跌,"竟是并不喜欢她",惊异、怜惜,多少有居高临下之意;此次相会,张在她的背景中出现,二人的位置纵不说是互为颠倒,至少也是大大调整,而谈话亦由浅渐及于深,他惊异之外更有了欢喜,竟也生出攀附爱慕之心。这封信写得有似"五四"时代的新诗,张是才女,他又满腹苏小妹三难新郎一类的佳话,要博张的好感,在信中卖弄才情是可以想见的,写毕胡亦自感得意。

张爱玲读信后大为惊奇。她素不喜"新文艺腔",嫌其矫揉造作、幼稚可笑,换了别的人写一封"五四"新诗味道的信或情书来,她会弃之不顾,或者大大地寻一番开心。然而写信的是胡兰成,并非文学青年。他年近不惑,是有名的政论家,又是在政坛上打了几个滚的人,写出这样幼稚笨拙的信来,这又当做何解?但是信中称张爱玲"谦逊",却很中她的意。认识张爱玲的人对她都有冷漠孤傲的印象,没有谁会道她谦逊,她却自有——至少是自认有——一种对现世、对人生的虔敬,这也就是她所解的"谦逊"。胡兰成才见了她两面即出此语,也许与张的怯扬、静默不语给他留下的印象不无关系,但张爱玲是高兴的。她在回信中说胡"因为懂得,所以慈悲"。"懂得"二字在张爱玲的词典里非同小可,似比寻常所谓"理解"还更深一层,她对"懂得"尤为看重,轻不许人。茫茫人海,又有几个解人?——她对胡兰成已是油然生出知己之感了。

这以后胡兰成每隔一天必要登门去看她。可是去得三四趟,张爱玲忽然变得烦恼,且生出凄凉之意。她显然已觉难以把握自己的情感和两人之间的关系,无法向自己解释也无力面对两人的这段交往——交往既深,她已是难以淡然处之。也还谈不到长远的打算,也未及顾到具体的问题,单是澄清自己的感情就大是难事。张爱玲不是苏青,很难做到全部投入,临事必要想个明白,求个"恩怨分明",这一次却是身陷其中,难以决断。

她送了张条子给胡兰成,要他不要再去看她。胡兰成阅人既多,对男女之间自然更有经验,对张情绪的骤变不难猜出大概,但他是个脱略自喜的文人,不愿负责任,也无心为张设身处地。他权作不知,接条的当天就又去看她,不解释,也不作表白。张爱玲对胡兰成已萌生恋情,请他不要登门出于心烦意乱,对自己的感情无奈,见他仍来看她,心里只有高兴,似乎不言中亦有一种证明。以后胡兰成索性天天都去看她了。

不久以后,有一次二人见面时,胡兰成说起登在《天地》上的那张照片,第

二天张爱玲便取出这张照片相赠,她在相片的反面题了辞:

> 见了他,她变得很低很低,低到尘埃里,但她心里是欢喜的,从尘埃里开出花来。

在张爱玲,这不啻是石破天惊之语。她对现世生活有端然的虔敬,对世人也自有一份敬重谦逊,但这"现世"、"世人"皆是无方之物,面对了一个个具体的人,她多的是矜持。以她的矜持,她何曾在哪一个人面前有过如此的谦卑?这张照片直可视做她以心相许的定情之物。

从初次见面到赠送相片,胡、张二人在极短的时间里已经结下了不解之缘。张爱玲此时尚不满二十三岁,尽管笔下皆是痴男怨女恋爱婚姻,本人却是从未有过恋爱的经验。她寻常足不出户,极少与男人打交道,也许她头一次与胡见面,与一个男子单独在一起,面对面坐了五小时,在她就是前所未有之事。胡兰成比张大十五岁,至少已经结过两次婚,但都是家长之命,媒妁之言,从未有过这般浪漫颠倒的恋情。两人出身不同,经历悬殊,性情互异,生活在全然不同的圈子,其相逢相赏相爱亦有偶然。最初的交往简直就是相互间一连串的惊异。惊异之中有吸引,有莫名的兴奋,二人的关系从一开始就不是平实的。

然而恍惚的兴奋中也透出凄凉之意,张爱玲宛转幽怨说"懂得",说"慈悲",说自己"低到尘埃里",细若游丝地泛出悲凉之音。难道她在爱意没顶之际已经预感到未来的结局?——已得其情,哀矜难喜?

欲仙欲死

这是真的。

有个村庄的小康之家的女孩子,生得美,有许多人来做媒,但都没有说成。那年她不过十五六岁吧,是春天的晚上,她立在后门口,手扶着桃树。她记得她穿的是一件月白的衫子。对门住的年轻人,同她见过面,可是从来没有打过招呼的,他走了过来,离得不远,轻轻地说了一声:"噢,你也在这里吗?"她没有说什么,他也没有再说什么,站了一会,各自走开了。

就这样就完了。

后来这女人被亲眷拐了,卖到他乡外县去做妾,又几次三番地转卖,经过无数的惊险的风波,老了的时候她还记得从前那回事,常常说起,在那春天的晚上,在后门口的桃树下,那年轻人。

于千万人之中遇见你所遇见的人,于千万年之中,时间的无涯的荒野里,没有早一步,也没有晚一步,刚巧赶上了,那也没有别的话可说,唯有轻轻地问一声:"噢,你也在这里吗?"

张爱玲这篇题作《爱》的小品空灵飘忽,不着痕迹。她给了我们一个辛酸的故事的梗概,却是为了替她所理解的"爱"(比"爱情"的意思更丰富?)作注脚。这里当然没有新文学作家赋予爱情的神秘浪漫的色彩——爱不过是偶然的相逢与相逢留下的遗响,只是这个故事是否也意味着,爱本身就包含着悲苦与怅惘?

谁也不会将故事中的女孩去比张爱玲,但对爱的理解以及这里面寄托的遐思、感慨又千真万确是属于她的。"千万人"、"千万年"中的邂逅相逢亦不过是偶然的巧遇,然而遇见的居然正是所要遇见的人,"偶然"也好似成了宿命,成了奇迹。纵然是聚而又散,纵然不过是擦肩而过,对这千万千万中的巧遇也应有无以明言的珍重与感激——这也许就是张爱玲对现世的虔敬?巧的是,此文发表于1944年4月,也就是说,它写在她与胡兰成刚开始恋爱的那段时间里,而且那个故事她正是从胡兰成口中听来的,故事中的女孩就是胡的岳母(因她是胡发妻玉凤的庶母,胡又算是入赘俞家,故又称她"庶母")。①

但是她对恋爱,对恋爱中的人还有其他的解释,有未来的迷惘,也还有今日的良辰美景,"现在还是清如水,明如镜的秋天,我应当是快乐的"。她在《自己的文章》中为她只写男女之情辩护,拿恋爱和战争、革命作比:"我以为人在恋爱的时候,是比在战争或革命的时候更素朴,也更放恣的。战争与革命,由于事件本身的性质,往往要求才智比要求感情的支持更迫切……和恋爱的放恣相比,战争是被驱使的,而革命则有时候多少有点强迫自己……恋爱……是放恣的渗透于人生的全面,而对于自己的和谐。"恋爱本于人性之常,是人而非超人,所以"素朴";她又几次用"放恣",因为恋爱中至情至性得以无所顾忌地展露,本于常却又能超于常,逞意而行,不知所止,这里面就有"撒手"、"飞扬"之意。②与胡兰成的热恋正使张爱玲体验到一种她从未领略过的飞扬的喜悦。

张爱玲到底不比她笔下那些恻恻轻怨、脉脉情思的女子,她也曾为爱而烦恼,有过凄苦之意,但一旦有了决断,也便不管不顾。

他们谈情说爱的方式似乎在二人最初的接触中已经定下了。张爱玲不像一般新派的人物,要以亲近自然来证明情调的高雅浪漫,于都市的街上"道路以目",在她要比游山玩水,刻意去寻胜搜奇,还更来得自然、惬意;而不必花前月下,不必山盟海誓,单是共处一室,相对笑语,也就有不尽的喜悦。胡兰成也不喜出游,于风景不留心,且二人在一起谈艺论文,也令他温习到一种他所喜欢的才子佳人

---

① 参看《今生今世》。胡兰成岳母的经历与《爱》中那女孩的身世一模一样。
② 张爱玲还曾对友人这样谈到爱情:"一个人在恋爱时最能表现出天性中崇高的品质。这就是为什么爱情小说永远受人欢迎——不论古今中外都一样。"见林以亮:《张爱玲语录》。

的情调。所以他们在一处哪里也不去，多的是一席接一席的长谈，只是说话说不完，一次次见面从早到晚就这样过去。胡兰成虽宦海失意，但不甘寂寞，还同"朝"中有千丝万缕联系，又要与日本人保持密切的接触，所以平日还是住在南京。但他每月必要到上海住八九天，而一到上海，不回美丽园家中，先就去看张爱玲，一直要盘桓到黄昏时分才打道回府。而且他现在已是反认他乡作故乡，一踏进张爱玲的房间便要说道："我回来了。"

张爱玲在大欢喜中，没有了初见时的拘谨，在胡兰成面前她可以比在外人面前更多更自如地袒露自己：从孩童似的幼稚到与年龄不相称的成熟世故，从女学生式的零碎喜好到对于尘世生活庄严的感念，从大俗到大雅；知道胡倾心于她的聪明才华，她更有自信将她的奇思妙喻、如珠好句一一搬演；既然许为知音，从人生到艺术、历史、戏文、凡人琐事，无不可谈，她也皆有可谈。胡兰成不再唱独角戏，张也不再专司听众之职。而一旦张爱玲打开腹笥张了口，胡兰成便顿觉自己言语乏味，毫无机趣，一次又一次领教张爱玲一开始就让他感到的惊奇。

最多的话题还是文学艺术。胡兰成说张爱玲"把现代西洋文学读的最多"，张也时常将萧伯纳、赫克斯莱、劳伦斯等人的作品讲给他听，胡没有喝过洋墨水，张的洋文又是极好，他自然惊服。张又与他一同看画册，谈音乐，她自己的画就别有意趣，音乐和钢琴她从九岁学到十五岁，不论喜与不喜，她皆能谈得头头是道，活色生香，而单是这份淑女式的教养，也就令胡兰成羡慕。

但是他没想到讲论他自以为可以自恃的中国古代文学，他竟也不是张爱玲的对手。张读小说心细如发，一些传神的字句，躲在套语滥调的旮旯里旁人万不会留意，她却是脱口便出，她知道《金瓶梅》中写孟玉楼是"行走时香风细细，坐下时淹然百媚"，就为"淹然"二字好；她又一口报出《水浒传》里描写九天玄女娘娘的句子是"天然妙目，正大仙容"，谁看《水浒》会注意到玄女的长相？胡兰成自愧不如。他古书读的不少，时而也作旧诗，两人一道读《诗经》，有一首才读了开头两句"倬彼云汉，昭回于天"，张爱玲惊道："啊！真真的是大旱年岁。"读古诗十九首，念到"燕赵有佳人，美者颜如玉，被服罗裳衣，当户理清曲"，张诧异道："真是贞洁，那是妓女呀！"又同读子夜歌，有两句是"欢从何处来，端然有忧色"，她叹息道："这端然二字真好，而她亦真是爱他！"胡不得不叹服，枉读诗书，竟是都未读懂。这也不干学识，尽有名家的考订解读，他是不知也还有这样不阻不滞、直见性命、与世人万物照胆照心的读法。

张爱玲读书又如游戏,《诗经》中这里也是"既见君子",那里也是"邂逅相见",她看了高兴,说:"怎么这样容易就见着了!"汉乐府诗中有一首写一男子身在异乡,店家主妇替他洗补衣裳,"夫婿从门来,斜倚西北眄",张念到这里就笑道:"是上海话眼睛描发描发。"下面是"语卿且忽眄,水落石自见,石见何磊磊,远行不如归",她又诧异感叹道:"啊!这样困苦还能滑稽,怎么能够!"她单是目接神遇,解来皆是无由而皆能得其神韵,胡兰成不禁要叹她"其人如天",两人同看一书,书上的字句竟是"像路上的行人只是和她不住点头打招呼"。

但是最令胡兰成吃惊的还是张爱玲不受名词术语禁治,不为定型情感态度拘囿的头脑,对于常人思想中的应该不应该,对于种种来头大的或是时髦的理论,她好像已是"跳出三界外,不在五行中"。胡兰成尝与炎樱谈话,炎樱也是思想没有多少束缚的,他听了也觉新鲜,但那似乎是真正的"童言无忌",他说事实是如此,她道:"真可怕!"他说社会本来如此,她道:"怎么可以这样愚蠢!"全是孩童式的责怪,与他的逻辑不接茬。张爱玲的种种"离经叛道"之论却不是出于无心,也不是年轻人盲目的反叛,它们有其内在的理路,有自身的完整,有她过人的理性为依凭。

张爱玲不喜理论,不喜体系的严密,但她要理性。胡兰成吃政论的饭,自称是"受过思想训练的人",凡事"皆要在理论上通过了才能承认",所仗恃的也是理性。但他发现,张爱玲的理性比他还更来得彻底。真正的理性面前没有偶像,没有至高无上的权威,没有"绝对"的存身之地。胡兰成面对她的这个没有高下森严秩序,没有只能如此、不可如彼种种规矩的自由世界,开始是惊异瞠目,不习惯,后来却是循循受教,觉得自己也得了解脱。

他在香港时买了贝多芬的唱片来听,听后不喜,但不敢说音乐不好,因为贝多芬被尊为乐圣,他只能怪自家水平低,把唱片拿来一遍遍硬着头皮下功夫听,必要听出道道,做文化人身份的证明。张爱玲坦言她不喜,不仅贝多芬,西洋隆重的东西如交响乐、壁画、悲剧她都不喜,举世公认的大作家莎士比亚、歌德、雨果,她都不好,而且是理直气壮的不喜不好。看西洋画册,达·芬奇、拉斐尔、米开朗基罗这些古典大家她一页一页不停地翻过,偏是看到塞尚画中那些小奸小坏的人物,她却要细加玩味,对着画家不同时期为妻子作的几幅肖像,她更要登堂入奥体贴入微猜度猜度二人的心理。文学革命以后中国文坛西风劲吹,托尔斯泰、歌德、莎士比亚等西方名家代替曹雪芹、吴承恩、施耐庵,成为作家心目中的偶像。胡兰成素不敢对权威质疑,此时大约受了张爱玲那种百无禁忌的态度的鼓舞,有一次竟大着胆子说出《红楼梦》、《西游记》胜过《战争与和平》或《浮士德》,自以为是冒了天下之大不韪,不想张却无需这种戏剧性的夸张姿态,只很平常地道:"当然是《红楼梦》、《西游记》好。"

胡兰成后来悟出张爱玲的大胆,她的理性原也简单,她的理性就是情感,情感就是理性,二者打成一片,底子就是"不自欺"——忠实于自己。她为人行事也是如此。历来读书人耻于言钱,孔方兄讥为阿堵物,正经说来便浑身不自在,张爱玲"一钱如命",声称只知钱的好处;文人雅士不愿与引车卖浆者流为伍,肯于抬举"第四阶级"的激进文学青年也还要对小市民表示鄙薄不屑,张爱玲则向小市民认同,对那些被视为垃圾的小报、章回小说读得津津有味,而且理直气壮。文人的另一标志是多愁善感,古人临风洒泪、对月长叹,"五四"以后则换了西式的浪漫感伤,又有一套规定情境。应该说张爱玲是敏感之人,甚或可说是病态地敏感,但她不要做作藻饰。胡兰成因与妻子离异,要做感伤状,那一天到她处面上有泪,似是对夫妻一场而至于分离,终觉可伤,张爱玲却不肯勉强自己,不陪他落泪,也不为言宽解,她不同情就是不同情。

胡兰成竟是对张爱玲入迷了,他简直看她是无所不晓,无般不能。而且他的向往之诚形之于外,一篇《论张爱玲》写得天花乱坠,把张爱玲描画得有如天仙,迥非政论家的手笔,实在令外人大感惊讶:"稳坐政论家第一把交椅",一向两眼向天的胡兰成何以如此神魂颠倒,如醉似狂?

胡兰成说"天下人要像我这样喜欢她,我亦没有见过",又言那些赞她,喜她文章的人如同逛灯市,她是她,我是我,终不能像他"喜欢她到了心里去"。这都是真话。他是才子,有那份聪明领略张爱玲其人其文的好处;他又是名士派的人物,他塌得下架子拜倒石榴裙下,而且要演为艳异的传奇佳话。他的周围官僚政客、儒雅君子、骚人墨客尽皆有之,又多是已届中年之人,官有官的威仪,雅士有雅士的清高,君子要摆君子的端方。他当然知道周围的议论窃笑,但他只有更得意,所谓是真名士自风流,他有文人的脱略,做过高官亦可以到小户人家吃青菜豆腐,亦可以随了苏青到街上吃一客蛋炒饭,至于他的这段"奇缘",旁人的私议笑谈好似只是给他提供风流自赏的机会。

胡兰成的喜欢也并非是浮面的,真有所知所识,他也就有真的拜服。他听张爱玲讲谈时如承大事,好似她句句皆是在泄露天机。与张同看画册,"听她说那一幅好,即使只是片言只语的指点,我才也能懂得它果然是非常好的"。听张说民间的戏文好,他本来不喜,也就觉得有意思。张文章里写民间小调里的鼓楼打更,有江山一统的安定,他对这些东西也就另眼相看。他将他写的论文给张爱玲看,张说这样体系严密,不如解散的好,他当真就不再去为体系操心。

《论张爱玲》一出,立时就有人发现胡兰成的文风有变,而他与张相识后放下专写政论的笔,勉力追随张爱玲的感悟方式,写下许多随笔。他有一篇《瓜子壳》,开头有一段"破题"文字写道:

> 我是喜欢说话,不喜欢写文章的。两个人或者几个人在一道,随意说话,题目自然会出来,也不必限定字数,面对面的人或是挚友,或是仇敌,亲密或是泛泛之交,彼此心中雪亮,而用语言来曲曲表达,也用语言来曲曲掩饰,有热情,有倦怠,有谦逊,有不屑,总之是有浓厚的空气。倘是两个十分要好的人在一道,于平静中有喜悦,于亲切中有一点生疏,说的话恰如一树繁花,从对方的眼睛里可以看出最深的理解和最高的和谐。又倘是夹在不相干的人群里,他知道自己是为谁而说话,知道有谁在替他辩护,也有一种高贵的感觉。
>
> 然而写文章,是把字写在白纸上,没有空气没有背景,所以往往变成自说自话。那么把谈过的记录下来怎样呢?记录下来也不过是瓜子壳,虽然撒得一地,可是瓜子仁已经给吃掉了。然而又非写不可,好吧,就拿瓜子壳出来待客。①

命意笔致都追摹张爱玲的路数,虽然没有张的神采亦且显得啰嗦。他在此时对文艺感兴趣,写过不少这方面的文章,而其中观点几乎是对张爱玲见解亦步亦趋的演绎。这当然还是细小之处,最重要的是,张爱玲的百无禁忌使他得了解脱,影响及于他的思维方式、人生信念,以至于他要说,"我在爱玲这里,是重新看见

---

① 见《天地》月刊八、九期合刊(1944年5月),署名"兰成"。

了我自己与天地万物。"自传开首的序中就要交待"《今生今世》是爱玲取的书名",书中又有对张的感激之言,说没有她,他亦写不出那部《山河岁月》。①

张爱玲年岁比胡兰成小了许多,经历的事情少,生活的天地狭窄,按照常理,在他们二人的关系中,她应该是受影响更多的一方。事实却恰好相反。胡兰成时常发一通议论过后想想不对,便告张爱玲:"照你的样子就好,请不要受我的影响。"张笑答:"你放心,我不依的还是不依,虽然不依,还是爱听。"他又能影响她什么呢?热恋或许多少改变了一点她的孤僻冷漠,但是至少从人生观到审美趣味,我们看不到胡兰成影响的一丝痕迹。

然而热恋中的张爱玲是欢悦的,她需要的不是一位导师——不管是人生导师还是文学导师,以才女的身份,她要的是一个能欣赏她、懂得她的知音,以女人的身份,她要的是一个疼惜、呵护她的男人。有研究者不无根据地指出,张爱玲一派内省内倾,恰似"水仙子"型人物,水仙子临水自照,顾影自怜,心理学范畴的这一概念除自恋之外又有自我膨胀、自我中心、利己、自私等意。②而前面对张的描述相信已能使人对她产生这样的印象。她不仅孤芳自赏,也希望别人欣赏她。就张爱玲对婚姻恋爱的态度而言,如果是一桩平实的婚姻,她也许不会过多地有这方面的要求,但恋爱与婚姻不同,恋爱是生命的"飞扬"与"放恣",能够让她"放恣"的人应该助她完成临水自照的心理环境,具体地说也就是应该接受一个出色的欣赏者的角色。欣赏她的什么?当然是她的全部:她的才、她的貌、她的喜好、她的趣味、她的一言一动、一颦一笑。

她最可以骄人的还是她的聪明,胡兰成恰是个聪明人,不仅懂得她,还能将她的意思引申发挥。他是一个悟性很高的听众,而且还不仅仅是听众,因为懂得,他的欣赏赞美之意就格外地令她感到熨帖。与他接谈,张爱玲喜之不胜,以至于有时忍不住要说:"你怎这样聪明,上海话是敲敲头顶,脚板底也会响。"他是她的崇拜者,又岂是寻常的崇拜者可比?历史上尽有男人仰慕才女的佳话,但有几人似他这般颠倒? 20年代有李惟建崇拜黄庐隐,终成佳偶,那人才情稍逊,年岁

---

① 《山河岁月》是胡的一部纵论中国历史文化与"天下大势"的书,他避居温州时曾以化名将其中某些部分寄给梁漱溟看,梁颇为赏识,亦以此有邀他北上之议。胡对此书的自矜自得、自不待言。而他自谓没有张爱玲他写不出这样一部看似与张风马牛不相及的书,亦可见张对他的影响之大。
② 李焯雄:《临水自照的水仙》,见郑树森(编):《张爱玲的世界》,台北,允晨文化实业股份有限公司,1989年,103页。

也比庐隐小,圈内人说笑要戏称"小男人",胡兰成不比毛头小伙子,纵不是伟丈夫,也是自有身价的人,何况他又是个两眼向天的才子。

张爱玲曾说女人在男人面前会有谦虚,"因为那是女性的本质,因为女人要崇拜才快乐,男人要被崇拜才快乐"。她大约没有把自己算入其内,但她毕竟也是女人,至少她不要在她面前唯唯诺诺、诚惶诚恐,只知做低伏小的男子,若是俯就,做女皇也还是委屈,哪来"飞扬"?这个人必得也有她可以欣赏可以仰慕之处——胡兰成见多识广,阅历丰富,倜傥不群,正是合适的人选。在他面前她可以有欢然的顺从,这样的顺从在她恰是女性需求的满足,于是顺从也成了"放恣",屈抑怨意中也有欢喜。所以她有时不无快意地将自己安排在爱慕谦卑的位置上,说自己"很低很低",要从房门外悄悄窥看里面的胡兰成,写出虔敬的喜意:"他一人坐在沙发上,房里有金粉金沙深埋的宁静,外面风雨淋漓,漫山遍野都是今天。"

唯其她对胡也有顺从,有爱慕,甚至有屈抑,接受他的香火供奉才更令她喜不自胜。她不是那种一味浪漫的女人,她也要一个平凡的女人要求于一个好男人的那些东西。胡兰成则是风流秉性,如果他愿意,他就可以是一个讨女人欢心的能手。他但凡有空就守候张爱玲身边,与她谈笑,陪她逛街散步,拿她喜看的书籍画册玩物来与她同看,张将她的小玩意搬出来看,他虽要表明自己是男人,不喜女孩的把戏,也还是陪侍在侧。他喜赞张爱玲的美,有次接了张的话说她就是"正大仙容",又称张的绣花鞋漂亮,偶然瞥见张接茶的动作,也惊叹她姿势的艳,他赞是赞得有来头,决不肯落俗套。他挡去许多无谓酬酢,将张什袭珍藏,不让俗人来扰;每肯介绍识面,他在一旁则又都是"如承大事"。张爱玲从小到大,何时得到过这样的宠爱?而这一切来得又是这样突然,令她由欢喜生出恍惚之感,有时禁不住只管问:"你的人是真的么?你和我这样在一起是真的么?"又要道:"你这个人嗄,我恨不得把你包包起,像个香袋儿,密密的针线缝缝好,放在衣箱里藏藏好。"欢喜疼惜,情见乎辞。

人逢喜事精神爽。在同胡兰成热恋的这段时间里,张爱玲逸兴遄飞,意气扬扬,她的写作维持着高产,而且可以说是高质。小说又有《红玫瑰与白玫瑰》、《桂花蒸 阿小悲秋》等上乘之作,而这些作品在《传奇》诸作中也最能体现她小说风格的独特完整(《沉香屑》、《金锁记》等借用旧小说的套路,尚食而未化,不能说完全是自出手眼);散文最见性情心境,更是手挥目送,议论风发,《流言》中除初以英文写成的几篇外，重议论而最洒脱自信，最见才气的几篇如《谈音乐》、《谈跳舞》、《谈画》等篇均作于此时。① 她本是有笔如椽却口齿艰涩，而今正当大欢喜中，她的不善言辞也不见了踪影。与胡兰成接谈，她感到轻松欢然，时有灵感忽至，好句如珠。胡兰成的惊羡也给她更多的自信，她在他面前相信任何物象意念她都能用词语形容尽致。

谁也不会荒唐到以为张爱玲的才情要依赖胡兰成的爱情和赞美才得以维持不坠，但这段热恋带来的欢悦使她更加才气焕发，却也是不争的事实。

如此男欢女爱，一个以为得了红颜知己，一个以为得了闺中良伴，其乐融融，不似人间。胡兰成似乎在一个绝妙好词中找到了对这惊喜、欢然之情的最佳表述——"欲仙欲死"。

但是他们毕竟是凡人凡胎，身在红尘。张爱玲与胡兰成的关系，以传奇的眼光去看，是天上人间，艳异佳话；以政治的立场去断，有人要觉得有玷清白；而从世俗的眼光看去，在冷眼旁观的世态剧里，它不过是一场婚外恋。以她对政治的态度，胡兰成的身份她可以不以为意，甚至对他日后的处境暂且也可以"不愿意看见什么，就有本事看不见"，但是作为一个女人，她不能不面对胡已有妻室这一事实。在胡兰成、他的妻子、张爱玲这个准三角中，胡以他一贯的名士派作风处之泰然，若无其事，其妻是不能忍受，张的处境却是最为尴尬。不管表面上如何，她不可能不想。胡曾问起她对婚姻的态度，她答不去多想，等到要结婚的时候就结婚，也不挑三拣四。但那是过去，现在她是在恋爱，当然有别样的期待。

有一次她不无幽怨地对胡兰成说："你说没有离愁，我想我也是的，可是上回你去南京，我竟要伤感了。"她也想到婚姻，在信中写道："我想过，你将来就只是在我这里来来去去亦可以。"胡又有许多女友，乃至于挟妓游玩，张也表示大度，不会吃醋，倒愿意世上的女子都喜欢他。愿天下女子都喜欢他是真，但爱情是排他的，过了界她岂能无动于衷？后来她与炎樱在《双声》中就说起过，在男女关系上，她免不了妒忌之心。

张爱玲的难堪之处在于她做不到胡兰成那种无可无不可，一场游戏一场梦的洒然，她还是企望世人幸福安稳的婚恋，但是以她高傲的心性，以她的矜持要强，

① 将这些文章与《今生今世》中胡记下的某些内容相对照，可知文章的议题也就是那时两人谈论的，这些谈话显然给张带来了灵感，激发了她的想象。胡兰成的许多随笔无疑也是源于这些谈话。

她再不会去勉强胡兰成，那样即使如了她的愿，她也会感到是委曲求全，如此又何谈"飞扬"，何谈"放恣"、生之浪漫？矛盾之中，她只能以对当下的忘情挡开种种不快的念头。胡兰成把张的态度全解作她的不同凡俗，大赞她的"慷慨"——他乐得接受这样的解释，这样他便无需负责，无需歉然，保持他脱略不羁的一贯作风。

准三角中的另一角却不堪忍受了，终而提出离婚。胡兰成在回忆录中对离婚的原委过程含糊其辞，只写他与张爱玲"都少曾想到结婚，但是英娣竟与我离异"，倒像是实际上已被他抛弃的妻子的态度不可思议。不管怎么说，胡兰成的离异使二人的关系不可能维持现状了——他们从恋爱走向婚姻。二人由"少曾想到婚姻"转为议婚嫁，当然是因为没有了那个障碍。但是如果他们都不以结婚为意，他们也可以维持现状。二人中显然张爱玲更希望结婚。胡兰成说："有志气的男人对于结婚不结婚都可以慷慨，而她是女子，却不能如此。"多少也透露出这一信息。结婚可以有种种不同的动机，为经济，为名分，为爱情，为安全感，第一条张爱玲无需考虑，第二条或者是一因素，但她也是可以我行我素的人，第三条则她当然知道爱情无需婚姻来证明，也不待婚姻做保证，所以最关键的是第四条——她素来缺少安全感，她需要一个家，不是要拴住男人，是一种家的感觉。胡兰成无疑是"有志气的男人"，是"都可以"的，而在离婚之后，按照常理，他若不主动提出此事倒是反常的了。总之，相恋大半年之后，他们结婚了。胡兰成担心日后时局变动张会因这桩婚姻受连累，没有举行仪式，只写婚书为定：

胡兰成、张爱玲签定终身，结为夫妇，愿使岁月静好，现世安稳。

前两句是张爱玲写的，后两句则是胡兰成所撰，旁边写炎樱为媒证。

这是1944年，再过一年日本人就要投降，在此情势下，他们结婚时会作如何感想？张爱玲真敢存有天长地久的心念？假如是这样，时间也很快就会告诉她，那是枉然。

一语成谶？

张爱玲更需要的是一个心理上的家，一种安稳的、有依靠的感觉。结婚后他们的生活并无多大改变，依然维持着原先的情形。胡兰成知道张爱玲喜欢上海，离不开上海，而且也习惯了与姑姑一起住公寓的生活方式，也就尊她之意（当然他也乐得有个自由身），他虽大部分时间在南京，后又去武汉，但从未想到过要搬动张爱玲随他一道。他还是每回上海就去她那里盘桓，她只到胡兰成在美丽园的家去过几次，只住得一个晚上。在张的房间里，二人一起读诗品画，谈笑风生，间或也一同逛街漫步，用胡兰成的话说，他们是"同住同修，同缘同相，同见同知"。银钱上他们也未合伙，张爱玲的书很是畅销，稿费比别人高，用不着胡来养她。所以二人婚后的生活竟像是仍在恋爱当中。

但是感觉上到底不同了。在张爱玲的字典里，"丈夫"与"知音"、"同志"不是可以画等号的，它须给她带来保护、宠爱。她因自己能自食其力而自豪，可她不拒绝丈夫的钱，她曾说过："用别人的钱，即使是父母的遗产，也不如用自己赚来的钱自由自在，良心上非常痛快。可是用丈夫的钱，如果爱她的话，那却是一种快乐，愿意想自己是吃他的饭，穿他的衣服。"胡兰成给过她一点钱，她自出心裁设计了样式，用来做了件宽宽大大的皮袄，穿在身上，心里欢喜，因为世上都是丈夫给妻子钱用，她也不放弃这"女人的传统权利"。她还要别的，她希望讨丈夫的欢心，扮演好妻子的角色。时局于她是耳旁风、身外事，但她也高高兴兴陪着胡兰成去出席时事座谈会，因为夫妻一同出入给她一种一家人、得了依靠的满足。

座谈会上她只顾孜孜地看着胡兰成，那些关于时局的议论仿佛是遥远的、不相干的声音，那天正开会时便有盟军的飞机来袭，警报响起，随即听见炸弹的爆炸声，但她没有日军轰炸香港时的惊恐，仿佛有一种新的安全感。胡曾对她忧念将临的大祸，说他虽逃得过此劫，头两年却要躲起来，改名更姓，张爱玲只说道："那时你变姓名，可叫张牵，又或叫张招，天涯地角有我在牵你招你。"仍是一味的儿女情长。身外事管不了，她也不管，她且仍然是自己的存在分外分明，这"存在"便是患难夫妻中妻子忠贞不贰的形象。

胡兰成却清楚地知道时局的变动意味着什么，日本人大势已去，等待着汪伪政权的也只有树倒猢狲散的命运。他很明白这一点，而且他自负尽知天下事，常持异端之论，好似张佩纶一类所谓"清流"的，又与日军中一些反对东条英机，主张对中国罢兵的官佐过从甚密，此时便发表了许多鼓吹日本撤兵的文章，当然，如果日本能体面地撤兵（而不是弄到无条件投降），他也较有出路。但是此论调在日本，在南京政府均不成气候。胡兰成更感大难将至，也曾同张爱玲说起。张爱玲想起汉乐府有"来日大难，口燥唇干，今日相乐，皆当欢喜"的诗句，说道："这口燥唇干好像是你对他们说了又说，他们总还不懂，叫我真是心疼你。"其实她哪里又真懂了，她对"大难"并无切身的感受，单知怜取眼前人，在她自造的封闭小世界里，她仍然有不尽的喜意。

也许是与张爱玲在一起引发了对文学的兴趣，加上此时已是在野之人，胡兰成办了一份偏重文艺性的杂志《苦竹》。张爱玲当然是要助他一臂之力的，《苦竹》上有她三篇作品，《自己的文章》已如前述，《桂花蒸　阿小悲秋》、《谈音乐》则在她的小说、散文中当数上乘之作——她是把用心之作留给了《苦竹》。相当长的时间里，张的小说似乎都是由《杂志》包办的，或者好稿先给它。眼下她却藏起《桂花蒸　阿小悲秋》，与登该小说的那期《苦竹》同时出版的《杂志》只得到一篇无甚精彩的《殷宝滟送花楼会》，也见得远近亲疏不同了。张又拉了炎樱来助阵（杂志的封面就出自她手），炎樱的文章都需她来翻译，所以她等于每期都要出两三份工。能够"帮夫"她当然是欢喜的，只是《苦竹》仅出了四期，而从第三期已经没有张爱玲的文章了。其中原委不得而知，但从所登文章的内容判断，很可能是刊物的性质由文艺转向了时政。①

　　胡兰成毕竟是"有志气的男人",最热衷的到底还是政治。事实上在办《苦竹》的同时他已经谋划准备着东山再起了：他的日本朋友池田笃纪想让他能有一块自己的地盘,为他活动,由他到湖北接受《大楚报》,并创办一个政治军事学校,实际上是去掌握湖北的实权,且幻想日后搞所谓大楚国。

　　11月,胡兰成到了武汉。他在报社上班,却是与同僚都住在汉阳医院。医院里有六七个女护士,胡这一干人家室不在身边,时生绮念,见了不免评头论足,都觉土里土气,不及北平、上海那种淑女或前进女性吸引人,其中唯有一位周小姐,众人觉得还过得去。这位周小姐名叫周训德,是位见习护士,年方十七岁。胡兰成每日下了班就到病房里在护士堆里说笑厮混,很快心猿意马,对周小姐做起桃色梦。他使周小姐陷入情网,最后委身于他的一番做作——从有意无意、似真似假的轻言撩拨到油滑无赖般的胡搅蛮缠——酷似张爱玲笔下乔其乔(《沉香屑：第一炉香》),尤其是范柳原(《倾城之恋》)追女人的伎俩。不同处是他是才子,少不了又有一番传奇佳话的自况与类比,用来形容张爱玲的一大堆礼赞之词,有一些如今献到了小周的头上。虽是时局就要大变,他也还有闲心沉醉温柔乡里。小周得空时来他房中,他便教她读唐诗,张爱玲在《银宫就学记》里讥刺中国读书人老来喜教姨太太读书的嗜好,胡兰成似乎是在提前享这"红袖添香"的艳福。他要小周送他照片,又让她题字,小周题的便是他教她的隋乐府："春江水沈沈,上有双竹林,竹叶坏水色,郎亦坏人心。"他对这似嗔似喜之语喜之不胜。他仰慕张爱玲的"横绝四海",又喜欢周小姐的本色天真,一树一菩提,一花一世界,各种美都能领略,他不无沾沾。

　　他自称曾经"憬然思省"：这么做对张爱玲是否不应该？"但是思省了一大通,仍是既不肯认错,又不能自圆其说",他有绝妙的解释：男女相悦婚配之事,"乃天意当然也",天命难违,他是身不由己,无可奈何。到了年底,他已经在要求周小姐嫁给他了——当初与张爱玲好,他也没有这般主动。他此时的情形与那时是一样的,不同处只是在周小姐面前他有更多的优越感,甚至可以以恩人自居(周小姐的母亲听她说起胡兰成,就嘱她要知报恩),因此他可以在小周已知他有妻室

---

① 全份的《苦竹》很难找到,不过唐文标《张爱玲研究》一书中列出了《苦竹》各期的目录,从中不难看出该杂志的方向转换。

的情况下仍然面不改色地大谈婚事,而一嫁一娶事实上是将她摆在了妾的位置上。在胡兰成,做恩人有时候还比找良伴来得更惬意,而周小姐后来果然竟也默然应了这桩婚事。

次年3月,胡兰成回到上海,与张爱玲相伴厮守了一个多月。一般人对婚外私情、第三者之类皆要隐瞒,胡兰成偏是喜欢表演他的堂皇正大,找得到好托词,且又沾沾自喜,把他同小周之间的事告诉了张爱玲。张爱玲听了耸然动容,面带幽怨惆怅之色,但也不说什么。她对胡说起有个外国人向她姑姑致意,希望同张爱玲发生关系,每月可贴一点小钱。她说此事没有一点反感之意,胡兰成听了就不快。假如这不快是冲着张的态度来,那也许正是她希望看到的——她受伤的情感多少可得到一点平衡。她说出此事当然是因为觉得不必避这个嫌,但也未尝不是摆出高姿态,表示自己对胡与周小姐的私情不往心里去。

胡兰成说张爱玲"糊涂得不知道妒忌",事实上她却不可能不介意。凑巧的是,这个月出版的那期《天地》上有她的一篇《双声》,记她和炎樱的对谈,其中正说到了妒忌:"随便什么女人,男人稍微提到,说声好,听着总有点难过,不能每一趟都发脾气。而且发惯了脾气,他什么都不对你说了,就说不相干的,也存着戒心,弄得没有可谈的了。我想还是忍着的好。脾气是越纵容脾气越大。忍忍就好了。"也就是这一回,她同炎樱以极理性、现实的态度谈到多妻主义:理论上她甚至可以赞成多妻主义,只是心理上她是无法接受的。她又说道:"如果另外的一个女人是你完全看不起的,那也是我们的自尊心所不能接受。结果也许你不得不努力地在她里面发现一些好处,使得你自己喜欢她。是有那样的心理的。当然,喜欢了之后,只有更敌视。"张爱玲是否也有"那样的心理"?她此时是不是也在忍?或者是要维护她的高傲自尊,或者是不愿毁了相聚的短暂时光,总之她没有追究,至少在表面上,两人还是一如既往。

5月,胡兰成又回到汉阳,下得飞机,他觉得"真是归来了",离开张爱玲他并无愁绪,显然他更是视这边为他的家了。自此后他便不再叫周小姐"小周",而唤她"训德",或是一处逗乐调笑,或是让她服侍,江边漫步,湖上荡桨,俨然已是夫主的派头,而且周围的人也已尽知二人的关系。他与周小姐谈婚事,却不行结婚仪式,理由极是冠冕堂皇:"我因为与爱玲亦且尚未举行仪式,与小周不可越先。"倒似他已将一妻一妾的格局安排定了。只是他偶尔也会感到"此事其实难安

排"（此事在他是一个技术的难题而不是伦理的难题），然而也还是他一贯的洒脱，听其"自然"。

他的大限到了。8月15日日本天皇颁布降诏书，胡兰成在街上听到广播，惊出了一身大汗。但他不甘束手待毙，积极活动策划，与二十九军军长邹平凡宣布武汉独立，拥兵数万，拒绝重庆方面的接收，还曾打算成立武汉军政府。此时国民党方面要他归顺，送来委任状，胡兰成是个狂妄自大的人，且亦担心投过去无出路。他自负料事必中，以为他还可以有所作为，但是大势已去，不几天他手下的人马便已分崩离析，大都归顺了重庆，武汉"独立"了十三天，直似一场闹剧，胡兰成见势不妙，扮成日本伤兵，乘一艘日本伤兵船逃离了武汉。

他由武汉到南京，由南京到上海，一直在日本人的安排下东躲西藏。此时全国都已开始搜捕汉奸，他在上海难以藏身，又潜逃至杭州、温州一带，化名张嘉仪，隐匿不出。逃离上海前，他曾到张爱玲处住了一宿。胡兰成与周小姐分手时千叮咛万嘱咐，依依不舍，自传中对此也是不惜笔墨，而此次与张爱玲分别的情形，自传中只字未提，只含混地写道："唯对爱玲我稍觉不安，几乎要惭愧，她是平时亦使我惊……我当然是个蛮横无理的人，愈是对爱玲如此。"是胡兰成逃亡途中，惊魂未定，一反常态，对张爱玲恶语相向，还是张爱玲觉察到他对自己的态度大不如前，因此不肯假以颜色？否则素来自以为是、大言不惭的胡兰成何以会有内疚愧悔之意？反正胡的话是不知所云，也无从索解。

张、胡二人匆匆一别，直到第二年（1946）2月才又聚首。这一次是张爱玲由上海千里迢迢来温州寻夫。胡兰成逃离上海时惶惶如丧家之犬，根本不知最终会逃到何地，也未留下地址。他换过好几个地方，终觉难以藏身，最后总算在温州落下脚来，但他还是未与张通消息。张爱玲是从他的一个密友处打听到他的下落，自己一路寻来的。过去二人也常是身处两地，胡在武汉时更是一别数月，但如今胡身在难中，生死难料，而且还有因小周出现二人感情上存下的芥蒂，因此张爱玲盼相见的心情格外的急切，一路上想着念着的，都是丈夫："我从诸暨丽水来，路上想着这是你走过的，及在船上望得见温州城了，想你就住在那里，这温州城就含有珠宝在放光。"她也许还想象过患难中相逢会是何种情形，只是任是怎样富于想象力她也不会想到，胡兰成身边已然又有了一个女人。

这女人名叫范秀美。胡兰成出亡，一开始是避在杭州乡下的斯家，斯家是大户人家，范秀美便是斯家的姨太太，十八岁即守寡，后读蚕桑学校，年纪比胡大一岁。胡在那一带藏身不住，即是由她不避嫌疑，自告奋勇送他到温州去隐匿。一路上胡问这问那，时相撩拨，而范守寡多年，也有意思，二人未及到温州就做了夫妻，张爱玲来到时，胡已在范的娘家安顿下一些时候，称其母为外婆了。

　　张的出现大出胡兰成的意料，他"一惊，心里即刻不喜，甚至没有感激"，几乎要粗声粗气地骂她回去。他的解释是，他是男人，"不欲拖累妻子"，但真正的原因却是他已将张爱玲视为多余。他与范秀美结合原就存着利用之意，为的是成了夫妻他的身份多一重掩护，而范又是出身卑微，很会理家过苦日子，自能把他服侍照顾得妥妥帖帖。反观张爱玲，当初她谈艺论文让他兴奋，一言一动不同凡俗，令他心醉神迷，她的家世、才华也令他可以向外人炫耀，而凭他眼下的处境，这一切不折不扣，皆成为奢侈。他过去爱她并不掺假，但至少是暂时，她于他是无"需"可取，他宁愿她不来搅他的局，安安生生待在上海，他这边则可以对了范秀美大谈她的才华盖世、小周的天真喜人，心里逸逸当当，仿佛身拥数美，艳福不浅。

　　张爱玲到温州后住在城中公园旁边的一家旅馆，胡兰成怕警察查夜，不敢留宿，只每天白天去陪她。胡未将他与范的事以实相告，二人表面上好像又回到了昔日在一起的那种生活，一同在城里走街串巷，逛道观，逛店铺，一路议论来去；又听张爱玲说旧约，品评西洋文学，有时也并枕躺在床上四目相对地说话。胡兰成听张的议论，复又感到她的灵机妙悟，自己终不可及，但又感与他落难的"此情此景"，终是不切题，有时不免心神不属。他来旅馆偶或又是同范秀美一道，留下他与张二人在房里时，常是各怀心事，生分到如同宾客相待。

　　胡兰成虽然不明说，张爱玲对范秀美的身份不可能没有猜疑，只是以她的矜持，以她的愿望，她都不肯问出口，猜疑愈是挥之不去，她反愈是勉强自己发现对方的好处，她就曾对胡兰成说范生得美，又替她画像。但她想不求甚解也办不到了。一日清晨她同胡兰成在旅馆里说话，胡觉腹痛，却未吭声，后范秀美来到，胡一见就向她诉说身上不舒服。张爱玲当下满心都是惆怅酸楚，因为胡显然把她当成了局外人。她为范秀美画像，画到一半，好好的忽然就停笔不画了。范走后她对胡兰成说道："我画着画着，只觉她的眉眼神情，她的嘴，越来越像你，心里好一阵惊动，一阵难受，就再也画不下去了，你还只管问我为何不画下去！"

　　但是张爱玲更大的心事还是胡兰成与周小姐的关系。以她的敏慧，她不难看

出他对范、周二人的态度还是有别，前者青春已过，胡只是借她聊避一时，对后者却有更多的喜爱，对她的体贴照顾还更在自己之上。胡从报上得到周小姐因与他的关系在武汉被捕，甚至声称要赶去出首，只求开脱她。当真如此，张爱玲将被置于何地？她也是忍了多时，最后还是忍无可忍，要向胡兰成讨一个完整的爱。她与胡兰成摊牌，要他在自己和周小姐之间做出选择，胡兰成搪塞道："我待你，天上地下，无有得比较，若选择，不但于你是委屈，亦对不起小周。人世迢迢如岁月，但是无嫌猜，按不上取舍的话。"但是张爱玲不接他这一套玄远之论，这一次她是万不得已，方才下了最后的决心，她只说道："你说最好的东西是不可选择的，我完全懂得。但这件事还是要请你选择，说我无理也罢。"她而且头一回作这样的责问："你与我结婚时，婚帖上写现世安稳，你不给我安稳？"虽是责问，却是情急之言，她已无心再按胡兰成的牌理出牌，细论曲直。不想占上风，也已顾不得素日的矜持，甚至强自镇静也做不到，直如溺水者在没顶前方寸全乱的强自挣扎，心里似乎也分明觉着事情已无可挽回，此语一出，只有更糟，但还是忍不住要说，如同骨鲠在喉。胡兰成果然不应，只含糊说世景荒荒，与小周未必有相见的一日，你不说也罢。

张爱玲对胡兰成的态度不可能全无所料，但即使有所料，她也不愿相信，而假如胡兰成终于应下，她对他必也还要作其他的想法，无论怎样，二人间的这条裂痕已是难以弥合。然而一旦成了今天这样的局面，她便觉眼下再没有什么是比这更难以接受的了。《沉香屑：第一炉香》中乔其乔对薇龙直言他不能答应同她结婚，也不能答应给她爱，只能答应给她快乐："这和薇龙原来的期望相差太远了，她仿佛一连向后猛跌了十来丈远，人有点眩晕。"张爱玲此时或者就有这种"向后猛跌"的眩晕恍惚。她心气高傲，虽然冷眼观世，将世间男女之情的华丽外衣尽皆剥去，还其本来的凄凉，但她决想不到，也不肯相信这种事会应在自己的身上。与胡兰成的热恋更垫高了她对婚姻的期望，谁料到她将从这期望一次又一次地"向后猛跌"。得知胡与小周有染她隐忍不言，已是退了一大步，觉察到他与小周的关系，在她又是一跌，如今她千里寻夫，总以为可以要回一份完整的感情，得到的却是这样的答复。每一次后退前她必以为那是不可想象的，更想不到还有更大的让步在等着她。她又何曾想到会落到这种地步，如同自己笔下的葛薇龙、白流苏一样，最终处在了"怨女"的地位。也许她此时会想到自己的句子："生命是残酷的。看到我们缩小又缩小的、怯怯的愿望,我总觉得有无限的惨伤。"当下她就怀了这样的惨伤对胡兰成说:"你到底是不肯。我想过,我倘使不得不离开你,亦不致寻短见,亦不能再爱别人,我将只是萎谢了。"

张爱玲在温州呆了二十天。临行的前一天,她去了胡兰成与范秀美的住处。胡兰成依了范秀美的意思,在人前只说张爱玲是他的妹妹。他并不觉得有负于她,还又有一番自欺欺人的解释:他待张爱玲,如同对待他自己,宁可克己,倒是要多顾顾小周和范秀美。张爱玲虽已心灰意懒,也还是情有不舍,与胡、范二人坐在房中说话,直到深夜。她知道与胡的情分是到头了。

第二天张爱玲在雨中登船,满怀酸楚、心事重重地离开了温州。几天后她从上海寄胡一信,信中道:"那天船将开时,你回岸上去了,我一人雨中撑伞在船舷边,对着滔滔黄浪,立涕泣久之。"她知道胡兰成逃亡中生活拮据,又寄了钱去,叫他不要忧念,她不论怎样也会节省,为他设法。

此后八九个月,二人偶或还通音信,胡兰成均是有人去上海时带个字条,张爱玲则信之外还不时捎些东西,有次信中还称胡如王宝钏,虽在寒窑,过的日子亦如宝石的川流,说明她还是意有恋恋,但昔日的"放恣"、"飞扬"已如隔日黄花,凋然萎谢。她与胡也就剩下一面之缘了。

胡兰成因躲避温州的户口检查,又到诸暨斯家,数月后风头过去,他取道上海乘船返回温州,因船是第二天开,他到张爱玲处过了一宿——倒又不怕拖累她了。此行是斯家的老四送行,待将他送走,胡兰成转过身来即摆出夫主派头,责备张不会招待亲友,连午饭也不知留人一留。张爱玲一直被他捧着供着,从未受过这样的气,而且因二人感情的纠葛心力交瘁,神经绷得紧紧,一听此话便立时激动起来,自卫道:"我是招待不来人的,你本来也原谅,但我亦不以为有哪桩事是错了。"

胡兰成的一通责备实际上是蓄之已久。张爱玲上次去温州看他时曾在斯家住过几日,她过惯公寓式的生活,且又不会与人应酬打交道,不知入乡问俗也不肯随俗,如把自己的面盆也用来洗脚之类,不免触犯乡下人的生活习惯。胡兰成听斯家人对他说起,就觉张扫了他的面子。二人的此次争执虽由细微之事而起,暴露出来的东西对于二人的婚姻危机却具有探本的意义,那就是:"欲仙欲死"的热恋迟早要降落在现实的婚床上,当天上人间的氤氲之气散去,生活回复到日常的平实琐碎时,胡兰成就发现他要的还是"宜于家室"的女人(他在广西时有一叫李文源的女人爱上他,他对她也颇喜爱,但同事说此女不宜于室,他想想便作罢,很快经人介绍与另一女人成婚)。他常说他看他与张的关系与世人之情无干,又称他视张为启他神智的"九天玄女",这都不是虚语,但是一旦景况不容许布置"仙境",他终而还是不能不以世俗的要求来要求她。以他的自我中心和大男子主义,最如意的算盘也不过是天下男人都有的隐秘愿望——也就是《红玫瑰与白玫瑰》中佟振保的理想,理想中的女人和世俗的女人他都拥有,桥归桥,路归路,各不相犯,秩序井然。如若这样,他自愿意在心里划一块地盘,把张爱玲当仙女供起。

所以,以他到处留情的名士作风,没有小周他也定会有其他女人;假如他只守着张爱玲一人,则他迟早会拆了他的香火,将她拉回到凡间。而这两种情形不论是哪一种,都是张爱玲不能接受的。她毕竟是现代女性,一双两好之类的佳话她不能接受,她也不会被哄着安心欢喜地坐在仙女的宝座上,她要"放恣"要"飞扬",要天上人间、欲仙欲死,但这与完整的、着着实实的人间爱是连在一起的,是人间爱的极致。另一方面,她虽然时常也想讨丈夫欢心,喜滋滋要扮演好妻子的角色,但那须出自她的欢喜,她不能允许所爱之人以世俗的标准来评判、要求她,一旦有评判,爱即不复是绝对,她的地位也便摇摇欲坠,因为以世俗的标准看,她显然不是一个好妻子。

那天晚上胡兰成还在大做他数美并陈的好梦,他将他与秀美的事据实说出,又拉张爱玲看他写的《武汉记》,这里面到处写着小周的事。他装痴卖傻,对张的气苦作不解状,说是觉得他们二人是不可能被世人妒忌或妒忌世人的,实则他的一番做作直似有虐待狂心理,无异于当面侮辱人。张爱玲当下怔得说不出话来,更不看那篇《武汉记》。胡兰成还不知趣,想以玩笑化解冲突,在张手背上打了一下,张爱玲惊骇震怒。当晚二人分房别寝,张细想从头,满腹怨愤,同时也在强自振作,要斩断情缘;胡则是"心里觉得,但仍不以为然"。

次日天尚未亮,胡兰成起身迳到张爱玲房里,在床前俯下身去亲她,张从被里伸手抱住他,忽然泪流满面,五内沸然只叫了一声"兰成",再说不出别的话。她虽然犹有不舍,满面愁怨之色,却是正因心里此时已有了决断。

胡回到温州后二人偶或仍有书信来往,张也还是照样寄钱接济他的生活。抓汉奸之风渐渐过去，胡又在做"再出中原"的美梦，写信与梁漱溟论学①，得了梁的赏识，又结识词学名家夏承焘，更经温州名耆刘景晨介绍到温州中学任教，处境转好，他给张的信又多起来，述他的心境，又还忘不了提到有时邻妇来灯下坐语之类。张爱玲渐已看透胡兰成其人，更多的已是反感，有次回信中道："我觉得要渐渐地不认识你了。"到了1947年6月，她知道胡已脱险境，终于给他写了一封信："我已经不喜欢你了，你是早已不喜欢我了的。这次的决心，我是经过一年半的长时间考虑的，彼时唯以小吉故，不欲增加你的困难。你不要来寻我，即或写信来，我亦是不看的了。"

信中的"小吉"是小劫的隐语。张爱玲等到胡已过难关之后再来同他摊牌，同她不管胡的身份与他热恋一样，皆因她有一套自己的价值标准和做人的道理。②这封信里还附了三十万元，那是她新近写电影剧本得的稿费，胡亡命两年，均是张寄钱去，分手在即，她也还是如此。这也是她处世的态度，必要求个恩怨分明，她在此时以这种方式与他决绝，可以无遗憾，无愧怍(这都是对她自己的原则而言)，爱既消失，则唯存义务，义务既尽，再无人欠我，她可以有彻底的解脱。

张爱玲毕竟是张爱玲。她曾描述高更画作《永远不再》中那个"想必曾经结结实实恋爱过"的女人，拿她与现世里的女人作比照："在我们的社会里，年纪大一点的女人，如果与情爱无缘了还要想到爱，一定要碰到无数小小的不如意，龌龊的刺恼，把自尊心弄得千疮百孔，她这里的却是没有一点渣滓的悲哀，因为是心平气和的，那木木的脸上还带着点不相干的微笑。"她未必已能做到"心平气和"，但她决意要挥去"龌龊的刺恼"；她可以妥协，可以委曲求全，但到最后关头决不肯孤注一掷，拿自己的自尊心去做抵押；她笔下尽是些不彻底的人物，"明知挣扎无益，便不挣扎了。执著也是徒然，便舍弃了"(傅雷语)，她自己甚至也落到了与薇龙、流苏相去无几的境地，但是她断不肯逆来顺受，与流苏、薇龙们为伍。她有她的尊严，不会允许自己看不起自己。

用胡兰成的话说，张爱玲是"亮烈难犯"的。去意徘徊之时哀怨满腹，真正下了决断之后则果决干脆，义无反顾。胡接到那封信后情知事情不妙，也知张说

---

① 胡兰成用的是化名，梁漱溟当然是不知道他的真实身份。
② 张爱玲对朋友说的一番看似不相干的话或可使我们对她在已经对胡失望之后仍在生活上尽妻子之责的举措有所帮助。"一个人在恋爱的时候最能表现出天性中崇高的品质。这就是爱情小说为什么永远受人欢迎——不论古今中外都一样。"(林以亮:《张爱玲语录》)

得出便做得到，去信必是不复，便影影绰绰、花花哨哨写了一封信给炎樱，托她代为陈辞。炎樱汉字识不了几个，他当然还是存了侥幸之心，指望张看到，张果然不回信。又过一年，祖国大陆已遍插五星红旗，梁漱溟在北京筹建文化比较研究所，邀胡去做副手（当然是还不知道胡的真实身份），胡即动身北上，启程到半途又觉苗头不对，遂改变主意经香港去了日本。此行经过上海，胡兰成对张爱玲还是不能忘怀，"几次三番思想，想去又不想去"，他自言"明知"张爱玲未必肯见他，也明白二人的一段姻缘已是覆水难收，只是"为了一种世俗的礼仪"，最后还是登上了那幢公寓的六楼。出来应门的是一陌生女人——张爱玲已搬走多时了。

张爱玲与胡兰成的一段姻缘是乱世之恋，二人的相逢、聚散也是偶然又偶然。对张爱玲之谜怀有浓厚兴趣的人有时不免要悬想，设若不是遇到胡兰成，她会同什么样的男人走到一起？她的矜持拒人千里，未必有多少男人敢去追求她，她也不见得会主动追求别人。她能倾心相许的人应该有成年男子的魅力，需得有学问（当不是清教徒式的知识），要聪明有才情能懂得她的好处，忠厚诚笃她从未要求——她要的是一个"解人"，不是一个"好人"，然则这岂不是又一个胡兰成？去掉那份才情，胡作为一个男人也不过是范柳原、乔其乔一流的角色。张在小说中将他们戳得分明，在现实生活中却为情所迷，难以自拔。唯其曾是心里雪亮，这才更令人生出宿命之感，也正因如此，其中包含的讽刺才更有一种苍凉的意味。如果说这是一段传奇，那也只能是张在《倾城之恋》中定义的那种反高潮的传奇，即使没有"倾国倾城"的大背景，即使是在承平之世，它也必以悲剧收场。说到底，传奇不奇，张爱玲的遭际不过是历代妇女面对婚姻爱情时都会陷入的窘境：男人中心、理想与现实的难以相合。张爱玲胜于白流苏们的地方是她可以自食其力，所以她可以"全身而退"，感情上的挫败感则并无二致。她与常人唯一不同的地方是，她是个风华绝代的才女，是个水仙子式自我封闭的人物，与现实更来得扞格不入。十七岁时她就曾写："最恨——一个有天才的女子忽然结了婚。"难道真是一语成谶？

但是还有后话。

50年代初，与胡交往最密的日本人池田笃纪去香港，胡知张爱玲已离开祖国大陆到了香港，即嘱池田去看她，池田赴港后往访未遇。半年后胡收到张爱玲的明信片，没有抬头，也不署名，只写："手边如有《战难和亦不易》、《文明与传统》

等书（《山河岁月》除外），能否暂借数月作参考？"后写她在美国的地址与姓名。胡兰成此时又已经同流氓、汉奸吴四宝的遗孀佘爱珍结了婚，见张来信索书，得意非凡，因为他一直以为自己及不得张爱玲，前时香港小报曾提到有人问张对《山河岁月》的评价，张不置一词，而今居然来信索书。胡回了信，信中还附了新近的照片。及胡的自传《今生今世》上卷出版，他当即寄去，后又写信，信中他又自作多情，竟有撩拨之语，张爱玲一概不回，最后才写一短笺断他的念：

兰成：
　　你的信和书都收到了，非常感谢。我不想写信，请你原谅。我因为实在无法找到你的旧著作参考，所以冒失地向你借，如果使你误会，我是真的觉得抱歉。《今生今世》下卷出版的时候，你若是不感到不快，请寄一本给我。我在这里预先道谢，不另写信了。

爱玲

她是不肯稍假辞色，连通信的可能也予杜绝，既无伤往之情，也无怨愤之意，恩怨已了，心胸湛然，借书也只是借书罢了。

但这真正是后话了。

下 编
(1945—1995)

張愛玲

结束铅华

抗战胜利以后，除了个人感情的波折之外，张爱玲在社会上的处境也忽然变得尴尬起来，日本人投降与她处境的微妙这二者之间无形中竟有一种因果的关系，自然是她始料不及的，她的政治上的洁癖一定使她生出一种挥之不去的雾数之感，同时她所承受的舆论压力也更让她领教了时代不由分说的性质。

国民政府回到南京后制定了"惩办汉奸条例"，其中也包括"文化汉奸"，张爱玲认识或打过交道的一些任过伪职的文人，有的像胡兰成一样逃跑了，有些被关进监狱，有些有背景的换了身份。张爱玲虽然凭哪一条都够不上上纲上线之列，可是社会上的舆论比当局的条例更来得态度激烈，报纸上几乎每天都在点一些可疑人物的名，斥为漏网汉奸，要求政府惩办，张爱玲的日子也不好过。柯灵早先替她担心是有理由的，她在《杂志》、《古今》等背景复杂的刊物上发表作品，参加其举办的活动，这时都成了她的污点，虽然有一些同样为这类刊物写过稿的人并没有遇到她的麻烦，但她毕竟是《杂志》捧红的，非寻常作者可比。当然，张爱玲所以引人注目，除了沦陷时期风头太健，易遭物议之外，最"有力"的指责还是冲着她与胡兰成的关系。中国人传统观念倾向于把政治立场与个人的私生活混为一谈，直到几十年以后，政治上思想上的"划清界限"也还必须要由斩断亲情、脱离夫妻关系、父子关系之类来提供保证，张爱玲当时因此受到口诛笔伐，实在不足为奇。往日小报上那些捕风捉影、似是而非的花边新闻一时间都成了她以身事敌的证据。多年以后张爱玲在台湾再度走红，有位作者翻出她"落水"的前科，仍然特别提到此事，其立论、逻辑以至文风与当时报章上的声讨多有相似：

> 关于她的散文和小说，可以说是文情并茂，毛病甚少。可悲的是她在抗战时期，没有到大后方，而留在沦陷后的上海，又偏偏没有和从事抗战工作的人员有联络，而终日和伪组织的高级人员混在一起，又和他们之中的一个同居，这是特别令人注意的。她虽然在文学没有替他们宣传，但从政治立场上来看，不能说没有问题。国家多难，是非要明，忠奸要分。①

当时报章上的文字处在一种感情作用的气氛中，除了所议与事实距离更大，言辞比这更为激烈之外，更时有不负责任的漫骂和人身攻击，她的处境也就可想而知了。

张爱玲一直很识时务地保持着沉默（事实上一开始她也只有保持沉默，因为在当时的情势下没有哪家报纸会徒惹是非地为她洗刷），直到1946年年底，她才借山河图书公司出版《传奇》增订本的机会写了一篇表白性的文字《有几句话同读者说》作为书的前言。文中只简单说了她辞去大东亚文学者大会代表的事实，并声明她没有向公众说明私生活的义务。她仍然努力保持一种超然、矜持的态度，不想让自己处在一种被动的、拼命自卫辩解的地位：她把指责她的人晾在一边，不瞅不睬，不与之论理，而将读者假设为中立的第三者，只对他们说话。

她的朋友苏青不像她这样能够沉得住气。苏青沦陷时期风头之健，不让张爱玲，而且喜欢抛头露面，自然更是舆论喊打的对象。她在《续结婚十年》卷首的《关于我——代序》里很激动地为自己辩护道：

> 是的，我在上海沦陷期间卖过文，但那是我"适逢其时"，盖亦"不是己"耳，不是故意选定这个黄道吉日才动笔的。我没有高喊什么打倒帝国主义，那是我怕进宪兵队受苦刑，而且即使无甚危险，我也向来不高兴喊口号的。我以

---

① 刘心皇的这篇文章转引自他本人所著《抗战时期沦陷区文学史》（台北成文出版社有限公司，1970年，130页）。在那本书中，凡在沦陷时期有文字发表者，均被刘列为"落水作家"，计有一百五十余人。文中惋惜张爱玲"偏偏没有和从事抗战的人员有联络"，其逻辑之荒唐可笑，无庸烦言，至于"终日和伪组织的高级人员混在一起"云云，更不知从何说起。

◇ 1946年张爱玲在上海

◇ 1952年离开祖国大陆前的张爱玲

为我的问题不在卖文不卖文，而在于所卖的文是否危害民国。否则正如米商也卖过米，黄包车夫也拉过任何客人一般。假使国家不否认我们在沦陷区的人民也尚有苟延残喘的权利的话，我就是如此苟延残喘下来了，心中并不觉得愧怍。

苏青并且反守为攻，痛诋那些骂她的人，声称虽有化名作掩护，她也知道那些人的真面目，或是比她更有"落水"嫌疑，借攻讦他人洗刷自己，或者干脆就是拖欠了她的书款想趁机捞点便宜。换言之，她以为她在有些人春秋大义的表面文章下面，窥到的是人情世态的内容。以张爱玲对世故人情的通达，她不必拿那些笔名去对号，也不会放过其中有多少卑怯，多少势利，多少随俗。而她口虽不言，苏青的辩护辞去掉几分剑拔弩张的火气，也就是她的态度。当然，即使在自己的文章里，她也把一些"不足为外人道"的东西收了起来，她的解释本身已经是对公众舆论的让步，因为按照她的纯粹个人主义立场，每个人的选择都是自由的，他只需对他自己负责。

因为有"文化汉奸"的嫌疑，张爱玲的卖文生涯也受了影响。办报纸杂志的人顾虑到社会的舆论，与可疑的人物保持距离也是自然的。苏青在文章中曾提起有家大报的主持人拟请她去编副刊，又吞吞吐吐让她改个名字，她觉得"换笔名是'心虚'的表现"，不允，事情于是告吹；又有一家报纸原想借她的名字招徕读者，谁知名字一出现，骂声四起，老板大为惶恐，重又请她更名，结果不欢而散。只有小报不要她改名，而且肯出高稿酬，那也是一种生意眼：利用读者的猎奇心理。从苏青的陈述中我们也可想象张爱玲的处境，她的名字是个不大不小的禁忌，而以她的名气、她的才华，搞出版的人不会不想到将她收入自己的夹袋中，所以她很可能也碰到过类似的不情之请。但是张爱玲搁笔了，因为与胡兰成之间的裂隙导致情绪的低落，也因为于她不利的情势。从1945年8月到1947年4月，正处于创作高峰的张爱玲突然从文坛上消失，在将近两年的时间里，她没有发表一行字。

抗战胜利后，《杂志》停刊。前面已有交待，《杂志》背景复杂，走的却是纯文艺的路线。此时代表严肃文学倾向的是《文艺复兴》以及左派的或是倾向左派的文学刊物，张爱玲素来对左翼文坛敬而远之，与其中任何一方都不沾边，因此《杂志》停刊意味着她与严肃的文学界的联系就此中断。当她在文坛上复出时，她的名字是出现在一家通俗文学刊物《大家》上，该杂志主持人龚之芳、唐云旌（大郎）都是鸳蝴派人物。唐云旌①是典型的江南才子，诗文都来得，而且是编杂志、小报的高手。张爱玲这是第二次与鸳蝴派携手合作。有意思的是，她每次"出道"似乎都倾向于加盟一些刚开张的杂志，卖洋文，首次发小说，加上这一次，都是如此。

张爱玲复出后的第一篇作品《华丽缘———一个行头考究的爱情故事》1947年4月发表在《大家》创刊号上。编者将其标为"小说"，它其实是一篇散文——文中的内容显然是纪实的。这一年的春节张爱玲也许曾到浙江的农村小住，此文记的便是正月里她同农人一道在露天里看戏时的所见、所闻、所感。乡间的生活头一次进入她的视野，虽然大量的笔墨被她用来细致独到地演绎、诠释着戏文，乡间生活的情调依然不绝如缕地传递出来，包括江南农村的一种地方色彩，熟读张爱玲的读者会隐约地感到，《秧歌》或许就是安放在这个文化和地域背景上的另一个时代的故事。

同《洋人看京戏及其它》以及《二十世纪》上的那组影评一样，《华丽缘》的着力之处仍然是对中国人的生活的"张看"。张爱玲细品台上的戏，也细察身边的看客，听着他们品头论足的议论，台上的戏文和台下的世界在她这里构成一种"互文"的关系，相互印证着中国人一日悠悠百年，百年又不过重复一日的生活。张爱玲素喜绍兴戏，这一回在绍兴戏的产地看绍兴戏，犹使她感到那就是中国的农村，甚至那平板的、千篇一律的唱腔也透出平静、狭小的社会特有的节奏和气息，"里面'人同此心，心同此理'，说起来莫不头头是道，可是永远是那一套"。戏剧性的一刻是她张见舞台上意外的一幕，这也是她"心酸眼亮"的刹那：

> 我注意到那绣着"怡和剧团"的横额的三幅大红幔子，正中的一幅不知什么时候已经撤掉了，露出祠堂里原有的陈设；里面黑洞洞的，却供着孙中山遗像，两边挂着"革命尚未成功，同志仍须努力"的对联。那两句话在这意想不到的地方看到，分外眼明。我从来没知道是这样伟大的话。隔着台前黄龙似的扭着的两个人，我望着那副对联，虽然我是连感慨的资格都没有的，

---

① 夏衍发表于《读书》杂志上的一篇文章里提到过此人。

还是一阵心酸，眼泪都要掉下来了。

张爱玲从"伟大的话"里悟出的是人生的苍凉，临终的孙中山正像"出师未捷身先死"的诸葛亮；民国伟人和他的"补钉的、云彩的人民"，不朽的遗言和绍兴戏平板漠然、头头是道的唱腔，此中的反讽到她这里都汇入微茫的"身世之感"。

虽然恋恋于剧情，"赖着不肯走"，虽然感到那四平八稳的唱腔对于心慌意乱的现代人是一粒定心丸，她还是感到这不是她的世界："周围的男男女女都好得非凡。每个人都是几何学上的一个'点'——只有地位，没有长度、宽度与厚度。整个的集会全是一点一点，虚线构成的图画；而我，虽然也和别人一样的在厚棉袍外面罩着蓝布长衫，却是没有地位，只有长度、阔度与厚度的一大块，所以我非常窘，一路跌跌冲冲，跟跟跄跄地走了出去。"这是她对中国人生活的又一种解释：只有背景，没有人，每个人都被吸收消化在背景里，而她在这个只有背景的世界里是个尴尬的存在。结尾的这段文字同时仿佛也是为《传奇》增订本的封面提供另一条注脚：她出现在观众里也正像画中栏杆外那个"很突兀"的"比例不对"的现代人。

然而这里已经少了几分好奇，《洋人看京戏及其它》等文中的超然姿态消失了，即使从上面两段引文中我们也可看出，张爱玲与她的背景之间较前有更多感情上的牵连。这是"近距离"观剧的结果，还是起于历经变故、忧患后的一种情绪状态？写作时间相去不远的《中国的日夜》那种"乱纷纷都是自己人"的亲近感变为疏离与隔膜，却指向同样的情绪状态，映现出她独有的中国情结。

与情感上更多的卷入相应的是，《华丽缘》没有了她早先散文的洒脱、灵动与飞扬，议论减了几分从容论道的自信，叙述也有更多的迟滞、黏着、"牵牵绊绊"，令人感到作者短暂的青春期已经过早地逝去，隐然已到了"结束铅华归少作，摒除丝竹入中年"的时候。

卸去炫人的奇装，她的衣饰不再有异于众；《童言无忌》中记她去菜场买菜，卖菜老头将菜装进她网兜时把网袋绊子在嘴里衔了一会，她拎着湿濡的绊子不生反感而对自己感到满意，因为克服了落难公子式的心态，但那是有几分刻意地培养对日常生活的一种亲切感，里面有更多的自赏自喜。现在她买回来的一日三餐有了平实的生活原本就有的"累赘沉重"（《中国的日夜》有"我非常高兴去买回来沉重累赘的一日三餐"的句子)。结束了前一度的"飞扬",没有了周围的喝彩,从众人瞩目的位置上走下来,她的处境倒是真的比较接近普通人的生活了。这使她有更好的机会去体味普通人生活的平淡、实在、安稳,而在"过日子"当中她似乎发现了更浓稠的人生味,一种更真实的人生。在《多少恨》和后来的《十八春》中,夏宗豫对虞家茵,沈世钧对顾曼桢人生态度的欣赏流露出作者本人对一种平实生活,对小民百姓拘拘束束的苦乐的认同。汽车阶级的夏宗豫对着家茵住处简陋朴素、零零碎碎、坛坛罐罐的陈设想道:"她这地方才像是有人在这里诚诚心心过日子的,不像他的家,等于小孩子玩的红绿积木搭成的房子,一点人气也没有。"

她在创作中向平实生活的认同当然不止这一端,这趋向在《留情》等小说中尚不易为人注意,这时候已见分明。代替《传奇》中那些没落之家的子民,中产阶级的男女占据了她的舞台,这个世界更具有日常生活的质地,更接近普通上海人面对的那个世界;同样是痴男怨女的悲喜剧,这里再不见《金锁记》中不寻常的情境,也免去了《倾城之恋》中高雅的调情、浮华的机智等"精致的淘气",更符合常理常情的世界。当然我们应该注意她这时期更带"世俗气"的故事后面是她已然稀释、淡化了的好奇心,年岁的增长、境遇的变化,加上通俗文学的要求,都使她的作品较前多了一份平常心。

不过就通俗文学的要求而言,平常心以及对平凡生活的认同并非必需,至少是不够的,所以《留情》一类的小说不是通俗文学,《华丽缘》也不合格,接下来在《大家》上发表的中篇《多少恨》才是自觉地随行就市的作品。[1]张爱玲很清楚自己在干什么,在故事前面简短的题记中她写道:"我对通俗小说一直有一种难言的爱好:那些不用多加解释的人物,他们的悲欢离合。如果说是太浅显,不够深入,那浮雕也是艺术呀。"不能说此话全非由衷之言,她对通俗文学的喜好是一贯的,可是她显然更看重自己的纯文学作品,而且在绝大多数情况下,只要不是迫不得已,她也不走这条路。特意加上那段题记则表明,她多少感到自己的转向需要某种交待和辩护。

《多少恨》的确是一个"浅显"的故事。一个有身份有地位而对人生已生倦意的中年男子钟情于一个卑微贫寒的女子,这是许多通俗文学作品中一再出现的情

---

[1] 张爱玲当初在《紫罗兰》发表小说时尚是无名小卒,选择该杂志只是急于成名,而又有熟人引荐的缘故,写作上并未顾及杂志的性质,《多少恨》才是真正的入乡随俗之作,与《大家》的路子很能合拍。

节，至少在张爱玲熟悉的英国文学、好莱坞影片中屡见不鲜。虞家茵处在一种准灰姑娘的情境中，她像《蝴蝶梦》中的女主人公，心地善良，富于同情心而境遇不佳，夏宗豫是可以助她跳出猥琐环境的白马王子，当然张爱玲提供的大众情人不可能是罗密欧式的纯情少年，也不会像《简·爱》中那位中产阶级的拜伦，他是比较符合张爱玲口味的"正面"男人形象，"（他）年轻的时候不知是不是有点横眉立目像舞台上的文天祥，经过社会的折磨，蒙上了一重风尘之色，反倒顺眼得多"，有几分像《蝴蝶梦》的男主人公。但是吸引宗豫的不光是家茵的温婉可人，还有她带来的人生味，她对平凡生活的一种执著，这也正是张爱玲在人物身上烙下的属于她自己的对于"好女人"的理解：家茵不像《蝴蝶梦》里的女主人公，纯然扮演一个小鸟依人的角色，也不像简·爱，倔强僵硬，有女权主义的味道。她是柔顺和刚强、自立兼而有之，而那刚强是女人的刚强。这些特点在《十八春》、《小艾》的女主人公身上愈见显豁。

家茵没有《蝴蝶梦》女主人公的好运气，她几乎一出场就注定了是要来扮出"苦戏"，她眼睛里有"一种执著的悲苦的神气"，作者犹嫌不足，加旁白道："为什么眼睛里有这样悲哀呢？她能经过多少事呢？可是悲哀会来的，会来的。"二人相恋后家茵有一次起课算命，任是诚心默祷，算出来的却是"上上　中下　下下　莫欢喜　总成空　喜乐喜乐　暗中摸索　水月镜花　空中楼阁"，仿佛预言她的悲剧命运不可更改，如同《红梦楼》中苦命女子的判词。

在现实中，二人结合的实际障碍是宗豫奉父母之命在乡下娶的妻子，更有夏家女佣姚妈和家茵的父亲充当拨弄是非的"小人"。家茵的父亲也是三四十年代影剧中常出现的人物（陈白尘同时期剧作《结婚进行曲》中就有一位活宝式的父亲）。他是一个老年的荡子兼无赖，游手好闲，丢人现眼，不仅厚颜榨取女儿可怜的辛苦钱，最荒唐的是他自作主张跑到夏太太面前要替家茵争个姨太太的位置，并且现身说法开导女儿，称当初皆因他另娶的女人不肯做小，这才弄到同家茵的母亲离异，害她母女受苦。那一番劝导中的逻辑与现代读者的常识简直隔着一个世纪，老太爷却是一副以通世故、知人心自诩的模样，其荒唐可笑自有喜剧讽刺的效果。

可是这个老无赖对于家茵绝非一个轻松的喜剧角色，正像她屡次打发他离去，以为已将他摆脱，而他又总是在她最不希望他出现的时候不期而至一样，在故事中父亲如同她的宿命，是她无法逃避的不愉快的现实，是投在她婚姻梦想之上的一道挥之不去的阴影。衬着这阴影，张爱玲借助精巧的意象来隐喻家茵心愿的虚幻、脆弱的性质：宗豫第一次来家茵住处可以视为二人的"暗中摸索"已有眉目，家茵这天洗了许多绢子，一条条贴在窗玻璃上去晾干，"窗格子上都贴满了，就等于放下了帘子，留住了她屋子的气氛"。宗豫走后，又有一个近乎点题的句子——"玻璃上的手帕贴在那里有许多天。"这当然是暗指家茵这段时间里安然地维持着她的幻想，窗上的手帕造成了一个与外界绝缘的幻想空间，挡开了现实的纷扰。宗豫第二次来这里，手帕已干，他离去时家茵揭下一块手帕露出窗玻璃，看着他上车，站了一会，呼吸的气喷在玻璃上，倒又成了"障眼的纱"，家茵似乎再度沉溺到幻想中去。待她用手抹去雾气，却分明看见她父亲正从弄堂里走进来，这才是她的真实处境，她的父亲要侵入她的幻想世界，她挡也挡不住，而父亲一出现，她的幻梦便如"水月镜花，空中楼阁"，立时粉碎。

所以虞老先生在故事的一大半时间里似乎比夏太太的存在更是家茵的难堪，他和姚妈一道，把事情整个搞得一团糟。张爱玲太熟悉这种人物，也太不愿放过在他身上出戏的机会，以至于直到故事的结尾，她才引领家茵去面对她的实质性的问题：宗豫是否能从他无爱的婚姻中解脱出来。因为家茵是中心人物，张爱玲把本应由宗豫解决的难题设计成一个简直无法挽回的局面推到她的面前——夏太太请求她不要让宗豫离婚。她的绝境不仅在于夏太太是个旧婚姻制度的牺牲品，是个没有见识，无法与之论理的乡下女人，而且更在于她面对的是一个晚期肺病患者的请求。接下来对家茵内心挣扎的描绘肯定是张爱玲所有小说中最生硬笨拙的段落之一：

……这一边的她是这样想："我希望她死！我希望她快点儿死！"那一边却黯然微笑着望着她，心里想："你怎么能够这样卑鄙！"那么，"我照她说的——等着。""等着她死？""可是，我也是为他想呀！""你为他着想，你就不能够让他的孩子恨他，像你恨你的爸爸一样。"

这番颇多新文艺腔色彩的"内心搏斗"继续下去，很有转向探索道德问题的危险，张爱玲收帆转舵，让家茵很快选择了一个"美丽苍凉的手势"，回过头来扮演通俗小说中最能引起同情的自我牺牲的哀怨佳人形象：家茵最后向宗豫谎称要

回乡下去和表哥结婚，形单影只到千里之外的厦门去教书了（这安排是哀情小说中最常见的招数），这一场恋爱于是也便应了作者在故事开始时的议论："一个心愿永远是年轻的，一个心愿也总有一点可怜。"

《多少恨》是根据张爱玲这一年早些时候的一个电影剧本《未了情》改写而成。我们在小说中仍可看出某些改作的痕迹，比如开场时对男女主人公的描绘，就很像电影脚本对剧中人性格的提示和交待，而上面提到的关于手帕的设计也显然以镜头的运用更有效果。不过迷恋"张爱玲传奇"的读者也许并不关心形式上的差别，不管是电影，是小说，由此去捕捉作者个人感情上的蛛丝马迹似乎更能激起他们的兴趣。因为看来很有几分"对景"的片名、小说名，因为男主人公恰好是个中年男子，因为她与胡兰成的婚恋正是在将了而"未了"之时，因为她将这故事写了一遍又一遍，而她又说过"我是这样恋恋于这故事"，人们不免要猜测故事后面藏着的故事：张爱玲是否别有寄托？即使不能对号入座，她是否也在这故事里以"变形"的方式植入了些许不可明言的个人情感？这当然是悬案，事实上也无关宏旨。我们应该关心的倒是另一点，张爱玲复出以后最初写的是电影，为什么她没有立时回到她特别钟情又是轻车熟路的小说？

张爱玲对电影的喜好是显而易见的，而且是始终如一的喜好。看电影似乎同浏览小报一样，是她最喜欢的日常消遣。遇到喜看的片子，她常是一看再看，为了不错过机会她可以刚到杭州游玩就马上返回上海将同一片子连看两场。也不仅仅是消遣，她一再"借银灯"，入银宫"就学"，对中外的影片了如指掌，写过不少漂亮的影评，而且后来还对人说过，电影是最有表达潜力的形式。① 有这样的喜好，她由影迷而评家而编剧，似乎是顺理成章的。但这仍不能解释她何以选择了这样的时机下海"触电"。撇开人事等其他可能的具体琐碎的原因不谈，比较合理的解释还是她当时微妙尴尬的处境，她之投到娱乐圈中去搞电影，与她再度同鸳蝴派的杂志合作，情形正相仿佛，她不想招惹是非，引起别人的注意。写电影似乎比写小说更有一种隐蔽性，当时的电影剧本是仅供拍摄之用，并不在出版物上发表，而电影又是一种集体创作，编剧通常被绑在导演的战车上，圈内人最注意的是导演，在演职员表上，最受观众瞩目的则是男女明星，编剧比导演更是易

---

① 《中国人的光辉及其它》。

被忽略的角色。

《不了情》由桑弧执导，饰宗豫的是当时最走红的男星刘琼，退隐多年东山再起的陈燕燕演家茵，扮演姚妈和虞父的也都是一时之选。这是张爱玲编电影剧本的首次尝试，影片上映后很能叫座，而她同桑弧合作得也相当愉快。于是再接再厉，她紧接着又写了《太太万岁》，仍由桑弧执导，扮演男女主人公以至配角的演员蒋天流、张伐、上官云珠、石挥、路珊、韩非都是名角。这又是一部叫座的片子，在外地放映的效果也不错，胡兰成曾提到他在温州看此片时，影院里观众的情绪相当活跃。

《太太万岁》是一出轻松的爱情喜剧，与《不了情》的悲情调子截然相反。张爱玲的小说原可大略分为偏于同情（如《沉香屑》、《金锁记》、《花凋》等）和注重讽刺（如《琉璃瓦》、《红鸾禧》等）两种类型，两部片子似乎是顺着两条路子分别以通俗化的面目出现。

与《不了情》相比，《太太万岁》中有更多的巧合、噱头、误会，情节上突兀的转折跳跃，总之或许是轻喜剧的模式使然，它看上去有更多编造的痕迹。① 然而以人物的情境而论，它实际上更是写实的，不像《不了情》大体上可视为罗曼司的空间，这里的爱情喜剧衬在一个满是烟火气、市井气的世态剧的底子上，里面吵吵嚷嚷出没着许多社会小说中常见的角色：没出息的丈夫、脾气疙瘩的婆婆、害人精的交际花（施咪咪）、坑蒙拐骗的无赖（施的姘头）、老于世故的势利鬼，等等，甚至女主角陈思珍也是中产之家里最常见的太太。喜剧性的快感来自剧中的小人——得到不大不小的报应，势利鬼（陈父）弄巧成拙，无赖诈人钱财者打算落空，迷惑人的交际花最后现了形。因此《太太万岁》也是一出风俗喜剧。

可是至少在故事的前半部，大部分的笑声倒是陈思珍引出来的。在张爱玲心目中，现实生活里的陈思珍，其处境原本就有几分喜剧性："家里上有老，下有小，然而她还得是一个安于寂寞的人。没有可交谈的人，而她也不见得有什么好朋友。她的顾忌太多了，对人难得有一句真心话。不大出去，可是出去的时候也很像样：

---

① 按照张爱玲的初衷，《太太万岁》似乎应该是《留情》以至后来的《相见欢》那样的近乎无事的"静的戏剧"，可是因为是电影，她不得不应付中国观众"太习惯于传奇"的胃口。《太太万岁》的题材不具备《不了情》那样的传奇性，只好用技巧，也就是剧中一连串的巧合、误会、噱头来做补偿，于是故事相当写实，背景反而更见热闹。不过张爱玲以为，有世俗气息的热闹戏总比观众酷嗜的白日梦式的传奇好得多。参见《〈太太万岁〉题记》。

穿上'雨衣肩胛'的春大衣，手挽玻璃皮包，粉红脂白地笑着，替丈夫吹嘘，替娘家撑场面，替不及格的孩子遮盖……"在剧中陈思珍团团转地忙着敷衍周围的每一个人，瞒哄婆婆，让她不为儿子操心；扯谎哄了父亲借钱助丈夫的事业；贴上私房钱安抚用人……简直长袖善舞，面面俱到，而又决无私心，处心积虑，费尽心机，不过是要扮好一个合格的好太太角色，博来家里家外、上上下下的夸奖。可笑的是，她好心的谎言全都弄巧成拙，无一不露破绽，无一不被误解，娘家人、婆家人，谁也不领她的情，道她的好，谁都埋怨她、数落她的不是，更可气的是那位不识好歹的丈夫居然移情别恋，迷上害人的交际花。对于陈太太，她苦心周旋于其中的世界似乎塌了天。可是在故事的结尾，她临危受命，力挽狂澜，胸有成竹、绵里藏针地吓退交际花的敲诈，使夫家转危为安，终于证明自己是货真价实的好太太。她得到的酬报是丈夫总算回心转意，她的世界柳暗花明，我们可以想象她将重新回到了故事开始时那种安然而忙碌的位置上。

我们还可以想象的是，片名"太太万岁"如果是对剧中某个人物的口吻的模拟，那这欢呼是出自她丈夫唐志远之口，里面自然有感激，却也不少轻视、嘲笑之意——"……倒还真亏了太太"，可是也照样不把她当回事，遇有合适的机会，他也还是照样要扮负心人的角色——正是张爱玲所谓"疲乏的放任"、"满脸油汗的微笑"、标准的中国式的幽默。唐志远可以代表社会上一般男人的态度，换个场景，我们可以想见思珍的父亲也会加入志远调侃的欢呼，这原本是个男人的社会，在这社会中太太似乎注定了就是这样一种有几分可笑的角色。

然而《太太万岁》中包含的"问题"并不像它的剧情那么轻松，它的问题实际上比《不了情》看似严重的问题更成其为问题，家茵面对的问题是外在的、戏剧化的，甚至是人为的，清楚明白，一目了然；陈思珍的问题是内在的，在她也在社会的意识之外，隐蔽而不易觉察，却更有普遍性。她的问题是她的那种活法，是她的自动放弃自我。张爱玲在《〈太太万岁〉题记》中写道："（陈思珍）处处委屈自己，顾全大局，虽然也煞费苦心，但和旧时代的贤妻良母那种惨酷的牺牲精神比较起来，就成了小巫见大巫了。陈思珍毕竟不是《列女传》上的人物。她比她们少一些圣贤气、英雄气，因此看上去要平易近人得多。然而实在是更不近人情的。没有环境的压力，凭什么她要这样克己呢？这种心理似乎很费解。如果她有任何伟大之点，我想这伟大倒在于她的行为都是自动的，我们不能把她算作一个制度下的牺牲者。"陈思珍无疑应该是张爱玲以《殷宝滟送花楼会》开了头的当代《列女传》中的一个人物,而且应该是比殷宝滟更有分量的人物。张爱玲关心的是一个礼崩乐坏的时代里女性的自处之道。她当然不会认为陈思珍身上有什么"伟大之点",她之心甘情愿、毫无痛苦地委屈自己正是她的可悲可叹之处,自我牺牲与这种牺牲实质上的毫无意义,这里面自有一种不经意的荒诞,我们只能说她是一个完全丧失了自我的人,除了与人周旋,她别无自己的世界。她最后得到的"胜利"不过是重新获得继续克己,让生命无声无息流逝的权利。在这里,张爱玲又回到了她一以贯之的对于女性自我意识及其处境的关怀。

但是这关怀更多地留在了她的《题记》中,影片本身并未刺激观众作类似的反省,甚至连"引而不发"也说不上。张爱玲不能不考虑影片的上座率,"文艺可以有少数人的文艺,电影这样东西可是不能给二三知己互相传观的",而她对观众的理解力实在不能乐观,甚而有几分沉痛地说,她对观众的心理即或偶然有些发现,"也是使人心情更为惨然的发现"。欣赏水平还在其次,最使她"惨然"的还是观众对人生问题的习焉不察,不欲深究:谁都像剧中的陈思珍,有许多许多的抱怨而对自己的处境没有真正的了解。

退而求其次,张爱玲让她的电影发生通俗文学的那种效用,虽然不是小市民的白日梦,《太太万岁》却能给观众另外一种心理上的平衡:剧中的人物也一样有着琐碎的烦恼苦乐,这会使人对平淡乏味的生活感到亲切,得到某种安慰吧?张爱玲于是让她的问题在轻松的笑声中悄然隐去了。尽管如此,陈思珍仍然是张爱玲前后近十个电影剧本中最值得玩味的人物。

《〈太太万岁〉题记》刊登在 1947 年 12 月 3 日的《大公报》上,此时距《多少恨》发表已有半年的时间,在这半年里张爱玲居然没有发表一行字,更可怪的是这篇小文发表之后她再度搁笔,直到 1950 年她才以梁京的笔名重新出现。[①]算起来这一次的搁笔有两年多的时间,比前一次留下更大的空白,而她的下一部小说《十八春》乃是边写边登,因此她并不是在酝酿那部小说。也许她的搁笔与《大家》停刊不无关系。其时国共两党的内战愈演愈烈,烽火弥漫,国统区物价飞涨,人心浮动,在一片惶惶然的气氛中,出版业大受打击,文学更成为地道的奢侈,许多

[①] 《张爱玲文集》(安徽文艺出版社,1992 年)附录于青《张爱玲传略》中称张在此期间还作有电影剧本《南北和》,但书末作品系年中未见该作。

杂志都难以为继，纷纷关门大吉，《大家》也在其列，出了三期便停刊。张爱玲一向喜欢比较固定的合作关系，而且她此时已然名声赫赫，早已过了急于发表作品的时候。

再不然，是否动荡变幻的时局也影响到了这位一向站在一切潮流之外的作家的心境？眼见就要到来的新时代使她感到"惘惘的威胁"？

乍暖还寒《十八春》

1949年，国民党被赶出祖国大陆，中华人民共和国宣告成立。到处是欢庆的锣鼓，到处是扭秧歌的人群，到处在唱"解放区的天是晴朗的天"，"乱世"似乎正在成为过去，一种新的，令许多人感到陌生的秩序正在祖国大陆迅速地建立起来。

对于张爱玲，"全国解放"却无疑是一场灾难，或者说是又一个"乱世"的开始。她虽不谙政治，几年前却凭了一种直觉预言道："时代是仓促的，已经在破坏中，还有更大的破坏要来。"那时她未必料得到中国共产党在祖国大陆的胜利，"更大的破坏"也只是泛指，可是她的不安中包含了对左派力量感到的恐怖却是无疑的，多年后《忆胡适之》中的一段话可以用来做注脚："自从一九三几年起看书，就感到左派的压力，虽然本能地起反感，而且像一切潮流一样，我永远是在外面的，但是我知道它的影响不止于像西方的左派只限于一九三〇年代。"不管过去的预感如何模糊，她在50年代初一定有"心酸眼亮的一刹那"："更大的破坏"果然来了。

神州大地变化之巨大、震荡之强烈，可以用得上后来用滥了的然而是非常贴切的一个词——"天翻地覆"。中国共产党人在信心百倍地发起一场旨在建立"新社会"的运动，那是一阕"气吞山河"的宏大交响乐。然而张爱玲早在几年前就戏谑地表明过她对交响乐的反感："大规模的交响乐……是浩浩荡荡'五四'运动一般地冲了来，把每一个人的声音都变了它的声音，前后左右呼啸喊嚓的都是自己的声音，人一开口就震惊于自己的声音的深宏远大；又像在初睡醒的时候听见

人向你说话，不大知道是自己说的还是人家说的，感到模糊的恐怖。""……交响乐的攻势是慢慢来的，需要不少的时间把大喇叭、小喇叭、钢琴、凡亚林一一安排布置，四下里埋伏起来，此起彼应，这样有计划的阴谋我害怕。"把"五四运动"换了恰当的字眼，去掉轻松的语调，我们不难从中揣测张爱玲那时的感受。

中国共产党人空前的自信和气魄表现在它不仅要改变既往的社会结构，而且要把旧社会过来的人变成新人。改造人的思想，建立新的意识形态，使之成为新社会的一部分。社会各个阶层都发动起来了，工厂、学校、机关、团体，直到街道，到处都在开会、学习，"批评与自我批评"，知识分子在"洗澡"。素来闭门不出的张爱玲也从公寓里出来开会了。1950年夏天，上海召开"第一次文学艺术界代表大会"，她应邀出席，这也许是她平生唯一一次去开"大会"。张爱玲理当有受宠若惊的感觉，她无党无派无背景，与文坛上哪一方都无联络，而且又有沦陷时期的"污点"，几乎戴上"文化汉奸"的帽子，现在居然受到官方如此的礼遇，不能不说是幸事。不过这番礼遇并非进步文艺界有共识，而是出于个别领导人物的爱才惜才。

抗战胜利后，左联元老级人物夏衍由重庆回到上海，听说沦陷时期出了个张爱玲（柯灵肯定也是向他推荐最力的一人），便将其作品找来读了，对她的才华留下深刻印象。此时他已成为上海文艺界第一号的领导人物，身兼中共上海市委常委、宣传部部长、市政府文化局局长数职，正是他给了张爱玲"代表"的入场券。柯灵在会场见到了张爱玲，大约也没有交谈，只是看到她坐在后排，旗袍外面罩了件网眼的白绒线衫，虽与沦陷时期的奇异装束相比已是"绚烂归于平淡"，但在会场上几乎清一色的灰色蓝色的列宁装、中山装（当时最时髦的装束）中，仍然很是抢眼，令柯灵想起她在《公寓生活记趣》中引过的苏东坡的句子"高处不胜寒"。她在《十八春》里让笔下的人物换了装：少奶奶型的人物石翠芝投身新生活，在衣饰上似乎也告别了过去，"穿上了列宁服，头发也剪短了"。张爱玲极能理解此举在她的人物是多么大的牺牲，忖度道："其实同是剪发，电烫的头发不过稍微长些，但是对于一个时髦人，剪掉这么两三寸长的发梢简直就跟带发修行一样，是心理上的严重的关口，很难度过的。"翠芝"毅然"下这决心，当然是因为她"现在的眼光有点改变了"。然而张爱玲却不是那么容易就"觉悟"的，她也不肯做那样的牺牲，不肯在她自己的"更衣记"上加上这样的一笔。若不是她没有料到会场上七百多号人居然一片灰蓝,那她的旗袍白衫就是下意识的一种姿态——表明她要在强调集体观念的年头保持个人意识的小天地。反正衣服是同她的人打成一片的,甚至柯灵也觉得,"不敢想张爱玲会穿中山装,穿上了又是什么样子"。

祖国大陆进入崭新时代之后生活空气的变化张爱玲早就领略到了。既然这是一场惊天动地的大变革,触及到社会生活的一切方面,甚至侵入到个人私生活的每一个角落,她无需出门也能捕捉到许多重要的信息,不过参加文代会于她还是一种难得的经验。她在会场上看到过中共高级领导人的形象,后来她在《赤地之恋》中提到过陈毅,当时身为上海市市长的陈毅到会上做过关于国内外形势的报告,只是她在小说里写的恐怕是她道听途说来的另外的事了,而且陈毅在小说中也没有直接登场。给她印象深刻的当然不是某个大人物,而是会议的内容和气氛。此次大会的主旨是要"在广泛团结的基础上,总结过去,制订任务,建立统一的领导和组织,更好地贯彻毛泽东的文艺思想"。除了报告之外,大部分的时间是讨论。代表中有相当一部分人来自国统区,或是对新的气氛不能适应,对新的文艺政策心存疑惧,或有怀才不遇的感慨,或在解放区的作家面前自惭形秽,不过据有关的报道称,很多人都"做了坦诚的检讨",表示洗心革面投入新生活的决心。

与会的代表有七百多人,代表上海的一万余名文艺工作者。张爱玲对自己代表什么人一定感到茫然。她的反应也是可以想见的。作为一个个人主义者,她与"统一领导"、"组织"之类自然格格不入,对笼罩于社会生活之上,甚至弥漫到日常生活中的浓厚的政治气氛更有本能的反感。不过她一向站在潮流之外,从来也没有想要扮演反潮流的英雄角色,这个时代在她眼中是"乱世"的延续,或许还是更大的乱世,她亦保持她在"乱世"中一贯的处世哲学:在大时代里找到一个她可以容身的小小缝隙,需要妥协、让步来换取安稳时便妥协、让步。很难想象文代会这种形式的"洗澡"会对她能有什么真正的触动,只是她从这里可能比较明确地获取了这个时代欢迎什么样的作品的信息,不管怎么说,开会时正连载到一半的《十八春》写到后面时,她已经很识得"眉眼高低"地为那个苍凉的故事加进了一点保护色。

《十八春》是张爱玲的第一部长篇,也是她最长的一部小说。它自1950年3月起在《亦报》上开始连载,到次年2月载毕,登了将近一年的时间,其后她对小说做了大量的增删改写,又由《亦报》社出了单行本。《亦报》1947年7月创刊,

是一张八开的小报，走的是娱乐消遣的路线，以市民为主要对象。张爱玲与该报可以算是老交情了，因为该报班底就是《大家》杂志的原班人马，《大家》停刊，龚之方和唐大郎又办起了这份小报。该报办得有声有色，周作人是其固定的撰稿人，化名在上面发表了上百篇短文，又有丰子恺的画，加上张爱玲的小说，机缘凑合倒使这份小报具有了小报通常不可能具有的品位。张爱玲素来反对用笔名，也从未用过化名，这一次或许是不想引人注目，她给自己起了个名字叫"梁京"①。《亦报》主持人无疑将张爱玲的小说视做重头戏，而且唐大郎亦深谙办报的技巧，造出千呼万唤的气氛，在《十八春》登出前三天即作预告，并特别提示读者，《十八春》系"名家之作"，隔一天，报上又有署名"叔红"（即桑弧）的文章《推荐〈十八春〉》。小说载到一半，唐大郎故布疑阵，登出一篇署名"传奇"的猜谜文章，根据小说名和行文断言"梁京"不是徐訏，便是张爱玲。其实张爱玲的风格与徐訏大异其趣，而作者署名正道着张的小说集名，亦是有意要点醒读者。不过谜底始终不肯道破，尽管后来又有叔红的访谈，"梁京"其人始终是神龙见首不见尾。

　　张爱玲意意思思地在《十八春》里加进了一点"政治"佐料：书中的一位人物许叔惠屡屡表示对旧社会、国民党政府的不满，后来去了延安，回来时人"更精神了"，而且原来顾影自怜的毛病也没有了，过着旧生活的男主人公在他面前很有几分自惭形秽。这情节安排似乎是要说明，年轻人只有过一种新生活才可以有出息、有作为。在故事的结尾，几个主要人物果然也都告别了过去，来到东北参加建设，个人感情上的纠葛、恩怨也在新生活里消解了——张爱玲的作品还从来没有过这样给人希望的结局。书中另有一处交待张慕瑾被国民党冤枉是汉奸，无辜遭逮捕，他的太太则受酷刑致死，这也是她过去决不会涉及（即使是一笔带过）的内容，因此可能多少也是某种政治上的表态。

　　如何让小说具有进步的色彩只是她的一个难题。《十八春》毕竟是一部言情小说，所重全在爱情纠葛和人物悲欢离合的命运，读者的兴奋点也在这里，几个带些政治意味的亮点可以轻而易举地从故事主干上剥离出去，而她的所为只限于消极地做些点缀。相比较而言，她花了更大精力去应付的难题，是如何写一本受大

---

① 关于梁京这个笔名，海外曾有种种牵强的猜测，如谓"梁京"实为"凉、惊"二字谐音，暗寓作者对中共政权既"凉"且"惊"之心境，等等。实则她是借用"玲"的子音，"张"的母音，切为"梁"；复借"张"的子音，"玲"的母音，切为"京"，别无深意。见《张爱玲全集》之十四《余韵》的代序。

众欢迎的通俗小说：作为一个严肃的艺术家，她如何协调自己的创作冲动与读者大众的胃口这二者之间的矛盾。当她有意识地向通俗文学靠拢时，她多多少少是落在了两难的境地，就《十八春》而言，这一点显然比附加的政治色彩更值得注意。

如果通俗小说确有自己的原则，那么它首先意味着必须向读者提供曲折复杂的情节。"曲折复杂"有其特定的含意，具体到言情小说，则是情节应尽可能地感伤和悲切，感伤到足以刺激读者的泪腺。张爱玲深知最具流行性的小说乃是"温婉、感伤、小市民道德的爱情故事"，既然男女之情是她的一贯题材，在《十八春》中她需要额外付出努力的，便是为故事涂染上小市民意味的感伤色彩。

《十八春》叙述男女主人公沈世钧、顾曼桢十八个年头悲欢离合的爱情经历。小说第一部分写二人相识、相爱，直至定情的过程；第二部分则建筑在一个精心设计的误会之上——世钧误以为顾家远亲张慕瑾是自己的情敌——交待二人误会的由来及消除。张爱玲素长于男女之间感应、摩擦等种种心理的准确把握的精细刻画，这两部分（尤其是第一部分）写来舒卷自如、浑然天成。但是她显然感到它们对小市民的胃口也许寡味有如清汤，于是她很快掀起了第一个波澜：曼桢的姐姐曼璐（她过去是个舞女）为笼住丈夫祝鸿才，居然设圈套让他占有了他久已垂涎的曼桢，并将她禁闭起来。这个事件成为小说中一个突兀的转折，糟糕的是，它的发生不仅对沈、顾这对恋人有如飞来横祸，而且对张的艺术天性也是一个意外。张爱玲肯定知道这一安排注定要破坏小说的和谐，但为要使故事尽可能感伤的意图所限，曼桢的命运似乎早已无可挽回：其一，曼璐的阴谋一定会得逞；其二，曼桢在逃出姐姐、姐夫的控制之后还得继续受苦受难。假如张爱玲是个一味讨好读者的老手，她满可以在曼璐设计到计谋得逞之间制造紧张的悬念，从中发掘各种噱头，但是她的本能大约阻止了她使用这一类招数。不过读者仍可以在她的第二个选择中得到补偿：还有一系列磨难等待着曼桢，她将为了孩子的幸福嫁给仇人，这以后她将发现他另有情人，决意离婚，她将领着儿子孤苦无告地过活，等等。

上面的两个重大安排既然是外在于故事逻辑的强行规定，张爱玲只好仰仗一连串的巧合来完成二者之间的过渡，这使《十八春》差不多进入了标准的情节剧模式。做出第一个安排之后，她的全部想象力似乎都在用于阻止男女主人公的会面。很显然，只要二人很快相逢，曼桢颇能赚取读者眼泪的受难史便难以为继。要剥夺二人相逢的机缘，最好的办法莫过于让他们自己绝了相互寻觅的念头。这里的关键是如何促使世钧在误以为曼桢已嫁给慕瑾的情况下灰心丧气，与石翠芝结婚，从而留给曼桢一个无可挽回的局面。于是有无数的巧合事件跑来助世钧完成他的误会。这些误会包括：曼桢受辱后不久世钧陪父亲看病，医院中一个饶舌的护士恰好是慕瑾同乡，世钧从她口中得知慕瑾刚刚结婚，新娘子恰好是上海人；曼桢在禁闭中想买通曼璐的丫鬟通消息，用的恰好是世钧赠予的信物红宝石戒指，这戒指落入曼璐手中，当曼璐欺骗世钧时，它被举为曼桢已背盟约的证据；曼桢获自由后立即给世钧写信，这封信恰好落到世钧母亲手中，为使儿子同翠芝的婚事免生枝节，她将此信瞒过不提。如果没有这一连串的巧合，世钧不会放弃寻找，而只要他不停地找，看来没有什么东西能够阻止他达到目的。

自亚里士多德开始，巧合、误会一直被当做一种有效的戏剧手法，泛而论之，它也是一切叙述作品的构成因素。严肃作品和通俗作品一样，需要巧合帮忙凑趣，问题是它在故事中扮演怎样的角色。一个多少具有可比性的例子是《围城》——方鸿渐与唐晓芙的分手正是一连串巧合的结果。但是这些巧合只被用来促成主人公遭受的心理挫折，对小说的主旨并无决定性影响，按照杨绛的阐释，方、唐二人纵使结为夫妇，最终也还要陷入"无立足境"的困窘之中。巧合在《十八春》里却成为故事的结构基础。就外在方面而言，它们决定着情节的发展，抽取这些部分，小说立时散架；就内在方面而论，则直接影响到作者对人生悲剧的解释。形式从来不是可以随意剥离的外壳，情节剧模式的一个重要特点是，它只对导致悲剧的外在、偶然的因素做出反应。《十八春》只能让我们得出这样的结论：沈、顾二人的悲剧是恶人陷害加巧合事件捉弄的结果。这与张在《传奇》中表露的悲剧意识正好相反，她的一贯信念是，人性的偏执、情欲的盲目注定了悲剧是不可避免的。毫无疑问，放弃这一立场是张爱玲为迎合大众胃口付出的最惨重的代价。

张爱玲在《十八春》的整体设计中捐弃了自我，这局面已无可挽回，只有从她对人物举棋不定的处理以及故事结尾的矛盾的意向中，我们才得以比较清楚地看到通俗的要求与她的艺术本能之间的对峙——尽管让步依然是前提，而自我只是在自我保护的消极意义上畏畏缩缩地呈现自身。

读者大众的胃口天生具有道德化的倾向，简言之，他们希望作者提供一个善恶分明的二元世界：好人和坏人。张爱玲早先的小说世界有两类人居住，喜剧人物和悲剧人物。前一类是调侃嘲讽的对象，要憎恨尚不够格，所以算不上"坏人"；

后一类是悲悯的对象,但其不幸常与自身弱点有关,所以不是严格意义上的"好人"。在《十八春》里,张爱玲一反常态,把人物朝着正反两极推送。顾曼桢富于同情心,充满仁爱精神,是个近于完美的人物。张爱玲深知以《传奇》式对人性弱点不留情面的剖析以及对悲剧人物同样出之以同情与讽刺兼重的态度,势必触犯读者大众忸怩斯文的道德趣味,所以她不引导读者去发现曼桢的弱点,这个人物于是比葛薇龙、郑川嫦更能激起读者全心全意的同情。

与曼桢相对照,她的姐姐姐夫扮演了恶人的角色。祝鸿才无疑是个都市流氓,但由于过于猥琐卑劣,他只是个不能认真对待的小人。曼璐反而更吃重地以邪恶面目出现,设圈套赚取曼桢已是罪不可恕,此后她在哄骗世钧时的不动声色,在安排母亲避开世钧时的冷静周密,更使她显得狰狞可怖。这一类情节令人联想到《金锁记》中曹七巧对女儿婚事的疯狂破坏,假如七巧所为表现了张爱玲在受阻情欲盲目破坏力量面前感到的惊恐,那她同样可以通过曼璐所为来探测人性丧失的另一种情形:扭曲性格为了保住虚幻可怜的既得之物会怎样不顾一切地铤而走险。《十八春》显然没有达到这样的高度,张爱玲只是用疯狂把曼璐填进了恶人的模子,因为没有像七巧那样得到一个自省的机会,当曼璐最后一次哭哭啼啼地出现时,她仍然难以得到读者的同情。

但是,张爱玲不甘远离悲悯众生的一贯立场,曼璐去禁闭室探视的一幕暗示她不想让读者充分发展憎恨的情绪。这是曼璐吃了曼桢一掌,怔了半天之后:

> ……她冷笑一声道:"哼,倒想不到,我们家里出了这么个烈女,啊?我那时候要是个烈女,我们一家子全饿死了!我做舞女做妓女,不也受人家欺侮,我上哪儿撒娇去?我也是跟你一样的人,一样姊妹两个,凭什么我这样贱,你就尊贵到这样地步?"她越说声越高,说到这里,不知不觉的,竟是眼泪流了一脸。

曼桢根本没有用"舞女"等字眼表示她的愤恨与轻蔑,曼璐看似文不对题的发泄正好暴露出她难以明言的自卑以及为这自卑加重了的屈辱感。正因为曼璐当舞女确实是为家庭作出的牺牲,而她今日的处境与此直接相关,我们不得不部分地采取她的立场,同情她的自怜和自伤。可惜,这个片段已无法挽救曼璐的形象。

《十八春》的结尾实际上有两个，一个是情节上的结尾，即简短的尾巴；一个是情绪上的结束，即男女主人公重逢后在小吃店备述前因的一幕。尾声是个一望而知的光明尾巴：曼桢和世钧一家都来到东北支援建设，曼桢和世钧妻子翠芝关系融洽，更重要的是，有情人终成眷属虽已毫无指望，张慕瑾的出现以及作者对他与曼桢二人幸福未来的隐约许诺却使结局至少在表面接近大团圆，这对大众读者期待故事惩恶扬善的心理肯定是一种安慰。

情绪性的结束值得引录于下。这是世钧、曼桢各自叙述了离别后的经历之后：

> ……他们很久很久没有说话。这许多年来使他们觉得困惑与痛苦的那些事情，现在终于知道了内中的真相，但是到了现在这时候，知道与不知道也没有多大分别了。不过……对于他们，还是有很大的分别，至少她现在知道，他那时候是一心一意爱着她的，他也知道她对他是一心一意的，就也感到一种凄凉的满足。

语句的婉曲周折包容了肯定与否定两种不同的意向。两人在离别十几年后终于完成他们的"心证意证"，这是肯定；此时的心心相印改变不了"落花流水春去也"的现实，这是否定。这段文字制造出不胜低徊的哀婉气氛，说明张爱玲还是把重音标向了否定的一面——满足而不能不是"凄凉的满足"，小小的圆满之中显示的反而是人生更大的缺憾，这使我们得以重温张氏小说中特有的苍凉意味。

两种结束，前者是奉送给读书者的甜点心，后者是留给自己细细品味的一盏苦茶。假如因为都可以在自我中找到情绪基础，张爱玲不难协调第二种结束中两种意向而加以辩证把握的话，那么因为第一种结束与她的自我相去太远的缘故，她根本无力把它同前者调和起来，让它们奏出悦耳动听的和声。

但是《十八春》也有个别的片段是地道的张爱玲式的。或许正因无关大局，张爱玲暂时可以彻底地放纵一下自己。对于我们，这样的片段提供了一个机会：看看在不受读者胃口影响的情况下，张爱玲的理解力和感受力能达到什么样的高度。兹举两例。

一日曼桢在医院撞见祝鸿才和他的姘妇，数日后她得知那天坐在鸿才身旁的小女孩并非鸿才所出，而是那女人的拖油瓶女儿。曼桢大感意外，陷入沉思，回想起当时的情景：

> 那小女孩抱着鸿才的帽子盘弄着，那个姿态不知道为什么，倒给她很深的印象。那孩子对鸿才显得那样亲切，那好像是一种父爱的反映。想必鸿才平日对她总是很疼爱的了。他在自己家里也是很痛苦的吧？倒还是和别人的孩子在一起，也许能尝到一点家庭之乐。曼桢这样想着的时候，唇边浮上一个淡淡的苦笑。她觉得这是命运对她的一个讽刺。

这个片段引导我们窥视了祝鸿才生活的另一面。任何时代父爱都是一种价值，对于祝鸿才，父爱的存在是他人性尚存的证据。父爱不能施之于自己的孩子而需另找对象，反映了他在家庭生活中的落寞与孤寂。他是活该，但这痛苦本身却自有其真实性。曼桢并不因此改变离婚的决心，那样的牺牲未免奢侈，但是能够觉察出祝鸿才的痛苦，她对人生的悲剧性就有了进一步的认识。祝鸿才生活中的这一面全从曼桢的视角侧面写出，不加一点铺陈和渲染，作者显然无意于展示"人物性格的两极对立"，她用曼桢"淡淡的苦笑"来确立自己的宽广的道德视景：即使在最不堪的人物身上，她也能体味到尘世生活的非个人的大悲。就在这里，张爱玲上升到她在《传奇》中常可企及的境界——"了解的同情"。

上面的片段使我们达到悲悯，下面这个片段则令读者于一个看似寻常的情境中领略到某种荒诞感。这是曼桢在禁闭中，一个木匠在外面敲敲打打，他受曼璐之命把这间屋子改造得更像禁闭室，曼桢感到自己已经处在疯狂的边缘：

> ……木匠又工作起来了。阿宝守在旁边和他攀谈着。那木匠依旧很平和，他说他们今天来叫他，要是来迟了一步，他就已经下乡去了，回家过年去了。阿宝问他家里有几个儿女。听他们说话，曼桢仿佛在大风雪的夜里远远看见人家窗里的灯光红红的，更觉得一阵凄惶……

门外的对话象征着日常生活的正常秩序。一门之隔，咫尺天涯，曼桢在事实上走不进那个世界，在心理上则不能接受这样的正常。荒诞感恰好来源于此：外面的音响真实得可怕，正常到反常。钉锤敲打声与对话声经了曼桢意识的放大，更显得出格、矛盾、不调和。"那钉锤一声一声敲上来，听得简直锥心，就像是钉棺材板似的。"木匠和阿宝的拉家常又是如此漠然和平静。一边是绷紧的神经，一边是施于刺激者的浑然不觉，于是最平淡无味的家常话对于曼桢成了"静静的杀机"——充分戏剧化了的情境与充分戏剧化了的心理，这是道地的张爱玲式的紧张。与此相比，她为给故事增加廉价戏剧效果而杜撰的另一幕——世钧到曼璐家打听曼桢下落，曼桢在禁闭室听见脚步声，高喊救命，因大病之后嗓子喑哑发不出声，只听见自己喉管里沙沙地响——实在有些流俗。很遗憾，我们经常领教的是后者而不是前者，这里称道的两个片段在《十八春》里遂成为作者才华的孤立无援的证据。

　　如果可以对"雅"、"俗"二字的弹性加以利用，我们不妨把《十八春》中的两种意向看做雅俗之间的冲突。在自觉地转向大众读者之前，张爱玲对这矛盾不以为意，她的建设性方案颇具乐观色彩："将自己归入读者群中去，自然知道他们所要的是什么。要什么就给他们什么，此外多给他们一点别的——作者有什么可给的，就拿出来……作者可以尽量给他所能给的，读者尽量拿他所能拿的。"（《论写作》）可是真正"把自己归入读者群"之后，她发现自己的那"一点别的"还是不拿出来为妙，"尽量地给"则简直近乎奇想。抛弃自我对严肃的艺术家不能不是一种痛苦，还在写《十八春》之前，她已经在《多少恨》短小的前记以及关于电影《太太万岁》的题解性的文章中公开抱怨大众读者酷嗜传奇情节的胃口难于应付，简直不给她的自我留余地。要想在迁就读者的同时不完全放弃自我，作家必须在一定程度上使自己具有双重身份，张爱玲在《十八春》中因此徘徊于雅俗之间，她在实践"要什么就给他们什么"的许诺，同时，至少是下意识地，她也在寻找一点补偿。

悄然出走

《十八春》发表后并未引起批评界的注意,尽管有个光明的尾巴,按照当时流行的批评标准,它还是一部不够格的落伍陈旧的作品,而且也没有哪一位批评家会关心小报上的感伤故事。《亦报》上有关的文章不少,大都带有广告的性质,唯有叔红(桑弧在《亦报》上用的笔名)的《推荐〈十八春〉》有批评的味道,因为桑弧其时与张爱玲交情非同一般,了解她的态度和甘苦,其议论大体上也是她可以接受的,所以值得特别注意:

> 他即使写人生最黯淡的场面,也仍使读者感觉他所用的是明艳的油彩。因此也有他的缺点,就是有时觉得他的文采过于浓丽了,虽然这和堆砌不同,但笔端太绚烂了,容易使读者沉溺于他所创造的光与色之中,而滋生疲倦的感觉。梁京自己也明白这一点,并且为这苦恼着。
>
> 就一个文学工作者说,某一时期的停顿写作是有益的,这会影响其作风的转变,我读《十八春》,仿佛觉得他是在变了。文章比从前来得疏朗,也来得醇厚,但在基本上仍保持原有的色调。同时,在思想上,他显出比从前沉着安稳,这是他的可喜进步。①

---

① 该文从头至尾均以"他"而不是"她"指称"梁京",应该不是笔误,其用意自然是不欲暴露张的身份而故意施放烟幕。

如前所述，抗战胜利以后，张爱玲的创作随着她人生态度由飞扬转求平实的转变而发生变化，只是由于到写作《十八春》以前，她基本上是在编电影脚本，而那时的电影剧本只是拍摄时的脚本，并不供发表的，又因人们对电影的关注更在演员，所以除了从题材上略窥她的兴趣转移之外，很难看出她在文风上的转变。这一点我们在《十八春》里明显地看到了：她放弃了对意象的惨淡经营，也松懈了她有几分迫人的机智，尽量以一种相对平实的文体来叙述一个故事。除了艺术上的追求之外，也有一些客观的因素可能影响到她的叙述方式。其一，她现在面对的是读者大众，要走通俗的路线，繁复的技巧只能造成与读者之间的阻隔；其二，长篇不同于中短篇，局部可以稍稍放松，对于一部数十万言的长篇来说，有张无弛，处处力求精致，写来太觉吃力，读来也较中短篇更易产生"浓得化不开"之感。

但是《十八春》只是一部高级言情小说，为尽可能通俗的意图所限，张爱玲虽然放弃了华丽的文体却并没有做到朴素，即使她文风较从前来得"疏朗"、"醇厚"，其效果也在很大程度上被贫薄的内容，被曲折离奇伤感的故事情节抵消了。她本来是在渐渐离开"奇"的路线的，而从故事的角度看，《十八春》反而越发奇了。撇开政治的因素不论，我们应该说，只是到了《秧歌》，张爱玲才真正达到了"平淡自然"的境界。

如同一切优秀通俗小说的命运一样，《十八春》虽不获批评家的青睐，却拥有众多的读者，连载不多久，已经有了一大群"梁迷"。当年张爱玲红遍上海滩，知道她名字的人要比读过《传奇》的人多得多，那时她的小说只是在布尔乔亚的圈子里打转，《十八春》则进入社会中下层，文化层次较低的人也读得如醉如痴，单就读者的数量而言，她的其他任何小说都不能与之相比。《十八春》也比《传奇》更允许，甚至于无形中鼓励读者采取"投入"式的读法。从《亦报》上的反应就可看出，有多少人天天找来报纸，迫不及待地要知道后事如何，并且与人物同哭同笑，同喜同悲。有个女人与曼桢有相似的经历，读《十八春》大受触动，从报社得了张爱玲的地址，找上门来哭诉，张爱玲吓得躲在楼上不敢出来，最后还是央她姑姑出面应付，将那人劝走。《亦报》的编辑则不断接到读者来信，要求作者让曼桢"坚强地活下去"，害得叔红代表作者表示"作者也没有权利使一个纯良的女性在十八年后的今天的新社会里继续受难"，并且提前抖"包袱"，透露故事的结局"不是很悲惨的"。

　　当然也有别样的读者。周作人便称自己"对曼桢并不怎么关情,因为我知道那是假的",这固然因他读小说从来都是理性的"知"的态度,不过恐怕也是对曼桢遭暗算那一段奇突的安排不以为然。周作人是《十八春》的一位特殊读者,因他几乎逐日有文章在《亦报》上发表,这份小报他是天天看的,《十八春》他读得很细,而且颇为欣赏,曾有两篇文章都提到这小说。不过他不是以批评家的立场说话,他是借了书里的内容引出话题,大约也是因为知道读者的反应热烈,从众人熟知的内容便于为他的随笔找个由头的缘故。偶或也有只言片语含蓄中透出些批评的意思,那是把《十八春》当做文章来鉴赏,而非从小说的角度着眼,这一点我们可以放到评述张爱玲后期的散文时再来谈。

　　张爱玲本人未就《十八春》向读者作任何解释。这以前和这以后,她对自己的小说都有所交待,或是序言、题记,或是说明性的文章。事实上,她在1949年以后到离开祖国大陆的这段时间里只写过一篇应景的短文[①],此外没有写过一篇散文,虽然她一向是小说、散文并举的。这也不难理解,小说可以将自我隐蔽起来,散文则易现出"真身",也更容易对号入座,她现在寸步留心,噤若寒蝉,自然感到难以下笔。但是《十八春》在社会上引起的反响太强烈,而且读者又那样投入,终于还是迫得她不得不以间接的方式表明自己的态度,担当一点"正确引导"的责任。

　　关键是曼璐这个人物以及她不惜牺牲妹妹的动机。叔红《与梁京谈〈十八春〉》一文中引张爱玲的话道:"当然,曼璐为了慕瑾,对曼桢也有一些误会和负气的成分,但最主要的理由还是应该从社会的或经济的根源去探索的。但旧社会既然害了无数的人,最应该诅咒的还是那个不合理的制度。"张爱玲惯于从人性、心理的角度张看人的行为动机,这一番解释殊与她的立场不合,与报章上的口径倒是保持了一致。不过我们不应排除另外一种可能性,即张爱玲真的觉得另一种角度的考察也有某种合理性,虽说小说本身并不能给读者这样的印象。

　　《十八春》的成功使得读者和报纸主持人都热切地期待着作者的下一部小说。小说即将刊毕时唐大郎已经在向张催索新稿。张爱玲没有立时应命,一则她要花

[①] 此文即《〈亦报〉的好文章》(刊于1950年7月25日的《亦报》,内容是读"十山"(即周作人)文章的随感),系为《亦报》创刊一周年而作的应景文字。

时间修改《十八春》出单行本，二则她对《十八春》那种随写随登的方式不能满意，《十八春》写到后来，明明发现有漏洞而无从修补，她一直不能释然，所以再写她就要一气呵成地写完了再连载。不过她答应一俟《十八春》修改完毕，她就着手为《亦报》新写一部小说。唐大郎随即在报上安抚"梁迷"，说待眼下正在连载的张恨水的小说《人迹板桥霜》登完，读者即可看到梁京的新作。1951年11月初，张的新作果然在报上出现，而且果然是构思了很长时间，全部完毕后才拿出来的，这小说名字叫《小艾》①。

《小艾》篇幅比《十八春》短得多，只有五万多字，写的是女主人公小艾几十年的生活经历，她因家里贫穷被卖到席家当丫头时还不到九岁，在席家挨打受骂，十几岁时被老爷席景藩奸污怀孕，后又遭席的姨太太毒打流产，"冤仇有海样深"。与一排字工人冯金槐相爱结婚使她终于能够脱离席家，其后许多年一直在极艰难的环境中顽强支撑着。故事的结尾已在解放以后，小艾感到世道真的变了，想着等待她的孩子的"不知道是怎样一个幸福的世界"，"要是听见他母亲从前悲惨的遭遇，简直不大能想象了吧"。

多年以前有朋友问过张爱玲会不会写"无产阶级的故事"，她回答不会，"要末只有阿妈她们的事情，我稍微知道一点"。此前张爱玲小说中出现的社会底层的人物都是仆佣一类，小艾大体上也还属于这一类。不同处在于张爱玲现在完全采取了同情的立场，同时又把小艾写成有几分叛逆性的人物。我们可以说《沉香屑：第一炉香》中梁太太的丫鬟睇睇和睨儿身上也都隐含着与小艾类似的身世和遭际，可是睇睇已失了淳朴的本色，沾上了不好的习气（比如势利），睨儿则是逆来顺受，已经认命了，所以都不具有小艾故事的"悲惨"意味，而且她们都是故事边缘的人物。《桂花蒸　阿小悲秋》中的老妈子阿小跃居主人公的位置，可是张对她就像对那些社会中上层的人物一样，采取的是心理的角度、人性的立场。在《小艾》中，小艾遭奸污一事被当做重要的情节正面地叙述，同时小艾对席家的仇恨态度一直为作者强调，小艾的故事于是具有了反映阶级对立和控诉社会黑暗的意味。这显然是张爱玲对"时代要求"的某种回应，而小艾离开席家以前的经历很容易使人

---

① 海外有人在"小艾"这名字上寻绎微言大义，称小艾之"艾"实为哎声叹气之"哎"，隐曲流露出作者对彼时祖国大陆之"乱世"的哀叹。这当然是过求深解。作者对此名由来有清楚的交待：只因小丫头来时要过端午，随口叫了个名。旧俗端午节以艾草做虎，称做艾虎，戴在身上辟邪，五太太因取此名讨吉利。

想起解放初期家喻户晓的故事《白毛女》——在相当长的时间里,这个故事几乎具有"原型"的意义。

张爱玲对"时代要求"的回应还包括她用了一些从报章上趸来的带有时代色彩的字句,比如"她的冤仇有海样深",又小艾听人说起席家从前有个丫头逃了出去却又被骗做了妓女的事,心里非常难受,"对于这吃人的社会却是多了一层认识"。此外张爱玲也在小说里加入了新旧社会对比的内容:小艾在席家遭毒打落下一身病,可以说是旧社会害的,因为穷,没法根治,她甚至不可能做母亲了,解放后她却得到很好的治疗,她的康复是新社会优越性的极好证明,故事的结尾充满希望——她就要有自己的孩子了。张爱玲毕竟与这个时代相去太远,同样的字句,同样的内容,出现在其他作家笔下也许是自然的,在她这里就来得分外的生硬、触目。①

当然,张爱玲从来没有准备把自己完全捐献出去,也根本做不到这一点。她应付读者大众的胃口,"要什么就给他们什么,此外多给他们一点别的——作者有什么可给的,就拿出来",她也这样敷衍权威意识形态的命令。不同处仅在于,对她来说,后者也许更难应付。从她创作发展的自身脉络看,从她"拿出来"的东西去考察,《小艾》是她过去处理过的两种题材的组合:旧式大家庭的生活,旧式的婚姻关系,以及乱世中平凡男女的平凡的婚恋和悲欢。前者是《传奇》中屡见不鲜的内容,后者则是她在抗战胜利以后的作品(比如《多少恨》、《十八春》)中一再处理的题材,只不过《小艾》将焦距对准地道的"劳动人民",而且因为男主人公也是卑微的人物,小艾便不再像虞家茵和顾曼桢一样,有一种准灰姑娘式的情境。

出于讨论的方便,像前面那样概述故事情节时,我们有意识地忽略了小说的另一重要内容,即席家五太太的婚姻。与小艾相比,五太太更是张爱玲萦绕于怀的人物,事实上,有三分之一以上的内容都是围绕着五太太展开的。张爱玲原本的计划也许不过是把席家的生活做个引子,然后很快转入小艾的故事,但是一旦进入她熟悉的那个世界,她即左右逢源,下笔不能自休。五太太这个人物形象在

---

① 收入《余韵》的《小艾》中作者已对原作做了少许删改。张虽表示"尽量保持原来的形式和节数,以呈现当时连载的原貌",带有时代印记的"违心"字句和内容还是被拿去了。故事在"解放前"即告结束,是结在小艾病重,金槐痛惜地想一定要治好她的病的一个心愿上。

她的记忆中"呼之欲出",生动鲜活,更能激发她的想象,因此将此人物"和盘托出"比写小艾于她更是难以抗拒的诱惑(她肯定也觉得放过她的素材太可惜),以致她顾不得如此一来是否有喧宾夺主的嫌疑。如果不是克制约束着,这部小说几乎有可能发展成一个关于五太太的故事。①关键是这个人物随着她的落笔在她想象中很快就获得的完整性使得她不能不进入其内心,从而过多地卷入到五太太的视角中去。直到后半部已经完全进入小艾的故事之后,她对五太太的死仍不肯侧面一笔表过,而要细写其临终前的景况,为其补上最后的一笔。

虽然《小艾》前后断成两截,张爱玲的离题跑调对读者却不失为一桩幸事。她自称"非常不喜欢这篇小说",可是至少五太太这个人物是成功的,我们可以说自1947年复出到这时为止,她作品中的几乎所有其他人物都未能达到这样的深度。张爱玲由这个人物回到了她所熟悉的视角,即对男人中心的社会中女人的处境的张看(这么说是因为她没有在关于五太太的故事中加入情节剧的佐料,也没有由此涉及社会性的主题),同时她也借五太太张看探究了一种性格,后者看来还是她更感兴趣的所在,不过旧式大家庭中女人处境的荒谬、不堪经由五太太的性格也得到深一层的透视。

五太太同席五老爷的婚姻形同虚设,她既无姿色,亦且性情寡淡无味,五老爷对她毫无兴趣,一直同姨太太一起过,到外地赴任也把她撇在家里,五太太在席家这大家庭里是一种"又像弃妇又像寡妇的不确定身份"。她的处境有几分像《金瓶梅》中的吴月娘,但是吴月娘有她的一份刚愎,五太太则胆小怕事,不敢有自己的意志,与《金锁记》中曹七巧正好是两个极端。她在大家里是没有脾气的烂好人,与姨太太相处时则反倒是她做小伏低,甚至对强悍些的老妈子也要赔笑脸,凡此看似与她的身份不符,但是张爱玲不为机械的理论所缚,衬着大家庭人际的复杂关系,将其性格描绘得令人信服。五太太的处处委曲求全并非因为心地善良、富于同情心,而起于她性格的卑怯,对无助的弱小者她也有她自私的残忍,所以

---

① 张爱玲最初的打算与完成的作品出入甚大,后来曾有解释道:"原来的故事是另一婢女(宠妾的)被奸污怀孕,被妾发现后毒打囚禁,生下孩子托为己出,将她卖到妓院,不知所终。妾失宠后,儿子归五太太带大,但是他憎恨她,因为她对妾不记仇,还对她很好。五太太的婢女小艾比他小七八岁,同是苦闷郁结的青年,她一度向他挑逗,但是两人也止于绕室追逐。她婚后很像美国畅销书中的移民一样努力想发财,共产党来后恍然笑着说:'现在没指望了。'"(见皇冠版《张爱玲全集》之十四《余韵》的代序)。可知构想中的故事要复杂得多,两相对比,更易见出当时的政治空气对其创作的影响。小艾原本并无"海样深"的冤仇,其人亦近于《沉香屑·第一炉香》中的睨睨之流,不似书中的单纯而可以用简单化的"阶级感情"来发付。但五太太故事的膨胀与外力的作用关系不大,似是创作过程中原先设想的正常偏离。笔者在这里的讨论,推断当然仍以发表的作品为据。

虽然她"照说是个脾气最好的人,但是打起丫头来还是照样打",她的卑怯常要以弱小者来做牺牲,有一次席五老爷打骂小艾,她只是为了担心不作声有回护丫头的嫌疑,便从另一房间里赶来打小艾。而小艾遭姨太太毒打,她虽觉自己的丫鬟被外人管教大失脸面,在一旁气得手足冰冷,到底还是不敢上前干涉;小艾被打得眼看要小产,用人跑来报告,她听了反倒像唯恐自己惹上麻烦似地说:"让她死了就死了!我也管不了她!我都给她气死了!"

忍让退缩是五太太的做人之道,而在旧式的大家庭中,她的"做人"便是维持住她的正头娘子的身份和地位,张爱玲仅以极寻常的众人面前夫妻见面的一幕,借了五太太琐细的内心活动,就将旧式婚姻关系的荒谬尴尬,大家庭里做人之难以及五太太卑怯懦弱的性格曲曲传达出来:

……五老爷便在下首一张椅子上坐了下来,五太太依下侍立在一边。普通夫妻见面也都是不招呼的,完全视若无睹,只当房间里没有这个人,他们当然也是这样,不过景藩是从从容容的,态度十分自然,五太太却是十分局促不安,一双手也没处搁,好像怎么站着也不合适,先是斜伸着一只脚,她是一双半大脚,雪白的丝袜,玉色绣花鞋,那双鞋似乎太小了,鞋口扣得紧紧的,脚面肉唧唧的隆起一大块。可不是又胖了!连鞋都嫌小了。她急忙把脚缩了回来,越发觉得自己胖大得简直无处容身。又疑心头发毛了,可是又不能拿手去掠一掠,那种行动仿佛有点近于搔首弄姿。要想早一点走出去,又觉得他一来了她马上就走了,也不大好,倒像是赌气似的,老太太本来就说景藩不跟她好是因为她脾气不好,这更有的说了。因此左也不是,右也不是,站在这里迸了半天,方才搭讪着走了出来,她的手指无意中触到面颊上,觉得脸上滚烫,手指却是冰冷的。

五太太这个人物可以唤起读者的种种复杂的情绪,有厌恶、鄙夷,也有怜悯、感伤。与之相比,小艾在读者心中唤起的情绪是单纯的,我们同情她在席家遭受的侮辱和欺凌,也同情她在艰辛环境中的苦苦挣扎。不论就性格还是就对情感的追求而言,小艾与五太太似乎都隐然有一种对比的意味,小艾的有个性、有主张衬出五太太的孱弱,没有自我;她的富于同情心(虽然五太太对她不好,她总觉得五太太"其实也很可怜")衬出五太太的冷漠自私;她与金槐自由恋爱而结合,贫寒困苦的日子也不能减少相互间的理解和体贴,他们的相互扶持、相濡以沫恰好衬出五太太婚姻的空虚苍白。

对小艾、金槐二人相恋相爱过程的叙述再次向我们证明了张爱玲是个写男女间情感的高手,不论哪一阶层的人物,她都能将其恋爱中的行为态度、心理感受形容尽致。她过去写的人物与她自己大体可说是属于同一世界的,撇开白流苏、葛薇龙那样的大家闺秀不论,虞家茵、顾曼桢作为职业女性,与她也还有相同之处,可是她写底层人物的小艾、金槐,也能将其恋爱的过程写得贴合其身份,令人信服。同时,这段故事走的虽是温婉的言情小说的路子,却像《十八春》的前半部一样,显示出言情故事也可以有高下之别。旧式、新式的鸳鸯蝴蝶派的套数,不论是各种面目的才子佳人,还是虚假的浪漫、做作的诗意,她一概不要,就在最平凡、最日常的情境中,她可以制造出细腻动人的效果。绝对生活化的细节,对人物心理活动微妙处的忖度把握,保证她的描写不落俗套。甚至她使用的小道具也新颖别致。《十八春》里借曼桢失落的一只手套牵出世钧意意思思的恋慕之情,《小艾》里则是几个小小的铅字成了二人的定情之物。头一晚上小艾因得知仇人席五老爷的死讯,冲动之下将刻骨铭心而又难以启齿的一段隐痛告诉金槐,金槐因太愤怒,一时竟是态度非常僵硬。第二日二人见面,金槐并不解释自己的态度,却拿出一样东西送给小艾,那是他从印刷所里拿回的几颗报废的铅字,拼在一处正是小艾的名字。"冯玉珍"这名字是他给起的,"小艾"则是席家胡乱给丫头的符号,代表着她在席家受到的屈辱和苦难,三颗铅字仿佛是他许下的心愿,他要让她告别"小艾",让她过幸福的生活。小艾不识字更不知铅字为何物,看到金槐小心翼翼地打开纸包,听他的解释,这过程有几分抖包袱的味道,而小秘密揭出来,也真令小艾,令读者喜出望外。这小道具后来又出现过一次,是金槐去了内地,小艾在沦陷后的上海苦苦撑持着,烽火连三月,家书抵万金的日子忽然收到金槐的一封信,小艾听罢心酸落泪,找了测字先生代笔写信,"信写好了,自己拿着看看,不是自己写的,总觉得隔着一层。她忽然想起来从前他给她的'冯玉珍'三颗铅字,可以当做一个图章盖一个在信尾。他看了一定要微笑,他根本不知道那东西她一直还留着"。张爱玲善于制造这样的阅读情趣,更有意味的是,小道具成了无言的见证,虽只是淡淡地写来,没有任何渲染,却在无言中见出这对贫贱男女朴素真挚的感情。

后面的那次出现已经写到了二人婚后的生活。此前张爱玲笔下最值得同情的人物都是注定了难成眷属，牵扯不到婚后的生活，《多少恨》、《十八春》的男女主人公皆是如此；有幸（实际上应说是不幸）结成眷属的人则若不是小说在某一点上戛然而止（如《倾城之恋》），而对婚姻生活有下面的交待，则不是彻底的悲剧，便是夫妻情感必定要弄到百孔千疮。与要求文学写光明的时代风尚不无关系，小艾的故事也许是张爱玲唯一一次对婚姻无保留的肯定。小艾即便在丈夫音讯渺茫，生活极端困苦的情况下，对她的婚姻也没有片刻的动摇，金槐则始终如一地体贴疼惜妻子。最动人的是小艾因自己不能生养孩子对金槐感到负疚的一段描写。金槐想有个孩子，却总是宽慰小艾，说他对有无孩子并不介意。可是他对邻居家小女孩的喜爱泄露出他的心事：

> 楼下孙家有一个小女孩子很是活泼可爱，金槐总喜欢逗着她玩，后来小艾和他说："你不要去惹她，她娘非常势利，看不起我们这些人的。"金槐听见这话，也就留了个神，不大去逗那孩子玩了。有一天他回家来，却又笑着告诉小艾："刚才在外头碰见孙家那孩子，弄堂里有个狗，她吓得不敢走过来。我叫她不要怕，我拉着她一起走，我说你看，它不是不咬你么，她说：'刚才我要走过来，它在那儿对我喊。'"他觉得非常发噱，她说那狗对她"喊"，告诉了小艾，又去告诉冯老太。又有一次他回来，又告诉他们一个笑话，他们弄堂口有一个擦皮鞋摊子，那擦皮鞋的跟她闹着玩，问她鞋子要擦吧，她把脖子一扭，脸一扬，说："棉鞋怎么好擦呢？"金槐仿佛认为她对答得非常聪明。小艾看他那样子，心里却是很怅惘，她因为自己不能生小孩，总觉得对不起他。

说者无意，听者有心，我们是通过小艾的视角体察到金槐未曾明言的心绪的，视角本身也就牵引出她自己内心的缺憾，没有一字渲染，只有平淡朴素的叙述，唯其如此，想孩子、爱小孩这样最是人之常情的东西反倒更带来"沁人心脾"的感动了。套用张爱玲自己的话，在这种地方，她往往能达到一种"天涯若比邻"的亲切，唤醒了古往今来的亲情、父性、母性，或者说唤醒了中年人落寞的心境。当然，这一段描写最直接的目标还是表现他们夫妻二人相互之间的真爱，人生的缺憾似乎使他们有意外的机会表现出夫妻的情分。

张爱玲有意无意将五太太与小艾的两段婚姻处理成对比的关系，可能多多少少是对当时流行的食肉者鄙的取向的顺从，然而有一点是无需怀疑的：她深为五太太式的空虚苍白的旧式婚姻感到悲哀，同时发自深心地同情小艾、金槐这样的乱世中的平凡男女。在这里我们也许有必要探讨一下她在一种新的环境和情势下从事写作的态度和立场。

《十八春》和《小艾》曾被祖国大陆的一些论者充满"善意"地解释为张爱玲力图与新生活合拍的努力，另一方面，它们的"出土"又令港台的"张迷"感到困惑，难以接受——对于《秧歌》、《赤地之恋》的作者，写出这样的作品简直有"变节"的嫌疑。① 这些都是皮相之见，改变的是环境，是包装，张爱玲还是张爱玲。与许多对社会变革怀有浪漫的热情，思想容易为流行意识形态笼罩，在50年代初乐观向上的气氛中真诚地发愿抛弃旧我、小我，跟上时代的作家不同，张爱玲早已形成自己对社会、人生的独特视景，根本不可能认同这个她处处感到格格不入的时代。另一方面，她从来就有她的一份世故，深知大时代面前个人的渺小，还是妥协让步以求适应为妙。就写作而言，她经常是一边抱怨着，一边还是做出某些让步，虽然让步之后又感心有不甘。她曾对读者大众的胃口妥协，以后也还要对来自另一种政治上的宣传意图让步，现在她对官方意识形态的让步并不是什么意外。《十八春》、《小艾》并不能说明她曾一度转向，只能说明她一贯的处世之道。只是这一次的让步涉及根本性的立场，与她的自我相去更远，她的妥协也就更来得勉强，不免要着迹露相。

但是张爱玲实质上是一位比很多标榜真实的人更讲究"修辞立其诚"的作家，同时她也有充分的自省，她的矜持、她的高傲都不允许她做违心之论，至少不能太偏离她写作的一贯作风和路线。她几乎是本能地在意识形态许可下写，又在属于她取材范围的重合处寻找到她的回旋之地——好在她一向立于潮流之外，言情小说究其实与政治是不相干的。另一方面，她也以她的方式消解意识形态的取向，做成此种取向与她的人生态度和立场的某种衔接和转换，如此既无忤于上，也还不违初衷。比如她写《小艾》，固然是向"劳动人民"致敬，可是也未尝不是她转

---

① 在海外"张迷"的心目中，张爱玲已是偶像化的人物，《十八春》的"出土"使"张迷"不禁要惋惜道："看《十八春》下半部，实难相信张爱玲会在其后写出反共小说《秧歌》、《赤地之恋》……张在当代作家中算是较少涉及政治，但竟也有《十八春》改《半生缘》的事实，足使我们感叹。"（《从〈十八春〉到〈半生缘〉》，《明报月刊》，第132期）

求平实的人生态度的某种延伸，而从她一贯的人性立场也能通向对小艾、金槐们的衷心的同情。张爱玲的同情不是大多数新文学作家所采取的人道主义式的同情，当然更不是基于阶级立场的同情，她的同情施予一切的人，现在不过是选择了更合时宜的对象罢了。同样，《十八春》里的爱情悲剧固然可以像她公开说明的那样，归因于"不合理的制度"，可是这样的故事本身，以及故事中包含的苍凉的人生意味又是她向所乐道的。她将一个原本没有时间性的故事放在"旧社会"的背景下叙述，也就将就着把"时代"敷衍过去了。不仅如此，张爱玲似乎还利用了政治上的一点缝隙，不失时机地塞进一点个人的"私货"：《十八春》中张慕瑾夫妇被诬为汉奸的遭际可以视为当时情势下对国民党的"控诉"，可是骨子里与她一贯的对"乱世"里小人物无从掌握自己命运的感慨正相吻合。若是要做传记式的索引，则这段侧面交待的情节与她本人抗战胜利后的处境不无关系，里面有她个人情绪的隐曲流露，在过去的形势下这是"不可说，不可说"的，现在倒意外地可以被理解成某种政治上的姿态。

《小艾》发表后没有像《十八春》那样在社会上激起强烈的反响，与《亦报》未像上次那样大肆宣传固然不无关系，更重要的原因则是这部小说不具备《十八春》的可读性。在五太太这个人物身上，张爱玲显然放弃了曲折的情节，专注于性格的刻画，尽管五太太写成了一个更有深度的人物，她的故事对读者大众的胃口却是淡而寡味。另一方面，小艾虽然同曼桢一样经历了遭奸污的受难史，这一情节却没有被当做情节剧的因素加以利用，而小艾、金槐的婚恋从头至尾均出以相当平实的描写，既然二人都是性格上几乎找不到弱点的好人，小人（有根）不能乘其隙，误会、困境无所施其计，故事也就失去了悲欢离合的波澜，以致《小艾》实际上已经偏离了情节剧的路线。也许刚刚写完《十八春》，要拿出一个情节曲折方面更胜一筹的故事，张爱玲一时计穷；也许她得到过忠告，在新社会不可将小说写得那样悲切、感伤；也许她对读者"太习惯于传奇"的胃口再度生出厌烦情绪。不管怎么说，《小艾》之不能产生《十八春》那样的效应，正是意料之中的事。而此时的张爱玲也无暇去关心读者的反应了，事实上她正准备着与她的读者，与她曾经度过了一生最辉煌时刻的上海挥手作别：《小艾》脱稿后不久她已经在酝酿新的计划——悄然出走的计划。

使她生出离开祖国大陆的念头的，无疑是生活中日益浓重的政治气氛。共和

国建立后一个接一个的政治运动显然令她有莫名的惊恐，以她的敏感多疑，她也不可能没有一种不祥的预感。她的家庭出身，她在沦陷时期的经历，她写下的那些作品，乃至她布尔乔亚的生活习惯，随时都可能带来意想不到的灾难，她那时似乎尚没有碰到大的麻烦，然而躲得过初一，是否也能躲得过十五？

张爱玲当然不知道爱才惜才的文艺界领导人物尚在为发挥她的一技之长想方设法。上海电影剧本创作所成立，夏衍亲自兼任所长，他曾向成了他副手的柯灵提起，要请张爱玲当编剧，只因目下还有人反对，还须稍待一时。柯灵未及将消息透露给张爱玲，就听说她已去了香港。夏衍"一片惋惜之情，却不置一词"。可是，就算张爱玲风闻了这消息，她也未必会去意徘徊，在大时代的面前，个别领导人物的善意又能替她遮蔽多少风雨？何况"有人反对"不正说明她的难以立足？再者，作为一个个人主义者，作为一个性格孤僻的人，不到万不得已，她也不肯加入到任何形式的"集体"中去，放弃她久已习惯的生活—写作模式。她的朋友苏青进了尹桂芳的芳华越剧团当编剧，随团去了福建，身处异地，等于隐姓埋名，在相当长的一段时间里倒也平安无事，该团以她参与执笔的新编历史剧《屈原》参加调演，甚至还得到政府的嘉奖。张爱玲是否碰到过类似的选择是个有趣的悬疑，不过距离感、理性之类在她身上显然要比在苏青身上发生更大的作用。单就"走"而言，她下决断则可以更干脆：她孑然一身，别无牵挂，同时她所受的教育也使她能够在海外立足。

事实上，撇开张爱玲对自己过去的顾虑不论，即使从非常现实的角度考虑，她也要以走为上策了。作为"天生的小说家"，写作是她的第二生命，作为一个职业文人，她要仗她的笔来谋衣食，而她的写作路向几乎从哪一个方面看与时下的文艺政策都无法协调。她对社会人生充满悲剧意识，尽管她勉力为其小说染上些许亮色，但即使在《小艾》中，也还抹不掉低徊之意，她注定成不了一个称职的"歌德"派，而时代要求的是明朗乐观的调子。她可以是一个写实的高手，《十八春》和《小艾》表明她的小说可以真切地反映出普通人的态度、苦恼、困境，可是她的写实与提倡英雄主义创作观的"社会主义现实主义"方法却格格不入，因为后者在理论上用浪漫主义来理解人的精神状态，要求将人的精神状态提升到英雄主义的层次来加以描绘和把握，而张爱玲虽然放弃了"反英雄"、"反高潮"的写法，通过曼桢和小艾较以前对人性给予了更多的肯定，可是她们是地地道道的普通人，充其量也只是显示出普通人的良知、人性的尊严，而沐浴不到英雄的光辉。最后，通俗文学也不能成为张爱玲的栖身之地，虽然自延安文艺座谈会起文艺方针已经在"普及"二字的半径里抛锚，通俗却是在传输政党各时期路线、政策的意义上得到认可，在一个急需激发斗志、鼓舞士气的年头，旨趣在消遣娱乐的通俗文学自然也在扫荡之列，武侠、言情之类都在慢慢地销声匿迹。

　　总之，随着各项文艺方针政策的完满落实，甚至《十八春》、《小艾》这样的小说也见得落伍，而且渐渐变得有点可疑了。这就是说，张爱玲已经找不到她的写作空间，即使她愿意继续走《小艾》的路子，这样的小说是否还找得到市场（主要是，还有没有地方供她发表）？而对于她这样没有"组织"的写作个体户，作品变不成铅字，就要有衣食之虑。仿佛是替她的预感作注脚，在她离开祖国大陆后不数月，《亦报》便停刊了——张爱玲1949年以后在祖国大陆发表的作品全部登在这小报上。

　　尽管以后来的标准，那时祖国大陆、香港之间尚无严密的封锁，从罗湖桥出境也并非难事，可是张爱玲一直担心着是否走得成，如果她对上海，对她的"补了又补，连了又连的，补钉的云彩的人民"，对她曾经似乎要与之一起"沉到底……到底"的中国犹有不舍的话，那她的那份不舍之情也被惊恐惶悚的情绪抵消得差不多了。她在离开祖国大陆不久后即已酝酿动笔的一篇小说《浮花浪蕊》中极写申请出境之难，申请者唯恐得不到批准，于此我们也不难想见出走前的心态。出走的过程于她仿佛是少年时代逃离父亲家之后的又一次冒险，她是坐火车由上海到广州，又从广州乘火车经深圳到香港，出境时接受检查，她紧张万分，因为她的护照上用的是一个笔名，而民兵居然知道她就是写小说的张爱玲，问起来，她只战战兢兢答了一个"是"，而那民兵并未像她担心的那样对她留难，问过也就放她过去了。

　　《浮花浪蕊》中写主人公洛贞从罗湖桥出境的一幕无疑掺入了张爱玲本人的所见所闻，尤其掺入了她的心理体验：

　　　　桥堍有一群挑夫守候着。过了桥就是出境了，但是她那脚夫显然还认为不够安全，忽然撒腿飞奔起来，倒吓了她一大跳，以为碰上了路劫，也只好跟着跑，紧追不舍。

> 是个小老头子，竟一手提着两只箱子，一手携着扁担，狂奔穿过一大片野地，半秃的绿茵起伏，露出香港的干红土来，一直跑到小坡上两棵大树下，方放下箱子坐在地下歇脚，笑道："好了！这不要紧了。"
>
> ……（洛贞）跑累了也便坐下来，在树阴下休息，眺望着来路微笑，满耳蝉声，十分兴奋喜悦。

张爱玲似乎意犹未足，在后面又借了一个机会再交待洛贞的心境道："自从罗湖，她觉得是个阴阳界，走阴间回到阳间"。——张爱玲对祖国大陆的政治空气太陌生，也太惧怕了，那是一个处处令她感到"不对"，"不对"到荒诞、恐怖的世界。

不管怎么说，自此一去，跨出了国门，张爱玲再也没有回到她眼中的这个"阴间"。如果她想起写过的"我真快乐我是走在中国的太阳底下……即使忧愁沉淀下去也是中国的泥沙。总之，到底是中国"的句子，她也只能在异国的太阳下独自沉吟低徊了。

赤地之恋

　　也许是她的神经过于敏感，也许她一向对安全感有更多的需求，张爱玲对祖国大陆凌厉逼人的政治空气早已不能适应，甚至在踏上出走的旅途之前，她已经生活在惊恐不安当中。出走前夕，她因想写的一篇小说是以西湖为背景，为了对这背景有个实感，便加入了中国旅行社办的观光团，据她说肯于参加这"集体"，还是因为旅行社代办路条，免得自己申请的麻烦——她对这一类的申请下意识里怀有畏惧也未可知。几十年后她在散文里忆及此行中随杭州导游安排到楼外楼吃螃蟹面的情形，极能反映出她那时的态度和心境：

　　……当时这家老牌饭馆子还没有像上海的餐馆"面向大众"，菜价抑低而偷工减料变了质。他家的螃蟹的确是美味，但是我也还是吃掉浇头，把汤逼干了就放下筷子，自己也觉得在祖国大陆的情况下还这样暴殄天物，有点造孽。桌子上有人看了我一眼，我头皮一凛，心想幸而是临时性的团体，如果走不成，还怕将来被清算的时候翻旧账。

　　不用说，张爱玲当然是走成了。可是无形中似乎总是处在某种窥视——监视之下的感觉对于她一直是抹不去的清晰的记忆，在她的几部写到祖国大陆情形的小说中，这样的感觉几乎被赋予了每一个人物，他们感到自己裸露着，似乎个人生活的每一个角落都在强光的照射之下，一言一行、一念之动皆无可隐匿，为此惶恐、羞惭、恼怒着。

带着这样的情绪离开祖国大陆的张爱玲来到香港，自然大感轻松。几年前她来港大念书，脑子里满是海阔天空的计划和对陌生环境的好奇，这一次她或者更被一种脱离"险境"的庆幸占据了。巧的是，这一次来港她恰好又是待了三年。

张爱玲申请出境的理由是到香港完成学业，我们当然还记得，她是在港战时被迫中断在香港大学的学业回到上海的。这个理由似乎顺理成章，其实香港在她计划中只是个中转站，她意想中最终的目的地可能是美国，至少她在香港没有什么长远的打算。时至今日，大学的一纸文凭对她已经没有多大的吸引力，她大约也无意再重新做学生了。不过她还是到港大注册。其中原委，据多年后给朋友的信中所言，乃是此番出力帮她弄到入境证从祖国大陆出来的老教授硬要她这么做。这位老教授夫妇二人都在港大任教，"异常怕事"——向来是怕事由他经手，事成而人不至，他要在校方那边担干系，而且张原先的奖学金还在。

张爱玲既另有他图，当然不可能像当初那样埋头攻书了。读了不到一学期，她有到日本去的机会，因她的好友炎樱在那里，而她以为从日本去美国是一条捷径。于是她匆匆写信给校方辞掉奖学金，很快即登船去了日本。那时她的心境，我们可以从前面提及的小说《浮花浪蕊》中女主人公洛贞的意识活动里见到一斑。这可说是一篇"流亡"小说，写到了因各种原因从祖国大陆流落到香港的形形色色的人的生活，其材料显然来自张数月来的所闻所见，这一切都通过洛贞的"意识流"呈现出来，而浮想联翩、心绪茫然的洛贞恰是身在驶向日本的小轮船上。洛贞像她意识里出现的许多从祖国大陆出来的人一样，在原来的环境里诚然是待不下去了，可是出来以后的际遇又是不可测的。她于大洋上波荡起伏的船舱里想起许多流亡者，包括她自己的命运，"一时竟不知身在何处"，"漂泊流落的恐怖关在门外了，咫尺天涯，很远很渺茫"——这正是她自己的写照，洛贞就是她的替身。

就去美国的愿望而言，张的日本之行是失败的。在日本期间她做了些什么，不得而知，我们知道的是，三个月后她回到了香港。这时她在港大的后路已经断了，而且还闹出了一点不愉快：就在她请辞奖学金的时候，这份奖学金还在开会讨论，那位老教授帮她力争，张显然不知就里，事先未与他打招呼（有他"异常怕事"的感觉在先，她可能也以为同他说去日本事反而易生麻烦），只公事公办向校方请辞即一走了之。老教授方力争间,发现人已不在,当然大为生气。张回来后向他道歉亦未获谅解。学校让她补交学费,补交之后以为事情已了,不想还有"后遗症":不久以后张有次应征一则译员的广告(后来知道是为英国一官方机构的官员做事),录取后对她的身份做调查,查到港大,有人称她有共产党间谍的嫌疑。想来是因张是从祖国大陆出来,说是完成学业,中途又告退,行踪颇为神秘的缘故。

那份差事当然没有谋到手。好在她很快在美国新闻处找到了一份翻译工作。执掌该机构的麦加锡应是她的顶头上司了,他们后来成为关系很好的朋友。张在美国新闻处的主要工作似乎是将一些美国名著译成中文,在那里她译了海明威的《老人与海》、华盛顿·欧文的《睡谷的故事》以及《爱默森选集》。除了海明威的作品之外,其他作品她本人都不感兴趣,关于《爱默森选集》她道:"我逼着自己译爱默森,实在是没办法。即使是关于牙医的书,我也照样会硬着头皮去做的。"至于译欧文的书,她则说是"好像同自己不喜欢的人谈话,无可奈何地,逃又逃不掉"。不喜欢,却要"硬了头皮"去做,皆因如此即无以为生。

她将随国民党退到台湾的作家陈纪滢的《荻村传》译为英文,很可能也是在这个时期。①用作者本人的话说,他的这部小说是写傻常顺儿"从义和团到祖国大陆沦陷期间,被北洋军阀、日本人以及共产党利用,最后还是惨遭活埋的命运",全书皆用人物和资料作穿插,试图反映"六十年来中国农村生活的变迁"。虽然他声称"字里行间没有一句骂共产党的话",但其反共立场不言而喻。此书先由梁实秋推荐给美国亚洲基金会,后又被香港美国新闻处看中。最初的译者是台湾大学外文系教授英千里,因他的译笔对美国读者尚嫌艰深,麦加锡便请张爱玲重译《荻村传》。张爱玲为此得到了优厚的报酬,可是张说她译此书并非为钱,只因喜欢这本书。②这是可以理解的,其一,她读许多小说(比如社会小说),一向是对其中的素材更感兴趣,而《荻村传》大体上就是资料排比穿插而成;其二,《荻村传》写的是农村生活,她那时正在研究中国农民的生活,是她把视线从没落之家、布

---

① 参看陈纪滢:《〈荻村传〉翻译始末——兼记张爱玲》(《联合文学》,第3卷,第5期)。《荻村传》的第一个英译本出自台大外文系名教授英千里(英若诚之父)之手,因担心其译笔对美国读者过于典雅,美方又物色合适的人重译,找到了其时正在香港的张爱玲。陈纪滢回忆说首译此书是在1957年、1958年间,可能是根据张译本1959年出版这一点再向前推算的,有误。1955年张即离港赴美,既然1959年已经出书,它亦不可能是张60年代台港行的副产品,只能是在赴美之前着手的。该书的译本由虹霓出版社(背后是美国新闻处支持)先后印了七版,每版三千册,美国新闻处将这些书分送东南亚各国及其他国家作为反共宣传材料,此亦可见张译此书正属于她为美国新闻处工作的范畴。
② 译书的稿酬由美国新闻处支付,比一般稿酬优厚得多,张表明态度也正为此。

尔乔亚转向农民的唯一的一个时期。

在美国新闻处，张的意外之喜也许是结识了宋淇、邝文美夫妇，二人后来成为她最好的朋友，给了她许多的帮助。宋淇（笔名林以亮）原是一位文学批评家，后成为公认的红学家。他们夫妇读过张40年代的作品，对她早有仰慕之意。现在邂逅相逢，自然倾力相助。张原先住在女青年会，她的译作发表后，不速之客有时会来女青年会光顾她的家，弄得她慌张不安。宋淇费了些力气，替张在他们住所附近找到一间房间。房极简陋，几乎就是"家徒四壁"，却使张得以安心写作。

尽管在翻译上花了不少时间，张爱玲投入了最多精力的当然还是她的创作。在香港的这三年是她创作生涯的第二个高峰期。虽然不像1943至1945年那样高质高产，下笔如有神助，她的创作却显示出生机和新的可能性。即使从她写作过程中体味到的欣悦的心情，也可见出她文思的旺畅。她曾对宋淇、邝文美夫妇说到她写作时的兴奋："写完一章就开心，恨不得立刻打电话告诉你们，但那时天还没有亮，不便扰人清梦。可惜开心一会儿就过去了，只得逼着自己开始写新的一章。"[1]她通宵达旦写着的书便是《秧歌》和《赤地之恋》。1954年，这两部长篇在《今日世界》杂志上连载。

《秧歌》写的是土改后的农村，故事沿着一实一虚两条线索铺展。在上海做帮佣的月香"回乡生产"，发现家里虽然在土改后分得了田地，而且丈夫金根当了劳模，但是家乡的人还是一样地受苦，不能维持温饱。女儿阿招老是闹着肚子饿，邻里亲戚络绎地来借钱。因为饥饿，因为穷，夫妻俩生出了种种矛盾，与亲友的关系也疏远了。最令金根恼怒的是月香不肯借钱给他新近嫁出去的妹妹，过去他们兄妹二人相依为命，他一直爱护着她，现在他真不愿看到她在婆家受气为难。钱是月香挣来的，他也只好闷着不好说什么，可是他要月香做一顿干饭，让妹妹吃顿饱，也算稍减心里莫名的闷气和对妹妹的内疚，月香做出来的却仍旧是他们平日吃的照得见人影的稀粥——月香生怕露了"富"，不借钱的理由就站不住了。

月香积下的几个钱到底还是没有留住。年关近了，村里要求各家各户拿出四十斤年糕、半只猪去慰问军属，没养猪的就出钱。干部王同志动员金根带个头，

---

[1] 林以亮：《张爱玲语录》，见《明报月刊》，第132期。张爱玲与宋淇夫妇交情甚笃，她与香港电懋公司合作的电影往往由宋淇任制片，她的电影剧本《南北喜相逢》等多有粤语对白，也是由宋淇替她执笔。晚近散文、书序中常道及的友人，似乎也只有宋淇夫妇。

金根的倔脾气上来，硬说家里没钱，王同志因他还是个积极分子，居然如此不可理喻，不禁动了怒，月香见状深恐事情闹大，忙拿出钱应付过去。金根闷声不响，犟头犟脑，实际上又是个极憨厚老实的人，虽然王同志走后他将月香暴打了一顿也还驱除不了心头的闷气，第二天做年糕时，他还是干得很欢，暂时把心里的不顺放到一边，从劳动中体味到一种原始的喜悦，并且忙碌地做着年糕，家里渐渐已经有一种过年的喜气了。

祸事出在村民缴纳捐献的那一天。称年糕时王同志说金根送去的不够斤两，金根压了多少回的火气终于发泄出来，周围的人跟着哄起来，终至于闹到要向政府借米过年，人群涌向民兵镇守的仓库。王同志眼看局面不可收拾，下令开了枪。在接下来的一场混乱中，阿招被奔逃的人群踏死，金根受了重伤。月香护着丈夫跑到金花婆家的那个村子，想在金花那里躲避，可是金花担心招来祸事，不敢收留他们，甚至没有去看亲哥哥一眼。当月香颓丧地回到金根藏身的处所，金根已经为了让她不受连累投了水。月香没了丈夫没了孩子，愤激之下跑回村里纵火烧了粮仓。大火很快被扑灭，月香本人却被烧死了。过了几天，风波过去，村里恢复到原来的节奏，大伙扭着秧歌，抬着年礼挨家挨户去给军属拜年了。

虚的一条线索并不那么完整，事实上到第六章才插进来：从上海来的一位小资产阶级作家顾冈下来体验生活，想写出一个不同凡响的剧本。他显然是以一个旁观者的身份被作者派来证明"谎言"的，与书中的其他水准低而缺少自觉的人物相比，他较有自省、思考与怀疑的能力，他脑中转的一些念头常常是张本人的观察，如"共产党虽然是唯物主义者，但是一讲到职工的待遇，马上变成百分之百的唯心主义者，相信精神可以战胜物质"之类。因此顾冈编剧本的过程被安排成他所要编写的歌颂大时代的作品与农村实际情形处处不符令他感到的一连串的尴尬。但是顾冈不是个悲剧人物，没有悲剧人物深刻的内心冲突，他终于发现找不到他需要的"典型"之后，便干脆背过脸去，想象出一个水坝的故事，虽然当地根本没有水坝。

起先他比附着他在当时流行的电影中时常可以看到的工程师与老工人怎样合作，攻克了技术难关，创造了种种奇迹的情节，想出了老农的经验与科技人员的知识结合，终于建成一座水坝，解决了水患问题的故事。最后完成的本子却比这热闹复杂得多，水坝仍旧保留着，可是轻快的建设主题已经被一个更严重的阶级斗争主题代替了：国民党派来的特务与村里一个心怀不满的老地主联络上了，让他去炸水坝，他没能得手，又同姨太太一起去放火烧政府的仓库，准备事后逃走。在最后的高潮戏中，老地主和他的小老婆被民兵当场抓住，从他们身上搜出了国民党给他的陆军中将委任状。张爱玲花费了不少笔墨来描述顾冈的剧本，并且一再暗示他剧本中的翻新出奇之处，其灵感倒是来自现实（烧仓库确有其事，而地主小老婆的形象则是从月香蜕化出来的），只是现实被严重地歪曲了。

故事的这条副线可以称做"一个剧本的诞生"——当然是个讽刺性的题目。以张爱玲的立场，比衬着顾冈眼见的实情，剧本的产生过程似乎尤能显示，一种神话是怎样被制造出来的。张爱玲离开祖国大陆以前看过不少权威杂志上的文艺作品，对意识形态对文艺的要求似乎也相当留意，在她眼中，按照意识形态命令创造出来的公式化作品都是一些虚假的神话，而大时代的气氛就是靠这样的神话维持着。

当然，真正支撑着这部书主旨的是以金根一家人命运为中心的中国农民的故事。在这里，张爱玲的反共立场同样显而易见。在她看来，政府对农民实行的完全是一种榨取的政策，无异于抢夺。为此她甚至在谭大娘家一边忙着杀猪去捐献，一边因对猪不舍而气苦的场合，夹进了对他们家另一头猪的命运的回忆，那是在日本人还在的时候，逢上和平军下乡，他们挖空心思掩藏着，他们的猪还是被发现，抢走了。作者有意识地造成回忆与现实的类比，用意清楚到不能再清楚。有常识的人都知道，立场、观点不同的人对同样的事物会做出完全不同的判断，农民的落后、保守、不觉悟、目光短浅在祖国大陆五六十年代的作品中时常得到表现，像金根、谭大娘等人物的举动通常都是从这一角度被描绘的，张爱玲的立场则注定了她要作出别样的解释。在她看来，农民们在分得了土地之后，在丰收的年景里仍然吃不饱肚子，正是一再地逼迫他们作牺牲的结果，于是她又刻意地经营了一个牺牲的意象——被宰杀的猪，杀猪的过程完全是以一种解剖学式的不动声色的冷酷作风描绘出来的：

> 金有嫂挑了两桶滚水来，倒在一只大木桶里。他们让那猪坐了进去，把它的头极力捺到水里去。那颗头再度出现的时候，毛发蓬松，像个洗澡的小孩子。谭老大拿出一支挖耳来，替它挖耳朵，这想必是它平生第一次的经验。

然后他用一个两头向里卷的大剃刀，在它身上刮着，一大团一大团地刮下毛来。毛剃光了，他把一支小签子戳到猪蹄里面去剔指甲，一剔就是一个。那雪白的腿腕，红红的攒聚的脚心，就像从前女人的小脚。

……猪毛有些地方不容易刮去，金有嫂又提了一壶滚水来，把壶嘴紧挨在猪身上，往上面浇。终于浑身都剃光了，最后才剃头。他们让那猪扑翻在桶边上，这时候它脸朝下，身上雪白滚壮的，只剩下头顶心与脑后的一撮黑毛，看上去真有点像个人，很有一种恐怖的意味。剃完了头，谭老大与谭大娘把那尸身扳了过来，去了毛的猪脸在人前出现，竟是笑嘻嘻的，两只小眼睛弯弯的，眯成一线，极度愉快似的。

张爱玲反复地迟滞、放大这组镜头，细节真实到极点，而谭老大一家在熟练地忙碌着，围观的人则是发一些习惯性的议论，并无"恐怖"的感觉，这场面中异样的气氛因此没有心理写实的意义，作者不惜笔墨、无动于衷的渲染逼使读者去发现其隐喻、象征的意义。

但是张爱玲对政治的兴趣是有限的。即使在《秧歌》这样的小说中，她最为关注的仍然是人性，是人情世故，是人与人之间的关系。与她以往的作品相比，这部小说所写真可谓"重大题材"，可是在故事进行的大部分时间里，她所描绘的是普普通通的日常生活的情景，我们看到的是她最拿手的对于人与人之间的感应、摩擦的把握。夫妻关系、兄妹间的感情、姑嫂之间的不和、邻里间的纠葛、干部与农民的矛盾、城里人（顾冈）与乡下人的龃龉、知识分子与干部间的隔阂……《秧歌》的大部分笔墨皆用于此，而刻画此中人物心理的微妙，捕捉到其中潜藏的戏剧性，最是张爱玲游刃有余的所在。

金根与金花的兄妹之情无疑是书中最动人的篇章，兄妹二人都对对方有一种深挚的亲情，而又各有一次对方求到了自己的头上而未能援手。金根因不能借钱给妹妹，想起从前家里没米下锅，领着妹妹到野地疯玩以忘却饥饿的情形，不禁黯然神伤，作者虽淡淡写来，无一词渲染，衬着金根的回忆，他对妹妹的情分以及此时心中的内疚这两面都令读者真切地感到了。在大部分时间里我们不知道金花对哥哥的态度，可是在月香求她让他们暂避时，我们看到了金花的内心活动，她心里怨愤嫂嫂"心狠"，不替她设身处地，一想到哥哥，她先是下意识地为自己寻借口:"她哥哥自己绝对不会要求她做这样的事。他一定会明白的,一定会原谅她。"可是"她突然记起了他一向待她多么好。她又回想到这些年来他们相依为命的情形,不由得一阵心酸,两行眼泪不断地涌出来。她觉得这茫茫世界上又只剩下了他们两个人,就像最初他们做了孤儿那时候"。金花最后还是没有救成哥哥,她一定是不能原谅自己的。这两段情节自然有一种呼应,二人因对亲人爱莫能助而生出的愧疚之情如同一段重复出现的凄婉旋律,显得特别酸楚动人。

并非一切都是那么沉重。作者在故事开始的部分写到金根回忆进城看月香的情形:

> ……每天到月香帮佣的人家去看她。一有空就下楼来,陪他在厨房里坐着,靠墙搁着一张油腻腻的方桌,两人各据了一面。她问候村子里的人和近乡所有的亲戚,个个都问候到了。他一一回答,带着一丝微笑……他们的谈话是断断续续的,但是总不能让它完全中断,因为进进出出的人很多,如果两个人在一起不说话,被人看见一定很奇怪。金根向来是不大说话的,他觉得他从来一辈子也没说过那许多话。

月香长年在城里帮佣,精明能干,见过些世面,算半个城里人了,老实巴交的金根自然有几分莫名的抑屈。他虽深爱着老婆,却不会表达自己的感情,月香回到乡下,这是他做梦都想着的,可是见了面只会无话找话地问着妹妹的情况。最妙的是下面的一段描写:邻居在他家里哄闹取笑的当儿,他望着烛光里的妻子恍惚起来,他觉得月香就像他在庙里见过某个不知名的娘娘:"她这样美丽,他简直不大相信她是他的妻,而且有时候他喝醉了酒或赌输了钱,还打过她的。"夫妻间的生疏、隔膜,由此带来的异样的感觉,局促、惶惑,没有比这写得更传神了。

顾冈对月香的感觉写来则另有一种喜剧的机趣。他对这位漂亮的农妇缥缥缈缈动了些绮思,虽然并非当真就想怎样,可是在这荒僻之地的无聊生活中有这样一个女人在眼前,在思想背景里晃动着,究竟不失为一种调剂和安慰。在他的幻想里月香是一个色情的对象,又像偷情故事里那些爱书生的女人,可以让他感到他的优越,同时还可能成为一个积极分子,成为他未来剧本中的一个漂亮的女主人公。他喜欢月香来和他搭讪,也喜欢找她说话。可是有一天正为月香与他谈得特别热乎而高兴的时候,他突然发现月香与他套近乎不过是试探他的口气,希望他在上海能替她找一个事,有可能的话再替她丈夫找一个。于是,"他对她非常感到失望。自从这一次之后,他再也没有找她谈话了"。他的幻想褪色掉彩得令人尴尬:月香与他的想象完全不符,原来如此实际、俗气;同时她也并未对他这个城里书生"未免有情"。张爱玲只是轻描淡写,并不点破,却愈见出讽刺的微妙。这当然还属于书中的涉笔成趣之处,在接下来顾冈因难耐饥饿,偷偷买了食物躲起来自食,被月香撞破,弄得十分狼狈的一段中,张爱玲对几个人微妙的心态有更为戏剧化的,然而同样传神的描绘。

《秧歌》的大部分篇页中,情节就靠这样平淡的细节、平淡的描绘编织着,推进着,造成一种舒缓而从容不迫的节奏和淡远的调子。可惜这节奏未能保持到小说的结尾,张爱玲在以那场风波收束故事时似乎有些手忙脚乱,最后的几章里塞进了过多的动作,一片杂沓纷乱之中,几个主要人物的心理得不到从容的展开和梳理,影响到行为动机的可信性。比如月香最后的铤而走险。以金根的倔强执拗,他冲动之下的举动令人信服,而月香是个会应付、能周旋,世故得多也实际得多的人,即使丈夫和女儿的死使她大受刺激,她的举动也还需要某些必要的铺垫和交待。在这里张爱玲失去了她一贯的缜密和自如,从月香发现丈夫已经自沉到她纵火烧仓库葬身火海,这中间的内心活动全被略去了。也许这是避重就轻的明智之举——她倒是描述了王同志和顾冈在事发后的内心活动,可是那样的内心的犹疑、挣扎都显得过于表面化、戏剧化、太合于逻辑,像是张爱玲为了解释人物自我欺骗而替他们做的演绎,貌似有曲折有波澜而仍然给人生硬突兀之感。这是公式化的内心斗争,虽然她遵循的是一套比较复杂的公式。也许她选择这样一种戏剧化的方式来结束她的故事,本身就是一个错误。

尽管张爱玲对王同志在事发后内心反映的交待有画蛇添足之嫌(他先自语着"我们失败了",而后突然"眼睛一亮"叫道:"一定有间谍"),可是她的本意却是要让本着常理常情的读者能够理解这个似乎不可理解的人物。这也正好反映出张爱玲在《秧歌》中所坚持的仍然是她一贯的人性立场。对王同志这一形象的把握正是最好的例子。在穷形尽相、浅薄拙劣的反共宣传品中,所谓"共干"几乎都被描绘成无恶不作的坏蛋,身上堆积了阴险、冷酷、贪婪、好色等几乎所有恶人的特征。张爱玲对作为一种制度的共产主义的恐惧或者更在大多数反共作家之上,可是她相信人终归是人，不论是通常所说的好人还是坏人，她始终倾听着"人性的呱呱坠地之声"——在"好人"的身上发现人性的弱点，在"恶人"身上寻找人性的亮点。她的世界是一个地道的人的世界，圣人、神人和魔鬼在这个世界里都没有位置。

在她的笔下，王同志一方面是个头脑僵硬，作风粗暴，只会执行上级命令，又有着标准化的"群众观点"和随和态度的官吏，另一方面他又是个不乏正常人的情感的普通人。在他劝金根带头出钱不遂，由笑嘻嘻"熟极而流"地晓以大义到勃然变色、汹汹作态的一幕中，张爱玲极写他忽然变成僵硬的命令化身而给人的异样的感觉："他脸上的笑容不见了，就像脸上少了一样东西，不知是少了个鼻子还是眼睛，看上去很异样，使人有一种恐怖之感。"没有表情的脸是僵死的面具，恐怖感正来源于此。可是张爱玲也写他对往昔婚姻的追念，而回忆中的人往往是富于人情味的。关键是，她允许我们走入王同志的内心。整个第六章基本上都是在王同志的视角里展开，此前此后我们皆是通过外人（村民和顾冈）的眼睛观察他，对他形成一面倒的坏印象，这一刻我们张看到他不为外人所知的一面，他的僵硬的线条变得柔和一些了。虽然张爱玲也许还想通过王同志对妻子的回忆引导读者张看一下"同志式的"、"革命化"的婚姻，但是就王同志这个形象而言，这无疑是暖色的一笔：我们追随着他的回忆，体味到他的怅惘、感伤，不得不部分地放弃原来的判断，对他表示某种程度的同情。张爱玲在小说的跋中似乎是在向两类不同的人作解释。她向假想中那些对故事的真实性将信将疑的人保证，《秧歌》中的人物虽属虚构，里面的事情则皆有来历。为此她甚至将她的根据——从报章杂志上被她读出了弦外之音的检讨，被她看出了蹊跷的正面宣传的影片，直到人们口中的小道消息——开列了一份清单，并且替传消息者的诚实可靠打了保票。对那些把共产党干部想象成毫无人性的魔鬼，认为第六章写到王同志爱人在老区的生活有美化之嫌的读者，她则要说明那是通过王同志的回忆表现出来的，并不代表作者的观点。

这些防守性的解释其实都是多余的。王同志的回忆恰恰增加了这个人物的丰富性和可信性。至于她从各种渠道得来的那些信息，它们的真实性并不能必然地保证《秧歌》的艺术真实。事实上，在写《秧歌》的那段时间里，张爱玲仍然恪守着她在创作上的一贯信念，曾对好友说起："写小说非要自己彻底了解全部情形不可（包括人物、背景的一切），否则写出来像人造纤维，不像真的。"① 凭间接得来的消息她显然做不到这一点。也许是解释起来太费周折，她在跋中没有提到她创作《秧歌》的真正本钱：写《秧歌》前，她在乡下住过三四个月，与书中的季节一样，那时恰好也是冬天。② 当时她未必有"体验生活"的功利动机，可是有关《秧歌》的背景知识实际上已经预备下了。她的操作程序也同她的其他小说一般无二：她将她间接知道的一些情形、事件搬到她熟悉的背景下、她所亲知的环境中，而又召唤来她对之心中有数的一些人物，让其面对那些情形和事件，运用她对人情世故的洞达，对背景、人物的谙熟，以及她过人的想象力，推想出人物在特定情境中的反应、言谈、举措。一经戏台搭好，登场角色派定，戏就照着它自身的逻辑演下去了，是她自己说的："我的情节向来是归它自己发展，只有处理方面是由我支配的"。③

对背景、人物的熟悉与她洞烛幽微的观察力、想象力结合在一起，其结果是《秧歌》中描绘的农村生活和农民形象相当真实可信。这里面有大量的关于农村生活的细节，乡间景物、地方色彩、劳作情形、日常起居乃至日用器物，都是细致生动的描绘。书中写得最鲜活的也是乡下人的形象，金根的老实人的倔强、月香的能干有心机、谭大娘的老于世故，均写得恰如其分。她笔下的农民不是诗意的讴歌的对象，也不会染上知识分子的情调和心理。尽管她同情他们的命运，她也仍然坚持着客观超然的态度，不肯放过他们身上的可笑、可怜、可气、可厌之处，像谭大娘见金根打老婆时感到的报复的快意、金有嫂的蠢笨而好拨弄是非、金花对嫂嫂的猜忌。对于月香，她也要闲闲一笔写到她挑逗男人的欲望："事实是，她并不讨厌这个城里人，甚至于他要是和她打牙磕嘴的，略微调调情，也并非绝对不可能的事，虽然她决不会向自己承认她有这样的心。"凡此皆使她的人物没有丝毫的夸张，是地道的写实的人物。可以质疑的也许是，这些乡下人在为人处世方面是否显得缺少农民的实在而有些接近小市民。但这一半是因为我们习见的小说

---

① 林以亮：《张爱玲语录》，见《明报月刊》，第132期。
② 殷允：《中国人的光辉及其它》（台北：志文出版社，1971年）中之《访张爱玲女士》。但这里的"写《秧歌》前"前几时没交待，给人的印象似乎是张去农村是在已有写《秧歌》的计划之后，果真如此，她在此书的跋中就大可不必举证那些间接的材料来源了，而且写《秧歌》的念头肯定也是到香港以后才有的。实则张爱玲指的很可能就是《华丽缘》写到的1947年在乡下过年一事，因为张在《惘然记》中曾说及《华丽缘》"部分写入《秧歌》"。时间也吻合，是冬天，《秧歌》里又恰好写到过年。
③《写〈倾城之恋〉的老实话》，此文刊于1944年12月9日的《海报》，这里引自《文汇读书周报》（1993年4月3日）。

多不曾深入农村生活中人际关系的微妙处，一半也是因为南方的农村与城市关系较为密切，因而多少有几分市民社会的风情的缘故。张爱玲对地域造成的差异亦有敏锐的感受力，事实上，在她的下一部小说《赤地之恋》中，她笔下的北方农民就朴讷淳厚得多了。

不过农村并非《赤地之恋》的唯一背景，甚至不是主要的背景，该书描写的领域包容了更广大的时空，从乡村到城市，从"土改"到"三反"，直至"抗美援朝"，农村的土改只是主人公刘荃坎坷命运中的一站。张爱玲小说中处理的多是一些被时代抛弃，或者立于潮流之外的人物，刘荃也许是她第一次从内心的视角描绘的一个投入潮流之中，在时代漩涡中沉浮不已的人，他的际遇构成了这部小说的贯穿线索。刘荃是个极想有为的青年，大学毕业后他和北京的许多学生一道参加工作队，到华北农村去搞土改，在那里他的理想主义撞上了冷酷的现实，他目睹了一场名副其实的"左祸"：因为村里的地富凑不够数字，一些中农被当做了斗争的对象，刘荃曾以他了解的政策向他的房东——老实巴交的中农唐占魁——保证他是安全的，可是唐也受到严刑逼供，最后被枪毙了。他痛苦地感到自己无形中扮演了骗子的角色，更令他心悸的是他参加了行刑，而且他相信是他一枪结果了房东的性命。在幻灭与恐怖中他与一个与他同样对现实不能接受的女同志黄绢相爱，想以此忘却周围的一切。

"土改"结束后刘荃被调到上海搞"抗美援朝"的宣传工作。在那里他耳闻目睹了社会的种种"黑幕"和革命队伍内部中的许多腐败现象，越发心灰意懒。有一度他自暴自弃地同一个丧失斗志、玩世不恭的女干部鬼混，黄绢的出现使他憬然于自己的堕落。这以后在"三反"运动中，他因上级的案子受到牵连身陷囹圄。接下来的情节是我们在写"文革"的伤痕小说中屡见不鲜的，在那些小说中有许多女青年为了获取生存的权利，为了拯救亲友的性命，献出了自己的肉体，同样，黄绢以答应一个有权有势的人物做他的情妇为条件，换取了刘荃的性命，同时她也以痛苦的自我牺牲证明了她对爱情的忠贞。

出狱后得知了事情真相的刘荃愤怒、无奈、万念俱灰。他主动报名参加了"抗美援朝"，想在出生入死之中麻醉自己的痛苦。战斗中他负了伤，九死一生，历经磨难后方被救出，后又被美韩的军队俘虏。他的遭际使他对革命完全失去了信念，对人生亦不再抱幻想，可是在小说的结尾，当"自由遣返战俘"的时刻来到时，他突然决定要"善用他生命",出人意料地选择了回到祖国大陆而不是去台湾,似乎决然地准备着到无产阶级专政下去做一个不安定因素。

即使从上面的故事梗概中我们也可以看出,与《秧歌》相比,《赤地之恋》有一个更为集中、统一的视点。刘荃在小说中有双重的功能,一方面,他的遭际、他的心路历程正是作者叙述的一个重点,具有"实体"的意义,以张爱玲的反共立场,他的幻灭自然被认为是普遍性的。《秧歌》中的顾冈一出场已经是个定型的人物,下乡的经历除了让他领教到饥饿的滋味之外,并不造成他灵魂上的震荡;除了时有自危自保的意识之外,并无内心的痛苦。他自诩的"幽默"(实际上是怯懦加上几分玩世)使他对那个胡编乱造的剧本"自己觉得很满意",只是对结尾不能安排一场"伟大的火景"感到惋惜。张爱玲对这个人物虽不加峻责,所采取的却基本上是嘲讽的态度。刘荃则沉重多了。因为他的人生态度更为严肃,因为他原是单纯的、怀有理想的青年,因为他更深地卷入了时代,他无法置身事外,因而无法轻松。他几乎从一开始就陷在怀疑、痛苦之中,那一番与时代、与自我的挣扎不啻是一场精神上的炼狱。从这个角度去看,我们未尝不可以说,《赤地之恋》的主题就是"幻灭",虽然在故事的结尾张爱玲让他有新的觉醒,成了一个英雄。

但是另一方面刘荃也像顾冈一样,是一个能对事件的意义做出正确判断、诠释的人,被作者安排为"左祸"时代阴暗面的一个可靠的目击者和证人。他像《老残游记》中的老残和《二十年目睹之怪现状》中的"九死一生"一样,走过许多地方——从农村到城市,从城市到战场,经历了种种坎坷,目睹了种种"怪现状",虽然张爱玲的处理远为复杂、巧妙、艺术化,而刘荃的这重身份也隐蔽得多了。

张爱玲虽谙熟并喜爱清末民初的谴责暴露小说(又称社会小说),然而她喜欢的是其中的材料、人情世故以及不经意传达出来的历史氛围,对其粗糙生硬、简陋过时的写法,自然不以为训。她之破例地让笔下的人物"走南闯北",挨次经历50年代初期祖国大陆的历次政治运动,也是不得已才出此下策。她后来曾坦言,《赤地之恋》是在"授权"的情形下写成的,故事大纲预先已经定好。这就是说,她的工作在某种程度上是纯技术性的,她的想象力无从自由地发挥。正因迁就了授权者的意图,她后来私下里表示她对这小说"非常不满意"。①

---

① 1968年皇冠杂志出版社重印张氏作品,《赤地之恋》不在其中,亦见出她对此书的不喜。直到90年代出全集时,它才得了机缘重新与读者见面。

可以想见，授权者从政治的动机出发，必是希望小说具有更多暴露、宣传的价值，要求作者全面报道中国祖国大陆的生活，交待历次运动，并且是正面的交待。张爱玲对于时代的反映通常是通过民情风俗、日常生活间接地实现的，比照《秧歌》我们会发现，《秧歌》并不坐实写某次运动，所写只是"土改"过后农村中一段平凡的生活；《赤地之恋》则将"土改"、"三反"、"抗美援朝"一一坐实，并且写的皆是"风口浪尖"。"授权"的痕迹在涉及"抗美援朝"的部分最为明显，虽然刘荃投军的举措照他的思想的发展似乎也说得通，是否有必要让他跑到朝鲜去受磨难，实在值得怀疑。而他在上海搞宣传时将图片资料张冠李戴的细节，他在俘虏营中受到的人道主义的对待，也过于明显地显露出为美军辩护的用意。

也许很大程度上正是因为迁就他人意图的缘故，《赤地之恋》成了一部艺术上极不平衡的小说。前面写"土改"的部分相当紧凑生动，富有戏剧性，而在其间穿插的儿女情（包括刘荃与黄绢相濡以沫的恋情，尤其是房东女儿，淳朴羞涩的村姑二妞与刘荃之间微妙的位置和飘忽的情思）不仅细腻传神，而且增加了故事的悲剧效果。可是写到城市的部分张爱玲的笔已经显得有些浮乱，头绪太多，往往顾此失彼。刘荃在朝鲜战场的经历则无疑是全书最弱的部分，由于对背景不熟悉，她也许只能完全倚仗报章以及电影资料，其结果，这个收煞的部分像是一幕匆促潦草的过场戏。最糟糕的是，因为忙于展示种种现象，过于密集的材料堆积使她无暇将材料予以充分的戏剧化，也腾不出手来，像在《秧歌》中那样从容地经营意象，以致小说过实过干，缺少象征的层面，缺少完整的风格的力量，达不到她在《秧歌》中达到的疏朗、淡远、含蓄的境界。

尽管如此，《赤地之恋》仍有它的过人之处（它绝非"黑幕"小说），事实上张爱玲很清楚什么是真正的艺术，竭力要跳出暴露文学的陷阱。在该书简短的自序中她声明："我的目的并不是包罗万象，而是尽可能地复制当时的气氛。这里没有概括性的报道。我只希望读者们看这本书的时候，能够多少嗅到一点真实的生活气息。"虽说对照小说，有时候这看来只能是她的一种愿望，但她在许多地方的确兑现了她的追求。"生活气息"、"当时的气氛"尤见于一些有意无意的点染，像"五一"节五十万人大游行，真人扮的杜鲁门和反革命戴着巨大的彩色面具跳跳纵纵，人群此起彼伏呼着口号，卖吃食的小贩在游行队伍里穿来穿去吆喝着卖油条、麻花之类，游行者时而彼此打趣、逗乐的一种严肃又有几分滑稽有趣的情形，像周玉宝、赖秀英随了丈夫进城,也当了干部,拌起嘴来用一些新名词却仍不脱农村妇女粗豪泼辣的本色,像赵楚、周玉宝关起门来在家里严肃郑重地练习握手和俄罗斯式的拥抱,乃至于玉宝房中冰箱的门钮上牵着麻绳,晾满衣裤短袜,大钢琴上搁着蓝色鸭舌帽的细节,都传达出那个时代特有的一种味道。

事实上张爱玲提供给我们的第一个画面就是极富时代色彩的:刘荃和他年轻的伙伴们坐在卡车上一支接一支唱着歌,奔赴"火热的生活"。唱着"我们的中国这样辽阔广大……",刘荃的心态也是那个时代的知识青年中极典型的,除了他的小资情调使他偏爱"悲凉的意味":"刘荃最喜欢这一个歌,那音调里有一种悲凉的意味,使他联想到一种'天苍苍,野茫茫'的境界。同时他不由地想着,一群人在疾驰的卡车上高歌着穿过广原,这仿佛是苏联电影里常看见的镜头。"不过最能代表张爱玲本人对那个时代感应的还是刘荃赴上海时那趟火车上的情景:

广播机里的女人突然又锐叫起来:"伟大的——黄河——铁桥——就要——到了!——伟大的——黄河——铁桥——就要——到了!——大家——提高——警惕!保卫——黄河——铁桥!保卫——黄河——铁桥!"
……
"同志们!"广播里那尖厉的声音又叫了起来:"列车——现在——已经——胜利地——通过了——黄河——铁桥!胜利地——通过了——黄河——铁桥!"充满了喜悦,仿佛刚打了一个胜仗似的。

用以状写50年代初人们的一种特殊的精神状态,传递那时亢奋而带几分夸张的气氛,确实活灵活现。

除了对于时代气氛的复制之外,《赤地之恋》中也还有张爱玲在创作中一贯追求的东西。比如,她于一种政治化的气氛中捕捉的仍然是人生的苍凉意味,个人在大时代面前的惶惑和对于安全感的渴求。且看写刘荃为"土改"中的"左祸"震惊,到爱情中寻找安慰的一段,这是在他就要与黄绢分手的时候:

他也像一切人一样,面对着极大的恐怖的时候,首先只想到自全。他拥抱着她,这时他知道,只有两个人在一起的时候是有一种绝对的安全感,除

此以外，在这种世界上，他根本没有别的安全。只要有她在一起，他什么都能忍受，什么苦难都能想办法度过。他一定要好好地照顾她，照顾他自己，他们一定要设法通过这凶残的时代。

于是他有了一个决定，那是简单的近于可笑的，仿佛是极世俗的一种"上进"的念头。他一定要在工作上有好的表现，希望能一步步地升迁，等到当上了团级干部，就可以有结婚的权利。

这个片段很容易使人想起《倾城之恋》结尾范柳原、白流苏经历磨难之后于困境中相濡以沫的情景，我们似乎是在另一个背景下领略到在《倾城之恋》结尾曾经尝过的苦涩的滋味。但是在《倾城之恋》中，我们因主人公放弃浮华生活态度而感到的庆幸部分地冲淡了我们对人生挫折感的体验；而因为刘荃曾经是个理想主义者，因为他是个比流苏更具有反省、自觉能力的人，因为他原先抱持的是一种更为严肃的人生态度，在他生出的"可笑的"进取心当中沉淀的人生挫折感，无疑包含着更深刻的内容，也更有悲剧性。又因为后来他终于不能保全自己，而黄绢的下场甚至更为悲惨，他这个可伤的心愿，他的"可笑的"决定也便愈见其苍凉，"思之令人落泪"。

当年张爱玲最红的时候，有许多人惋惜她在痴男怨女的小世界中虚掷才华，也有人奉劝她去写重大的题材，她不为所动地答复道："一般所说'时代纪念碑'那样的作品，我是写不出来的，也不打算尝试，因为现在似乎还没有这样集中的客观题材。"当时又有人推断，张爱玲那种类型的才华不适宜写长篇小说。这推断看来是难以成立了。而1949年以后她在祖国大陆短短几年的生活让她得到了"集中的客观题材"，使她改变初衷，恐怕也是她自己始料不及的。

《秧歌》与《赤地之恋》是否称得上"时代纪念碑"式的作品是另一回事，然而它们无疑证明了她有能力去描摹脉脉情愁、恻恻轻怨之男女恋情之外的更广大的世界（虽然像我们在前面看到的那样，她仍然是沿着自己的路径在往前走，并不是另起炉灶，而是如她自己所形容的那样，"文人该是园里的一棵树，根深蒂固，越往上长，眼界越宽，看得更远"，她的根就是她一贯的人性立场，她对人生的判断，对人的"理解的同情"）。《秧歌》自然已是一部近乎完美的作品，即如《赤地之恋》，虽有种种可挑剔之处，至少也显示了她准确把握时代气氛的能力以及驾驭

"尖端"题材的一种可能性。这两部书使人们有理由期待她在这方面的更大的发展。不少人遗憾她未能沿着这条道继续往前走,台湾作家王桢和甚至不胜惋惜地说:"她应该多留在祖国大陆写'文革',她是那么观察敏锐的人。"

但是张爱玲本人当然不作此想,她甚且觉得离开了祖国大陆来到香港还不够。《浮花浪蕊》中的女主人公不能理解"新社会",对祖国大陆的现实感到恐惧,从上海跑到香港犹觉不安全,虽然到日本谋生前途渺茫,仍然决意一走了之,说是"走得越远越好"。张爱玲有同样的心态,50年代正值冷战的高峰,祖国大陆的政治运动则是一波未平一波又起,她像许多逃来香港的人一样,对这个殖民地的前景忧心忡忡。她早有移民美国的打算,而此时她有了机会。1953年,美国有一难民法令允许少数学有所长的人到美国,日后可申请为美国公民。在整个远东,三年中共有五千个名额,三千给本地人,两千给外地人,张爱玲是上海人,属于后者。她即利用这个法令申请入境。申请须有一美国公民作保,麦加锡做了张的保人。

1955年秋天,她乘"克利夫兰总统号"轮船离开香港,前往她无亲无故、人地生疏的美国。

哀乐中年

1955年11月,张爱玲到了美国纽约。她在这里人地生疏,起先不知落脚何处,过了一段时间即听炎樱一熟人的介绍,搬到了一个女子职业宿舍去住。那宿舍是救世军所办,救世军是慈善机构,宿舍是济贫的性质,寒伧而简陋,投奔者多是贫寒无着落之人,就连住在那里的女孩子提起亦不好意思,外人更看不起,而张爱玲安之若素,不以为意。

在她初到美国的那段时间里,有一件事不可不提,这就是她与大名鼎鼎的前辈人物胡适的交往,事实上,她来美之前与胡适已通过书信。

1954年的秋天,大概是《秧歌》单行本出版不久,她就从香港寄了一本给胡适,并另写了一封短信,说她希望这本书能有一点"平淡而近自然"——胡适给《海上花》所下考语——的味道。数月后胡适回了信,信中说:"你这本《秧歌》,我仔细看了两遍,我很高兴能看见这本很有文学价值的作品。你自己说的'有一点接近平淡而近自然'的境界,我认为你在这个方面已做到了很成功的地步!这本小说,从头到尾,写的是'饥饿'——也许你曾想到用《饿》做书名,写得真好,真有'平淡而近自然'的细致功夫。"又道:"……我真感觉高兴!如果我提倡这两部小说(按:指《醒世姻缘》和《海上花》)的效果单止产生了这一本《秧歌》,我也应该十分满意了。"

张爱玲接信后的欣喜不言而喻。她对胡适早有景仰之心,在她心目中,他是参与了现代中国人的思想塑造的大人物。这样一位人物对她的小说作出如此高的评价，自然令她喜出望外，而他读得那样细，"两遍"之后于信中具体指出一些细节的成功和可疑议之处，决无一丝虚词敷衍之意，更令她感动。几年后胡适将他读过的那本《秧歌》寄还她，只见上面通篇浓圈密点，扉页上并有题字，她越发激动得无以言表。也许没有任何其他的评论能如胡适的信和题字，在她心目中有如此沉甸甸的分量了——虽然她未必就完全同意胡适对此书主题的判断。①

张爱玲到纽约后不久即去看望胡适先生，或者是担心初次登门自己会怯场的缘故，她是拉上炎樱一起去的。后来她又一个人去看过胡适，她自言跟这位前辈谈话"确是如对神明"，很难松弛下来，加以她不善应对，谈话的气氛不免有些冷，还是谈谈一些旧事比较轻松。说起来她家与胡家还有点旧谊，胡的父亲认识她的祖父，求他帮过一点忙；她母亲与姑姑则与胡适同桌打过牌。张爱玲还记得抗战胜利后有一回姑姑在报上看到胡适回国（可能是从驻美大使任上回来）笑容可掬走下飞机的照片，笑道："胡适之这样年轻！"

然而现在的胡适已经是一位过了气的人物了，他的自由主义在祖国大陆和台湾都找不到市场，在美国他做着研究工作，学术上难有突破，也没有多少号召力了——美国人单知有林语堂，不知有胡适。而胡适的落寞看来只有更激起张爱玲对他的敬仰之情——素来是末路英雄和孤寂的伟人，而不是叱咤风云的人物更使她感动。胡适对这位晚辈也很是关心，担心她孤身一人在外寂寞，感恩节曾邀她去吃中国馆子；又还亲到张爱玲那济贫院性质的住处去看过她，对她的肯于吃苦，没有虚荣心颇有赞赏之意。可是那一次胡适来看她竟成了永诀，她只是从报上看到他返台的消息，后来又知道了他去世的噩耗。

胡适无疑是张爱玲接触过的人当中最让她崇仰的一位，他早年的小说考证影响到她后来的学术道路（详见后文），他对《秧歌》的评价使她于寂寞的探索中得

---

① 胡适的题字很可能就是后来印在皇冠版《秧歌》扉页上的那段话：

　　此书从头到尾，写的是"饥饿"——书名大可题作"饿"字，写得真细致、忠厚，可以说是写到了"平淡而近自然"的境界。近年我读的中国文艺作品，此书当然是最好的了。

　　　　　　　　　　　　　　　　　　　　　　　　　　适之　一九五五．一．廿五

《秧歌》所写当然不止于"饥饿"，即使写的是饥饿，张爱玲也不会用"饿"做篇名——那仿佛太像二三十年代人道主义作家和左翼作家的题目。张爱玲后期的小说虽力求平实，取名还是像早期一样，不肯坐实，力避直露。

到鼓舞,他在工作上生活上给予她的长辈的关怀和帮助更令她铭记在心。多年以后,她写了《忆胡适之》一文,追念这位长者。这是一篇平淡的然而又极其感人的文章。她与胡适虽接触不多,交谈与书信往还笼统也没有几次,可是她却深深体会到胡适晚年落寞的心境,对此文中她没有正面写及,却自在不言中。写到胡适看她的那一次:

> 我送到大门外,在台阶上站着说话。天冷,风大,隔着条街从赫贞江上吹来。适之先生望着街口露出的一角空濛的灰色河面,河上有雾,不知道怎么笑眯眯的老是望着,看怔住了……我也跟着向河上望过去微笑着,可是仿佛有一阵悲风,隔着十万八千里从时代的深处吹来,吹得眼睛都睁不开。那是我最后一次看见适之先生。

灰色,隐隐的寒意,胡适"看怔住了"的神情,都使人难忘。还有一处提到胡适对她谈到他正在为《外交》杂志写一篇文章:"(他)不好意思地笑了笑,说:'他们这里都要改的。'"胡适当年在社会上,在学术界是何等地位,在社会上是什么样的身份?"他们这里"与"都要改的"下面的潜台词真是一言难尽,张爱玲只记他的话,只写他的"不好意思",不点破亦不发感慨,闲闲一笔,却更令人低徊不已。

1956年,张爱玲得到爱德华·麦克道威尔写作基金会为期两年的写作奖金,于这一年2月搬到该会所在地新罕普什尔州的Peterborough。这里是一处远离尘嚣的僻静庄园,如同其他类似的机构一样,基金会的主旨是为一些有资格或有前途的作家提供舒适的环境,暂时把他们养起来,以利其专心写作,是否如期交卷倒是不问的。张爱玲提交的计划是写一部长篇小说,暂定名为《粉泪》(*Pink Tears*),这也就是《怨女》英文本《北地胭脂》(*Rouge of the North*)的前身。

在Peterborough,影响到张爱玲以后生活的一件事,是她遇到了美国作家费迪南·赖雅(Ferdinand Reyher)。

赖雅1891年出生于费城,父母均为德国移民。此人二十多岁即有一部戏剧入选麦克道威尔基金会的戏剧节,1941年获哈佛大学文艺硕士学位,曾在麻省理工学院执教。1917年,赖雅与美国著名女权运动家吕蓓卡·郝理琪结婚。20年代,赖雅不断为许多权威杂志撰稿，文名渐著，他还经常往返大西洋两岸，结识了许多其时已成欧美文学重镇的人物，如庞德、乔伊斯、康拉德。1927年他在柏林初会布莱希特，更成为莫逆之交。布莱希特是著名的左翼戏剧家，坚定的马克思主义者，赖雅在"红色的三十年代"开始服膺马克思主义学说，其后在布莱希特的影响下，越发信仰马列和社会主义苏联，当苏联的形象因斯大林的清洗和铁腕统治而摇摇欲坠之时，他还曾为之辩护。后来虽然像许多曾经左倾的西方知识分子一样，对苏联感到幻灭，但一直保持着左翼理想主义的心态。

1931年赖雅应朋友之请为好莱坞编剧本，自此在好莱坞一呆十二年。30年代，好莱坞已形成庞大的电影工业，为保证其剧本源源不断地供应，各大电影公司纷纷以高薪将许多成名的作家招募到帐下，在好莱坞的黄金时期，文人从纽约到好莱坞似乎是理所当然的路径。赖雅走的也是这条路。与赖雅合作过的制片人和导演无不称扬其才气，好莱坞的优厚待遇和逸乐却中断了赖雅的文学生涯。他的老朋友、诺贝尔文学奖获得者辛克莱·刘易斯曾预言他会一夜成名，这个预言最后落了空。他的长篇小说《我听到他们歌唱》、戏剧《以色列城堡》，以及一些短篇虽然被个别研究布莱希特的专家推为杰作，可是对于普通的读者，他的名字已经被遗忘了。或许除了作为布莱希特的朋友被提及之外，将来人们也许会因张爱玲的缘故派生出对他的兴趣也未可知。

张爱玲来到Peterborough的时候，赖雅也在这里，他是1955年得到入营机会的。张爱玲不久即与赖雅相识，第一次见面是3月13日，次日他们之间有几分钟的谈话，短暂的谈话给赖雅留下很好的印象，他觉得张端庄大方又和蔼可亲。张爱玲对赖雅的印象不得而知，但显然他是营地里她感到唯一可与之倾谈的人。起初二人只是在一些众人的场合谈谈话，但很快他们即开始单独来往。到5月初，两人已是很觉投趣，5月12日，赖雅的日记里更有了这样一行字："去房中有同房之好。"而这时，距赖雅离开营地只有两天的时间了——赖雅在麦克道威尔营地的期限是到5月14日。

到了那一日，张爱玲坚持到车站相送。在这送别的当儿，她倾吐了自己的感情，同时，她也谈到了她在美国面临的困境。说起来赖雅现在也应算是落魄之人，作为一个过了气的作家，他的生活根本没有保障，而且年事已高，身体状况也在走下坡路。对此张爱玲在这段的接触中当然有所了解。所以尽管自己很拮据，临

别之际她还是送给赖雅一些现款作为礼物。

以身相许，表白情感，临别赠金，对于一个矜持的中国女人，这意味着什么，似乎是再明确不过的了。赖雅对张爱玲的体谅人和诚挚的情感很是感动，可也许是因他的西方背景，他并未准确理解其中的暗示（比如将张所做的一切视做西方式的情人关系的一部分）；也许他对婚姻充满疑虑，宁愿对张的隐衷视而不见。总之他没有给张爱玲任何的承诺。只是一个多月之后，因为一桩意外的事情，赖雅才开始郑重考虑将二人的关系发展为一桩婚姻。

其时赖雅已结束在纽约州北部的另一文艺营地耶多短短六个星期的停留，搬到萨拉托卡泉镇一家旅馆。7月5日，他接到张的来信，告诉他她已怀上了他的孩子。对他而言，这显然不是什么好消息，而且肯定令他感到突然，但此时即使他对婚姻仍有疑虑，他的责任感也要迫使他做出决断了。他当天即写信向张爱玲求婚，且冒雨到邮局将信寄出。但这信张未及时收到，其实即令她收到这封信，也急需得到赖雅当面的保证和安慰，并知道他对怀孕一事的态度。所以第二天她就赶来与赖雅见面。数日的盘桓对张爱玲而言，可说是她生命中的又一重大时刻：他们决定结婚；同时，孩子不要了，张爱玲去做人工流产——赖雅对二者的态度同样明确。他坚持不要孩子，称孩子为"东西"。于是，张爱玲将为结婚做的准备中便很不寻常地包含了这样的重要内容：打掉孩子。

不管赖雅出于怎样的考虑，以他们当时的境况，不要孩子实在是明智的。他们两人均无固定收入，居无定所，前途未卜，再有一个孩子，差不多等于让自己陷入更大的困境。事实上，纵然赖雅愿意要这个孩子，张爱玲多半也会劝其放弃。除了她自顾不暇的处境之外，我们还须考虑到，她是个将写作视为宿命的人，而这时她正处在一个当口，即能否以英语写作在美国立足。此前她和赖雅的交谈中，就不断地谈到她的写作计划，而此次会面的第二天，她又向赖雅谈起她要写两篇古代背景的小说《僵尸车夫》和《孝桥》。留下孩子，意味着她的写作至少暂时得中止，日后则须面对"扶老（赖雅）携幼（孩子）"的黯淡前景，她将根本不可能在写作上全力以赴。以她应付日常俗务的低能，要孩子对于她甚至就意味着放弃写作。也许没有比这更令她恐惧的了，相比之下，在陌生的异国他乡堕胎虽然令她委屈、恐惧，这恐惧却毕竟是短暂的。问题是，由她自己主动提出堕胎是一回事，赖雅单方面表态又是另一回事，不管怎么说，赖雅坚持她得去做人流，这种近于"摊牌"的方式对她的情感肯定多少是一种伤害。

尽管如此,张爱玲在萨拉托卡泉镇上与赖雅相聚的那些日子,想必仍然是不无轻松愉快的,毕竟赖雅给了她婚姻的承诺,这使她有如释重负之感。显然,以二人当时的各自的处境而论,张爱玲比赖雅更急切地期盼结婚,在二人关系中真正采取主动的也是她。赖雅虽说落魄潦倒,这境况却是他已经习惯,并且能够接受的;张爱玲则是被抛在陌生的环境中,四无依傍,她之渴望与赖雅的婚姻,正像落水之人奋力挣扎着要抓住够得着的浮物。也许从她与赖雅单独交往时起,她冥冥中已在等待着对方的求婚,而当她为赖雅送行时在向其剖明心迹的情况下赖雅仍无明确表示,则不能不使她感到焦虑。她之赶来与赖雅见面,固然是由意外怀孕而起,但她更关切的是二人悬而未决的关系。现在,赖雅已表明态度,她悬着的心总算放下了。

8月14日,张爱玲与赖雅在纽约结婚,参加婚礼的人有她的经纪人马莉·勒德尔和炎樱。

二人从相识到结婚,满打满算,不到半年的时间,其时张爱玲三十六岁,赖雅已经六十多岁。张爱玲已届中年,赖雅则可以说是望七的老人了。赖雅来往大西洋两岸,又混迹好莱坞多年,离过一次婚,可谓阅人已多,张爱玲虽只有过一段极为短暂的婚姻,然在感情上却已是"曾经沧海";赖雅文学活动鼎盛的时期早已过去,在冷战的年头更是一个过了气的人物,张爱玲离开了更能刺激她灵感的环境和她熟悉的读者,创作力也已明显露出衰退、枯窘的迹象。总之两个人都到了绚烂归于平淡的时候。当然对文学,也许尤其是电影的兴趣会让他们走到一起,也是不言而喻的。

然而除了这些可能的、未必就有多重要的一致之外,要在这对异国夫妻之间找到什么相同之处就难乎其难了。赖雅性格外向,以他的交往而论,他竟是有一半要算一个文学活动家,张爱玲则在很年轻的时候即已习惯于独处,即使最"飞扬"的年头也还是视交际为畏途,不仅是性情的关系,从创作的角度讲,她也认为作家应该有隐士的一面,聚会太多会妨害彼此的创作。

更为触目的当然还是二人政治立场上的形同冰炭。张爱玲自言三四十年代即感到左派的压力,而赖雅其时恰是著名的左翼文人,异地而处,如果赖雅是在中国,那他就正属于张爱玲十分不屑而又感到畏惧的那一群人,其浪漫的热情和理想主义均为她所不取。张对社会主义制度更是从感情到理智都绝对不能接受，自祖国大陆来到香港后她曾对人提及她赴美的缘由，说是对那种制度"离得越远越好"。赖雅则虽对共产主义感到幻灭，然对西方传媒有关苏联和中国大陆的种种报道一直不忍面对。张爱玲后来曾对来访者提到，1966年"文化大革命"在中国大陆爆发时，一家杂志上有专文报道，她让赖雅看，赖雅认为一定又是"反面"的宣传，拒而不读。尤其有趣的是他们结婚时应还在张爱玲政治情绪最"高涨"的时期：此时距《秧歌》、《赤地之恋》发表的时间不算很长，而这两部书是张最具政治色彩的小说。

如此不同的两个人走到一起，并且至少是一直能够和平共处，看似令人费解，不过从张爱玲对婚姻的一贯态度看，此事不能完全算是意外。她的两次婚姻有某些相似：都是由相识、相爱很快地导向婚姻；对方都是与她属于相反性格类型的人，都是"聪明"而富才气，同时年龄都比她大出许多。张爱玲对安全感的需求是她每次都迅速走进婚姻的一大原因，婚姻对于她的意义，其至关重要的一点是它应给她带来一份现世的安稳，而她总是属意年龄比她大出许多的男人，似乎也同她有意无意地更希望处于被保护的地位有关。

她在婚姻中所以能跨越性格相左、立场歧异的障碍，则牵涉到她对男人女人在生活中、婚姻中性别角色的理解和判断，外向、进取一直被她视为男人的特性，而与她交情不错的少数几个男性朋友似乎也都不是性情内向的人物。也因为男人进取，他们之更多地卷入政治，喜欢谈论政治仿佛是不可避免的，并不像女人搅在政治里那样令她反感。既然政治在她眼中不过是生活表层的浮沫，人生有比政治更广大、更深刻的内容，采取何种立场虽不是毫无关系，也就没有绝对的严重性了，判断人的关键倒是看其有无丰富的人性和足够的聪明，张爱玲最不能接受的恐怕还是清教徒式的人物，这种人把自己完全抵押给某种抽象的原则，性情偏枯，失去人味，赖雅显然不是这种人，而种族、文化背景的不同，年龄的悬殊造成的距离感反倒意外地有可能使二人更容易有意无意忽略掉政治的因素，不那么顶真地去计较对方的立场。

话虽如此，在外人的眼中，这对异国的夫妻实在相去太远，几乎从每一方面都显出不谐，而且赖雅比张爱玲大了差不多三十岁，以至于我们几乎不可能不把这桩婚姻看成是又一个传奇的故事了。

这传奇不比那传奇。尽管张爱玲对婚姻一直取一种务实的态度,但她经历她的第一次婚姻时毕竟只有二十四五岁,风华正茂,才气逼人,恰是尽情领略生之喜悦的时候,身当其事,再无惯有的矜持和距离感,全然沉浮于欲仙欲死、大喜大悲的感情波澜中——那实质上是浪漫的、"诗"的恋情。这一次的婚姻则更带有"散文"的味道。赖雅不可能像胡兰成那样"懂得"她,她也无法重温初恋的情怀,而且赖雅年事已高,很快就需要她来照料了。张爱玲不可能抱有过高的期望。

从比较实际的角度考虑,她在美国这块陌生的大陆上无亲无故,不像在祖国大陆和香港,那里是她熟悉的世界。与赖雅的结合可以帮助她同环境建立起某种联系;她虽然不爱交际,雅好独处,"在没有人与人交结的场合充满了生命的欢悦",但爱独处并不意味着她能完全摆脱常人的孤独感,我们会记起以往她身边总是有少数几个特别亲近的人,同她姑姑,同炎樱更是朝夕相伴,现在她则真正是孑然一身了,婚姻正可通过一种着实的关系填补感情上的空缺,带来某种心理上的保护。何况她一向把婚姻视为人生之"常"的内容,像生老病死一样唤起人生的亲切和安稳,并不想要回避,相反倒是有可能就准备接受。虽然以她的趣味、身份、性格,她面对的"可能"有时近乎不可能。不管怎么说,张爱玲显然是以一种"哀乐中年"的心境走入了她的第二次婚姻的。

张爱玲从她与赖雅的婚姻中得到了她所期盼的安全感,这是她在胡兰成那里未曾得到的。赖雅也许根本没想到自己的晚年会碰上这样一桩婚姻,对方正值盛年,在他阅历过的女人中,又是如此贤惠,肯于体谅人。因此他对张爱护有加。他知道张爱玲在写作上的抱负,同时当然自知已然江郎才尽,所以他尽可能为张爱玲创造写作环境。餐桌上的饭菜主要是他操持,上银行、去邮局、到杂货店购物、与外界打交道之类的杂事都是由他应付。而在一些较大的事情上,他也遂顺张的意愿。比如张爱玲习惯于大城市的生活,对乡镇生活的单调乏味难以忍受,赖雅最终便放弃了自己的打算,同张爱玲一起申请去一些大去处的文艺营地,后来又在旧金山定居——尽管他漂泊多年,很想安静地度过晚年,而他对彼得堡悠闲的生活也颇觉惬意。

作为一个美国作家,他在张爱玲的英文写作上也应该可以给予一些帮助。还在初相识时,张的写作计划就是他们交谈的一个重要内容,对《怨女》,他就贡献过自己的意见。据说《怨女》英文版的文字与《秧歌》相比,就有很大长进。

与赖雅在一起,最让张爱玲感到愉快的事情也许是看电影、逛街和旅行。他们日常的主要消遣便是看电影、逛街,而在婚后最初的那几年里,他们到过纽约、波士顿、华盛顿、旧金山等城市,每到一地,赖雅便领着张爱玲走街串巷,领略风光人情。赖雅多是旧地重游,熟门熟路,且人又热情,谈笑风生,真是绝好的向导。当然更关键的是,赖雅也担当了张进入美国社会的向导。在赖雅的引领之下,张爱玲对美国的生活由全然陌生而渐渐熟悉起来。那时的张爱玲尚不似后来的意态消沉,她对外界的事物仍怀有浓厚的兴趣。赖雅日记里就记下了她对脱衣舞的好奇,有一年她过生日,她就要赖雅领着去看脱衣舞,且看得津津有味。

那时的张爱玲也不似后来的自我封闭,仍有与人交往的愿望。她随赖雅认识了一些美国人,间或也有往还。她在美国最亲密的女友爱丽丝·琵瑟尔就是同赖雅在旧金山时结识的。后者是位女画家,张则早年曾有做画家的梦,后来对绘画也一直喜好,二人相处,颇觉投机。张在给琵瑟尔的信中称她为"极少数几个好友之一",后来琵瑟尔失恋,她还与之对坐长谈,并以自己的婚恋经历为言宽解,想想张爱玲晚年斩断尘缘,与琵瑟尔的这段友情也应算是不同寻常了。

然而愉快是短暂的。即使与赖雅婚后最轻松的几年里,这个二人之家里也时常愁云密布。张爱玲知道赖雅年事已高,但她肯定不知道他还是一个病人。赖雅看上去高大健壮,身体状况却很糟糕。二人结婚才两个月,赖雅即中风,事实上他1943年就有过轻度中风,1954年六十三岁时又一次轻度中风而住进医院。此次再度中风,使他变得非常虚弱,甚至他自己也怀疑命将不保。12月他的病又一次复发,因面部神经麻痹再度入院。总算幸运,他不久以后恢复过来。可赖雅的病无疑给张爱玲未来的生活投下了难以抹去的阴影:赖雅那里寄托着她在美国开始新生活的希望,然而现在她知道,赖雅随时可能弃她而去,或者,她说不准什么时候面对的就是一个瘫痪在床的病人。

赖雅的病情是他们头顶的一柄悬剑,他们糟糕的经济状况则是二人一直要面对的。赖雅过了大半辈子,走红过,富有过,现在却是一贫如洗。他的固定收入是每月的养老金区区五十多美元,此外只有可怜的一点版税。二人议婚嫁时他就坦率地表示,他日后在家庭收入方面恐怕无能为力。这等于说,这个家将要由张爱玲独立支撑。不知张爱玲对赖雅的贫寒有无足够的估计,不管怎么说,她毫无怨尤地接受了对她的挑战。她所拥有的只有她的一支笔,只有在美国文坛立足的梦想。可是要在美国文坛上闯出一片天地，谈何容易。起初她也许有一份自信，自她出道以来，她在出版上还没有遇到过什么障碍，她的第一部英文小说《秧歌》被纽约查理司克利卜纳公司接受，顺利出版，且得到美国书评家的好评，可能更给了她一个错误的信息——她的英文写作也将踏上坦途。可惜出版商、书评家看中的是《秧歌》的反共意味，对其小说艺术并不理会，当她拿出她的第二部英文小说《粉泪》时，他们便拒而不纳了。这是1957年5月的事，而写作《粉泪》是张爱玲到美国后最主要的工作。

幸而她在香港的好友宋淇一直在帮她的忙。宋淇在电懋电影公司任职，五六十年代，该公司是香港最主要的电影厂家之一。宋淇极力向公司推荐张爱玲，而张以她纯熟的编剧技巧，以她对观众心理的把握，也能令对方满意，她有几部片子拍成后在香港就颇为叫座。以此，她得到的稿酬在香港可排在最高之列，每个剧本可得八百至一千美元，这成为她收入的主要来源。除此之外，偶尔可以济穷的，大约就是她母亲留给她的一点"遗产"了。她母亲40年代旅居国外，最后定居伦敦，主要靠变卖从中国带出的几箱古董度日，1957年她因病去世，剩下的最后一只箱子给了女儿——这也是她海外的唯一亲人。对于手头拮据的赖雅夫妇，这不啻天上掉下的馅饼，二人戏称这箱子是他们的"宝藏"，时常变卖些古董以贴补家用。到赖雅去世时，这"宝藏"也被发掘得差不多了。

赖雅的病与他们的贫寒之外，还有一些事情也令张爱玲头疼。性格上的差异时而导致两人之间小小的龃龉。张爱玲虽偶尔与赖雅一同与亲朋往还，但大体上一直是将人际交往视为畏途的，同时她也把应酬之类当做对她的写作活动的干扰。赖雅则显然是个喜好"群居"的人，与人相处总是令他感到愉快。在亨亭屯·哈特福文艺营地时，赖雅晚餐后喜在公共大厅中闲荡，与人交谈，或是玩小额赌注的扑克牌游戏，张则总是立即回去。有时，营地里的艺术家在住所聚会，赖雅去参加，张总是借故不去。遇有客人来访，张也尽量回避。有一次他们的一个朋友带来一只山羊给张看，赖雅故意隐而不宣，只道有客相访，唤她出来，不想弄巧成拙，张坚拒不出，为此二人争辩了好一阵，最后还是说明真相，张这才露面。赖雅自然不能理解张爱玲那份"在没有人与人交接的场合"充满的"生命的欢悦"，他只能把她的避不见人看成一种怪癖。同样地，张对赖雅过分地喜好社交也不以为然，多年后她曾对一位来访者谈到赖雅，说他"对人际关系的渴求简直到了太过分的

程度"。

张的不喜、不善与人相处也影响到了她与赖雅家人的关系。赖雅与前妻育有一女霏丝，年岁与张爱玲相仿。在罕卜什尔时张就与她见过面，在旧金山时，她从佛罗里达来逗留十天，张曾热诚相待，与赖雅一起陪她游名胜逛商店，到唐人街吃小吃。但二人的关系也就止于客气，无法开诚相见。张爱玲以往的作品里常写到后母，她再不会想到日后她会扮演后母的角色。虽说这同中国旧式家庭里的后母全然是两码事，这样的关系却肯定让她感到别扭，须得打点起十二分精神去应付。偶尔见面尚无大碍，时常晤对就将不胜其烦。1962年后的一段时间，张赖、霏丝两家人都住在华盛顿，往还的机会多了，张爱玲就开始设法回避了。霏丝夫妇经常请他们用餐，张爱玲却很少伴赖雅一起去，宁愿在家自己随便弄些东西吃。甚至像感恩节、复活节一类的节日，她也拒绝参加节日正餐。她总是借故推托，而最省事的托词便是胃病发作。赖雅次次形单影只去女儿家做客，心中自然不快，张也不作解释，其实要解释也解释不清的。

当然，此种"咬啮性的烦恼"与贫、病的压力相比，算不了什么，毕竟，是后者而非前者使张爱玲不能全力以赴地去圆她的天才梦。诚然，她一直没有停过笔，除了为电懋撰写电影剧本之外，她还曾将台湾陈纪滢的小说《荻村传》译成英文，取名《荻中笨伯》，后又改写成中、英文两个版本的电影剧本。但这些都是迫于生计的稻粱谋。《荻村传》写世纪初至40年代中国北方一个村庄的变迁，对共产党的革命做了露骨的讽刺，张或许对其素材不无兴趣，不过选择翻译此书，恐怕与《粉泪》出版受挫不无关系：既然美国出版商对那样的题材不感兴趣，《秧歌》里的反共色彩倒颇让他们赞好，那么反共的《荻村传》或许会令他们满意。不想她将英文稿送到那位帮她推销了《秧歌》的经纪人处，那人却拒绝处理。后来，1959年，还是在美国新闻处的支持下，《荻中笨伯》才在香港出版，她后来的改写也是受该机构的委托。

至于电影剧本，那也根本与她立足美国文坛的意愿不沾边，更不是她的天才梦的一部分。多年后她对来访者谈到赖雅的写作时曾以为，作为一名好莱坞的编剧，他知道该耍什么公式，用哪些窍门；而她觉得正是这些把戏破坏了他成为一个严肃作家的资质。张爱玲当然早就明白，她自己写的那些电影剧本，驾轻就熟，也是某种公式的派生物，说是另一种形式的委托之作亦无不可。可是为了生计，她只好勉力为之。有时候，简直就是在赶工，比如有一次，宋淇从香港发来电报，问张可否在半个月内拿出一份剧稿，张马上回电接下这份活。她埋头苦干，数日内即将剧本全部完成。

虽说电影与翻译耗费了不少精力，她并未放弃她心目中真正的写作。她将《赤地之恋》译成英文，《粉泪》写完后一直在修改中（最后定名为《北地胭脂》），她还写了两篇以古代中国为背景的小说《僵尸》和《孝桥》，又有一篇小说名为《上海闲游人》，此外赖雅1961年的日记里还记下她正在写一部小说，已写完十二章。考虑到她诸事分心，用英文写作又不可能很快，她写的实在不能算少。写作时，她想必也想着要向美国读者的口味靠拢，比如此前就从未写过古代的故事。可是她的努力没有得到任何回报：到1961年她的港台之行为止，她到美国后六年间英文作品处处碰壁，无一出版，与当年在上海被追着要稿子的情形恰成对比。对此她肯定缺少心理准备。她得悉出版商无意出版她的《粉泪》，曾沮丧到至于病倒，卧床数日，一个月的时间才恢复过来，可见对她打击之大。两年后炎樱来信中对《北地胭脂》未能被出版社接受一事表示同情，张禁不住又潸然泪下，情绪低落到极点，以至于赖雅怀疑《北地胭脂》遭退稿，在张差不多就等于宣布了她本人已被文坛抛弃。又有一次，她夜里梦见一位不知其名的中国作家取得了极大成就，相比之下，她很觉丢人。次日她泪流满面向赖雅复述了梦中的情形。显然，她在美国的遭际令她深感委屈。

与在美国的失意有关，同时也许与同一个异国老病之人长久生活在一起可能会有的压抑感不无关系，张爱玲很想换换环境，1961夏天她向赖雅提出，她想做一次远东之行。其时他们已在旧金山定居好几年了，赖雅也许已想着终老此地，还在盛年的张爱玲却不甘心就此认命，安于现状。事实上1959年12月她就曾瞒着赖雅向英国海外航空公司打听去香港的费用。这个日期颇值得玩味，因为就在一个月以前，她收到了入籍通知书（第二年7月她办完一系列复杂手续，拿到了绿卡，获得美国公民身份，为此夫妇二人还庆祝了一番）。这暗示着可能张在更早的时候已经动了去香港的念头，只是身份未定，才未提上日程。

张爱玲肯定料到赖雅对她的计划将持反对的态度，故而一直秘而不宣，因此可想而知，当她提起时，赖雅颇感突然且深感不快。张给赖雅的理由是，她打算写一部以张学良为原型的英文小说《少帅》，为此她要到东方去搜集资料，此外，为改善他们的经济状况，她觉得有必要到香港去寻找更多的机会，既然他们的主要收入一直来自香港，赖雅虽百般不愿，却没有理由阻拦她，同时也无力阻拦。因为正像一位张爱玲研究者司马新分析的那样，此时二人的关系发生了逆转："张爱玲在美国已住了六年，做了五年赖雅太太。在这段生活开始的阶段，她在这片新大陆中既孤独又无措，就靠赖雅对她指导。年复一年，她已逐渐判明了自己的方向，依赖性也随之减少；相反，赖雅当初对结婚并不热心，可是如今在感情上和经济上都离不开她……反而依赖她的抚养和支持了。"

赖雅不免有被抛弃的感觉，并且他也有理由怀疑他的妻子是否就此一去再不复返，毕竟张爱玲才四十来岁，他则已是风烛残年，说不定这一去竟是生死之别。可能是受到的刺激太大，赖雅腿部的疼痛扩散到背部，全身都觉刺痛。

既然张爱玲主意已定，接下来的问题便是如何安置赖雅——他虽生活尚能自理，却已不能没有他人的照顾。张爱玲建议他仍留在旧金山，与他们在此结识的朋友在一起，但赖雅拒绝了。他再次向一文艺营地申请位子，却被回绝。幸而刚搬到华盛顿的女儿霏丝来信，告他可到华盛顿住在邻近她家的公寓，这才使他如释重负。与赖雅内心的凄楚感伤相比，张爱玲的心境是轻松的。在为赖雅找落脚点的同时，她忙着做准备，买机票，拍护照上用的照片，等等。暂时的离别之苦实在敌不过即将成行的东方之旅带来的兴奋，这有可能是她生活中一个新的转机。张爱玲对她的东方之行充满希望，她也有理由抱有希望，因为香港是她熟悉的，她到那里的具体目的是将她钟爱的《红楼梦》改编为一部上下集的电影，这对她是个富于刺激性的挑战。至于台湾，她对计划中的《少帅》很有野心，满心指望以这本书为她在美国文坛上打开局面，同时令她高兴的是，她在台湾的一些文艺小圈子里已文名渐著。

1961年10月初，张爱玲离开旧金山飞往台北。她不会想到，此次她想象中应是愉快而充满希望的东方之行最后成了一次伤心之旅。

伤心之旅

张爱玲的第一站是台北。她既然对她的下一部英文小说《少帅》寄予了很大的希望，当然不肯率而为之，她想弄明西安事变的许多细节，不光是资料，她还希望见到西安事变的关键人物，也是她设为书中主人公原型的张学良。她所以将再闯美国文坛的赌注压在这本书上，也许是因为她从此前投稿屡屡受挫中吸取了教训，即美国人只对他们想看的东西感兴趣，因此对于她这样一个写中国故事的作家，选好一个合适的题材可能是成功的关键。二战时美国与中国是盟国，当时的美国公众对中国发生的事情比较关心，震惊世界的西安事变是很多人都知道的，张爱玲想利用一下美国人还未淡忘的记忆。当然她本人对此事肯定也很有兴趣，尤其是对张学良的命运。张学良在西安事变和平解决后即成为蒋介石的阶下囚，1949年又被蒋挟持到台湾，可说是个失败的英雄，而张向来是对失意的人物更能产生共鸣——他们的命运更能让人领悟到人生的苍凉意味，而在她，苍凉是一种启示。

她拟想中的故事即是以少帅的命运为主线，围绕着他和他生命中的两个女人展开。显然，少帅与两个女人的关系在张看来充满戏剧性，也许就她本人而言，这比历史事件更有回味，发掘此中的戏剧性则正是她的强项。总之，《少帅》将仍是一部有着"人生的回声"的小说，我们不大好想象，张爱玲把此书当成历史小说来写。

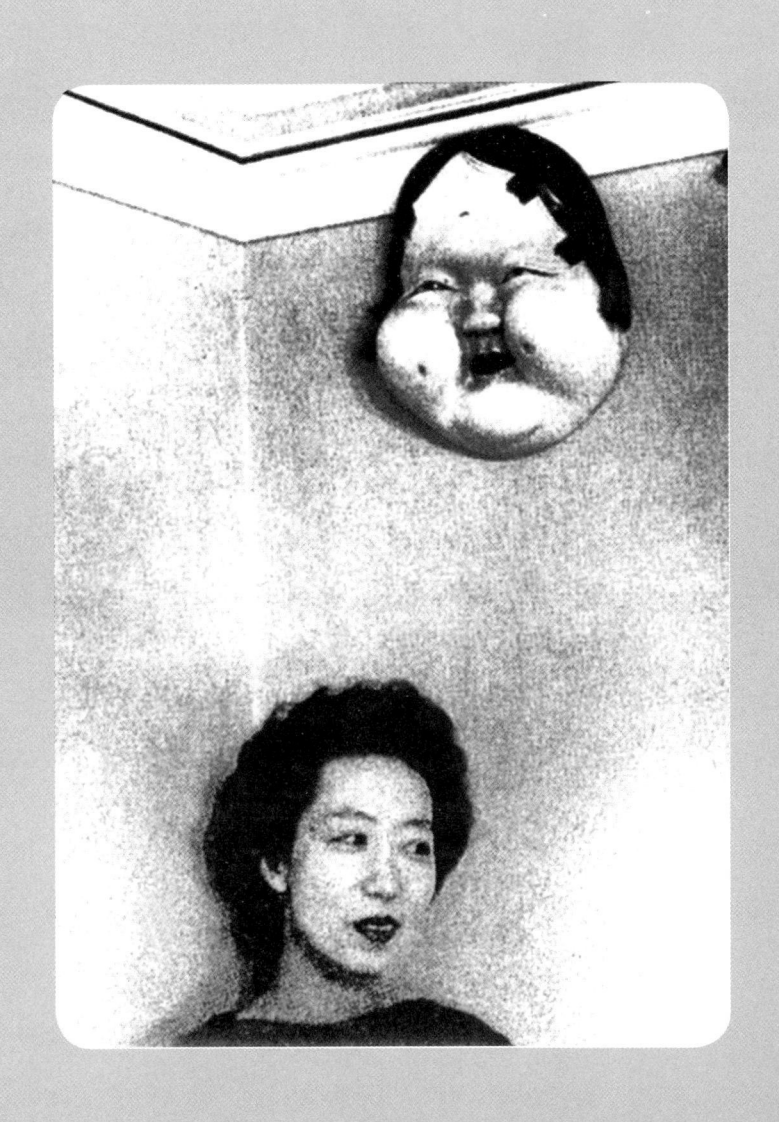

◇1961年张爱玲在美国旧金山家中

◇ 1968年的张爱玲

要拜访张学良这样一位人物，张爱玲一定做过一些准备。她会向当年的少帅提出什么样的问题，以她的少言寡语，不善交际，如何扮演采访者的角色，想象一下是有趣的。可惜也只能是想象了，她拜见张学良的要求未被接受，是张学良那方面拒绝还是当局不允许，不得而知。事实上张的想法也过于天真，其时张学良尚在软禁中，不能公开露面，即使张爱玲能通过什么特殊渠道见到他，他也不大可能谈论西安事变这样的敏感问题。是何原因令她以为有这样的可能性呢？

采访计划的落空并未减少张爱玲此行的兴致。令她高兴的是，在台湾，她又有了一些新的仰慕者。

还在张爱玲出走以前，她的名字实际上已经从祖国大陆的文坛上消失（如前所述，1949年以后在祖国大陆出版的《十八春》、《小艾》署的是笔名），她的离去更为她因时间推移、时势变幻而已经渐趋于无的影响画上了句号。由于政治、意识形态方面的原因，她的作品显然没有再版的可能，新文学史家则有意无意地把她遗忘，宁可将其托付给老一辈读者的记忆。她一直未曾卷入文坛的论争，因此甚至没有机会像沈从文、朱光潜、梁实秋等人那样，"有幸"进入文学史的另册——仿佛现代文学史上根本不曾有过这样一位作家。直至跨入80年代为止，我们只是在"未入流"的鸳蝴派作家编撰的旧派小说史中及其作品目录的旮旯里才发现这个不起眼的名字，可是又有谁会知道在鸳蝴派作品成堆成堆的沙砾里能有近乎传奇的发现。

在香港，张也没有多大市场，《秧歌》倒是在香港写的，译成中文出版后无声无息，旧作《传奇》则只是被书贾出盗版书谋利。在台湾，官方鼓吹反共文学，照理张应受到礼遇，惜乎《秧歌》、《赤地之恋》反共尚不够露骨，也没有多大反响，即令得到一点喝彩也非文学意义上的。直到50年代末，台湾新起的一代作家高扬纯文学的旗帜，掀起现代文学浪潮，张才真正受到严肃的关注。国民党退出祖国大陆后，第一流的新文学作家几乎全部留在了祖国大陆，他们的作品都在查禁之列，张的离开祖国大陆使她的作品有机会在台湾露面，身在台湾，对新文学睽隔已久的文学青年发现现代文学中竟有如此杰出的作品，技巧又如此"现代"，自然喜出望外。不过引导他们识得张爱玲，或者至少是对台湾最早一批"张迷"的出现起到推波助澜作用的，却是身在美国教书的夏志清。

夏志清50年代初开始着手写一本大部头的中国现代小说史，他的香港好友宋淇邮寄赠他不少新文学书籍。他给夏寄去的书中有香港盗印的张氏作品《传奇》和《流言》，这使夏志清得以及早注意到这位罕见的作家。夏志清深感张的作品不同凡响，甚至以为她的成就足可与欧美现代女文豪曼殊斐尔德、波特、韦尔蒂、麦克勒斯等人相颉颃。在几年后完成的《中国现代小说史》中，他不仅以专章论述张爱玲，而且超出所有作家（包括鲁迅），许给她最多的篇页。书中的这一章最初曾以论文的形式出现，1957年已经翻译成中文，刊登在台北的《文学》杂志上，译者就是夏志清的哥哥夏济安。夏济安是台湾大学外文系的教授，白先勇、王文兴、欧阳子、陈若曦等人都是他的学生，这帮学生鼓吹现代主义文学，创办在台湾文学发展中起重要作用的《现代文学》杂志，夏济安是有力的推动者和指导者。经由他的推介，夏志清的文章无疑使这些日后均成为台湾文坛著名人物的文学新人对张爱玲引起注意，或是生出更大的敬意。这时张爱玲与台湾文学界也已经有了联系，她的《"五四"遗事》就是这时候在夏济安主编的《文学》上发表的。当然赴台时的张爱玲还不像70年代在港台的读书界那样"深入人心"，传媒对她的行踪也没有什么报道，不过她在《现代文学》这样的文学圈子里已经是近乎神明的人物。

张爱玲在台湾的行程多是她在香港时结识的美国朋友麦加锡安排的，此时他是美国驻台北领事馆的文化专员。麦加锡很喜欢文学，《现代文学》出版时他就是大买主，一次订下七百本，又曾将白先勇、王文兴、欧阳子、王桢和的小说译为英文，介绍给美国读者，张可能读过其中的一些，而她到台北后就住在麦加锡的家中。麦加锡安排她与白先勇、王桢和、陈若曦等人见了面，这也是在台期间唯一的一次社交活动。张爱玲在众人面前素来话少，这一次面对后起的文学新秀，也还是寡言少语。不过会面还是给她的仰慕者莫大的兴奋和满足，好奇心的满足——《传奇》、《流言》、《秧歌》的作者究竟是什么样的人？在对她心仪已久的年轻人的心目中，她自有一种神秘色彩，她的长相、衣着、举止言谈，无不撩起兴趣。一见之下，其形象竟"不负众望"，甚至比想象中更见风采，光这一点就让诸人有一种莫名的欣然。

张爱玲在台湾文学青年心目中的神秘和地位的崇高从一些趣事上也可见出。日后曾做过张爱玲研究，可以称得上超级"张迷"的水晶当时是台大外文系二年级的学生，因张来台湾兴奋异常，老是跑到有幸作陪同的好朋友王桢和处打听张爱玲说了什么，做了什么，王桢和让他自己去看她，他却又不敢去。张回到美国后写了篇记述台湾之行所感的文章 A Return to the Frontier（《回到边疆》或《重回前方》），水晶读了，对把台湾称做边疆大有意见，更不满文章中提到台湾有臭虫，王桢和也激于爱国心写了信向张抗议"臭虫事件"。（张爱玲回信淡淡调侃一句说：臭虫可能是祖国大陆撤退到台湾的。）不满、有意见，皆因作者是张爱玲：他们如此敬仰的作家是不该犯"错误"的。

张爱玲此行的一个愿望是到花莲看看。她读过王桢和的小说《鬼·北风·人》，对里面写到的花莲的风土人情很感兴趣，来台以前就写信给麦加锡表示有意一游，麦加锡替她找了一位最好的向导，就是小说的作者，家在花莲的王桢和。花莲是个小县，与台北这样麇集了外地人且开化的城市相比自然充满台湾本土的气息，张爱玲也正是对此感兴趣。王桢和领她转街市，穿陋巷，逛最老的城隍庙，又到附近的乡下转过整整一天，张爱玲一边看还一边做了笔记。有天晚上他们还去参加阿美族的丰年祭，看了场面浩大的山地舞蹈，张对原始舞蹈一直有很深的喜好，《流言》里就写到过她对一种印度舞蹈的欣赏，山地舞自然也看得津津有味。最有趣的是张爱玲还去了花莲的风化区，她的装束在60年代还很闭塞的花莲显得有几分时髦，到了一处叫"大观园"的妓女户，"她看妓女，妓女坐在嫖客腿上看她，互相观察，各有所得，皆大欢喜"（王桢和语）。其后去领略酒家风情，酒客也是对她比对酒女更感兴趣，还邀她入座同饮，她却也不以为忤。

按照计划，她准备从花莲去台东、屏东，赶上参观屏东的矮人节，而后取道高雄回台北。可是刚到台东就得到不幸的消息，赖雅中风，家里正在寻她。张爱玲不得不取消原先的计划，匆匆赶回台北。在台北，她得知了赖雅发病的详情：赖雅在张启程后一星期，也动身前往华盛顿，路经宾夕法尼亚比佛瀑布市时严重中风，在当地一家医院中昏迷过去。霏丝得知后赶去，将他接到华盛顿她家附近的医院。还在比佛瀑布市时，霏丝就将此消息告知麦加锡，请他转告张爱玲。

没有比这更坏的消息了，算起来张离开家不过十来天，刚从原先沉闷的生活中喘了口气，此时游兴方浓，家中却已出了这样的大事。她的心烦意乱可想而知。不过她还是决定先去香港，一则赖雅的病情已稳定下来，而医疗护理病人亦非一天两天的事；二则她一时无法回到赖雅身边，因为当时机票昂贵，她的钱只够飞到加州，她必须到香港去写电影剧本挣够了钱。路费之外，赖雅这一病也需更多的花费，只能指望她的电影剧本。所以在确知赖雅病情稳定之后，她还是决定先到香港写《红楼梦》的本子，写完之后再回美国，而后专心照料丈夫，直到他去世。毕竟人到中年，毕竟是哀乐中年的婚姻，当年胡兰成"落难"，她千里寻夫，这一次她的反应要理智得多，更多平实的夫妻之情的尽责意味了。

　　1961年11月，张爱玲到了香港。这是她第三次来香港，也是最后一次到华人世界。她先在宋淇夫妇的公寓下榻，后在附近另一所公寓找了个小房间安顿下来。香港此时已有很大变化，城市正在加速建设，一幢幢高楼开始竖起来，原先的道路街区变得难以辨识了。另一方面，祖国大陆正在三年自然灾害时期，大量的难民涌到这里，恐怕是1949年以来的第二个高峰，小小的香港有点人满为患了。张爱玲暇时去寻寻她过去到过的地方，像上大学时常去光顾的音鸟咖啡馆之类，有些倒还在，只是不复旧时的情调了。

　　当然她也并无多少闲暇，她不是观光客，到这里也不是来怀旧。最要紧的是写好《红楼梦》的本子。令她失望的是，电影界的情形与往日也大不相同了。在40年代的上海，编剧的地位是很高的，也很得圈内人的尊重，当年拍《不了情》、《太太万岁》，与导演桑弧合作就很愉快。50年代初在香港时，李丽华（40年代上海最后的影星）自己办电影公司，想请她写剧本，央宋淇安排会面，她勉强同意了会面却拒绝为李的新公司写本子，但李丽华是很郑重其事的，见面时特意打扮，礼数也很周到，平日的泼洒收敛了许多。现在张则发现，电影公司对编剧并不重视，一切都是老板和导演说了算。他们可以对编剧指手画脚，任意令其修改本子，编剧似乎成了纯粹的被雇佣者了。而此时的导演们对张的过去并无所知，在他们眼中，她不过是个无名之辈。

　　糟糕的是，对张的《红楼梦》剧本有最后决定权的两个人甚至根本没读过《红楼梦》，而电影公司要的是一部言情戏、少男少女的戏——观众喜欢少男少女的戏，这与张对《红楼梦》的理解自然不合。她一向并不是坚持阳春白雪的人，问题是写别的本子尽力满足观众的胃口则可（比如1957年把好莱坞电影改成《情场如战场》），要把在她心目中几乎是神圣不可侵犯的《红楼梦》改得面目全非，她肯定是难于下手的。可能正因如此，《红楼梦》剧本一直没有通过，很长一段时间里，她不断地在修改。这期间，她甚至完成了另一个剧本，并且顺利通过了。

　　《红楼梦》未了，她拿不到稿酬，生活上大为窘迫。她的身体状况也不佳，眼睛因溃疡而出血，为及时完成剧本尽早赶回美国，她还不得不加班加点，时常从上午十点工作至次日凌晨，这使得眼疾更为恶化。有一度她听说另一家公司将可能抢在电懋之前拍《红楼梦》，电懋很可能因此放弃原先的计划，为此她心境大坏——这意味着她的远东之行将一无所获。她忧心忡忡，连续几夜难以入睡，已见好转的眼睛又开始出血。在给美国好友爱丽丝的信中，她谈到了她的远东之行，称她在台湾那几天见到许多景色人物，"至少访台的目的，已经圆满达到了"；眼下，在香港，她的心绪却是"非常恶劣"。

　　使她心绪恶劣的当然还有赖雅的情况，她到香港后即给他写信，可她将地址弄错，花了很大功夫写成的五封信都未有回音。她只知道赖雅好了些，手脚能动，面部还麻痹，说话不清楚。直到她离家几个月后，张才同赖雅联系上。这时候赖雅的病情已大见好转。他在每一封信中都催促她早日回去，盼着与她相聚。经历了许多的不快与挫折，眼见得在香港不可能有什么作为，而且人已被弄得筋疲力尽，张爱玲也渐渐萌生去意。3月16日，她终于登上返回美国的飞机。可以说，她是铩羽而归，50年代她在香港虽没有获得什么成功，但写了两部小说，此次则希望全部落空。多少可以给她一点安慰的是，不像上一次离港时的心下茫然，现在大洋彼岸有一个家在等着她。赖雅在信中告诉她，他已选定了一处朴素安静的公寓套间，离女儿家不远，距国会图书馆也很近。除了家之外，能使她忘却不快的便是对下一本书亦即《少帅》寄予的希望了。屡遭意外变故的打击，张爱玲已很有几分迷信，50年代时，每次她要出书，总是要查查宋淇夫妇的算命书，此次在港她从书中看到，1963年将是她时来运转的年头。想到顺利的话《少帅》有可能在这年出版，她觉得真像有这么回事。

　　3月18日，赖雅终于从华盛顿机场迎回了他等待了很久的张爱玲，许是冥冥中抱着对未来的希望，原本是倦鸟知返的张爱玲并不显得怎样沮丧，相反，她仍给赖雅留下生气勃勃的印象。他们在赖雅选中的那套公寓里安顿下来。接下来是一段平静的日子。张爱玲很快投入到《少帅》一书的写作中去，同时她还在继续为电懋写电影剧本。

　　改编《红楼梦》碰壁后，张爱玲赶写了两个符合他们胃口的剧本，其中之一是1961年极为卖座的《南北和》续集《南北一家亲》。其后她又写了《小儿女》、《一曲难忘》和《南北喜相逢》，最后一个本子的完成已经是她回到美国以后了。自

1947年起张爱玲已写过好几部票房很不错的电影，虽然观众只认演员明星，她在电影圈中却是颇受欢迎的名编剧。

张爱玲为电懋写的这些本子取的是好莱坞的模式，依然沿袭《不了情》、《太太万岁》的套路，婚姻恋爱为经，世态人情作纬，配以轻喜剧的风格。她写这类言情故事轻车熟路，甚至是熟极而流，只是写来写去似乎反都不及旧作，情节往往落套，人物也常给人似曾相识之感。这里面较好的一个要算《小儿女》。

《小儿女》写的是一对中年人（王鸿琛、李秋怀）和一对年轻人（王景慧、孙川）的婚恋。张爱玲并非想借此探讨两代人对婚姻的不同态度。鸿琛中年丧妻，景慧下面有两个很小的弟弟，是一种长女代母的位置，这父女俩婚姻的障碍都在于无法面对家中将出现一个后母的事实。故事的前半部特意安排了一个残忍的后母做王家的邻居，其功用是不断提示后母治下的家是怎样的可怖，于是王家的子女怀着夸大的恐惧把李秋怀想象成一个凶恶的入侵者。事实上李秋怀却像景慧一样，是肯于自我牺牲的人，这二人先前的处境都似《十八春》里的曼桢，为了照顾家庭委屈自己；事到临头又都像《不了情》里的家茵，不愿陷对方于窘境，准备以"苍凉的手势"斩断情缘。秋怀了解到鸿琛的难处后主动抽身退步，到一个荒僻小岛上去教书；景慧既为父亲设身处地，又不愿看到弟弟以后受苦，复又不愿误了恋人的前程，不惜设言气走孙川，决意悄悄带了弟弟到外地去谋事。两个伤心人在岛上的小学里不期而遇，张爱玲巧做安排，一直没有让她们碰面，秋怀和景慧在不知对方身份的情况下各自吐露情怀，同病相怜，大有同是天涯沦落人的凄苦，景慧并且劝秋怀不可再这样自苦下去。

二人的结局却比家茵好得多。景慧与孙川因一个偶然的巧合，消除了误会，而故事结尾的高潮戏中，两个小孩因不能阻止臆想中父亲的可怕婚姻，跑到母亲的墓地上去哭诉，在风雨交加的夜晚将四个大人分头引出来，演出了一场热闹非常的寻人游戏，不言而喻，最后是秋怀找到了荒野中惊慌失措的孩子，她把生病的孩子送到医院，轻而易举，当然似乎也是顺理成章地消除了他们的敌意。当次日早晨另外三个人赶到病房中，景慧发现父亲的女友就是她所感佩同情的那个女人时，两对情人的婚恋也便像窗外的天空，是雨后的晴天了。

显而易见，这个故事正题反作地利用了中国观众对后母形象的反感和敌意，这种敌意是故事的起点（或者说是一种心理背景），也是其戏剧性的所在。故事的动作线完全围绕对后母的敌意以及这种敌意的消除来展开，抽取掉这种敌意，故事马上就散架了。值得注意的另一点是故事中女人绝对占据了中心的位置，景慧和秋怀不仅富于自我牺牲精神，而且有决断，在事情发展的过程中始终是她们俩采取主动，与之相比，两个男人孙川像小儿，似乎没有理解力，只会负气，鸿琛则首鼠两端，是个道德上的懦夫，没有行动的能力；这两人自始至终完全处于被动的地位。事实上这种安排我们在她早先的言情小说或是电影里是已多有所见。《十八春》里，曼桢能干，有主见，世钧则软弱无能；《多少恨》里，最后采取行动的是家茵，宗豫对事件的发展不起作用；《太太万岁》更不用说，唐家全靠思珍支撑局面，力挽狂澜，唐思远则事到临头做了缩头乌龟。虽然这与如此处理比较简单省事不无关系，但多少也反映出张爱玲对男人、女人的角色，对男女之间基本关系的某一面的理解，这一面即男女关系实质上包含了母子关系成分，在某种意义上，男人是永远长不大的孩子，女人则是涵容笼罩，有似地母。当然这一点在通俗剧里也只能有公式化的表现，不必过求深解。

　　以技巧论，《小儿女》中自然具有她小说、电影固有的一些特点，比如细节处理的巧妙、前后的照应、意象（说是道具也无不可）的运用之类。剧本中有一只气球三次出现，头一次景慧替弟弟吹，力乏吹不胀，孙川帮忙，见上面留下的唇膏印，想到这里间接的接吻，以目视慧，景慧大窘，孙郑重将气球吹好扎起，好似许下心愿，是为二人灵犀已通；第二次出现是孙发誓为她可作任何牺牲之后，景慧回转家中沉吟着取气球慢慢吹气，渐渐胀大的气球象征她对美满姻缘的幻想，这时传来隔壁那个后母的斥骂声，景慧手一松，气球泄气，正合着人物内心的顿挫；第三次出现，景慧无奈地应付不懂事的弟弟，许诺她永不结婚，手一松气球飞去，仿佛是彻底放弃了婚姻的幻想。只是情节的发展既然柳暗花明，气球作为对完满婚姻梦想之虚幻、缥缈的性质的隐喻也就半途而废了。故事的结尾两兄弟迷上秋怀的一只哨子，秋怀送给他们，二人欢然接下争抢着，似乎也在暗喻他们再不设防地接受了秋怀将来在家中的角色。张爱玲也像好莱坞的影片一样，不放过用音乐来造气氛，片名《小儿女》是影片主题曲，可能用的就是当时的一支流行歌，这曲子在片中应和剧中人的情绪反复出现，以增加言情效果。这些地方张爱玲处理起来均是自然流畅，不着痕迹，不过这些小关节无补于娱乐片难以避免的整体上的贫薄和俗套，它的好处也就止于技巧的熟练。

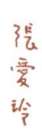

据郑树森教授的推测，张爱玲60年代前中期写了这么多的电影剧本，而且其中有些显然是急就章，可能同当时赖雅体衰多病，家中经济上有些拮据不无关系。果如此，倒又使人联想到她的初次"触电"：那时她也是把所得的报酬用来接济"难"中的丈夫。事实上，60年代中叶赖雅已经瘫痪在床，丧失了工作和生活自理的能力，对张爱玲生活和精神上都是相当沉重的负担。

即使在较为平静的日子里，张的写作也时而受到干扰——现在赖雅正在走下坡路的身体状况已经成为他们常规生活的一部分。张回来后刚两个月，赖雅出血并有小中风，两个月后总算康复，年底去做疝气手术又住进医院。1963年7月，他在街上散步时跌了一跤，再度卧床不起。张爱玲也时常被一些小病困扰：牙痛时常发作，配的隐形眼镜总也不合适，有一段时间，她还常去看脚的毛病。

他们的经济状况也未见改善。1964年，更因电懋公司突然的变故，他们一下陷入了大的惶恐当中。电懋因其大老板飞机失事，数年内将关门大吉，张的好友宋淇已决定离开公司，这些年来，他做制片人，为张提供了很多写电影剧本的机会，由此得到的收入一直是张爱玲与赖雅生活的主要来源，宋淇一走，这条路就断了。凭二人的一点版税加上赖雅的社会福利金，他们甚至不能维持最起码的生活。张爱玲只能面对这个事实。她决定从所住的公寓搬到黑人区中福利性质的廉价住所居住。同时，她重新与美国新闻处联系，希望找到更多的翻译任务。幸好麦加锡此时已从东亚回到华盛顿工作，指派给她任务，并给她最高的酬金。除了翻译之外，她还为美国之音将一些西方名著像莫泊桑、索尔仁尼琴等人的小说改成广播剧。

这时，更大的不幸降临到张爱玲的头上。有一天赖雅在街上跌了一跤，摔断了股骨，几乎同时，他又多次中风，他再也没能从这次打击中恢复过来，在余下的岁月里，他几乎一直瘫痪在床。与赖雅结合以后，因其老迈多病，张也时常扮演护士的角色，病时护理他，背痛时替他按摩。可现在她面对的是完全丧失生活自理能力甚至于大小便失禁的人，竟是要充当特护，而她这方面的能力在常人之下，又因缺少心理准备，她简直就应付不来。久病是一场磨难，家中笼罩着一种绝望的气氛，看不到任何的转机，因为二人都明白，赖雅不可能康复了，他只是在床上等待着死亡的来临。在此情况下，很难想象张爱玲还能从事写作，可是放弃写作对于她几乎就等于抽掉她生命的支点，她心中的烦乱难以言述，她对赖雅的感激之情恐怕也被这看不到尽头的磨难抵消得差不多了。

张爱玲不甘就此认命。毕竟，从很早的时候起，她就已认定写作是她的宿命。她向迈阿密大学申请做驻校作家，以便摆脱眼下的困境。申请获准后，她曾试图说服霏丝将赖雅接到她那儿去，她则独自前往迈阿密，显然，如果带上赖雅一起走，她的处境将同原先一样。可霏丝本人的工作、家务负担很重，无力照顾父亲，赖雅曾经在她那里住过一阵，还是不行。无奈之下，张只好花钱请相邻的两个黑人女人照料赖雅，可她们的照料难以周到，这样的尝试仍然行不通。

霏丝对张的决定深感不满，认为她在赖雅最需要她的时候将他抛弃了。直到赖雅死去多年，张爱玲也已离开人世之后，她也不能原谅张的无情。也许，张爱玲是她最憎恶的人了。她当然不知道写作对张爱玲意味着什么，同时她也不会明白，张爱玲与赖雅的结合，同她的第一次婚姻不可同日而语，不是没有感情，只是那感情在婚姻中并不那么重要。几年前张的好友爱丽丝因失恋陷入痛苦，她为言宽解，谈到了自己与胡兰成的婚恋，那时她就说："从他离开之后，我就将心门关起，从此与爱无缘了。"

但是张爱玲并未忘记做妻子的责任。倘若她对赖雅无"情"的话，那她还有"义"。几次尝试失败之后，张爱玲最终还是从迈阿密大学回来，将赖雅接到了自己身边。1967年4月，她申请到洛克菲勒基金会的资助，此外，位于麻州康桥的雷克德里芙大学也对她发出邀请。于是她又带着丈夫去了康桥。这一年的10月8日，赖雅走到了生命的终点。

张爱玲的两次婚姻带给她的都是痛苦大于幸福，磨难多于快乐。第一次可说是"人祸"，第二次则可以说是"天灾"，对于她，一样的不堪回首。这一年她四十七岁，照常情仍有婚姻的机会，可她已心灰意懒，从此一直过着独身的生活。

十年一觉《红楼梦》

1968年，台湾皇冠出版社重印张爱玲的作品，《张爱玲短篇小说集》（即《传奇》、《流言》、《秧歌》、《怨女》、《半生缘》等集中到一处），与台港读者见了面。张氏作品的大规模重印反映出台港社会张爱玲热的兴起，而其本身也在为张爱玲推波助澜。在这股热中也有异词，或是指责她小说的病态情调，或是究诘她在沦陷时期的立场，却不能影响这股热的持续升温。张爱玲不再仅仅是文学小圈子里熟知的人物，她再次走向了读者大众。人们喜读她的书，连到对她的人也感兴趣。可是与这边的热闹正相对照，大洋彼岸的张爱玲一如既往地甘于寂寞，过着隐士的生活，尤其值得注意的是，她的创作已大大地松懈下来，确切地说，从60年代末到80年代，对张而言，创作已是学术之余了。

赖雅去世时，张爱玲在雷克德里芙女校工作，其后，在1969年，她又到陈世骧主持的加州大学中国研究中心任高级研究员。

她获得雷克德里芙资助的项目是英译《海上花》。她最倾心的自然还是创作，不过译《海上花》不比翻译爱默森、欧文之类，那些作家她觉得不投机，译来简直是受罪，《海上花》则是她很早就喜欢的一部书，她甚至以为这是一部世界级的文学作品，对其不得世人赏识深为遗憾。她赞赏该书"平淡而近自然"的风格，自承《秧歌》的风格就受其影响，表示有意将它译成英文。所以，译《海上花》在她也是完成一桩夙愿了。

张工作得很勤奋。将《海上花》这样一部含蓄蕴藉，有许多夹缝文章连中国人也看不出名堂的吴语小说译给洋人看，对她是一个新的挑战。她花费了很大精力推敲字句，简直可说是绣花针般的细密功夫，力使其准确传神。书中一些名物，早已成为旧迹，为了弄个明白，她常在信中参与讨论，向人打听甚至辗转问到祖国大陆的老人。单是书名的译法，她就与友人在信中讨论了多次后才敲定。后来，在80年代初，她将首二章交宋淇在香港中文大学的《译丛》先行发表（其时宋淇已在《译丛》任职），宋淇与其他专家看了以后击节称赏，以为译笔之佳，不作第二人想。

英译《海上花》的进展起初很顺利，至雷克德里芙一年多的时间里，译稿已经过半，照此速度，她工作期满时，拿出完整的初稿不成问题，可这时一个意外中断了她的翻译。所谓"意外"，起因是她给《怨女》写一篇序，序中提到了《红楼梦》，本当是说说这部巨著的影响的，可她对《红楼梦》实在有太多的话要说，一提起即下笔不能自休。结果是越写越长，不像是一篇序了，序没写成，她则干脆做起了《红楼梦》研究。

张爱玲前半生写小说，后半生研究小说，对小说的钟情从断文识字开始直到后来，一直未曾稍减，而她最入迷的始终是中国古典小说。在海外，充耳听到的都是中国画如何如何，中国的瓷器如何如何，谈到中国文学，主持中国研究中心的陈世骧教授有一次也对她说："中国文学的好处在诗，不在小说。"而在她的心目中，中国古典小说与这些国粹"一样好"。虽然她也承认顶尖之作也就是那么几个长篇，但是一部《红楼梦》也就足以给它带来尊贵的地位了吧？

研究《红楼梦》是张爱玲在中国研究中心的工作，也是可以带来巨大满足的工作。她与《红楼梦》的关系之深，新文学作家中无一人可比，她曾称《红楼梦》和《金瓶梅》"在我是一切的源泉，尤其是《红楼梦》"；她素来不喜理论文字，关于《红楼梦》的却看了一大堆。最令她扼腕叹息之事莫过于《红楼梦》未完，《红楼梦未完》中写道："有人说过'三大恨事'是'一恨鲥鱼刺多，二恨海棠无香'，第三件记不得了，也许因为我下意识地觉得应当是'三恨《红楼梦》未完'。"关于《红楼梦》的这个"结"由来已久：她十二三岁看石印本，看到"四美钓游鱼"便觉"突然日色无光，百样无味起来"；1954年前后在香港看见根据脂批研究八十回后事的书，"在我实在是情感上的经验，石破天惊，惊喜交集，这些熟人多年不知下落,早已死了心,突然有了消息"。60年代初到香港为电懋写《红楼梦》的本子,虽然事情未果,她肯定有过大概的构想,自然也要面对八十回以后故事如何发展的问题——当然不能从容细加考究,只能于别人的研究择善而从。

现在是她自己着手来解这个"结"了:她的研究涉及红学中的许多问题,然其起点端在"红楼梦未完",她的研究即是对"未完"的研究。用她的话说:"《红楼梦》的一个特点是改写时间之长——何止十年间'增删五次'?直到去世为止,大概占作者成年时间的全部。"一次次的修改,于是有了不同的稿本,廓清这一个个稿本的本来面目,辨明其间的起承转合,复追究它们与续书之间的关系,从而洗出一个真正属于曹雪芹的《红楼梦》,这就是张爱玲的心愿了。

时至六七十年代,红学的研究日新月异,索引派的旧红学早成明日黄花,考证派的新红学也渐有落伍的嫌疑了。张爱玲做研究也还是站在潮流外面,认定许多问题文艺批评派不上用场,"事实上除了考据,都是空口说白话"。她的研究全是考证性质。像该书究竟是自传还是创作的问题,诚然不少人是用重申近代文艺理论的一些基本原则"高屋建瓴"地清除之,她则仍从考据入手,将书中故事与曹雪芹、脂砚的经历对照参详,又细察几个人物在改写过程中的演变之迹,如指出金钏系从晴雯脱化出来,为早本所无,至后期方成一完整的人物;麝月以曹氏的妾为原型,但其正传出于虚构;黛玉的个性轮廓根据脂砚早年的恋人,然发展下去,作者已将其"视为他理想的女性两极化的一端",正面写宝黛的几场戏皆定稿较晚,出于想象;而宝玉大致是脂砚画像,亦掺入作者个性的成分,出园及袭人别嫁等也有迹可查,但绝大部分内容出于虚构,等等。凡此,书中的人物故事或纯是无中生有,如金钏;或有原型而"戏肉"找不到"本事",可证"《红楼梦》是创作,不是自传性小说"①。

红学千门万户,事实是考证也已有注重作者家世生平的"曹学"与注重文本的"红学"之分了。张爱玲的考证无疑属于后一类。她说她"最初兴趣所在原是故事本身",其实到最后她的兴趣也还在这里,她之理清一个个稿本亦就是理清故事,若说各稿本的错乱矛盾有似一个梦,她之所为就是圆梦。

要圆这样一个大"梦",张爱玲自谓"唯一的资格是实在熟读《红楼梦》",虽

---

① 《三详红楼梦——是创作不是自传》,见《红楼梦魇》,香港,皇冠出版社香港有限公司,1992年。

是谦词，也合乎实情。她的考证不以发掘提供新材料见长，事实上所引材料大都不出现代红学家、考据家如俞平伯、吴世昌、周汝昌、赵冈等人引证的范围，绝不独得之秘；她的考证也不以推翻权威，得出振聋发聩的结论为目标，在一些大的关节上（如八十回后故事的推断等）并不标新立异；她特别提示读者注意的要点似乎也无甚高论："改写二十多年之久，为了省抄功，不见得每次大改几处就从头重抄一份。当然是尽量利用手头现有的抄本。而不同时期的早本已经传了出去，书主跟着改，也不见得每次又都重头抄一份。所以各本内容新旧不一，不能因某回某处年代早晚判断各本的早晚。"然而她所说的这点"常识"其实是极重要而往往是容易忽略的，各抄本内容新旧不一，意味着抄本亦是百衲本，这便需要在某种程度上将各本打散，判断哪几回写在先，哪几回在后，某处似后实先，某处似先实后，再重新排列组合，将一个个早本还原出来。她提示的要点实际上也就是她的考证方法了：她的着力处在对各稿本的细读，其举证多不假外求，就出自各个稿本。她下的是"水磨功夫"，从"一详"而至于"五详"，突出一个"详"字，实在名副其实。

张爱玲自称"不同的本子用不着留神，稍微眼生点的字自会跳出来"，对各本的一些极细微的差别也极敏感。《二详红楼梦》探究甲戌本与庚辰本的年份，由书中几个俗字的变迁、回前回末的形式等，她还原出它们的成分的渊源，比如，"甲戌再评的一七五四本有六回保存在甲戌本内——第一至五回、第二十五回，又有一个十回本与零星的四回保存在庚本内——第十六、第三十九、第四十回、第五十一至六十回、第七十一回，共二十回。庚本的回前附页有十六张是一七五四本的。此外还有全抄本第二十五回是一七五四本此回初稿"。又俞平伯早已提出"风月宝鉴"是作者旧著，后搬入该书，张爱玲根据第十二回出现"太虚玄境"一语（而他处皆作"太虚幻境"），此回又有嘱抄手改"玄"为"幻"的眉批，推断"太虚幻境"在《风月宝鉴》中原作"太虚玄境"，此处原封不动搬来后忘了改写。①

后四十回出自他人之手，这一点早有人道及，张爱玲的考证却有她的特点——论据全从细读中出。如她发现前八十回"通部不提黛玉的衣饰"，仅有两次约略写到，第八回下雪天在薛姨妈处，"宝玉见她外面罩着大红羽缎对襟褂子"，再就是赏雪

---

① 《红楼梦魇》，314页。

一场戏,写到黛玉披鹤氅,束腰带,穿靴。两次都是下雪,而衣着都是没有时间性的,是古装。由此看出作者用意:"'世外仙姝寂寞林'应当有一种缥缈的感觉,不一定属于什么时代。"此外"写黛玉就连面貌也几乎纯是神情,唯一具体的就是'薄面含嗔'的'薄面'二字。通身没有一点细节,只是一种姿态,一个声音",而后四十回居然靠实地让她像宝钗一样着时人的装束——穿"水红绣花袄",头上插"赤金扁簪",迥异于曹雪芹的手笔。①

或许是出于谦逊,或是担心落下不严谨之讥,张爱玲在举出"熟读"这一强项的同时,对她的另一绝大优势略过不表——她是一位善度人情物理,又在创作中深得《红楼梦》三昧的小说家。她的考证在很大程度上也是对曹雪芹的创作环境和创作心理的推求,不仅凭着细读工夫从外部指陈各稿的演变之迹,而且从内部体察作者各次增删的用心,从而如何"增删"之外,为何做此"增删"也成了她的研究的题中应有之义。要做到心知其意,唯一的途径当然是设身处地,不时进入曹雪芹的角色,在这里,细心的揣摩有时也即是一种印证——与她本人创作中领略的甘苦,与她的艺术判断力的印证。有时体悟也就代替了材料的举证,比如何以改写常在回首与回末?她忖度道:"因为一回本的线装书,一头一尾换一页较方便。写作态度这样轻率?但是缝钉稿本该是麝月名下的工作——袭人、麝月都实有其人,后来作者身边只剩下一个麝月,也可见他体恤人。"但是有什么材料可证明曹雪芹出于担心麝月劳累而出此"下策"?如此这般,是否与考据靠材料说话的精神不合?她寄过一些文章的大纲给宋淇看,后者觉得有些内容很奇特,这"奇特"也许就与类似这些地方不无关系——这样的心领神会文中时常出现,成为有别于其他考证文章的最显著特色,所以她的考证是张爱玲式的考证。

撇开是否中规中矩不论,她往往别有会心,道人所未道,正是这些文章最有价值的所在。

以小说家的身份,张爱玲最最留意的是曹雪芹创作《红楼梦》的过程:"从改写的过程上可以看出他的成长,有时候我觉得是天才的横剖面。"她的一个基本的预设是,曹雪芹是在一个前无古人、毫无依傍的情形下单人独马地摸索着创造一种全新的小说——"他完全孤独",所以有从幼稚一步步走向成熟的一面,也有摸

---

① 《红楼梦未完》,见《红楼梦魇》。

索中的犹疑徘徊。张爱玲从这里出发去解开书中的许多谜。比如各本年龄的不一，她解道："早本白日梦的成分较多（按：此亦幼稚的表现），所以能容许一二十岁的宝玉住在大观园里，万红丛中一点绿。越写下去越觉不妥，唯有将宝黛的年龄一次次减低。中国人的伊甸园是儿童乐园，个人唯一抵制的方法是早熟。因此宝黛初见面时一个才六七岁，一个五六岁，而在赋体描写中都是十几岁的人的状貌。"①

为何早期后期都有回末套语，比较特别的结法都在中期？"想来也是开始写作的时候富于模仿性，当然遵照章回小说惯例，成熟后较有实验性，首创现代化一章的结法，炉火纯青后又觉得不必在细节上标新立异。也许也有人感到不便，读者看惯了'下回分解'，回末一无所有，戛然而止，不知道完了没有，一回本末页容易破损，更要误会有阙文。"②

也是从首创者孤立无援的处境，张爱玲来看取《红楼梦》改写过程中的双向运动：一方面越来越成熟，许多后加的部分异常精彩，而据她的考证，写宝黛感情上的高潮是最后写的，也是到最后写得最是得心应手；另一方面，"从现代化改为传统化"却又是"此书改写的特点之一"，她推断百回本之前的一个早本结局是宝玉、湘云这对"白首双星"落魄潦倒，其苦况一直写到宝玉死为止。这"黯淡写实的作风"与传统小说整个不接茬，甚至近代的读者也难以接受。而到了百回本，结局改为"青埂峰下了情缘"，结在禅悟上，更近于传统小说的神话套路。两相比较，张爱玲不禁感叹："这第一个早本结得多么写实、现代化！"③以她看来，显然是作者遥遥走在了时代的前面，不免心虚，回过头来迁就读者欣赏习惯。

张爱玲忖度作者当时的处境，相信增删五次前的早本不仅不写抄家，甚至不写获罪，仅写贾家逐渐衰落（不是突变而致家败），实因作者不遗余力地规避文字狱，没有了这个突转，增删前的早本可说是性格悲剧——"宝玉思慕太多，而又富于同情心与想象力，以致人我不分，念念不忘，无法专心工作，穷了之后成为无业游民"，实是自误；也可说是"成长的悲剧"——"宝玉大了就要迁出园去，少女都出嫁了，还没出事已经散场"。然则后来何以又将结局改为抄家和出家？张

---

① 《红楼梦魇》，187页。
② 《红楼梦魇》，106页。
③ 《红楼梦魇》，333页。

爱玲从艺术上的要求作解释，一方面将贾家败落归咎于宝玉自身，难获读者同情，而且一时也败不到那种程度，要使家败得令人信服，迫不得已还是写了抄家；另一方面，"大观园作为一种象征，在败落后成为今昔对照的背景，使全书极富统一性"，作者自然不愿放弃这种统一性，但在承平之世，如何能让这园子败落到如此田地？"为了写实，自一七五四本起添写抄没。"至于早本没有的宁府何以在添写了抄家的情节后迅即出现，她也从曹雪芹对文字狱的畏惧心理中得了解释："一写获罪立刻加了个宁府作为祸首与烟幕，免得太像曹家本身。"并加议论道："曹雪芹是个正常的人，没有心理学上所谓'死亡的愿望'。天才在现实生活中像白痴一样的也许有，这样的人却写不出《红楼梦》来。"①

从上举数例不难看出张爱玲的考证与众不同，别有意趣，类似的例子还可举出许多。然而她这里虽是时常曲径通幽，却真是一条羊肠小道，她将她的研究视做"长途探险"，"读者有兴趣的话可以从头起同走一遭"。有兴趣的大有人在，可读这些文章实在有"行路难"的感觉。除了问题太专门，各种版本绕得人头昏之外，表述不清也是一因。张爱玲戏称她"中了古文的毒……一个字看得有巴斗大，能省一个也是好的"，所以文中不但略过了必要的过渡交待，就连逻辑性的关联词语也极少使用；语句上虽是无可再简，内容上却是时相重复。其结果，论文像是一条条读书札记集到了一处，头绪繁多，缺少逻辑层次和整体感，往往在篇末加了"总结一下"之类，也还是眉目不清。

考证文章一是一，二是二，与灵机妙语的小品文又自不同，写《更衣记》、《洋人看京戏及其它》那种转闪腾挪、避实就虚的空灵笔法用不上，张爱玲不免捉襟见肘。她说她不谙理论文字，并不是谦词，有时下得笔来，不期然而然的就是散文的路数，像《红楼梦未完》开头谈到她小时读《红楼梦》的经验，《五详红楼梦》中间拉杂说到她与罗莎妮·卫特克谈话一事，又引报上新闻述卫特克其人，殊与论文的体例不合。但是她的旁逸斜出往往令读者有意外之喜——并非只是满足"看张"的欲望，更因为这里常常有她的慧见。且举一例。《五详红楼梦》开篇有一番对史湘云的议论：

---

① 《红楼梦魇》，361页。

欣赏《红楼梦》，最基本最普及的方式是偏爱书中某一少女，像选美大会一样。内中要数史湘云的呼声最高。也许有人认为近代人喜欢活泼的女孩子，贤妻良母型的宝钗与身心都病的黛玉都落伍了。其实自有《红楼梦》以来，大概就是湘云最孚众望……她稚气，带几分憨，因此更天真无邪。相形之下，"任是无情也动人"的宝钗，宝玉打伤了的时候去探望，就脉脉含情起来，可见平时不过不露出来。

……宝玉与宝钗向不投契，黛玉妒忌她一大半是因为她人缘太好了，又有金玉姻缘之说。湘云倒是宝玉对她有感情的。但是湘云对黛玉有时候酸溜溜的，仿佛是因为从前是她与宝玉跟着贾母住，有一种儿童妒忌新生弟妹夺宠的心理。她与黛玉的早熟刚巧相反。

第五十七回湘云要替邢岫烟打抱不平，黛玉笑她"你又充什么荆轲聂政"，这些人里面是湘云最接近侠女的典型，而侠女必须无情，至少情窦未开，不然只身闯荡江湖，要是多起情来那还得了？如果恋爱，也是被动的，使男子处于主动地位，也更满足。侠女不是不解风情就是"婊子无情"，所以"由来侠女出风尘"。

前几年我在柏克莱的时候，有一次有个漂亮的教授太太来找我，是美国人读中国史，说她的博士论文题目是中国人的侠女崇拜，问我中国人这样注重女人的幽娴贞静，为什么又这样爱慕侠女。

这问题使我想起阿拉伯人对女人管得更紧，罩面幕，以肥胖为美，填鸭似的在帐篷里地毯上吃了睡，睡了吃。结果他们鄙视女人，喜欢男色。回教国家大都这样。中国人是太正常了，把女人管得笔直之后，只另外在社会体系外面创造了个侠女，也常在女孩子中间发现她的面影。

对湘云这一人物理解的透辟自不待言，由此及于侠女，及于侠女的"无情"，更说到中国人的侠女崇拜，这就又回到了她对中国人的张看了。见解新颖不说，读者将之同其他部分的累人相比较，这文字真也从容自如得多了。

张爱玲的《红楼梦》考证持续了近十年，1976 年，这些文字结集出版，书名叫作《红楼梦魇》——形容她对此书的疯狂痴迷。不过"魇"的本意是噩梦，考证对她可没有这层意思，正相反，那是赏心乐事，她说那过程"像迷宫，像拼图游戏，又像推理侦探小说"。也不单单是智力上的，《红楼梦》对她也有心理上的感情上的意义。《红楼梦》简直就是一个家园，"偶遇拂逆，事无大小，只要详一会《红楼梦》就好了"。这里面全是熟人，走进里面去也许比走进外面的世界容易得多了。重温《红楼梦》是不是有一点像回忆？用她散文里的话，"回忆这东西如果有气味的话，那就是樟脑的香，甜而稳妥，像记得分明的快乐，甜而怅惘，像忘却了的忧愁"。她在自序里闲闲为自己题了一联：

十年一觉迷考据，赢得红楼梦魇名。

国语本《海上花》

"十年一觉《红楼梦》"是一个可喜的"意外",另一个意外则令人惋惜了:《海上花》的英译大部已完成,张爱玲却不知怎么将译稿弄丢了。好在英译《海上花》的同时,她又起意将这部吴语小说译成国语,并且加了大量的注释,结果英译本的出版再无动静,国语本《海上花》倒在1981年问世了。

松江韩子云的这部小说作于光绪末年,其时以沪上妓家风光为素材的小说甚火,海上漱石生(孙玉声)的《海上繁花梦》、张春帆的《九尾龟》均风行一时,《海上花》因对白皆用吴语等原因,出书后鲜有问津者。但鲁迅认为此书是"狭邪小说"中之上品,在《中国小说史略》里称他书"大都巧为罗织,故作已甚之辞,冀震耸世间耳目,终未有如《海上花列传》之平淡而近自然者"。胡适对此书的推许更在鲁迅之上,鲁迅的肯定基于同类说部的比较,胡适则认定"平淡而近自然"是一种"文学上很不易做到的境界",在他心目中,《海上花》是"海上奇书",比《儒林外史》更符合他谈小说时最乐道的"结构";对于这位苦心为白话文学寻求出路,认定方言文学是"活文学",国语文学应向方言文学寻求新材料、新血液的新文学倡导者,该书同时又是"吴语文学的第一部杰作"。他以学者名流的身份为此书做考证(有价值方有正襟危坐做考证的必要),又大力推动出版,1926年上海亚东书局出版标点本《海上花》,胡适和刘半农都为之作序,此举可说是让该书"从粉头堆里跳了出来"。

老派的或是半新半旧的人物对最初使胡适博士得享大名的那一套"建设的文学革命论"不屑一顾,可是当他试图沟通传统与现代,倡导"整理国故"而去做小说考证时,他们似乎倒是觉得这颇近于国学了,对这一类的文章还愿意看看。张爱玲的父亲有一部《胡适文存》,《海上花》便是他看了胡适的考证去买来的。张爱玲十几岁时也看这些考证文章,《海上花》在那时也就看了。大概也是从同一类考证文章中知道或是引起了对《醒世姻缘传》的兴趣,"破例"向父亲讨了四元钱去买了来。可以说,张爱玲与胡适的因缘从这些考证文字已经开始,她与《海上花》的因缘当然也应追溯到这里。

张爱玲自称"十三四岁第一次看《海上花》",此后"许多年来无原书可温习,但也还记得很清楚"。又说过《海上花》和《醒世姻缘》,一浓一淡,"同样是最好的写实作品"。可初时她对《海上花》的兴趣自不及《红楼梦》、《金瓶梅》,似也不及《醒世姻缘》。她在《杂志》出版社举办的女作家座谈会上被问及喜读何书时,例举了《醒世姻缘》而未及《海上花》。这与她小说创作的走向倒也暗合:《传奇》小说总体上趋于写得浓,显然更易见出《金瓶梅》、《醒世姻缘》一流小说的影响;其后她有意识地追求"平淡而近自然"的境界,写《秧歌》时胸中更有一部《海上花》作参照的标准,其书在她书单上的位置自然向前移了许多。

她在给胡适的信中报告说:"我一直有一个志愿,希望将来能把《海上花》和《醒世姻缘》译成英文。"这里的"一直"不知起于何时,但至少她在美国之初已经有了这个念头。

译《醒世姻缘》的打算似乎是放弃了,而译《海上花》的计划最后变得更加庞大:她不仅将其译为英文,而且将其中的吴语对白悉数译为国语;同时,加了许多译注而外,她又将书中第三十八回至四十一回删去,"用最低限度的改写补缀起来",并将第五十、五十一回并为一回,于是《海上花》有了英译本,也有了张爱玲注释的六十回国语本。

张爱玲译注《海上花》,是胡适的工作的继续和推展,其目的是保存、"打捞"传统中国小说的一部杰作。胡适给了它尊贵的地位,张爱玲则除了对其意义重新界定(详见后)之外,且希图使它有可能走近更多的读者。英译是让洋人知道这部好书,真正认识中国小说的传统——在张心目中它有更地道的中国特色,代表了中国小说某一面的终结;国语本则是帮助国人读懂并领略它的好处,或者可使之有望与《金瓶梅》、《水浒传》等公认的经典一样，传之久远。她之对《海上花》稍事删改，也是要使该书更具艺术上的完整，而臻于完美的境界。删改的部分恰是当年刘半农序中指陈此书的缺失之处，即作者为显己之才学大写名士诗酒唱和，破坏全书风格的几回。金圣叹"腰斩"《水浒》，其七十回本自成一体，较原书更可当做艺术品来欣赏，张的删改可说是一次小规模的效仿。

当然最耗心血的工作是译。若将小说中的构成要素分为叙述、描写、对白几个部分，则传统章回小说的写实功夫之深厚，最见于对白，《红楼梦》、《金瓶梅》、《醒世姻缘传》莫不如此，《海上花》也一样。张在给胡适信中谈她译书的志愿时就称"里面对白的语气非常难译"，这虽说的是英译，译为国语的难度其实也不在英译之下，因为使用方言正是原书的一大特点，人物的惟妙惟肖，闻其声如见其人在很大程度亦正源自方言的活力。国语则是汉语的一个公约数，除去的恰恰是方言中最能传达说话者口气神情的部分，可"达意"而难于"表情"。要使《海上花》能让不谙吴语的人读来没有障碍，而又能令人物的对白声闻纸上，大是难事。且看张爱玲如何对付这个难题。

原书第二十四回有蕙贞劝王莲生的一段话：

"小红这个人，凶末凶煞，搭耐是总算无啥。俚故歇客人末也赛过无拨，就不过耐一个人去搭俚绷绷场面，俚勿搭耐要好，更搭啥人要好？前转明园俚要同耐拼命，倒勿是为别样，常恐耐做仔我，俚搭勿去哉。耐勿去哉，俚阿是要发急嗄？我倒劝耐，耐搭俚相好仔三四年，也该应摸着点俚脾气个哉，稍微有点勿快活，耐哝得过就哝哝罢。俚有辰光就推扳仔点，耐也要去说俚。耐说仔俚，俚勿好来怪耐，倒说是倪教耐个闲话，倪末结在俚几花冤家。单是背后骂倪两声倒也罢哉，倘忙台面浪碰着哉，俚末倒面孔，搭倪相骂，倪阿要难为情？"

这段对白的译文如下：

"小红这个人，凶死了，跟你是总算不错。她这时候客人也就像是没有，就不过你一个人去替她撑撑场面，她不跟你要好，还跟谁要好？上回明园，她要跟你拼命，倒不是怕别的，就怕你做了我，她那儿不去了。你不去了，她可是要发急呀？我倒劝你：你跟她相好三四年，也应该摸着点她脾气了。稍微有点不快活，你哝得过去就哝哝罢。她有时候就推扳了点，你也不要去说她。你说了她，她不好来怪你，倒说是我教你的话，我跟她结的冤家还不够？光是背后骂我两声倒也罢了，倘若台面上碰到了，她倒不要面孔，跟我吵架，我可要难为情？"

懂吴语的读者看了译文当然觉得不够原汤原味，不及原书来得过瘾。要以国语将一种方言译得滴水不漏，原本也是不可能的事。可是如果不存先入之见，比如没有看过原书而径直读张的译本，则可发现这里的对白仍是高水准的——并非止于达意，也能见出说话者的脾性、神态。[1]张爱玲的本钱是将章回小说从《金瓶梅》、《红楼梦》到清末民初的社会小说读得烂熟，对"古白话"可谓驱遣自如。她能让人物操一口极地道的晚清官话，而且是绝对的口语化。其次，她在一些技术性的处理上极为讲究，尽可能保留一些方言的味道。在上引译文中，"哝"、"哝哝"、"推扳"、"面孔"等皆为吴语，精心筛选后保留了下来，因在特定语境中，不懂吴语者仍能心知其意。所以人物固然说的是官话，但却是吴语系的人在操官话，如同今之上海人说普通话被戏称为上海普通话，夹生处倒更见其"表情"一样。

消除语言障碍而又保留原著的神韵，张译至少大体上做到了，但是越过了语言的障碍之后读者能否就识得《海上花》的好处，张爱玲很是怀疑。胡适认为此书"平淡而近自然"的风格"普通看小说的人不能赏识"，也是它不能风行一时的原因，张爱玲则更认为这一条其实比方言更令此书见弃于读者。虽然看来更是无法可想，她仍勉力在这方面做些补救。于是译之外又有注。

她的注有相当数量是背景性的，包括清末的服饰，旧上海的地名，妓院的行规、用语、典故等，有些注得极为精彩，如妓院的行规之类，关于服饰的部分则更是出色当行。不过既然是背景性的，与领略小说本身的好处无涉，这里可以暂且不论。作为一个小说家，看她如何品味简省后面的丰富，平淡后面的意趣，点明作者的

---

[1] 有论者称张爱玲译的对白"达意而已，谈不上传神"，似过于苛求，判断的标准似乎应该是，如果我们原先没有读过原作，一开始看的就是国语本，那对话是否能传达出说话者的神情？答案似乎是肯定的。参见施康强：《众看官不弃〈海上花〉》，《读书》，1988年10月号。

匠心,引导读者读出书中的"夹缝文章",应该更能见出她的别有会心,与前一类注比起来,这一类注才是指向作品内部的艺术赏析。

第八回写到罗子富与翠凤定情,那一晚子富留宿,遣走了仆人,"随后大姐小阿宝来叫翠凤到对过房里去","子富直等到翠凤归房安睡"。平平淡淡,似是流水账,很难看出其中有何蹊跷。这里有一条长注云:

> 对过房间向作招待同时来的另一嫖客之用。小阿宝请翠凤过去,显然是请去陪客,而且是住夜的——当时已经快天亮了。散席前与子富谈判,就是在对过房间,那时候那房间空着,因此这另一客人刚来不久,想必就是叫翠凤出牌局的人,此刻麻将散场后来找她。作者在"例言"中解释他字里行间的夹缝文章:"如写王阿二时,处处有一张小村在内;写沈小红时,处处有一小柳儿在内;写黄翠凤时,处处有一钱子刚在内。"第二十二回翠凤告诉子富,钱家常请客打牌,叫她的局,每每要代打到深夜两三点钟。第四十四回她又告诉子富她只有两个客人在上海。除子富外,唯一在上海的客人就是钱子刚了。此回凌晨来客就是钱子刚无疑。子富与她定情之夕,竟耐心等她从另一个男子的热被窝里来,在妓院虽是常事,但是由于长三堂子的家庭气氛,尤其经过她那番装腔作势俨然风尘奇女子的表白,还是使人吃一惊的对照;而轻描淡写,两笔带过,婉而讽。

这一类点醒读者的注甚多。第四十四回写众人在齐韵叟园中盘桓数日,略略交待了众人晚上如何安置,有一语写及清倌人(未破身的妓女)林翠芬与尹痴鸳同宿一房,"于尹痴鸳房后别设一床",这里有一条注:"容许清倌人与客人这样接近,似乎信任得出奇,虽然有随身女仆看守。当然这是妓家煽动情欲的诱惑手段,但同时也反映出尹痴鸳的声名地位。"第四十一回众嫖客率各自相好往奠李漱芳,云甫接下齐韵叟相好送的奠仪时说了几句客套话,张加注云:"同是妓女送奠仪,她对自己的相好与齐韵叟代送的,态度判然不同,画出势利。"也有的注是点明作者对白运用之妙的,如第五回徐茂荣、张寿同在下等妓女潘三处,徐帮着仆佣阻张厮闹过分:"张寿抹脸羞他道:'你算帮你们相好了!可是你的相好啊?面孔!'"这里有一短注:"'不要面孔'咽掉上半句,如闻其声。"

韩子云最自负的是这书的结构,所谓"穿插、藏闪"之法,"一波未平,一波又起",阅者"急于观后文,而后文又舍而叙他事矣"。张爱玲的许多注就是将"藏闪"处掘出,将似断实续曲笔的照应勾画出来。像第三十九回赵二宝在张秀英处静坐无聊,开衣橱取出春宫册页与嫖客同看,下有注云:"赵二宝没到张秀英处来过,径自去开衣橱找出画册,显然知道她一向放在衣橱里。当然是施瑞生送她的,跟她与二宝同看的,大概三人也一同仿效过画中姿势……二宝去开衣橱的一个动作,勾起无边春色。"第五十回高亚白开玩笑顺嘴说小赞跟痴鸳学诗被教坏,"不要说有内心,连外心也有了",回末即影影绰绰写到小赞与人私通,这里言者无心,张看出作者有意,注云:"一语成谶。"(回末又有一注推断小赞私通何人。)又第五十四回王莲生在双珠、双玉处被问及小红情形,不由触动前情,"巧囡送上水烟筒,莲生接在手中,自吸一口,无端掉下两点眼泪。双珠、双玉面面相觑,也自默然。房内静悄悄地,但闻四壁厢促织儿唧唧之声,聒耳的紧",这一段自是极好的白描文字,张爱玲更提示作者有照应数回前双玉、淑人、翠芬明园捉蟋蟀一事之意,注云:"双玉自园中带回来的蟋蟀。于此处点一笔,除增加气氛,一石二鸟,千里伏线。"

这些注很容易使人联想起明、清盛行的小说评点,金圣叹批《水浒》,张竹坡批《金瓶梅》,脂砚斋批《红楼梦》,于今皆被视为中国式的文艺批评了,张爱玲对这种方式一直有偏好,亦曾希望自己的书能有个批注的版本,① 她对脂批的矜熟固无需烦言,对其他名家的评点必也十分熟悉,注《海上花》自然受到它们的影响。新文化运动以后,西式的文艺批评成为主流,章回小说虽因提倡白话文和"活文学"的缘故被抬上高位,附丽于小说的评点一道却日渐衰微,几可说是绝迹了,张爱玲评点《海上花》,有意无意间是延续了这一传统。它是否就是这一传统最后的尾声固不可知,评点一道难以再成气候却不难想见。② 她的评点虽诀隐发微,别有会心,却难以翻新出奇,给作为一种方法的评点注入新的活力。袭用"画出势利"、"如闻其声"、"一石二鸟,千里伏线"、"一语成谶"之类昔人评点中的滥调,则更给人以陈旧落套的感觉。

章回小说中的夹行批注精于片段、局部的赏析而难于跳出书外作宏观的把握

---

① 水晶:《蝉——夜访张爱玲》。
② 近年来小说评点在祖国大陆似有卷土重来之势,一些出版社推出了今人批点的传统小说,而且与张爱玲的脚注方式不同,回末评、夹行批都有,是更地道的复古,却很难被今天的读者认可,事实上也难有前人的水准。

和整体的判断，金圣叹批《水浒》，有《〈水浒传〉序》、《读第五才子书法》来完成这样的把握，张爱玲的《国语本〈海上花〉译后记》有类似的功能，与书中的注是互补的，注要仗其提纲挈领。这篇后记涉及许多问题，有考证，如指出书中华铁眉实为著者韩子云"谦抑姿势"的"自画像"；有对书中人物及其关系的疏解，如李浣芳身在风尘却天真无邪是否合理，漱芳死后玉甫何以只肯收浣芳为义女；亦有对该书承传关系——主要是《红楼梦》——的考辨；其总的指向是要在中国小说发展的大背景下为《海上花》定位。可以说，《红楼梦魇》和注释《海上花》都是张爱玲中国小说研究的一部分，二者自有一种连续性，作为对中国小说史的一种见解，这篇后记宜与《红楼梦魇》的序同看。

她在《红楼梦魇》自序中已提到《海上花》与《红楼梦》有"三分神似"，国语本译后记中论及中国小说的流传及价值时写道："《水浒传》被腰斩，《金瓶梅》是禁书，《红楼梦》没写完，《海上花》没人知道，此外就只有《三国演义》、《西游记》、《儒林外史》是完整普及的。三本书倒有两本是历史神话传说，缺少格雷厄姆·格林所谓'通常的人生的回声'。"——更是明确地将《海上花》与公认的经典相提并论了。胡适当年虽比鲁迅更进一步，誉《海上花》为第一流的作品，但也只限于在方言文学的意义上加以肯定，似无意让其进入经典行列，张爱玲的评价则将《海上花》推上了极峰。

"五四"时期是敢于怀疑一切的时代，胡适本人就曾重写文学史，有《白话文学史》之作，而他又对《海上花》极为推崇，在此情况下不能予此书更高的评价，显然是因为书中内容与时代精神不符，不像《水浒》、《红楼》、《儒林》，可以抽绎出反封建的题旨。他肯定有"深沉的见解和深刻的描写"的作品方具备"文学上的价值"，可是他的序无一语道及《海上花》有何"深沉的见解"，赞来赞去不外语言的生动、"组织"之从容、风格之平淡自然，大都属于技术的层面。张爱玲不为意识形态所拘囿，对于她，《海上花》之有价值，首先在于它提供了对人生、对人性的深入细致的研究，她把此书看作是《红楼梦》之后又一部写爱情的杰作。

将一部写妓家生活的小说推为写爱情的杰作，确是离经叛道之论，但是张爱玲通过对书中好几对男女的分析，令人信服地向我们证明了他们之间的关系实质上就是恋爱的关系，虽然取的是嫖娼的形式。作为一种心理现象，恋爱的特征就是"夸张一个异性与其他一切异性的分别"；作为一个过程，恋爱应具备紧张悬疑、憧憬与神秘感，否则不是恋爱，父母之命、媒妁之言的旧式婚姻就与恋爱无干。张爱玲认为，中国是一个爱情荒芜的国度，讲究男女授受不亲几乎杜绝了产生恋爱的一切可能，"恋爱只能是早熟的表兄妹，一成年，就只有妓院这肮脏的角落里还许有机会。再就只有《聊斋》中狐鬼的狂想曲了"。《海上花》那个时代上海租界的高等妓院（长三书寓之类）施行一种较为人道的卖淫制度，嫖客在妓院里宴客酬酢，常把这里当做类于西方社交场合的所在（显然这里气氛轻松活跃，打趣调笑，无所不可，家中则妻女通常尚需趋避，遑论"社交"了），强迫接客的事极少发生，"在这样人道的情形下，女人性心理正常，对稍微中意点的男子是有反应的。如果对方有长性，来往日久也容易产生感情。"另一方面，嫖客的"相好"是他自己看中，又是在社交场合遇到，自有一种新鲜刺激，而且通常客人要"做"上一段时间才谈得到性，到手之后妓女仍还有"选择"的自由，与嫖客隐然有一种"猫和老鼠"的关系。凡此均使"相好"较近于通常的恋爱过程。至于书中的嫖客在作者笔下有"从一而终"的倾向，常盯着一个相好一"做"四五年，而对相好说体己话、讨好、炫耀、吵架、吃醋，似与一般夫妻无异，王莲生甚至在负气与小红分手后仍不能忘情，张爱玲则分析这恰是因为嫖客也与常人一样，有比寻求感官刺激"更迫切更基本的需要，与性一样必要——爱情。"

在张爱玲看来，人性是普遍的、永恒的，人对于爱情的需要也是永恒的、普遍的，既有这样的需求，一有条件，哪怕是残缺不全的，它就会表现出来，即使是隐约的、扭曲的表现。新文学作家站在社会进步的立场上，在作品中忙于肯定合理的爱情，不免忽略了爱情在现实中具体、复杂而微妙的形态。对于张爱玲，这种活生生的形态比抽象的原则更有吸引力。她冷眼旁观，看出爱情理想主义态度中的"似是而非"，所以有《"五四"遗事》；她又有对人性的恒定的把握，于扭曲的形式中看出"似非而是"，所以有对《海上花》的独到见解。事实上这也是她的一贯的态度，早在几十年前她为《连环套》辩护，就从现代中国人在婚姻中的具体处境来解释姘居现象，亦肯定与霓喜姘居的男人"有着某种真情"，"相互之间的关系还是人与人的关系"。对于《海上花》的判断可说是这种"理解的同情"的继续。《海上花》似乎没有对于肮脏的娼妓制度的任何怀疑，这是时代局限，亦并不重要，重要的是它从嫖客和妓女的身上亦发现了人的基本需求——对爱情的需求，并且以一种毫不夸张的笔法平实而深刻地描写了这样的需求，这正是作者对人性的深入的发

掘，不仅使此书与《九尾龟》一流玩世不恭的"嫖界指南"判若霄壤，而且使它在某种意义上有资格成为《红楼梦》的后继者。

但是张爱玲更欣赏《海上花》的一点是它的平实：一是内容的平实——写的是庸常之辈，不是变相的才子佳人，所以她特别欣赏的是王莲生和沈小红的故事；二是手法的平实——"平淡而近自然"的写实作风。二者相加，指向一个目标——传达"通常的人生的回声"，能否做到这一点，恰是张爱玲判断文学作品高低的一个尺度，她也正是按照这个尺度对传统小说中公认的经典重新定其弃取，并且勾画出她独创的一套小说演进图式。

在这个图式中，《海上花》的意义不在于结构布局上超越了《儒林外史》（这是胡适特别加以肯定的），而在于将《红楼梦》的某一面推向了极端——这是中国小说发展的一条脉络。这就联系到《红楼梦》了，在张看来，《红楼梦》与《金瓶梅》一脉相传，是中国小说发展的高峰，所谓高峰指的就是彻底摆脱了历史、神话和传奇的纠缠，回到了真实的人间，并且含蓄自然的写实作风已是炉火纯青。然而"高峰成了断崖"，《红楼梦》代表的小说传统中断了。直到一百多年后才出了一部《海上花》，续了《红楼梦》的香火。为何言"中断"？为何说《海上花》才算得了《红楼梦》的真传？——《红楼梦》的精神，一言以蔽之，就是反传奇。不过这只见于前八十回，续书者完全歪曲了曹雪芹的本意。"原著八十回中没有一件大事，可以说没有轮廓，即有也是隐隐的……只提供了细密真实的生活质地"，后四十回才予以轮廓，所有单薄的传奇性情节，妙玉走火入魔、"调包"与黛玉归天对比等，皆出于续书。而学《红楼梦》者都是从百二十回本受教，面对的是被续书者传奇化了的《红楼梦》，于是有中断；《海上花》走的是前八十回的路子，平淡无奇，只见"细密真切的生活质地"，"最有日常生活的风味"，所以称得上与《红楼梦》有"三分神似"。

张爱玲将《红楼梦》未完视为传统小说走向的一个关键，以她之见，中国小说的发展原来还存在着另外一种可能性：如果曹雪芹完成了《红楼梦》，以前八十回的精神塑造读者的胃口，而后来的作者踏着他的足迹跟进，中国读者或者会渐渐习惯于不那么传奇化的小说，如此中国小说就将是另一面目了。无奈曹雪芹早逝，一百二十回本深入人心，几乎牢不可破地确立了阅读的趣味，"唯一的标准是传奇化的情节，写实的细节"。《海上花》写实的细节之外并无传奇化的情节，因此见弃于读者,第一次出版无声无息,第二次有名流捧场,仍然难获赏识。张爱玲惋惜道:"《海上花》两次悄悄的自生自灭之后,有点什么东西死了。"她的意思显然是说,中国传统小说中的反传奇路线,那种平淡自然的写实作风终结了。①

　　张爱玲的图式不乏大胆假设的成分,颇多可商榷之处。比如,读者是否早已养成了酷好传奇的胃口?《红楼梦》后四十回的深入人心是否恰好说明那习惯根深蒂固?但是她的见解的确新奇独到,不失为考察中国小说发展的一个新的角度。更意味深长的是,她对中国小说流变的这一番体悟往往是从她本人创作的甘苦中来,她的小说起初走的就是"传奇化的情节,写实的细节"的路线,使她一举成名,"平淡而近自然"的作风难以得到读者的认同,也是她后来面临的窘境。越是到后来,可以说她越是自觉地成为她所勾画的这条反传奇路线的后继者,如此说来,她之惋惜中国小说发展的中断,实在也有几分"自伤"之意。

　　也许她后期小说的难得解人多少也加重了她对手头这项工作的怀疑——扫除了吴语的障碍之后,《海上花》是否有望得到读者的青睐?她不存奢望,她的预测是"众看官三弃《海上花》"。实情恐怕也确是如此,虽然她的国语本 1983 年问世后每年再版,但是此书系收在《张爱玲的作品》这个系列中,多半还是借重了她的大名。"客大欺店",她的名字在封面上比作者大出几倍,极是抢眼,"韩子云"几个小字却只在角落里叨陪末座的份。显然"张爱玲"比"韩子云"更有号召力,而她的名声主要是靠早期那些相对传奇化的小说建立起来的,比照她的追求,这真有几分讽刺味道了。

---

① 张爱玲在后期的创作和研究中似乎特别执著于反传奇,在她那里,反传奇即是"现代化",意味着"平淡而近自然"、高度的写实,反过来说也一样,因为这几个概念经常是相互重叠的。

旧作新魂

在校院做研究的那些年里,张爱玲也并未全然忘怀创作,只是到这时候,她对凭英文写作已彻底不抱希望了。1967年,《北地胭脂》终于在英国出版。真是被她说中了——"出名要趁早,来得太晚的话,快乐也不那么痛快":如果是在她刚到美国的那些年头,她虽不至于像当年成名时那样雀跃,必也十分欣喜,现在则她已经很漠然了,何况该书出版后没有什么反响,仅有的书评倒是负面的,算起来到美国十多年的时间,她至少用英语写了三部长篇小说,还有一些短篇和文章,发表的只有《北地胭脂》,再就是记台湾之行的散文,而前者从完成到发表,差不多过了十年。她再也打不起精神,事实上,《北地胭脂》出版时,她已基本上放弃了英文创作——真像是命运同她开了个大大的玩笑。

好在台港兴起了张爱玲热,出版社、报纸杂志均对她表示出极大的热情,她的作品在美国无人问津,在大洋彼岸则是求之不得,已被她自己遗弃的旧作被人打捞出来,郑重其事地发表;偶有新作面世,必刊于报章杂志的显著位置,并得到最优厚的稿酬。她有一篇谈读书的长文,内容是一般读者不会感兴趣的,《中国时报》副刊却将其连载,并且居然连续九天出现在头条的位置上。她在台湾受到的礼遇之隆,于此可见一斑。于是顺水推舟地,张爱玲从60年代后期开始,也就转移到中文写作上来了。

尽管张爱玲出全集是90年代以后的事,也是在全集中才将短篇小说分为两册,分别称做"回顾展"之一、之二,然而对于作为小说家的张爱玲,1968年皇冠重印了她的作品,确乎已经带有了回顾展的性质。她的第二个创作高峰(50年代前期)过去之后,她已难得有新作问世。我们在皇冠这套书(1968年版)里看见的新面孔,《半生缘》是由《十八春》略加删改而成,《怨女》则是《金锁记》的重写。

除了将张慕瑾改作豫瑾,张爱玲对《十八春》的改动共有三处,一是将慕瑾本人被诬为汉奸遭国民党逮捕,其妻受酷刑致死这段交待改成了张妻被日本人轮奸死去,张本人被抓后,下落不明。二是许叔惠赴延安变为去美国留学。三是准团圆的结尾被删去,故事在沈顾二人劫后相逢的一幕,也即前面所说的"情绪性的结尾"那里就结束了。那种情绪是张爱玲所熟悉的,这小说一度又曾改名为《惘然记》,不似《半生缘》、《十八春》那样靠实,点明的正是这种情绪基调。

从《十八春》到《半生缘》,张爱玲动的是小手术,删去了个别时间性的情节(或稍事调整),好比剜去一些赘肉。从《金锁记》到《怨女》,情形则大不一样。《金锁记》中的故事断成两截,后半部分较多地落墨到长安的身上,傅雷对于从前半部分到后半部分的蒙太奇式的过渡大为称道,两部分却毕竟有硬行缝合之嫌。在《怨女》中,长安的故事被舍去,作者转而集中笔墨经营七巧(现在的主人公叫做银娣)的故事。虽说从故事大纲上看,张爱玲做的是"减法",《怨女》的篇幅却长出了几倍,几乎与《秧歌》相当。

《怨女》在原故事的构架上增加了大量的细节,对没落大家庭的日常生活,对女主人公在大家庭里的处境,她与兄嫂、丈夫、小叔子、儿子的关系,尤其是她的内心活动,都有更为细致绵密的描写,亦有更多背景性的交待。一些原先侧面带过的情节现在正面展开,有些人物也得到更完整的描述。比如姜季泽原是个但见其"眼睛里永远有三分不耐烦"和潇洒身段的惊鸿一瞥的人物,在《怨女》中,不仅更突出了他在女主人公生活的意义,又有为刻画其遗少性情单独给他加的戏(如"圆光"一节),而且通过亲戚间的议论和银娣的内心活动,间接交待了他最后落到靠两个要好的老年妓女供养的穷愁潦倒的晚景,不但更见出大家庭的没落颓丧,亦使小说另添了一种世事沧桑的感伤情调。因为这些原因,有的评者根据《怨女》"更能刻画当时租界的大家庭生活"而断言它比《金锁记》"有价值多了"。①

---

① 唐文标:《张爱玲研究》,57、61页。唐氏且认为"在揭露历史和沟通外界、人物安排上,《怨女》比《金锁记》更合理,更像人世"。

可是,尽管除了没有长安的位置,《怨女》中的几乎所有角色都可以在《金锁记》中对号入座,尽管女主人公的履历上只是增加了一段看来对其性格和心理变化并无实质影响的自杀情节,关键在于,从七巧到银娣,女主人公已经由一个心理变态的疯子——一个悲剧英雄——变成了一个人情之常可以解释的小奸小坏的庸常之辈。细心的读者不难发现,两相对比,在女主人公与小叔子调情的几个富于戏剧性的场面中,女主人公的情欲的压抑、紧张、失态,都被弱化、淡化了,有时候两个人的关系甚至有几分像一出猫和老鼠的游戏,虽然三爷是逢场作戏,而银娣始终处于怨女的地位。甚至银娣那次自杀(她不敢想象她和三爷在庙里调情的事在大家庭里传开来她会有什么样的下场)也使她更像一个怯懦的常人。与三爷绝交之后的银娣虽然变得怪僻,有些变态,也只不过是想把儿子控制在身边的母亲和世态剧里常见的恶婆婆,她没有七巧的那份怨毒,那份"疯子的审慎和机智"。

从七巧到银娣的这种变化当然与张爱玲的信念有关。早在针对傅雷的那篇文章中她就说过:"极端病态与极端觉悟的人毕竟不多。时代是那么沉重,不那么容易就大彻大悟。这些年来,人类到底也这么活了下来,可见疯狂是疯狂,还是有分寸的。所以我的小说里,除了《金锁记》里的曹七巧,全是些不彻底的人物。他们不是英雄,他们可是这时代的广大的负荷者。因为他们虽然不彻底,但究竟是认真的。他们没有悲壮,只有苍凉。"越是到后来,张爱玲越是坚信这一点。傅雷之看重《金锁记》,在很大程度上正是因为七巧是个够格的悲剧人物,张爱玲偏偏声明七巧是她小说中的例外,《怨女》仿佛是隔着迢迢岁月的又一次无声答复。银娣的一生"没有悲壮,只有苍凉"。

因为在小说中追求苍凉的境界,张爱玲写银娣这个人物,在"怨"字上做了文章,而这个"怨"字恰好通向她对女人天性、女人处境的一贯理解。怨的对象是男人,是三爷。二人第一次调情就已经注定她要陷在怨恨之中了,她一厢情愿把对方出于无聊的轻言撩拨当做对她的真情,心旌意摇地在阳台上唱着《十二月花名》,歌中的女孩子夜夜等着情人,"那呢喃的小调一个字一扭,老是无可奈何地又回到这个人身上"。这歌是三爷要她唱而她刚才没机会唱的。"她没听见三爷对佣人说:'这个天还有人卖唱,吃白面的出来讨钱。'"

等到她为那一夜没有成功的偷情差点付出了生命的代价之后,三爷找上门来,她虽然直觉到他不过是图她的钱,却忍不住要自欺地说服自己,他或者真是有情。

三爷躲债到她家的那天晚上，银娣无论如何一厢情愿也维持不了她的梦了。可是和三爷翻脸之后，在冷清寂寞的身上，愤恨化作了怨意，气恼变成了感伤，她甚至又想起他的好处，听到三爷和一个老而丑的女人好上了，她又忖度着做着她的"心证意证"："她相信他对这女人多少有些真心。仿佛替她证明了一件什么事，自己心里倒好受了些。"能有真心爱别的女人，当年他对自己也会有几分真情吧？单是这一点可能性对她也可以成为一种安慰。怨也罢，恨也罢，毕竟，三爷是银娣真正爱过的男人，是她干涸的灰色的生命中为数不多的几个亮点之一，她为他受的苦，遭的罪，几乎是对生命最深刻的体验。除此以外她的生活中还有什么呢？代替了三爷的位置，给她以寄托的是儿子玉熹，"他们在一起那么安全，是骨肉重圆……他是她的一部分。他是个男的"。再有怅惘中偶尔飘过回忆的，那是故事的结尾时她想到了做姑娘时调戏她的男人："'大姑娘！大姑娘！'叫着她的名字。他在门外叫她。"

　　这个结尾呼应着小说开始的那一幕，当然是指向了生命的空虚、生命无谓的流失：银娣从麻油西施到走入高门大户，到挣扎着出头，绕了一大圈回到了原点，仿佛什么也没有发生过。可是出现在她眼前的仍然是男人，永远永远。

　　与主人公性质的不同不无关系，《怨女》没有了《金锁记》所具有的戏剧性的紧张、震撼人心的力度。《金锁记》中我们看到的是一幕接一幕的高潮戏，炽烈刺激，一触即发；《怨女》的情节则是采取一种平稳缓慢的推进，见棱见角之处大多被有意识地磨平了。只有个别的地方达到了《金锁记》特有的一种力度。比如写银娣在刚刚同三爷调情之后回到房中见到残废的丈夫，阴冷地向其发泄心中的怨愤。这一幕正写到银娣故意拿话伤他，他寻找着最喜欢的一串核桃念珠，而银娣已经不动声色地拿在手中：

　　　　她走到五斗橱跟前，拿出一只夹核桃的钳子，在桌子旁边坐下来，把念珠一只一只夹破了。

　　　　"干什么？"他不安地问。

　　　　"你吃不吃核桃？"

　　　　他不做声。

　　　　"没有椒盐你不爱吃。"她说。

淡黄褐色薄薄的壳子上钻满了洞眼，一夹就破，发出轻微的爆炸声。
"叫个老妈子上来，"他说，"她们下去了半天了。"
"饭总要让人吃的。天雷不打吃饭人。"
他不说话了。然后他突然叫起来，喉咙紧张而扁平，"老郑！老郑！老夏！"

只有简单的对话和白描，并无刻意的渲染，可是银娣的冷静、不动声色，越显出她的怨愤之深，尤其是，如果我们从目不能视的三爷（他是盲人）的角度来感受房中异样的气氛，则不难感觉这一幕中自有一种张爱玲式的恐怖。

由形式技巧的层面看，《怨女》也已经有了很大的改变。某种意义上讲，从《金锁记》到《怨女》，仿佛是用另一种手法处理了同一个题材。《传奇》多篇小说（当然包括《金锁记》）中经常出现的那个制造氛围，或者诠释故事意义的叙述者（他在故事开头和结尾的出现尤其引人注意）退隐了，我们再听不到类似《金锁记》开篇与结尾那样的旁白，这可能意味着渲染氛围，制造某种"象喻式的霞雾"在张的小说已变得不那么重要。与此相应，《怨女》更多地由外视角转向了内视角，读者对故事的理解、判断几乎全部通过人物的感受来达到。

对视角更为自觉的运用是《怨女》的一个特点，它的视角显然比《金锁记》更为统一集中。《金锁记》中的回叙、侧叙改为了直叙，故事从银娣出嫁前的情形细说从头，读者一开始就进入到她的视角。它亦采取全知式的叙事，但同时自始至终不放松银娣的视角，凡此都使《怨女》的结构更见得平稳、匀称，也使得其更接近西方小说的写法。

但是，据此判定《怨女》完全放弃了中国传统小说的叙事方式，却大谬不然。事实上，张爱玲对中国传统小说的兴趣不但一直未曾消减，而且越是到后来，越见其执著。特别能证明这一点的是她对传统的白描手法的醉心，即以上面的那个片段为例也可看出，《怨女》依然注重以动作、对话显示人物的性格和心态，有时候对人物动作、对话本身力量的依仗，甚至更在《金锁记》之上，因为这里意象的出现已经没有她早期小说中那样频繁和密集。谈到《传奇》中的意象时张爱玲曾说过，那时候她常感故事的分量不够，因此想用意象来加强故事的力量。意象不论是针对人物内心的透视，制造某种气氛，点明环节的意义，还是隐含叙述者的态度，其归根都是一种"解释"，而张爱玲早在40年代后期就已经对"不用多加解释的人物,他们的悲欢离合"不胜艳羡。唯有将外加的"解释"成分滤到最低的限度,尽可能让故事本身说话,小说才更能具有"意在言外""一说便俗"的平淡而近自然的效果。这无疑是张爱玲孜孜以求的。①

她的这种追求也见于她后期的其他作品。所谓"后期"是指她到美国以后发表的小说,除《怨女》外,尚有《"五四"遗事》、《色,戒》、《浮花浪蕊》、《相见欢》诸篇。《"五四"遗事》1957年刊于夏济安主编的《文学杂志》,《色,戒》等三篇则到1979年方问世。说到后期,其实后三篇小说50年代即已成篇②,但其后屡经"彻底的"改写,收入《惘然记》时还又有所改动,反映出她晚些时候对题材的把握以及对小说的认识和探索,因此将其当做张的"近作"是合理的。

《色,戒》的故事在几篇小说中无疑是最富于戏剧性的,甚至可以处理成一部紧张的动作片。女大学生王佳芝和她的一帮同学出于爱国热情,自发地要做一些抗日的工作,他们谋划着要刺杀汪精卫一伙的一个重要的角色易某,遂定下一条美人计。佳芝是学校剧团的当家花旦,自然担当了诱饵的角色。为了逼真地扮成一个已婚的妇人,佳芝照团体的决议失身于同伴中一个令她讨厌的同学,如此失去童贞在她是一个牺牲,可是同伴对她窃窃私议,仿佛她成了不洁之人,连她素有好感的人也不能免俗。其后行刺没有成功,失身更成为没有名目的牺牲。佳芝大受刺激,心理失衡,甚至于怀疑他们从一开始就别有用心,因此与同伴再不来往。然而等到又有了机会,同伴找上门来请她出马时,她仍然感到"义不容辞",还是应命了。

故事开始时,佳芝在行刺就要发动之际的纷乱的回想,好似一组回闪镜头,因此自然构成了佳芝在最后关头动摇潜在的内心背景。刺杀的一幕是在珠宝行里,她的诱敌计划的任务能否顺利完成?在紧张的等待中她的脑子里种种思绪纷至沓来。她亦想到与易某这一段做戏的怨屈孤单,她忽然觉得与眼前她要谋杀的这个人距离拉近了,甚至疑惑她是否有点爱上了他。"紧张得拉长到永恒的这一刹那间",

---

① 夏志清先生评《秧歌》时写道:"《秧歌》的题材是农村生活,因此它的风格也十分朴素,和作者那些描写布尔乔亚生活的小说的华丽作风判然不同。"(《中国现代小说史》,358页)给人的印象是张氏作风的转变皆由题材转移所致。可是与《金锁记》同样题材的《怨女》及后来发表的几篇题材也相当布尔乔亚的小说同样不见《传奇》的华丽,可见朴素的风格是她中后期小说中一贯的追求。
② 安徽文艺版《张爱玲文集》所附作品年表注明这三篇小说"约作于1950年",似是对张《惘然记》中"三篇近作其实都是一九五〇年间写的"一语的误解。张在这里所谓"一九五〇年间"可能是照西方习惯的说法,犹言一九五〇年代,相当我们所说的50年代。

她憬然有"悟","这个是真爱我的,"这一发现令她"心下轰然一声,若有所失"。她放走了易某。就在当天,逃脱了性命的易某下令一网打尽了佳芝他们一帮人,并且统统枪毙。易某想着他与佳芝的一番遇合,暗思佳芝还是真爱他的,"是他生平第一个红粉知己",禁不住心中得意:"得一知己,死而无憾。他觉得她的影子会永远依傍他安慰他。虽然她恨他,她最后对他的感情强烈到是什么感情都不相干了,只是有感情。他们是原始的猎人与猎物的关系,虎与伥的关系,最终极的占有。她方感到生是他的人,死是他的鬼。"

抗战期间及抗战以后,颇出现了一些写间谍、特工的小说,因为这种题材本身就附着紧张神秘的空气而富有戏剧性。写特工而实质不在此的小说也有,最出名的两部,一是茅盾的《腐蚀》,一是徐訏的《风萧萧》。前者实为暴露小说,意在揭露国民党内部的腐败黑暗,后者则是以间谍活动作外衣的海派言情小说。《色,戒》既非政治性的,也非浪漫性的、消遣性的,它是把人性摆到特异场合、特殊的关头来试炼刻画,所关注的是特异背景下人的心理,甚至可以说是男人与女人、女人与男人的关系。为此张爱玲特意挑了偶然跑到这一行里来的业余特工,他们心理与其说是职业化的毋宁说是常人的,"当然有人性,也有正常的人性的弱点"。像佳芝的同伴哄抬她出马之后又对她心存鄙薄视为异类,像佳芝初次发现老易上钩的狂喜中包含的虚荣心的满足,都是更具有普遍性的心态。甚至对于易某这个真正的特工,张爱玲感兴趣的也是其身上非职业化的那一面,像他脸上刹那间流露出的落寞神情,像他最后的那一番自我陶醉——虽然他的杀伐决断不动声色与职业不无关系。

恰是因为这些缘故,同时也因为《色,戒》距离控制十分成功(作者始终未出面评断,甚至不借助第三者的眼光,单凭王、易二人的内心活动,而能将前者的弱点和后者的冷酷自己暴露出来),这篇小说一经发表即在台湾的报纸上引起不大不小的争议。最有争议是对汉奸的态度,小说中易某似乎颇有几分人情味,而忠奸之分似乎化为男女的恩怨,有的文章干脆指责它是"歌颂汉奸的文学——即使是非常暧昧的歌颂",害得不喜打笔墨官司的张爱玲专门撰文逐点解释小说中的"暧昧",其后收入集子,她又在序中再次在理论上为自己的人性立场辩护,认为文艺的功用之一正在于"让我们接近那些无法接近的人",而小说家有权利进入反面人物的内心,因为缺乏了解才会导致将罪恶神化。

张爱玲的观点无疑值得注意。说《色，戒》是歌颂汉奸的文学当然荒唐至极，事实上它也不是批判汉奸的小说，因为易某的冷酷与他是不是汉奸并无必然联系。如同张爱玲其他态度严肃的作品一样，《色，戒》所关注的既非道德判断，也非惩恶劝善，它所追求的是"了解"，如果说是批判，那就是人性的批判，是对人性弱点的冷峻的观察。佳芝的弱点是她的虚荣心，是她自恋的幻想，无论在台上在台下，她都需要一种"照盼间光彩照人"的感觉，她之甘心牺牲自己去设美人计，有一半也是由于这种工作对她是浪漫神秘的诱惑，所以一旦同伴不再众星捧月似地围着她，反因对于性的一种神秘和污秽而看不起她，她便立时陷入自怨自艾，乃至心理变态。她的自恋的幻想甚至也是导致她相信易某真的爱上自己的一个原因——她愿意相信他是爱她的，潜意识里却有一点"'地母'的根芽"，佳芝也有这"根芽"，能爱，能忘我。这也许是她身上最可爱的地方，可是说来真有讽刺性，在那场合里，她的柔情想不到地成了她的致命弱点（在张爱玲，忘情于爱是女人身上一块柔软的地方，发作起来是可以不顾一切的），不幸她自恋的幻想恰好通向了她的柔情，这使她做出了不可理喻的决定。易某无意中的一种神情碰巧正触到那块柔软的地方，因此保住了性命，她则因此枉送了性命。

衬着佳芝的业余水平和不切实际，汉奸易某简直是个无隙可乘、刀枪不入的人。与佳芝相反，这个人物身上不易见到"正常的人性的弱点"，甚至他的好色（这是他的"人性的弱点"了）开始时也不能被他的敌人利用，而他在处置他的"红粉知己"时没有片刻的动摇，"大义灭亲"决不心慈手软。这恰恰是可怕的，在张爱玲的字典里，没有"正常的人性的弱点"正好是缺少人性的反面的证据。可是张爱玲仍然设法让我们"接近"他，珠宝行替佳芝买首饰，他有那么一刻流露出一丝感伤，明知女人是冲着他的权势才附上身来，现在分明地让他看到这一点，仿佛除了权势他便一无可取，他还是"不免忧然"。这里的感伤完全是自我中心的，可是这里的自我中心究竟属于正常的人性的弱点的范畴，尤其是在他的自省之中，想自欺而不可得的一种状态，更是不期然地使人生出几分怜悯。

张爱玲两次引领读者进入易某的内心，如果说她给易某的每一次机会导向了原谅的话，那么当易某下令枪毙佳芝之后我们再度接近他的内心时，张则向我们证明了，对这种人的了解的确"更可能导向鄙夷"。下令时易某诚然毫不手软，事后也绝无一点动摇，想到佳芝临终必然恨他，他亦不觉有动于衷，甚至无需私下里为自己的无情辩护。佳芝的死反倒意外地为他提供了一个自我陶醉的机会:"'无毒不丈夫。'不是这样的男子汉,她也不会爱他。"继而沿着他的逻辑,他与佳芝的偶合俨然"升华"为一场大憎大爱、大生大死的生死恋。自我中心、自私自大、自我欺骗与残忍的结盟,以自我陶醉掩盖装饰了冷酷和血腥,这正是人性的反面。张爱玲未加一句旁白,让易某的自我陶醉自动传达出深刻的讽刺,小说的结尾因而更充满着冷潮,令人毛骨悚然。

　　正像佳芝的形象反映出张爱玲对女人的某些理解一样,易某这个人物也多少见出她对男人天性侧面的认识。佳芝与易某无形中存在的一种对比在某种意义上反射出男女之间的反差。而给人印象最深的一点无疑是男人的自我中心,易某的自我陶醉正是自我中心的延伸,是自我中心的极度膨胀。尽管这个故事和其中的人物不一定皆有所本,然而至少易某身上的这一面仍然令我们想起一个真实的人物,此人非他,就是胡兰成。胡兰成也是一样的自我中心,一样地善于自我陶醉。

　　与《色,戒》比起来,《相见欢》的故事平淡得多了。写的是伍太太和女儿苑梅与荀太太的几次见面往还,唠家常的"现在"穿插着各人对过去生活的追忆。三个女人作一台戏,都是结过婚的人,各有各的不如意,而苑梅是晚辈,经常充当陪在一旁的听众,在局中又在局外,是一个知情兼旁观者的身份,所以说的还是上一辈女人的故事。伍太太与荀太太是表姐妹,也是年轻时代的好友,分别多年后住到一地,可以频繁聚首"相见",自有说不完的体己话,可是嘈嘈切切间并无"欢"可言,散漫的家常如同一连串睡意朦胧的哈欠——因为生命已经过去了,就像《留情》开头的那段"破题"文字形容的火盆中的炭:"炭起初是树木,后来死,现在,身子里通过红隐隐的火,又活过来,然而,活着,就快成灰了。"隐隐的火是她们对过去的记忆,这记忆也是雾数的,已被时间弄得千疮百孔。

　　两个人的婚姻都是不幸的,伍太太的丈夫不爱她,从结婚起对她就只有一大堆的抱怨,此时又在外地另结新欢;荀太太则丈夫虽爱她而她不爱她的丈夫,做了几十年夫妻,到现在对他亦培养不出一分感情。伍太太因为少女时代把荀太太作了同性恋的单恋对象,又因在自己的婚姻中找不到位置,她仿佛是部分地将自己寄植到了荀太太的生活中,她的单恋使她把荀太太看做她的一部分,是她虚拟的一个自我,荀太太的事她都有份,那是她自己的无法实现的一种可能性。她替荀太太不般配的婚姻抱不平,有时又掉过自身来自以为比荀太太更了解她的丈夫绍甫,因荀太太与现实妥协而大感失望(虽然她对自己的婚姻很能将就,委曲求全),总之为荀太太操心似乎比面对她自己空虚无聊的生活更能令她兴奋,亦更能给她一种心理满足。而事实上荀太太的生活也早已掉彩褪色,"眼睛有多亮"、"调皮的神气"都成过去,"整个一个人都呆了",性冷感,对生活的态度近于麻木,提到丈夫死的话头,语气冷漠到令人讶异。多少能给她一点兴奋的是琐屑的回忆,而回忆中的亮点是有个男人盯她的梢,她反复地向伍太太唠叨这话题(作者又通过苑梅在一旁忖度提示荀太太希望听者注意一点——盯梢者对与她一路、小她十几岁的妙龄女郎不感兴趣而独独看中了她这个迟暮美人),单悬想其中的可能性便给她某种满足,因为她的生活中实在也没有比这更富有色彩的事件了。

很显然,伍太太和荀太太下意识中都宁可到幻想中去求得平衡,这使她们多少有点像威廉斯·田纳西名剧《欲望号街车》中的主人公,不同之处在于她们没有走极端陷于迷狂,完全沉溺到幻想之中而丧失现实感。二人均已接受了现实,而苍白的幻想是单调平庸的生活的调味剂和补充。那幻想之可怜可笑,愈现出生命的空虚与无奈。

如此这般演绎这个故事的时候,似应回过头来再强调一下这小说写的也是伍太太、荀太太两人的关系,张看两个女人关系微妙的心理内容,无疑也是张爱玲写这篇小说的一大兴奋点。从这个角度看,如果紧张追踪伍太太的心理线索,如果有意作惊人之论,我们尽可说《相见欢》是同性恋小说,因为伍太太对荀太太的态度和反映大都是典型的同性恋心理(比如对绍甫的吹毛求疵,比如多年后提到表姐的婚姻仍愤愤不平,以至于"眼圈一红嗓子都硬了"),张爱玲对此未加渲染,也未让冷眼旁观的苑梅"瞧破"母亲的这层心理,而苑梅最后的感叹是"她们俩是无望了",故事又是结束于绍甫的一个深长的哈欠,所以《相见欢》最终仍然指向了生命的空虚与无奈。

准此而论,《相见欢》可以说是《等》、《留情》、《桂花蒸 阿小悲秋》一类小说的延续,但是加重了讽刺。张爱玲曾说《太太万岁》应属这样一类题材:"将人性加以肯定——一种简单的人性,只求安静地完成它的生命与恋爱与死亡的循环。"《留情》、《相见欢》也可作如是观,只是我们发现《留情》中肯定的调子在《相见欢》中显得微弱了。张爱玲又曾谈到她理想中的《太太万岁》应有的风格:"戏的进行也应当像日光的移动,蒙蒙地从房间的这一个角落照到那一角落,虽看不见它动,却是倏忽的。"她在电影中无法实现的效果看来还是在她的小说中达到了。以《传奇》中大多数小说的标准,《相见欢》的情节可以说是淡化到近乎没有,伍太太和荀太太的过去里似乎蠢动着许多故事,但都只是影影绰绰,被推到了背景中,在前台我们见到的只是一种几乎是静止的生命状态、近乎无事的悲剧。

张爱玲在写《留情》、《桂花蒸 阿小悲秋》等小说时,无疑已经对早先小说"传奇"味道过重,对读者只看其故事的热闹,忽略小说更丰富、复杂的内涵感到不耐。另一方面,因为已经成名,因为积累了不少写作的经验,她也已经获得了足够的自信,相信不必仰仗曲折的情节、戏剧性的故事(普通读者与同行专家皆公认张爱玲是讲故事的高手),她也能将小说写得引人入胜,或者自然已经是她的一种追求。抗战胜利后至离开祖国大陆以前,她为时势所迫转向电影和通俗文学,曲高和寡的那一套只好暂时收起,但她对那种写法未尝忘情,如果《秧歌》因为题材的关系容易忽略这一点的话,写在《怨女》及以后的小说中我们就看得很分明了。

《浮花浪蕊》也是一篇无情节的小说,只是掺杂了更多情绪性的因素。它的题材相当散漫,张爱玲自云最后一次大改时方参用"社会小说做法","是一个试验"。她所说的"社会小说"都是承《儒林外史》而来,其特征如鲁迅所说,"虽云长篇,颇同短制",是一个个独立的小故事的串联。《浮花浪蕊》亦如此(除了它本身就是一个短篇),"头绪既繁,角色复伙",有的人物仅是一个面影、一个状态,聚在一处,形同一幅"浮世图",但是在处理上当然要技巧得多;社会小说记事,"率与一人俱起,亦即与其人俱讫",经常连结构上起码的统一性亦不遑顾及;《浮花浪蕊》中诸多头绪和虚虚实实的情景堆叠为重重形象,形成洛贞的"浮世的悲哀"扩大的情绪铺垫和心理背景,使其"身世之感"更显"郁郁苍苍"。

《浮花浪蕊》可以说是一篇"流亡小说"。洛贞从祖国大陆"流亡"到香港,现在又在大洋中形同舴艋舟的小轮船上,将要到日本去"流亡"。不愿瞻望渺茫的前景,船上这没有过去、没有未来、无牵无挂的十日成了她念恋的"真空管道",容得她耽溺在对眼前所见和往昔的遐想中,而船上的所见、所闻、所感与往事相互叠映交错,就是小说的全部内容。映入她意识中的这些人物真有几分"国际性"——英国人、英印杂种人、犹太人、日本人,当然还有中国人,每个人的身上都潜藏着一个故事,每个故事也许都有它自身的意义,可是在小说中它们各自的完整是不重要的,叠加在一起才显出作者的意向:他们都是自我放逐的人。洛贞在船上相识的李察逊夫妇，先生是混血儿，似乎从一下地就已经没了归属，太太花子从日本跨海来寻嫁人的机会，总算有成。她过去的上司咖喱先生千里迢迢到中国来做事，也没甚大出息了，与太太离婚后也就同一个不足取而对他很好的女人结了婚；她的同事所罗门小姐的朋友范妮则不习惯1949年以后祖国大陆的生活，从上海流落到香港，而竟郁郁死在异乡……每个人都被各自的环境或是时势捉弄着，被抛到一个陌生的世界上，去面对不可知的命运。流亡的人没有根，他的心是怔忡不宁，找不到平衡的。作者反复写到洛贞想起毛姆的小说，也是要提示这一点，不过她无意像《沉香屑：第二炉香》深究环境压力下乖张变态的心理，她现在所要描述的是一种普泛的失落感。

诸多头绪当中，范妮、艾军夫妇的故事无疑交待得最完整，而其"本事"肯定也是张爱玲最熟悉、最感兴趣的。艾军是个大家子弟，性格被动，范妮从他留学时跟着他陪读到后来生子持家一直压他一头，为人热络能干。后来回到上海，一半因为申请出境不易，一半也因为一直被太太罩着，不自由也没自信，他潜意识里觉得就在这边呆着倒也自在，他甚至到一家工厂里去做事，听着厂里的积极分子亲热地叫着"大知识分子"很是受用，居然干得"热火朝天"。不久他因有亲戚在台湾算是名人而受怀疑，被捕入狱，几进几出。

艾军几番被捕仿佛是对范妮和后来洛贞之选择"流亡"提供的解释，而艾军夫妇性格的强势——所谓"不是东风压倒西风就是西风压倒东风"，两人关系中包含的微妙讽刺（范妮是众人称道的"万岁"型太太，而艾军"冷暖自知"，下意识里情愿避着她），也是洛贞听到一种"人生的回响"。然而令她惨伤的还是范妮出来后的状况，这个原本争强好胜的人住在女婿家中，形同寄人篱下，那股子干劲也不见了。她的死当然与洛贞"告密"有关，然而割断了背景，失去了熟悉的世界，她的心早已死了一半。正像映到洛贞视野里的那些外国人一样，范妮和她自己在原来的环境里诚然是呆不下去了，可是出来以后的际遇又是不可测的。在波涛汹涌的历史长河中，每个人都是流亡者，是随波逐流的浮花浪蕊。小说的结尾，洛贞于大洋上波荡起伏的船舱里想着许许多多的"流亡者"，包括她自己的命运，"一时竟不知身在何处"，"漂泊流落的恐怖关在门外了，咫尺天涯，很远很渺茫"。

仿佛是要抵消题材的散漫，《浮花浪蕊》的视点来得特别单纯，"参用社会小说写法"只是"试验"的一半，另一半则是造成一个单一的叙事角度。张爱玲曾说她"一向沿用旧小说的全知观点羼用在场人物观点",这篇小说是个例外。照社会小说的写法,李察逊夫妇的故事当中有一段完整的回叙来交待。张爱玲要让洛贞与这对船上邻居的接触是生疏的、试探性的,保持严格的写实,当然不肯幼稚地让李察逊太太没遮拦"打开回忆的闸门"(如此一来,小说必要散漫不可收拾),为了将所有内容都限制在洛贞的视角之内,张爱玲便让洛贞以自己的忖度和悬想来赋予这对异国情鸳的故事完整的轮廓。

因为我们始终通过洛贞的意识来感受和判断故事中的人物和他们的经历的全部意义,洛贞必须具有足够的洞察力和领悟力。最有资格担当这一角色的当是张爱玲本人,而事实上,作为观察者、体验者的洛贞正是张爱玲的一个替身。有意思的是,在张爱玲小说中,恐怕再也没有另外哪一个人物像洛贞那样,与她本人在观点、感受方式、人生态度等方面具有如此完整的对应性了。

与《浮花浪蕊》截然相反,《"五四"遗事》自始至终均采取全知的观点,张爱玲控制得几乎滴水不漏,人物的感受绝对点到为止,不令深入,从而保持一种超然的叙事姿态。小说中的人物很容易使人联想起当年的冯雪峰、汪静之等人的湖畔诗社——地点是杭州,罗和郭一起出过诗集,也自号"湖畔诗人";而湖畔诗社的几位诗人,也是流连湖上,陶醉于朦胧的爱情。小说中的某些情节尤其同当年受到胡适推荐、以情诗集"蕙的风"出名的汪静之的经历有相似之处。不过顶起真来做索隐是可笑的,因为罗文涛的经历和处境于"五四"那一辈人当中是具有普遍性的,当然不包括"三美团圆"的结局,单是文学史上的名人,我们就可以报出一长串,在婚姻恋爱上陷在进退两难的窘境。

这是"恋爱"刚来中国的时候(小说英文本的副题就叫"A Short Story Set in Time Love Come to China"),罗和郭与他们的女友经常盘桓湖上,读雪莱的诗,回去给恋人写"落落大方"的情书,从"言不及义"的书信里读出恋人的一颦一笑,单是这些对他们就有一种刺激,因为"恋爱完全是一种新的经验"。罗、郭出来之前在乡下都已结婚生子,那恋爱似乎只能是渺茫而没有结果的,而止于"脉脉含情"似乎也使"新的经验"更加愁怨动人,有一种浪漫的感伤。然而终于还是要回到现实。罗打定了主意离婚,虽然他知道如此一来等于判他那位旧式的原配终身守寡。六年过后,待他终于从旧式婚姻中脱身出来,那边他的恋人密斯范已经抗拒不了时间、环境的压力,在议论婚嫁了,而且要嫁的竟是个开当铺的。

罗一气之下与城里最美的王小姐结了婚,倒是密斯范累于新女性的名声,终于没有嫁出去。

接下去故事的发展耐人寻味。罗旧情难忘,再度离婚,与密斯范结合。具有讽刺意味的是,他发现理想中的"新女性",那位"崇拜雪莱,十年如一日"的密斯范婚后成了一个平庸的懒婆娘,似乎与旧女性也没有什么区别。失望之余,心灰意懒的罗对别人劝他将离掉的两位太太接回,也就无可无不可了,而密斯范尽管哭闹着声称要自杀,最后居然也接受了一夫多妻的事实。多年以后,社会没有了"五四"时代的天真稚气,回到了中年人的世故,近乎新旧两面的人对罗的离婚以及后来不断的"开倒车"都能谅解了,反有许多人羡慕他"稀有的艳福",小说就结尾在朋友的打趣上:"至少你们不用另外找搭子。关起门来就是一桌麻将。"

这篇小说里的人物及其悲欢离合,可解释之点很多:罗在婚姻上的困惑,他可能会有的内心矛盾;离婚离不成的六年中密斯范怎样继续她与罗的关系,又如何看待这种关系;罗如何落到实际上是接受了多妻主义,新女性的密斯范又如何容忍了这看来无法容忍的事实,仍能与罗共同生活下去;罗的多妻家庭如何运转,他的妻子如何共处等等。

罗最初的处境原本就是戏剧性的,其后的转折同样充满戏剧性,逐一地处理起来,足可成为一部长篇小说。此外,罗和密斯范由最早一批开风气之先的人落到了最后那种局面,其中亦自有一份沉重的历史感。但张爱玲始终保持轻描淡写的简笔叙述,以世态剧的方式来处理这个故事,使之具有喜剧的格调,成为一幅轻淡的风情画。小说的副题叫"罗文涛三美团圆",像是"三言二拍"中的回目,事实上张爱玲也确乎有效仿"拟话本"之意,《"五四"遗事》采取的是说书人说故事的叙述姿态——当然经过了现代化的改造,力求其简朴浑成,要在单讲故事,重叙述而基本上放弃描写,决意把人物和他们的悲欢离合当做无需多加解释的故事来处理,让故事本身说话。

同样的题材由新文学作家来写多半要出自以慷慨激昂的挑战和控诉的姿态,放到鸳蝴派作家的笔下,则必成为新派人物漫画式的画像。张爱玲的立场是中立的,也是涵容笼罩的,她关心的不是是非判断,而是描摹社会空气的变迁,传达出一种历史的氛围:"五四"时代像是青春期,天真、浪漫、多梦幻色彩,完全是一种青年人的心态。罗文涛和他们的朋友们虽已是成年人,却显然是以一种幼稚的中学生的方式在恋爱,周围的人赞成的也罢,反对的也罢,都很顶真。30年代,社会已步入中年,世故、妥协,罗文涛本人和周围的人,不论新旧派的,对事情都看得淡了,无所谓了,像张在《到底是上海人》中说的,"由疲乏而起的放任",过去反对他的卫道士的心态诚然是"男女平权,公婆有理",由它去罢;当年追求婚姻自由的人也有了世故放任的幽默,像结尾的戏谑语表明的那样。由追求理想到接受现实,这里面包含人生的讽刺不言自明。

张爱玲的后期小说一篇一个样式,写法互不雷同,她说《浮花浪蕊》"是一个实验",其实其他几篇小说也不同程度地带有实验性质,只是她的实验不那么剑拔弩张、炫人耳目,有时候似乎又是反潮流的。其实温故可以知新,"复古"有时反是超前,《相见欢》试图完全靠对话动作与意识活动来表达人物的各种意向,《"五四"遗事》追摹"拟话本"的风格,《浮花浪蕊》参用社会小说笔法,都早有意地利用传统小说的资源而加以现代化。传统小说的白描手法并非不可通向由福楼拜揭示的现代小说的精神而加以现代化——作者的退隐。与此同时,张爱玲小说与传统小说相比无疑强化了对人物的意识的反映。但是她对人物内心活动的交待极有节制,那是由一连串的自问自答构成的,基本上限于意识的层面,服务于写实的目的,与现代派小说往往将主人公当做普遍的人不同,她关注的仍然是个体的人,人物的性格对于她是重要的。

对小说形式更多的关注是张爱玲后期创作的另一个特点。与《传奇》相比,她后期的小说在技巧上无疑更加纯熟老练,如果说《传奇》时期的某些小说给人整体不如局部的感觉话,此时的作品则特别见得浑成,有整体感。自《怨女》到《"五四"遗事》,每一篇都锤打得十分结实,很难挑出破绽。但是,她在形式技巧上的刻意追求从另一面看却也暴露出她面临的危机——创作激情的消退。近三十年的创作量加在一起,不敌一部《传奇》,也不及50年代初她在香港的那两年,几个短篇从构思到发表,历时最短的也有十几年,真是"十年磨一剑"。这固然显示出她精益求精的态度,同时却也看出她没有了早年那种想把自己对人生的发现告诉读者的急切愿望。事实上,她的灵感几乎完全逗留在离开祖国大陆以前的阶段,这才会把心里的老故事一遍又一遍地反复推敲琢磨。《"五四"遗事》的故事背景在新文化运动后至30年代,《色,戒》写的是沦陷时期,《相见欢》是抗战胜利后,合起来差不多正好是一个民国,而《"五四"遗事》在离开祖国大陆以前就开始构思了,可见萦绕张爱玲心头,能够刺激她创作欲的,依然是"三十年前的月亮"——没有新的故事了。

　　这当然与环境的变化有关。一个作家离开了熟悉的世界之后,文思枯窘,这在中外文学史上都不乏前例。她当然可以转移阵地,从新的环境中找到新的素材,可是她已经失去了年轻时对于新生活、新的环境的强烈的好奇心,在她身上也很难寻到由张看而带来的喜悦之情。加以赖雅去世后她自甘淡泊,离群索居,与外部失去接触,要从这里找到创作的灵感更是近乎不可能了。她当然也可以继续利用记忆的储存,可是也缺少必要的外部刺激,孤处海外,虽然她每一篇新作都在港台引起强烈反响,与当年在上海时大众与读书界那种迅即的、直接的反响比起来,毕竟是不可同日而语了。

　　想当年,一部作品完成,她的感觉是"狂喜",作品的发表,对于她更是一件盛事。50年代她仍有强烈的发表欲,她因《粉泪》屡屡碰壁而深感失望,从而证明了这一点(也许以英文写作自立致成名,对她是新的挑战,充满了刺激性)。许多年过去,经历了生活与写作上的种种不如意,她已经很淡漠了。她在台港名声日高,可这样的风光她早已经历过了,那一边在想方设法得到她的稿子,她则并无发表的迫切愿望,在不断催讨之下,对说定了的稿件一拖再拖,想起当年投稿之后焦急等待的心情,想起捧着自己的新作等不及地翻看的情景,她一定有恍如隔世之感。"绚烂归于平淡"实在是好心境的最好写照。

　　对于一个作家,强烈的创作冲动也许比纯熟的技巧更至关重要,如果文学创作也是对生命的一种体验,那么唯有创作的激情才能给它足够的强度和活力。她后期小说缺少的恰恰是活力。《传奇》时期的小说尽管有时还显稚嫩,时或有可挑剔之处,却都是凛然有生气的。气盛言宜,即使是读者、评家和她本人都以为是失败的那些作品,像《连环套》、《创世纪》,也时见神来之笔,这些闪光的地方向人们提示了某种可能性。反观后期的小说,虽然达于炉火纯青的境界,那种可能性却消失了——它们给人一种终结感。

　　作为小说家的张爱玲就要在这里画上句号了吗?

归于平淡

　　除了前面提及的一些由"存稿"改写的"近作",张爱玲再无小说问世,即使她仍有所作。读者只是偶或惊鸿一瞥地在台湾的报刊上看见她的一些散文。因为实在难得见到张的作品,在嗜张的人,这些零零星星的文字真是弥足珍贵。谁都期盼从中重睹《流言》的风采。可是,尽管仍可辨出那明白无误是"张爱玲体",却不见往昔的风流潇洒。加在一起不过十数篇的散文中,倒有大半是序跋和说明性的文字,而最长的两篇又是读书报告。她的考据文章有散文化的倾向,她的后期散文则反有几分学术化的味道,这当然与文章的性质有关,也未尝不是研究工作和学者式的生活影响到了她的文风。单看题目,《谈看书》似乎可以是《流言》中《谈画》、《谈音乐》、《诗与胡说》那一流的文章,一加比较,后者纯是自我的感兴,避实就虚,是以我为主的性灵文字,前者大谈人种学,复又亦步亦趋,极顶地演绎考量《凯恩号叛变》的"本事",是货真价实的读书笔记了。《忆胡适之》本是怀人之作,也有一大段说到中国小说上去,放在《红楼梦魇》或《海上花》后记中并无不可。甚至两篇谈吃的文章,读者也可从中嗅出几分考证的味道。

　　由空灵走向质实相一致,这些散文反映出她淡泊的心境。与《流言》相比,张爱玲后期的散文仍然用得着用在她晚年生活上的考语——归于平淡。这平淡首先是指她极少在文中流露出个人的情绪。《流言》中的文章,字里行间处处张得见作者的好奇、喜悦、讽刺和感伤,现在这些都看不到了,虽然她甚至在考证文章中也还时常谈到她自己,但大略限于忆旧,而且极少涉及一己当下的内心感受,总之里面再无"私语"之意——这些散文大体上已在"无我之境"。她对胡适的景仰、追念之情无疑远在大学时代的老师佛朗士之上,可《烬余录》写到佛朗士之死的几行字,感慨痛惜之情,溢于言表,《忆胡适之》的情绪则是平淡的,中间谈了一番《海上花》的翻译,结尾回到主题只是淡淡一句便收笔:"中国读者已经摒弃过两次的东西,他们(指西方读者)能接受?这件工作一面做着,不免面对这些问题,也老是感觉着,适之先生不在了。"虽然不胜低徊,却令人感到她已是"水波不兴,波澜不惊",另有一种沧桑感。

　　平淡也见于她的文体。她从捉笔为文之始即好色彩浓艳、音韵铿锵的字眼,成名后力避堆砌雕琢的毛病,也还是注意炼字炼句,只不过修成正果,转入了另外的途径。缀满生动的比喻和大量隽语警句,应该是机智轻灵、顾盼生姿的"流言体"的一个标志。直到40年代末50年代初她已然有意平淡之时,仍然不能完全割舍对警句的嗜好。周作人将《十八春》作文章读,颔首之余,仍然以为"这里面警句太多了"。中国传统的衡文标准素以温柔敦厚、气度雍容者为上品,造语尖新出奇制胜似乎就有纤巧之嫌,此所以《红楼梦》中潇湘妃子风流别致的海棠诗只能居次席,首席终要让给平头正脸的蘅芜君。张爱玲的后期散文想必更能使周作人满意,因为几乎已经见不到任何炼字炼句的痕迹,俏皮话、警句之类都有意识地避免了,议论节制了,剩下的是相当平实的文字——虽然张爱玲的平淡不是周作人无烟火气、有苦涩味的"冲淡"。

　　与"流言体"的另一显著的不同是后期的散文毫不讲究谋篇布局。《论写作》写到中学教师向学生传授为文之道,"开头要好……结尾要好……中间也要——"云云,语未毕而学生哄堂大笑。多年后尽知为文的甘苦,想起此话她却"不由得悲从中来"。《流言》中的散文从容舒展,洒脱不羁,看似不经意,实则起承转合,处处有经营,那自然是经营出来的自然。细加揣摩即觉出它们亦有开头、中间、结尾之分,虽然气脉贯通,无机械生硬的痕迹,却确有讲究。"中间"不说,单说开头和结尾。《洋人看京戏及其它》开首第一句"用洋人看京戏的眼光来看中国的一切,也不失为一桩有意味的事";《必也正名乎》开头曰"我自己有一个恶俗不堪的名字,明知其俗而不打算换一个";《谈音乐》一上来便道"我不喜欢音乐",均是出语惊人。《私语》、《童言无忌》开头的"破题"破得极巧,《更衣记》起首就是极新奇的比喻——把两行竹竿上晾晒的衣服比作"绫罗绸缎的墙——那是埋在地底下的古代宫室里发掘出来的甬道"。花样多多,不拘格套,总之是讲究一个奇字,要在"能够抓住读者的注意力"。她的结尾或富含哲理,如《更衣记》;或呼应开头,如《必也正名乎》;或警策,如《公寓生活记趣》;或奇突,如《道路以目》;或是读之回肠荡气,如《私语》……不论戛然而止还是悠然不尽,总之是"有回味",见出作者力求不同凡响,仿佛"临去秋波那一转",极尽娉婷妩媚之致。她的后期散文则真正是"信手信口"之作了,无所谓起,也无所谓结,"虎头"、"豹尾"皆不见,起承转合,无迹可求,唯有平实的叙述。《忆胡适之》的结尾已引在上面,它与《谈吃与画饼充饥》、《草炉饼》也都绝对是淡入淡出,绝无刻意的经营,序跋及说明性的文字则更是一一交待算数。

"庾信文章老更成",张爱玲也是后期的文字更来得炉火纯青——如果我们将平淡自然悬为文章的最高标准,如果我们将任何意义上的"做"文章皆视为下品。可是大多数喜爱张爱玲的读者仍然更偏好"流言体"的散文,并非只因玲珑剔透的警言隽语,也因那后面的生机、活力。她的归于平淡是她心境的流露,是她对为文之道的追求,同时却也显见出她的文思枯窘,非复当年的旺畅活跃了。她的后期散文固然是好文章,可是如果人生真是一个舞台,而每个人又注定要扮演多种角色的话,在世人的眼中,他的角色也易被固定在特定的生命阶段上。有的人宜唱青春曲,有的人喜赋黄昏颂,固然也有人节节开花,而张爱玲,她的黄昏颂似乎只能在青春的影中。60年代初见到张爱玲的王桢和自认他比70年代见到她的水晶更"幸福",因为他见到了张爱玲"青春的一面",而在广大的张迷的心目中,显然也是《传奇》、《流言》,而不是《红楼梦》考据、《海上花》的注释以及晚年的散文,使张爱玲更成其为张爱玲。

晚年的张爱玲确乎与《传奇》、《流言》时代的张爱玲大不相同了,"归于平淡"可以用来描述她晚年的文风,同时也是她晚年生活的写照。

赖雅去世时,张爱玲在雷克德里芙女校工作,其后,在1969年,她又到陈世骧主持的加州大学中国研究中心任高级研究员。这些地方,包括此前她呆了两年的迈阿密大学,与她过去去过的那些成员之间关系自由松散的文艺营地不同,同事之间照说应有较多的接触,毕竟,他们更像接近"单位"的概念。可是她的同事几乎见不到她,因为她是"与月亮共进退"的人,白天极少出现,工作都在寓所,上班的话,也是夜晚才到办公室,显然,她是要避开众人的耳目。她之来到这些"单位",实在迫不得已——没有一份稳定的收入,生活太没有保障了。她在给友人的信中多次提到谋职的事,在雷克德里芙女校时她说到日后打算时,还说"以后想找点小事做,城乡不计,教书不合格,只能碰机会,找不到就再说"。像她这样独来独往、不能合群的人想着"找事",甚至于想到教书,也见出她是怎样的窘迫。

在上面提到的那些"单位",张爱玲再次显现出她在人际交往中的不善应付。在迈阿密,她是住校作家;在雷克德里芙,她的主要工作是译《海上花》;在柏克莱,她的任务是做中共研究,都没有什么硬性的规定,她不需要讲课,也无需坐班,可是校方当然希望她给学校做点贡献,比如在迈阿密,学校就希望她多与学生见面,在其他两个地方,当局也要看到她工作的进展。张爱玲大约认为她并无这样的义务,同时她是"单干"惯了的,习惯于她自己的工作方式与节奏。在雷德克里芙女校,她的翻译未能如期完成;在柏克莱,她的工作也不能令上司满意。糟糕的是,与同事、上司之间最起码的交流(这在常人是最寻常的事)在她似乎也是负担。无论在哪一处,她都勤奋工作,给友人的信中一再提起她的忙,以致无暇写信,可是她只顾自己埋了头做,从不与人交流。于是,一方面她以为自己已经尽责,一方面校方根本不知道她在做什么,而她一向不懂得为自己开脱,偶或自己辩解也相当生硬笨拙。结果,她与上司的关系总是弄得很僵,不论在迈阿密,在雷德克里芙女校还是在柏克莱,最后都是不欢而散。前两处是临时性质,还算是期满了以后走人,最后一处,也即柏克莱,真正可以算是饭碗的(因为同她此前去的两所学校不同,在这里她是受聘拿薪水的),竟是被解聘了。

不过至少在离开柏克莱之前,张爱玲还不像后来那样完全与世隔绝。一则因为环境,身在"单位"或准单位,不可能做绝对的隐士,最低限度的一些活动不得不参加,何况那时她想着谋职,多露露面对她的履历表想来总是有好处的。二则她还未像后来的心如止水,赖雅去世前,长久面对着瘫痪的病人,她一定感到压抑烦乱,偶或与外界的接触可以是某种转移;赖雅去世后,她于难过的同时,必有种解脱之感(事实上那对她对赖雅本人都是一种解脱),毕竟,她的生活有了新的可能性,在此心境下,她对访问者也不全然取峻拒的姿态了。

有几次学术活动是有案可查的:1966 年,印第安纳大学比较文学系主办中西文学关系研讨会,张到会谈了香港电影业的情况;1969 年 3 月美国亚洲学会在波

士顿开年会，夏志清主持的一个小组会，她也到了场；这以后，於梨华还曾请到张爱玲前往她所在的学校作过一次演讲。有意思的是，她几乎每次都是姗姗来迟，却并不迟到，显然她是想避开早到可能会有的一些应酬。像讨论发言或是演讲这样面对众人的场合，了解她的人替她紧张，她倒是相当镇定从容，在印第安纳谈香港电影的那一次，因是现身说法，她道来亦庄亦谐，幽默起来妙语如珠而若无其事，甚至还引来哄堂大笑。

有"单位"的这几年，也是张爱玲到美国后比较肯于接待来访者的一段时间，此前她和赖雅在一起，家中的客人都是赖雅那一方面的，纵使见客，她也是陪衬，只给人留下很模糊的印象，知道她是赖雅太太，常在她丈夫身边点头微笑，人和蔼但不起眼。只有极少数情况是例外，比如她和爱丽丝在一起，比如在旧金山时炎樱有一次来看她，但这是密友，或是几十年的旧交，情形当然不同。现在来访者都是冲着她来的了。有些访问者是学术性的，在迈阿密，有位美国女作家曾找到她讨论中国的侠女，此人曾到中国访问，得到江青垂顾，写了本吹捧江青的《红都女皇》，左派立场不言而喻，张与她话不投机，她对张也很反感。张给另一位美国学者留下的却是全然不同的印象，这位研究布莱希特的赖昂教授了解到赖雅曾是布氏在美国最好的朋友，希望向她打听二人交往的情形，曾于 1971 年 2 月到柏克莱访张爱玲。张爽快答应见面，在一个多小时的访问中热心回答他提出的问题，而且主动与他通信，在第一封信中，她甚至越出提问的范围，谈到了自己，谈到二人交往给她愉快感受："能够这么快速地相互了解并对话着，在我而言是罕有的经验。而这样不同的经验无疑是教我欣喜的，应当说是再高兴不过事；因我平常是不善与人沟通的。"她肯如此这般地敞开心扉，并且主动保持联系，除了英文信写来容易显得"热情"之外，很可能因为对方是美国人，距离远反而让她有安全感。

美国人不知张爱玲何许人也，华人圈内的访问者则是因对她的尊敬仰慕登门的。1968 年，台湾记者殷允经夏志清介绍采访了张爱玲，这可能是她赴美后唯一一次接受采访。在殷后来出版的《中国人的光辉及其它》一书中，她同其他十来位人物一道，作为在不同领域取得杰出成就的留美华人被描述。1971 年，一位超级张迷水晶几经周折之后，也见到了张爱玲。水晶写过论《倾城之恋》的文章，不过更让张高兴的则是水晶对她的几乎所有作品都读得很细很熟，熟到有些段落、句子几可成诵的地步,以至于张对他说,若她的小说出批注本,他批注便似《红楼梦》的脂批。不仅如此,对张喜欢而一般读者不会注意的旧派小说,从《醒世姻缘传》到《歇浦潮》,他也都看过。这使他们有了很多的话题并且谈得很投机。谈话间,张时而想着找些零食招待客人,她还事先准备了一份礼物,因为她知道水晶刚刚结了婚,这真让她的崇拜者受宠若惊。

第一次见面,张同水晶居然整整谈了七小时,这在张是少有的,也就见出她的兴致之高了。不过在这上面,张爱玲从来不贪。她对水晶说,像这样的谈话,十年大概只能一次,又道,朋友间会面,有时终身只得一次。果然,下一次水晶再求见,她便很断然地拒绝了。张大约是随缘的,像这次会面,她原先答应时甚至不无勉强,撞上身来了,而且谈话投机,她也高兴,可是过去了也便过去,她不会主动去求得。在美国,更亲密的朋友与她也只有寥寥数面。她相信她同人的交往,彼此的印象间接的来得多,在她,大多数时候,见面还不如不见的好。

1972年,张爱玲迁居洛杉矶。此时她已是无职一身轻,可按照自己的意愿来安排自己的生活和写作了。她选择了洛杉矶,一者她从来都是喜欢在大城市居住,二者这里气候宜人,对她的写作有帮助。有一段时间,她找来许多纪实性作品和人类学方面的著作,看得津津有味。自从到美国后,由于生活的压力,她不得不去谋职、找工作,还从来没有如此悠闲,可以随心所欲看她所喜欢的书。她对真人真事一直有浓厚的兴趣,有许多小说,她喜欢的也是其中的材料,因为那里面有更真切的人生味。现在她真是得其所哉。

不过她没有真正让自己闲着。事实上她一直很忙,而且忙得不可开交,所忙的,当然还是写作。她写一部自传体的小说《小团圆》,据她的友人说,这是以她与胡兰成的一段恩怨故事为原型的,1976年4月,该书已完成初稿,长达十八万字。可写完后再看一遍,却不大满意,因为"牵涉太广",许多地方有妨碍,需要加工,活用事实。她甚至在信中叮嘱友人,如对别人提到该作,要淡化"根据事实"这一点。显然,她觉得作为小说,它的自传色彩太浓了,而她一向要保持距离的。

年复一年,张爱玲的声望仍在蒸蒸日上。不仅是港台,到80年代,她在祖国大陆也被人们重新发现,并且很快拥有了大批的读者,学术界也在尝试给她作文学史上的评价。海峡两岸均不断邀请她去访问,可她都礼貌而坚决地谢绝了。她已感到淡漠,不仅对名声,而且是对尘世的一切。她原本就喜欢独处,现在则已经习惯了真正孑然一身的绝对孤寂的生活。如果说当年她写下"在没有人与人交结的场合，我充满了生命的欢悦"的句子，里面有青年人的郁结，多少有些夸张的话，那么孤独的状态现在已经是她习惯的生活方式，甚至也成了她的一种自觉的选择。

越是如此，"张爱玲之谜"便越发缠上一层凄凉的氛围。如果偶尔想起当年在上海的大红大紫，想起她的"飞扬的喜悦"，她一定会有一种恍若隔世的怅惘，像她引过的李商隐的两句诗：此情可待成追忆，只是当时已惘然。她当年显赫的名声、炫人的奇装、她的几乎可与电影明星相比的风头，与她而今冷清的隐士一样的生活，不能不是一种过于触目的对比，以致有人不禁这样感叹："只有张爱玲才可以同时承受最灿烂夺目的喧闹及极度孤寂。"此话未免说绝，因为我们至少知道现代文学史上还有一位李叔同，李叔同当年办春柳社，反串女主角演茶花女，风流倜傥，红极一时，后来遁入空门，一心向佛，与前判若两人。可是李叔同皈依佛门，能够从事宗教活动，而与过去的朋友、弟子如夏丏尊、丰子恺等也还有来往；张爱玲的孤寂则是没有名目的，她的冷清没有心灵的解脱来做补偿，她斩断的不是尘缘，是与人的接触，因此是真正的自我封闭。

事实上，自从 1972 年定居洛杉矶起，她便已几乎与外界断绝往来。这次迁居成了一个分水岭，此前人们还有机会见到她，此后她便彻底地隐身人海。书信和电话是她与外界联系的管道，可即使与关系密切的朋友，她的信也越来越少，因为怕回信的麻烦，她甚至任来信搁着，累月经年也不拆阅。她有电话，可是几乎从来不接，只有极少极少的时候，她会主动给别人打电话。从她偶尔在台港杂志上发表的散文，人们知道她还在写作，可是谁也不知道她过着怎样的生活。

从 80 年代起，张爱玲的身体开始明显地走下坡路。她患上了一种奇怪的皮肤病，总也不能治好，她固执地以为那是受了某种蚤子的侵扰。为了摆脱蚤子，她搬到新的地方，可在新的住处很快又发现了蚤子。据她说蚤子产于南美，生命力极强，什么地方都钻，甚至会藏在冰箱的保温层里。在相当长的一段时间里，搬家成为她生活中的一项重要内容，她在洛杉矶城中与近郊的汽车旅馆间不住地搬来搬去，搬得最勤的时候，居然每个星期就要换一个旅馆。这当然使她的健康大受损害。糟糕的是，在搬来搬去的过程中，她遗失了许多手稿和证件，她花了很多心血的《海上花》英译稿就这样弄丢了。

也就是在不断搬家的这段时间里,她结识了一位新朋友,这也是她晚年结识的最后一位朋友。他叫林式同,是位建筑师。有趣的是,与过去与张有交往的那些人不同,林式同不是文学圈子里的人,没有读过她的作品,甚至不知道她是何许人,他只是受朋友之托,在张爱玲需要时给予照顾。虽然不是张迷,而且即使在与张爱玲建立了友谊之后,对张送他的书亦读未终卷,张孤独的形象、超脱的性格、那种独来独往的作风、拿得起放得下的气魄对他却有一种奇异的吸引力,开始是好奇,后来是肃然起敬。加以他原来就乐于助人,很崇尚武侠小说中张扬的讲义气、重允诺的精神,对朋友嘱托之事决不含糊,所以他尽心尽力,晚年的张爱玲从他这里得到的帮助超过了其他任何人。

张爱玲知道自己年事渐高,身边的确需要一个得力的人,故从与林式同第一次见面后,她就一直同他保持着联系。一开始,所谓联系,也就是不断地将她搬家后的新地址通知对方。不到万不得已,她从不向人求助,甚至像搬家这样的事,她也不肯惊动他人,林式同要帮忙,她也谢绝。她真可以说是身无长物,多余的,乃至他人是生活必备的东西,她都没有,只有随身之物,唯有的一台电视机也是小而轻便,可以拎起就走。1989年初,张爱玲坐车不慎跌倒,手臂骨折,可她并不对人说起,林式同还是从别处得到消息。急打电话去问,张只轻描淡写地道:"没有什么,多躺躺,有冷水冲冲就好了,不用担心。"想着一个老太太独自一人说走就走了,了无挂碍,泰然自若;碰上骨折这样旁人必要弄到鸡飞狗跳、全家不宁的事,她一个人就那么静静地挺过来,林式同真有说不出的佩服。

经由几次极短暂的接触,张爱玲也在观察林式同,最终她发现,这正是她所需要的人。她当然看出了林热情诚恳,不过也许更令她觉得林是值得信赖的,乃是他从未表现出过分的热情。他不求回报地帮助她,而并无过多"张看"她的兴趣,同时,林氏非文学圈子里的人这一点,想必也使她满意,因为这使她的生活更容易避开公众的视线,若是圈中人,她的行踪便有较多泄露出去的可能。张爱玲看世界的好奇之心已大大地减弱了,而在晚年,她对外界之"张看"的戒备心理越来越重。她的戒心并非毫无理由。华人圈中的"张爱玲热"令她越来越具新闻价值,她刻意营求的隐居状态则更撩拨起人们窥探的欲望。有位作家受台湾一报纸之命采访张爱玲,她当然知道张不会见人,于是挖空心思打听到张的住址,而后搬进张住的那座公寓,指名要住在张的隔壁,以为如此一来,总有机会。不料张根本不露面，无奈之下，她只好贴着墙壁听动静，还捣腾张丢弃的垃圾，想从那里对张的生活了解一二。张后来得知了此事，心中有说不出的厌恶，她的反应是张爱玲方式的：第二天，她就在林式同的帮助下悄无声息地搬走了。

这是1988年的事，这时她已经治好皮肤病，终于结束了汽车旅馆间搬来搬去的流浪生活，找公寓房子安顿下来了。这以后她还搬过几次家，都是通过林式同找房子，找房子也成了林式同帮助她的主要方式。他发现搬来搬去，张对住所的要求却是一般无二：房子要新，因为蚤子之类还没来得及跑进来；单人房，有浴室；不要炉灶，她不做饭；附近要有公共汽车，家具、冰箱可有可无；不怕吵、有汽车声、飞机声更好……总之，非常简单。

到了90年代，张爱玲已到古稀之年，她感觉到了自己明显的衰老，身体的状况也很糟糕，有一段时间，她以为自己将不久于人世。1992年她写下一份遗嘱，请林式同做她的遗嘱执行人。显然，经过长时间的观察，她认为林会不折不扣地按照她的话去做，不会自作主张——这样的主张即便出于善意，也是她不愿接受的。

事实上，在这份遗嘱之前，张爱玲的工作已经带有明显的"善后"性质，她对自己的旧作逐一做了认真的校订，交皇冠出版社。不少篇什做了修改调整（如《小艾》、《华丽缘》，《多少恨》添了一段前记，《殷宝滟送花楼会》则在几十年后有了一个千余字的尾声），各书的序言中将写作的背景、原委也一一交待。1992年——恰是她立下遗嘱的那一年——《张爱玲全集》问世，其中几乎搜罗了她所有发表的文字，包括创作、电影剧本和学术性著述，它也成了张氏作品最后的"定本"。全集中将短篇小说分为两册，分别题作："回顾展"之一、之二，不知是出版社自作主张，还是张本人的意思，不过着手编定全集，在她肯定是伴随着对自己创作和一生的回顾。这以后，在生命的余年中，她还为全集添上一册薄薄的《对照记》。这是一本相片集，有她各时期的照片，也有她保存下来的家人的旧照，她为多数照片写了题记。此书是她以她独特的方式编就的回忆录，也可说是自传——分明是向世人作别的姿态了。

只是其中并无半点伤往之情，语气超然而平静，间或还有几分幽默。1994年，此书出版的同年，台湾《中国时报》授予她特别成就奖，以表彰她一生对中国文学的贡献。除了当年《西风》杂志给她的荣誉之外，这是她一生得到的唯一的文学奖了。她写了一份答谢辞，并特意照了一张照片寄上，为证明那是"近照"，她照相时特意拿一张当日的报纸，那上面的头条新闻即是金日成去世。由答谢辞可以看出她的思路仍然很清晰，文字也仍然保持着她一贯的风格，从容而机智。

她也是头脑很清楚地离开人世的。1995年9月初，张爱玲意识到自己将不久于人世，她并不向林式同求助，只是将重要的证件放进手提袋，留在门边易被发现的地方，而后，便独自静候死亡的降临。一天，她在睡梦中走到了生命的终点。没有人知道她的离去，数日后，人们才在她的公寓里发现她的遗体。她的后事完全是按照她的遗嘱办的，她要求死后不开追悼会，不立墓碑，遗体火化，骨灰撒在空地。9月30日，林式同和几个作品的爱好者将张的骨灰携至海上，在简短的致词之后，骨灰撒入了大海。

与她的悄然离去形成对照，张爱玲的去世在整个华人社会引起了巨大的震动。台湾的媒体迅即做出反应，《中国时报》、《联合报》、《中央日报》等大报均在头版显著位置发消息，并在要闻栏内详尽报道，张的亲朋故旧，关注张的著名批评家、学者、作家，也成为记者追踪采访的对象。其后，各家报纸上悼念文章层见叠出，《联合报》、《中国时报》副刊分别推出题为"苍凉的丽影"、"在世纪末消失的华丽"纪念专辑，后者持续十余日，且为普通读者开辟"我爱张爱玲"的专栏。或者是受到华人世界媒体的感染，美国报界龙头《纽约时报》以相当大的篇幅报道"张爱玲独步中国近代文坛，成就斐然"，且对其生平及晚年生活细节也有报道。在祖国大陆，张爱玲之死也成了报纸上的一个热闹事件，悼念的文章、她的作品、有关的书籍更为俏销。可以说，近年来愈演愈烈的张爱玲热因她的离去而达到了顶点。

不过已在另一个世界中的张爱玲已经无从知晓这一切了，也许她也无意知道。因她的离去在人群中产生的一阵骚动，于她也许不过是一阵无意义的喧嚣，不管其中有"升华"还是"浮华"，同她已是了不相干。她将"张爱玲之谜"留给世人，由着他们去拆解，去争论，去玩味，而她独自一人，悄然离席。

附录

现代文学史上的张爱玲

70年代初水晶访问张爱玲时,张曾同他说起自己作品的流传问题。前面已经提到,这时她的作品已经风靡港台,学术界对她的成就评价也越来越高,但是她本人不敢乐观,对她在文学史上的地位"感到非常的不确定","因为似乎从'五四'一开始,就让几个作家决定了一切,后来的人根本就不被重视"。[①]甚至还在刚刚开始写作的时候,她已经有一种难以出头的压抑感,因《传奇》、《流言》红遍上海,固然令她欣喜,却并未消除她的困恼;胡适的好评、夏志清的推崇、港台不断升温的"张爱玲热",也不能让她有足够的信心,相反,她对水晶说,"现在是困恼越来越深了"。为什么她会在名声日高的时候怀着至少在外人看来是"杞忧"的困恼?是她对于外界的情况不甚了解,还是她直觉地感到"左派的压力",或者更确切一点,正统的意识形态的压力,自由主义者的声音仍嫌单薄,而张迷造成的种种热闹并不足以给她带来文学史上的稳固地位?

不管怎么说,她的困恼在二十多年以后的今天,也还是有根据的。不用说祖国大陆"文革"以前的现代文学史,单看港台两地的文学史,以及祖国大陆80年代以来的文学史,张爱玲的名字或者根本见不到,或者是多少在宽容的意义上被接纳。对张爱玲不利的,一是评判作家作品时的一种道德化的倾向,即以对作者为人处世的究诘决定其作品的高下弃取,而且这里用的是一种相当表面化的、僵硬的尺度(所以

[①] 水晶:《蝉——夜访张爱玲》,《张爱玲的小说艺术》,30页。

张爱玲在沦陷时期"暧昧"的立场常为人诟病);二是一种功利主义的文学价值观,即要求文学服务于现实的社会人生,并且最好能够效命于某一特定的社会目标。尽管张爱玲在沦陷时期的"暧昧"立场曾引起纷纭的议论,但是随着时间的推移,抓住这一点上纲上线的褊狭、峻厉的声音渐渐听不到了,显然,张爱玲的困惑更多地涉及第二条。

如果说以科学、民主、人道主义、个性解放为核心的现代意识是现代文学的基础,在此基础上,新文学建立起不同于旧文学传统的新传统,如果说这个新传统的内部容纳了不同类型、不同倾向的文学,那么这里面无疑存在着一个主流。按照60年代权威教科书的解释,这个主流就是"无产阶级文学和处于无产阶级领导影响下的革命民主主义文学",它有"彻底反帝反封建的内容",有"社会主义的方向",这是基于政治倾向、阶级特征下的定义。今天的论者则更愿意从民族意识的角度来加以说明:"这个文学始终与民族的命运、与民族解放振兴事业保持着天然的、血肉般的关系,强烈的社会责任感、民族责任感,是中国现代作家的基本历史品格。"① 海外学者夏志清在肯定中国现代文学所以现代是因为"它宣扬进步和现代不遗余力"的同时,更着重它与古典文学传统在精神上的内在联系:"中国的文学传统应该一直是入世的,关注人生现实的,富有儒家的仁爱精神……这个传统进入20世纪后才真正发扬光大,走上了一条康庄大道。所以,大体说来,中国现代文学是揭露黑暗、讽刺社会、维护人的尊严的人道主义文学。"它以"感时忧国"为特征。② 三种表述有距离,但不同的表述道出了同一个事实,第一是这个主流始终有着鲜明的倾向性,第二是它对社会生活的积极参与。不论说它"试图做文学的武器,唤起民族的觉醒",还是点明它"感时忧国"的入世特征,都道出了新文学主流与社会现实之间的密切关系,它总是对现实做出迅速的、直接的反应。"一般的人生问题"总是以具体现实的社会、政治的面目出现,被近距离地关照。

---

① 陈平原、黄子平、钱理群:《二十世纪中国文学三人谈·民族意识》,《读书》,1985年12月。
② 夏志清《中国现代小说史》序及附录二。

显然，张爱玲不属于这个主流。她的小说中固然出现了对封建旧家庭的描绘，然而她对旧式生活某种程度的反感与厌恶并没有发展成为巴金、曹禺式倾向鲜明的社会批判。她固然关注人生，并且力图在人间世象背后寻求富有道德意味的解释，然而现实的政治斗争、民族斗争始终未能进入她的视野。

作家的价值大小，作品成就的高低，并不取决于作家是否属于某一特定的文学思潮，也不取决于他与文学主流关系上的亲疏远近。但是主流的形成总是以来自读者的接受的可能性为前提，文学的兴趣中心不与社会心理保持同步的关系，就没有可能造成广泛的影响，也就不可能成为主流。社会心理对非主流作家创作的制约或许要小得多，正因如此，这类作家在社会上造成的反响程度，就其范围与直接性而言，难与主流作家相比拟。他们的创造有可能在特定的读者群中得到赞许，却难以成为整个社会注意的中心。民族斗争、政治斗争构成了中国现代史的中心环节，民族的存亡、社会的黑暗始终是现代中国人面临的最直接最具体的现实，以反映这种现实为主题的文学理所当然地形成了新文学的主流，假如说以反映社会重大问题的文学成为主流体现了历史的选择即历史的必然，那么张爱玲的作品之不能成为主流，同样体现了这种必然。相反，张爱玲在沦陷区的走红，成为文坛的风云人物，倒是历史偶然性提供的一次机会。柯灵先生对此有极中肯的分析："中国新文学运动从来就和政治浪潮配合在一起，因果难分。'五四'时代的文学革命——反帝反封建；30年代的革命文学——阶级斗争；抗战时期——同仇敌忾，抗日救亡，理所当然是主流。除此之外，就都看做是离谱，旁门左道，既为正统所不容，也引不起读者的注意……我扳着指头算来算去，偌大的文坛，哪个阶段都安放不下一个张爱玲；上海沦陷才给了她机会。日本侵略者和汪精卫政权把新文学传统一刀切断了，只要不反对他们，有点文学艺术粉饰太平，求之不得，给他们什么，当然是毫不计较的。天高皇帝远，这就给张爱玲提供了大显身手的舞台……张爱玲的文学生涯，辉煌鼎盛的时期只有两年（1943—1945），是命中注定，千载一时，'过了这村，没有那店'，

幸与不幸，难说得很。"①

需要说明的是，沦陷区的许多作家仍然以针砭时弊、揭发现实的黑暗为己任，唯不可能宣传抗日而已。新文学传统的中断，主要表现为这一流作品不再成为读者注意的中心：主流不再成为主流，正统不复为正统，或者说不复为一统。造成创作一元化倾向的批评在沦陷区不可能出现，如果这种批评存在，张爱玲的小说即使能争取到一部分的读者，也不可能具有如此煊赫的声势，批评注定要将社会的注意力引向别的所在。即使那些赏识张的小说，在主流文学中颇有号召力的人物，如郑振铎、夏衍等，也只能把这种欣赏作为一种个人爱好，而无意让《金锁记》、《倾城之恋》这类小说在文坛上执牛耳、领风骚，因为它们不能代表他们希望指明的创作方向，欣赏什么与提倡什么毕竟是两码事，前者决定于情感趣味和审美判断，后者决定于理智的功利的价值判断。当两者发生冲突时，主流文学的作家、批评家们几乎注定地选择后者，对于他们，文学首先应该满足当前的、现实的需要，这是一个基本的，不可动摇的信念。然而历史的丰富就在于它充满了偶然性，正是这种偶然性使得人们在命运这个字眼中注入了那样复杂的人生感慨。张爱玲的由香港回到上海对于她留学英国的自我设计是一种偶然，沦陷区文坛主流文学批评的真空状态对于现代文学史是另一偶然，前者使她意外地失去了一次机会，后者使她例外地得到了一个机会，对于她个人，幸与不幸，的确"难说得很"。

张爱玲能够走红的另一原因是读者群的构成发生了变化。激进的青年不再构成读者的主体，取而代之的是市民阶层和有闲阶级。这一读者群过去固然也存在，但是来自这方面的反馈信息无疑被激进的文学青年的呼声所淹没，而在日本人占领下的上海这个特定的时空内，他们的要求具有了某种普遍性。这是一个低气压的时代，沮丧、无助是时代氛围的特征，既不允许反抗和发泄，人们就更需要一种精神上的安慰来缓解现实的重压，在幻想与麻醉中忘却痛苦。沦陷时期鸳蝴

---

① 柯灵：《遥寄张爱玲》，《读书》，1985年4月。

派小说的风行一时，正是有这样的需求作为滋生的土壤。张爱玲的小说就其本质而言并不提供多少安慰，然而它与直接的现实生活之间的距离，它的故事情节本身含有的趣味性，都使读者有可能放过小说的题旨，将之当做高级的、精致的鸳蝴派小说来接受、消化。《传奇》中的许多小说原本带有雅俗共赏的特点，浅者得其浅，深者得其深，正是最自然不过的事，这样从接受者即从社会心理的角度看，这个时期也使张的小说有了成为众所瞩目的中心的机会。

一部文学作品是否曾经引起过广泛的注意，其本身并不对作品的价值有所增损，假如张爱玲在缺少对她有利的外部条件的情况下照样写出了《传奇》，那么即使它没有风靡文坛，它在文学史上的地位也不会有丝毫改变。问题是，没有广泛、强烈的反响的鼓励，张爱玲是否还能那样自信地培养自己的风格，《传奇》还会不会是现在的面目？而如果没有《传奇》，她后来的创作也就无从说起了。正是在这个意义上，我们才领会到历史偶然性提供的机会对张爱玲的创作具有的"过了这村，没有那店"的意义。

张爱玲与新文学主流之间的距离，在某种意义上正是其创作独特性的所在。傅雷当年撰文评说张的小说，目的之一即是以检讨新文学之得失，以张爱玲之所长，见一般新文学之所短，他写道："我们的作家一向对技巧抱着鄙夷的态度，'五四'以后，消耗了无数笔墨的是关于主义的论战，仿佛一有准确的意识就能立地成佛似的，区区艺术更是不成问题。其实，几条抽象的原则只能给大中学生应付会考，哪一种主义也好，倘没有深刻的人生观，真实的生活体验，迅速而犀利的观察，熟练的文学技能，活泼的丰富的想象，决不能产生一件像样的作品。"[①]指责大多数新文学作品忽视技巧或者很容易被人们接受，新文学的批评家也并不讳言艺术方面的缺失。傅雷的深刻处在于他不把技巧与艺术性视为孤立的、外在于作品内涵的深刻性的东西，它与"深刻的人生观，真实的生活体验，迅速而犀利的观察"紧紧联系在

---

① 傅雷：《论张爱玲的小说》，《万象》，1944年5月。

一起，因此当傅雷提及技巧问题时，他指责的不仅是具体的叙述手法的拙劣和不成熟，他还点明了作家在创作中缺少对生活的深邃的独立思考，许多新文学作家自命的先进意识，即所谓思想性的靠不住。应该说，这正是大多数新文学作家的致命弱点。

"五四"以后，各种主义、学说蜂拥而至，借助某种学说、理论以确立自己的人生观，成为一时的风尚，绝大多数新文学作家，都曾一度热衷于某种流行学说和理论，借此寻求把握社会人生的制高点，这个制高点帮助他们超越了鸳蝴派作家的落伍、庸俗，可惜他们自视甚高的思想性往往就是流行意识形态的同义语。以流行的思想代替深入的探究，其结果是他们对于生活的认识往往停留在概念的、知性的层次上，不免流于简单化。张爱玲对流行的思想素来保持距离，而且对理论有本能的厌恶，对于她，再高级、先进的理论也代替不了生活的丰富、鲜灵、生动、意味深长，所以她相信每一个个例都有分析的必要，相信"现实这样东西是没有系统的，像七八个话匣子同时开唱，各唱各的，打成一片混沌"，而"清坚决绝的宇宙观，不论是政治上的还是哲学上的，总未免使人嫌烦。人生的所谓'生趣'全在那些不相干的事"。正是对于生活本身的深邃的好奇心，正是对于现实的复杂的意识，使得她于绝大多数新文学作家意识形态化的"视界"之外，建立起了她的个人的"视界"，而有无个人的"视界"，恰恰是辨别一个作家是否成熟的标志。

这是就总的倾向而言，张爱玲的独特性还有多方面的表现。比如，与比较简单化的对于社会人生的认识相一致，大多数新文学作家同其笔下人物的关系也是断然明了的，如果说新文学"讽刺与同情兼重"，那么他们是把同情施予了一类人，而将讽刺掷向了另一群人，张爱玲的态度暧昧复杂得多，她的主人公同时既是同情的对象，又是讽刺的对象。比如，与人道主义的立场相应，大多数新文学作家在审美趣味上往往是浪漫的，张爱玲小说观照的是凡庸的人，其态度全然是反浪漫主义的，与新文学作家的制造高潮相反，她醉心于反高潮："我喜欢反高潮——艳异的空气的制造与突然的跌落，可以觉得《传奇》里的人性呱呱啼叫起来。"再比如，多数作家于理智与情感间不免偏于某一面的发展，以现代女作家而论，有些人以冷静、机智的观察见长，然其作品多少显得苍白，缺少情感上的冲击力，如凌淑华、杨绛；有的人偏于自我的内心体验，却缺少准确的造型能力，如萧红；事实上能将性情的一端发扬出来，即已足以自成一家，张爱玲独特魅力的一个重要方面则在于情与理在她的作品中打成了一片，既有将自我全然投入其中的深刻的内心体验，同时又能保持超然的——有时是冷峻的，甚至是冷酷的——观照态度。凡此种种，均使她在现代文学史上卓尔不群。

张爱玲的独特性，固然源于她特异的禀赋和气质，源于她不为流行意识形态笼罩的对于人生的深刻的感悟和理解，另一方面也得益于她所面对的文学传统。新文化运动以后，每个中国作家都须面对本土的文学传统和外来的——主要是西方的文学传统，而对传统的不同取舍，进而言之，分别对这两个传统中的哪些成分加以利用，实为构成作家创作个性的一个重要因素。

如果暂且可以将西方文学以第一次世界大战前后划界，分为古典文学的传统和现代文学的传统，则我们可以说，大多数新文学作家与西方文学的关系实质上是他们与西方古典文学的关系，确切地说，他们移植、借鉴的，主要是欧洲19世纪的浪漫主义和现实主义传统。相对于本土的文学传统，这是一种横向的联系，但在另一意义上，这种借鉴又见出纵向性——主流文学并没有与同时代世界范围的文学潮流保持同步关系。如果说它与同时代的外国文学有联系的话，那么同步关系主要表现为向苏联文学看齐。西方现代文学是对19世纪现实主义传统的反叛，苏联文学则是对这个传统的继承，至少自命为这个传统的合法继承人，因此，主流文学向苏联文学看齐实质上也是向西方古典文学传统的认同。尽管有所谓批判现实主义、社会主义现实主义之分，二者都建立在对于人的理性、对科学、对社会进步的肯定之上。

大多数新文学作家与西方古典作家抱有相同的信念——对人性、对社会进步的信念，而且新文学自"五四"时起一直不同程度地带着启蒙的性质，所以作品的一切冲突最终都指向了人与社会制度的对立：

人是无可指责的，制度的黑暗或是不完善造成人世间的所有不幸，一旦造成悲剧的社会因素被消除，世界将充满欢乐和阳光。对于进化论的忠诚使他们相信新的必然战胜旧的，而"新"往往指更合理的社会制度，既然合理的社会制度的降临意味着人生幸福的完满实现，主流文学本质上必然是理想主义的，也是乐观的。

张爱玲的创作在精神上却与同时代的西方文学有严格意义上的同步关系。西方文学中真正对她具有吸引力的是第一次世界大战以后的西方作家。她一度倾心于王尔德，而她曾在文章中提到过的毛姆、赫胥黎、威尔斯、奥尼尔等，都是活跃于一战后英美文坛的小说家、戏剧家。这些作家创作的共同背景是第一次世界大战后西方世界普遍感觉到的深刻的精神危机。奥尼尔道："今天一切弊病的根源是老的上帝死去了，科学与物质主义又不能提供一个新的上帝来满足人们残存的原始宗教的本能，使人们觉得活着有意义，死时无所畏惧。"对现代文明的怀疑态度的流露，对笼罩西方社会的迷惘、幻灭感的反映，以不同的面目出现于上述作家的作品中。与此同时，在西方思想界已经产生广泛影响的弗洛伊德学说无疑也构成了上述作家创作背景的一部分，与怀疑人的理性相应，他们不同程度地强调了人的非理性的一面。张爱玲思想上深受这些作家的影响，她在港战中的经历则更是一种感性的印证，从她的小说散文中我们可以清晰地听到他们对人类文明的悲观失望情绪的回声，所谓"思想背景里惘惘的威胁"，"威尔斯的预言，以前以为都还远着呢，现在似乎并不很远了"，时代"已经在破坏中，还有更大的破坏要来"，"有一天我们的文明，不论是升华还是浮华，都要成为过去"，所谓"去掉一切的浮文，剩下的仿佛只有饮食男女这两项，人类的文明努力要想跳出兽性生活的圈子，几千年来的努力竟是枉费精神么？看来是如此"，等等，实与上述作家有一种渊源关系。其次，她自觉地以情欲、以非理性解释悲剧，解释人的行为动机，解释人性，对人的"靠不住"深致感慨——悲剧植根于人性，不可理喻的人性是肮脏的现实的一部分，因此是人的普遍永恒的处境，显然也是从西方现代文学中寻来的角度。这两方面加在一起，使张爱玲的作品中弥漫着对人生的非个人的大悲。

新文学作家中受到西方现代文学影响的并非张爱玲一人，但是其他作家大多接受的是外在的表现方法、局部的技巧处理，张爱玲接受的却首先是其属于思想背景的那部分，像她这样将西方现代作家对人类文明的幻灭感融入到自己的意识以致下意识当中，像她这样整体地接受内在的关于人的本性的解释，从而形成现代意义上的关于人的存在意识，并且在作品中恒定地表达出来，得心应手，如同己出，现代文学史上确实不多见。

但是张爱玲与西方现代文学的瓜葛似乎也仅止于此了。王尔德的唯美主义她很快就不喜欢了，毛姆的小说对她的影响也是短暂有限的，止于早期小说中的异域情调，或者再加上一点对故事性的营求。对她的创作具有更多面的影响的，是本土的文学传统，在这里，她对传统的选择更显得与众不同。

文学革命以后，新文学阵营的作家大都对本土的文学传统抱着鄙夷的态度，《水浒传》、《红楼梦》、《儒林外史》等小说虽曾一度被邀来为白话文压阵，或被举为白话文学的参照物，但亦很快被忘怀。真正进入创作时，新文学作家心目中的偶像几乎一概是西方文学的大师。与他们对外来文学的自觉吸收恰成对照，本土文学传统对他们的影响往往表现为无意识的渗透。这种情形直到40年代有关民族形式的讨论展开之后才有了改观，作家开始在创作中自觉追求"中国气派"、"中国作风"。然而这种追求大体上是以延安文学为旗帜的，而延安文学因为种种原因，对本土文学传统的认同不免是片面的，具体地说，对民族形式的追求几乎就是对民间文学的热衷，与文学传统的对话主要表现为与通俗文学的对话。于是在小说领域里，就有《吕梁英雄传》、《新儿女英雄传》等章回体小说，以及赵树理的"讲唱体"小说的出现。与此同时，古典文学中的文人传统却得不到重视，甚至是被唾弃的。因此，从总体上看，新文学与本土文学传统的关系相当疏远，即使在它自觉向传统学习的时候，这种学习也仅止于"旧瓶装新酒"的阶段。

张爱玲的创作与本土文学传统保持着血缘关系，她对中国古典文学传统的继承始终是自觉的，而这个传统对她的影响也大于外国文学的影响，在其创作中占据着主导地位。她对西方文学的兴趣大略限于一战后的英美作家，涉猎不算广泛，假如这多少有点"偏食"嫌疑的话，那么她在中国古典文学方面的兴趣则恰好是一个对照。她于各种文学样式，诗歌、小说、戏曲、野史札记等，均有所涉猎，各个朝代的作品都进入她的阅读范围。她熟悉唐诗宋词，对诗经、汉乐府更是喜好，她不懂戏曲的行当，但她熟知许多旧戏的情节与人物，凡此皆说明她在旧文学方面的修养，这倒不单是向其他艺术门类借鉴局部技巧的问题，而更在于，她接触得越多，它们在她意识中相互融合、渗透的程度越高，旧文学对她的影响就越是立体的，她就越是能沉潜到不同艺术形式后面的共同的民族的审美意识中去，她的创作个性因而也被塑造得更加丰满。

当然，直接为张爱玲的创作提供了养料的是传统的章回白话小说。现代文学史上，恐怕找不出哪一位新文学作家像她这样对旧小说的价值怀着坚定的信心，她可以理直气壮地称几部传统小说比西方最伟大的文学作品更了不起——评价是否公允是另一回事；同时，我们也找不到哪一位重要的新文学作家像她一样，简直可说是将旧小说的精神融化在自己的血液里。曹雪芹一直是她膜拜的偶像固是众所周知，《传奇》时期的小说风格上偏于浓，似多《金瓶梅》、《醒世姻缘》的影子；以后的小说风格上趋于平淡，心追手摹的范本是《海上花》。由传奇到描摹细密真切的生活质地，由绚烂入于平淡，完成风格的转换，借重的仍是旧小说的资源，可以说从整体上看，她的创作走向一直受着传统小说的指引。

对旧小说，张爱玲有她自己的选择。神话、讲史、英雄传奇，她皆不取，以其缺少"通常的人生的回声"，也因其多是由民间讲唱文学而来，长时间的流传演变，最后才由文人加工而成，带着民间文学集体创作天真幼稚的成分。她最喜欢的几部旧小说，《红楼梦》、《金瓶梅》、《醒世姻缘》、《海上花》等，成就高低不同，却有共同的特点，其一，都是文人个人的独立创作，可以代表古白话小说中文人传统的一个方面；其二，都属于广义上的"人情"、"世情"小说的范畴，如果可赋予"言情"二字更广大的解释，不妨说它们构成了旧小说中的言情传统。张爱玲对民间的东西自有一种喜好，喜看申曲、蹦蹦戏、绍兴戏即是明证，但是她观察人生的成熟老练的态度，她的创作精神显然来自文人传统，而不是民间文学，民间文学、通俗文学在她那里更多具有的是原始材料——风俗的、心理的——的价值。言情传统于讲史、神话、英雄传奇之外形成旧小说的一大脉系，源远流长，其本身又容纳了不同的品类，鱼龙混杂，格调不一。《红楼梦》可说是古今中外最伟大的言情小说，《玉娇梨》、《玉梨魂》之流也在言情的名目下找到自己的位置，鸳蝴派小说以至今日广为流传的琼瑶小说都以言情自命，而这些作家所言之情与曹雪芹的"情"实有天壤之别。张爱玲的小说也以言情为特征，这一特征最能说明她与旧小说的承继关系，而她的一大贡献，就是在《红楼梦》、《金瓶梅》的层次上，以现代意识为底里，恢复发扬了旧小说的言情传统。

　　能够涵盖所有言情小说共性的，当然是对男女之情的表现。张爱玲喜欢的几部小说直接而集中展示的皆是男女、婚姻、爱情。张爱玲小说的言情特征首先也见于此，婚姻恋爱几乎构成了《传奇》所有小说的故事情节，《十八春》是狭义上的标准的言情小说，《小艾》不脱言男女情之旨，《秧歌》、《赤地之恋》别有意趣，却也不乏男女之情的内容，至于后期的几篇小说，几乎每一篇都含着对男女之情的探讨。可以说言男女之情是贯穿她的全部创作的一条线索，即此一点，在新文学作家中她已显得与众不同。新文化运动以后，文学强调启蒙，强调革命、阶级斗争，单纯的儿女私情往往被视为不合适的主题，与其他重大的题材相比，婚姻恋爱总使作家有分量不够之感，饮食男女之事说不上高级，属于个人生活的范围时，其本身微不足道，唯有当它可以成为掷向旧礼教的一枚炸弹，或是进入"革命加恋爱"的公式时，才有描写的价值。尽管写到婚姻爱情的小说为数众多，然稍加考察，不是浪漫情感的抒发，便是在社会意义上寻找其合理性，冲突归结到外在的方面去，情感过程本身的细腻刻画，对于情感本质的深入的探究，都被轻轻地放过了。所以不论就浅层次上对于本然的男女之情的正面铺陈而言，还是往深里说，对男女之情本质的研究而言（《金瓶梅》、《海上花》的深刻，显然在相当程度上来源于此），可以说，旧小说的言情传统在新文学中是中断了。张爱玲入世近俗的态度，她对人生的独特理解使她与绝大多数新文学作家抱着相反的主张：男女之情乃人之大欲，作为生命过程的重大现象，其本身就负载着深刻的人性内容，揭示着人生的真谛，因此无需任何附加条件，便有得到表现以至大书特书的权利。她的小说着力表现男女之情，男女主人公之间的感应、摩擦、摸索、闪避，莫不得到细致入微的刻画，而这经常也就构成她的故事的骨干。另一方面，她在男男女女的传奇故事中寻找着普通人，在男女之情中倾听着"通常的人生的回声"，这是一种意义的探求——不是社会学的意义，而是它的本身，作为自然的生命形态的一部分的意义。

鸳蝴派的小说倒是延续了旧小说的言情传统。鸳蝴派的流俗不在于言男女之情，而在于为言情而言情，对男女之情缺少深一层的透视，鸳蝴派的言情小说之所以可以贴上"痴情"、"哀情"、"惨情"、"奇情"等五颜六色的标签，全因为这一流作家将男女之情从整体的人生中抽取出来，孤立地加以表现，同时又以此充作生活的全部内容，专一以杜撰缠绵悱恻的故事为能事，这后面或者是白日梦的心理，或者是猎奇的态度，其上者也不过做到情节的曲折生动。对情感过程的交待没有张爱玲细密的心理写实功夫，对男女之情的本质更没有张爱玲那种探究的兴趣。如果说张爱玲希望在男女之情中展示人生的真相，人性的真相，那么鸳蝴派作家则以痴男怨女大把大把的眼泪掩盖了人性的真正内容，褪去了人生本来的颜色。

张爱玲笔下的男女之情不同于一般新文学作家讴歌的"恋爱"，男女之情不必提升到浪漫的、理想的境界方可获得肯定，获得表现的权利，她所着力表现的不是恋爱超凡脱俗的一面，而恰恰是它的人间性。在她看来，这一面才是更真实的："如果可以把恋爱隔开来作为生命的一部一科，题作'恋爱'，那样的恋爱还是代用品罢？"所以她小说世界中男男女女的恋爱是他们的世俗生活的一部分，她也习惯于在人情世故、社会风俗的大框架中来把握和描绘男女之情。由此正可探讨我们为张爱玲小说言情特征规定的第二层意思：言"世态人情"、"风俗人情"。

在这个层次上，张爱玲的小说很明显地通向了《红楼梦》、《金瓶梅》等古典小说的传统。鲁迅在《中国小说史略》曾立"人情小说"之目，《红楼梦》、《金瓶梅》皆列入其中，《海上花列传》虽归入狭邪一类，其精神与"人情小说"实是一脉相承。鲁迅评说《金瓶梅》的特点，在于"作者之于世情，盖诚极洞达，描写世情，尽其情伪"。张爱玲赞为极好写实小说的《醒世姻缘传》同样以对世情的准确把握为特征。而《红楼梦》，按照脂砚的评点，也是"冷暖世情，比比如画"、"世态人情隐跃其间"。与讲史、神怪、英雄传奇、讽刺等类型相比，"人情小说"无疑更具写实的意味，而它的写实往往是洞达世情带来的，对"世态炎凉"、"人情风俗"的描绘，正是中国古典小说的写实传统的一个鲜明的特色。"世事洞明皆学问，人情练达即文章"的套语，恰可用来说明"人情小说"惯于从人情风俗、世态炎凉，从人与人之间关系变迁的角度描摹人生，揭示人生的特点。人情风俗最直接的显现是在琐细的日常生活当中，《红楼梦》由写实的一面看，提供的是真切的日常生活的质地，《金瓶梅》所写也皆是所谓"家务事"，西门庆几个受苦妻妾日常吵嘴打架等事充塞全书，作者就让人物从这些平淡的生活场景中站立起来，同时使这些似乎是单调重复的事件显得并不枯燥，往往还充满了戏剧性的紧张。

这条路线在新文学中也中断了。大多数新文学作家无形中都被某种"题材决定论"左右着，以为日常生活过于琐碎不足道，同时亦执著于某些理念，不能以一种世态剧的观点来打量和处理凡人的生活。鸳蝴派作家的社会小说不乏"人情小说"描摹世态人情的一面，然不是伤于玩世不恭，走入油滑一途，便是因才力、见识不够的缘故，只做到素材的铺排罗列，不能将其充分地戏剧化。张爱玲的小说无疑继承了"人情小说"的传统，而且得的真传。所谓"在普通人里寻找传奇，在传奇里寻找普通人"，有一层意思应该就是在日常的情境中发现戏剧性、婆媳不和、夫妻琴瑟失调等，往往就是她的题材，将此化腐朽为神奇，大半是《红楼梦》、《金瓶梅》等书教给她的技巧。她的小说中又有大量关于日常习俗，包括起居、服饰、器物的精细描绘，显然也是受了传统小说的影响，从中可以看到一个时代的气氛，感受到传统生活方式在现代的延续。

当然，与题材的选择、处理的技巧在一起的是一种观世的眼光。张爱玲对人物之间种种微妙复杂的关系，把握得十分准确稳定，除了早年家庭生活的经验之外，不能不归因于她对"人情小说"的熟悉。从《传奇》开始，她的小说就已显示出，她对人世的看法没有半点天真、稚气，那完全是一种深谙人情世故的眼光，与作者当时二十四五岁的年龄极不相称，而老到深入的观察——正合着"世事洞明"、"人情练达"的要求——有相当的部分正表现在对于人与人之间关系的把握上。张爱玲的这一份"世故"，放在新文学作家中，固不多见，置诸女作家群中，更是不作第二人想了。

如果说上面两个意义的言情属于人物之情、世态之情的话，那么张爱玲小说"言情"的最高层次是言作者本人之情——言她自己对悠悠人生绵绵不绝的眷恋之情。在这个"言情"层次上，也许只有《红楼梦》能在完全的意义上充当张爱玲的范本。张爱玲小说与《红楼梦》情绪特征上的相似，最深刻地说明了她与《红楼梦》的血缘关系。曹雪芹不以历史的书记官自命，他写《红楼梦》的目的是要记下几个令他难以忘怀的女子，以及无才补天的遗憾，《红楼梦》首先是个人的忏悔录，而后才是社会的备忘录，所以这部可以当做一部现实主义小说看待的作品又有着浓郁的抒情气息。曹雪芹生在钟鸣鼎食之家，这个家却败落了，这无形中带来了《红楼梦》挽歌的情调；张爱玲也是贵族的后裔，尽管她享受到的豪华更是短暂，她的身世仍然使她时有不胜低徊的情绪，她的小说里因此不乏伤逝之情。可以说，在充满难以明言的"身世之感"这一点上，张的作品（尤其是《传奇》、《流言》）与《红楼梦》是相通的。

然而我们在这里所说的言情却不是指个人的怀旧之情，不论喜怒哀乐，纯然囿于个人情感的范围，而不能升华为对于整个人生的广大的了解，就不免是渺小的。显然，当我们在太虚幻境看到"堪叹古今情不尽"的联语时，这里的"情"已经远远超出了个人情感的意义。我们愿意将此看做曹雪芹本人的感叹，如果将这"情"字由狭义的男女之情引申为广义的对于生活的欲望，对尘世生活的眷恋，也许不能算作妄加推测。《红楼梦》的全部意向就包含在这样的感叹之中。感叹中充溢着对人生的悲剧意识：不尽之情带来短暂的快乐，更带来无穷的痛苦，"情"之不能实现在大观园的败落中得到了最惨痛的证据；感叹中又有着对尘世生活，对人生的悲欢的深刻的认同。那种笼罩全书、难以排遣的幻灭感伤的情绪正说明着作者的不能超脱，清静无为、四大皆空的佛道世界并不能带来真正的安慰，所以原本应该看破红尘的和尚却顶着"情僧"的名目。张爱玲的小说在表现对人生的认识和感慨方面与《红楼梦》极为相似，一方面是对人生缺憾的敏锐意识，另一方面是对人生的执著和依恋，两者是矛盾的，但又同时为张爱玲所谓的"身世之感"——一种非个人的感伤情绪调和着，包容着。《传奇》增订本的目录，置于卷首的是《留情》，这大概是一种巧合，但我们也不妨看做是对《传奇》以至张爱玲大多数作品的情绪基调的某种有益的提示。小说的结尾写道："生在这世上，没有一样感情不是千疮百孔的，然而郭凤与米先生在回家的路上还是相爱着。"意识到人生的不如意，而仍然肯定、依恋、执著于这份人世情。米先生"看着一抹彩虹，对于这世界他的爱不是爱而是痛惜"，这情绪当然不单单属于人物，它也属于作者。事实上这种情绪如同一段重复出现的旋律，贯穿在她的作品中，而在这里我们尤其感到它们与《红楼梦》在言作者对人生的眷恋之情这个"言情"层次上的共振。

　　经由《红楼梦》，张爱玲的小说亦上溯到更为久远的中国古典文学的抒情传统。中国古典诗歌、戏曲历来对人生的缺憾保持着敏锐的意识，中国文人同时亦习于并且善于以一种艺术的方式将这种意识诗意化、审美化，所谓忧患意识，经常构成了文人传统抒情性的底蕴。《红楼梦》的挽歌情调，渗透着这样的忧患意识，所以《红楼梦》不仅继承了白话小说，尤其是《金瓶梅》的写实传统，而且继承了古典诗歌、戏曲的抒情传统。张爱玲对抒情传统的继承，也正是在对于绵绵不绝的忧患意识的审美化的表现上。她特别喜爱《诗经》中"死生契阔，与子相悦；执子之手，与子偕老"的诗句，称其"是一首悲哀的诗，然而它的人生态度又是何等肯定"，反过来说，尽管"肯定"，里面依然沉淀着浓稠的忧患意识。在张爱玲的作品中，我们看到，现代人的存在意识，对时代的恐惧，对现代文明的失望，与这种古老的东方式的忧患意识打成了一片，往往互相生发、渗透，而又以后者涵容笼罩了前者，所以面对着人生的缺憾、时代的重压，我们听到的讯息不是西方现代作家笔下常常见到的惨淡的决裂，而是以审美的、诗意的哀感去应付中和现世的苦难，用张爱玲的话说便是"止于苍凉"。

张爱玲似乎并没有有意识地探索最新潮的现代派的表现方法，也并不刻意追求艺术技巧的尖新。她的天赋、她对传统小说的酷爱以及她在古典文学方面的素养，使她在白话小说传统的叙述模式与西洋现代小说的一般技巧之间取得了巧妙的平衡，从而使她初登文坛便显示出相当稳定、成熟的个人风格。在现代文学史上，主要通过汲取古典文学的滋养来建立自己风格的新文学作家，张爱玲如果不是唯一的一个，也是这方面最自觉最成功的一个。她与旧小说、与古典文学的关系当然不止于技巧的层面，更内在的影响通过它们传达出来的、我们民族特有的审美意识全面渗透到她的创作中去，终而使她得以在《红楼梦》的层次上恢复发扬了古典小说中的"言情"传统。向遗产学习并不意味着复古，我们看到她小说中貌似陈旧的情调中沉淀着怎样浓稠的现代意识，而新旧文字的杂糅，新旧意境的交错，结合中外，融化古今，锻造出一种新颖的小说形式，这正是张爱玲对中国现代小说艺术的独特贡献。张爱玲不仅为现代小说园地提供了《金锁记》、《红玫瑰与白玫瑰》、《阿小悲秋》、《秧歌》等一批精品，而且以自己的艺术实践拓宽了中国现代小说的表现领域，提高、丰富、强化了小说的表现力。即此而论，张爱玲在中国现代文学史上已经确立了自己尊贵的地位。

年表

一九二〇年
出生于上海。

一九三七年
毕业于上海圣玛利亚女校。

一九三九年
考取伦敦大学,因战事的影响,未去成英国,改入香港大学。在《西风》月刊上发表第一篇作品《天才梦》。

一九四二年
因战事影响中断学业,回到上海。

一九四三年
在英文杂志《二十世纪》(The XXth Century)上发表文章及影评。在《紫罗兰》、《万象》、《杂志》、《天地》、《古今》等杂志上发表《金锁记》、《倾城之恋》、《更衣记》等小说、散文。

一九四四年
小说集《传奇》出版。与胡兰成结婚。

一九四五年
散文集《流言》出版。根据《倾城之恋》改编的同名话剧上演。

一九四六年
与胡兰成分手。

一九四七年
所作电影《多少恨》、《太太万岁》拍摄上映。

一九五〇—一九五二年
小说《十八春》、《小艾》先后在《亦报》上连载。

一九五二年
赴香港，供职于香港美国新闻处。

一九五四年
《秧歌》、《赤地之恋》先后在《今日世界》连载，同年出版英文本和中文本。

一九五五年
赴美国。

一九五六年
申请到爱德华·麦克道威尔写作基金会为期两年的写作奖金。与美国作家赖雅相识，结婚。

一九五七年
《"五四"遗事》在台湾《文学杂志》上发表。

一九五八年
申请到南加州亨享屯·哈特福基金会的奖金，住会半年。

一九六一年
为搜集写作材料，自美国飞台湾转香港。从此时到 1965 年，为电懋影业公司创作、改编电影剧本多部。

一九六六年

《怨女》在香港《星岛晚报》连载。

一九六七年

赖雅去世。受雷克德里芙女校邀请,做短期的驻校作家。开始《海上花》英译工作,并着手《红楼梦》的考证研究。《怨女》英文本在伦敦出版。

一九六八年

台湾皇冠杂志社重印张氏作品。

一九七〇年

应邀至柏克莱加州大学中国研究中心任研究员。

一九七三年

迁居洛杉矶。

一九七六年

《张看》出版。

一九七七年

《红楼梦魇》出版。

一九七九年

《色,戒》发表于《中国时报·人间副刊》。

一九八一年

国语本《海上花》出版。

一九八三年

《惘然记》出版。

一九八七年

《余韵》出版。

一九八八年

《续集》出版。

一九九二年

台湾皇冠出版社出版《张爱玲全集》。

一九九五年

于美国洛杉矶辞世。

参考书（篇）目

一 作品

·《传奇》 中短篇小说集,上海,《杂志》出版社,1944年8月15日出版,收入小说10篇,依次为《金锁记》《倾城之恋》《茉莉香片》《沉香屑:第一炉香》、《沉香屑:第二炉香》、《琉璃瓦》、《心经》、《年青的时候》、《花凋》、《封锁》。蓝色封面,书名、著者皆用黑色隶书字;同年9月25日再版,加《再版的话》,附作者像,并换上炎樱设计的封面。(作品不按时间的顺序排列,似乎先是据写法的不同分为两组,自《金锁记》至《沉香屑:第二炉香》为一组,自《琉璃瓦》至《封锁》为一组。排列的顺序可能反映了作者本人对作品的喜欢和判断,大略言之,第一组是越靠前的越好,第二组是越靠后的越好。)

·《传奇》增订本 上海,山河图书公司,1946年11月,增收新作6篇,依次为《留情》、《红鸾禧》、《红玫瑰与白玫瑰》、《等》、《桂花蒸 阿小悲秋》,另有前言《有几句话同读者说》、跋语《中国的日夜》,由炎樱设计封面。《张爱玲短篇小说集》(香港天风出版社,1954年)系此本重印,唯加入一篇序;《张爱玲小说集》(台湾皇冠出版社,1968年),《张爱玲全集》(台湾皇冠文学出版有限公司,1991年8月)中之《回顾展Ⅰ——张爱玲短篇小说集之一》、《回顾展Ⅱ——张爱玲短篇小说集之二》,内容与天风版完全相同。又上海书店1985年将此本影印出版。1986年2月,人民文学出版社出《传奇》重排本,唯编排有异,增订的部分放在后面。

·《流言》 散文集,上海,中国科学公司,1945年1月。收入散文29篇,依次为《童言无忌》、《自己的文章》、《公寓生活记趣》、《夜营的喇叭》、《烬余录》、《到底是上海人》、《道路以目》、《更衣记》、《爱》、《谈女人》、《借银灯》、《走!走到楼上去!》、《银宫就学记》、《洋人看京戏及其它》、《说胡萝卜》、《炎樱语录》、《存稿》、《写什么》、《造人》、《打人》、《诗与胡说》、《有女同车》、《私语》、《忘不了的画》、《雨伞下》、《谈跳舞》、《谈画》、《传奇再版序》、《谈音乐》,此外尚收入照片三幅,自画像一帧并速写多幅,封面系由炎樱设计。(文章的排列并非依发表时间的先后为序,是随意为之抑或另有奥妙,不得而知)

·《十八春》 长篇小说(署名梁京),上海,《亦报》出版社,1951年11月。1986年江苏文艺出版社出此书重排本,将作者名换作张爱玲。

- 《小艾》 中篇小说，江苏文艺出版社，1987年。该小说最初连载于1952年的《亦报》，未出单行本。
- 《秧歌》 长篇小说，香港，1954年；台北，皇冠出版社，1968年。
- 《赤地之恋》 长篇小说，香港，1954年；台北，皇冠文学出版有限公司，1991年。
- 《怨女》 长篇小说，台北，皇冠出版社，1968年。
- 《半生缘》 长篇小说，台北，皇冠出版社，1968年；广州，花城出版社，1987年。（此书由《十八春》删改而成，一度题作《惘然记》。）
- 《张看》 散文小说集，台北，皇冠出版社，1976年。收入《忆胡适之》、《谈看书》、《谈看书后记》，未及收入《流言》的散文旧作《姑姑语录》、《论写作》、《天才梦》，沦陷时期未完成的小说《连环套》、《创世纪》，并有自序一篇。该书封面系作者本人设计。
- 《红楼梦魇》 红学专著，台北，皇冠出版社，1977年。收入《红楼梦》考证文章7篇，并有一序。
- 国语本《海上花》 译注，台北，皇冠出版社，1981年。
- 《惘然记》 台北，皇冠出版社，1983年6月。收入短篇小说《色，戒》、《浮花浪蕊》、《相见欢》；40年代的旧作《殷宝滟送花楼会》（加了尾声）、《多少恨》（加了前言）；50年代的电影剧本《情场如战场》，并有一篇就题作《惘然记》的序。
- 《余韵》 台北，皇冠出版社，1987年5月。所收皆为旧作：未及收入《流言》的散文《散戏》、《中国人的宗教》、《"卷首玉照"及其它》、《双声》、《气短情长及其它》、《我看苏青》；作于1947年的散文《华丽缘》；《小艾》。后两篇有改动。
- 《续集》 台北，皇冠出版社，1988年。收入《关于〈笑声泪痕〉》、《羊毛出在羊身上》、《表姨细姨及其它》、《谈吃与画饼充饥》、《国语本〈海上花〉译后记》等文；60年代的电影剧本《小儿女》和《魂归离恨天》；短篇小说《"五四"遗事》中、英文本。另有一篇自序。
- 《张爱玲散文全编》 浙江文艺出版社，1992年6月。内有张氏中学时代的散文习作《迟暮》、《秋雨》、《读书报告三则》、《〈若馨〉评》、《论卡通画之前途》等篇，为以上书中所无。
- 《张爱玲文集》（四卷本） 安徽文艺出版社，1992年。内中有张氏中学时代的小说习作《牛》、《霸王别姬》；40年代后期的文章《〈太太万岁〉题记》等为上述各书所无。

- 《太太万岁》 电影剧本,写于1947年。1989年5月25日至30日连载于台湾《联合报》。
- 《张爱玲佚文三篇》 刊于《文汇读书周报》,1993年4月3日。包括张沦陷时期发表在报纸上的几篇小文:《写〈倾城之恋〉的老实话》、《罗兰观感》、《被窝》。另陈子善的介绍文章中引录了张给《春秋》主编陈蝶衣的一封信。

二 40年代期刊

- 《西风》 综合性月刊,黄嘉德、黄嘉音主编。
- 《二十世纪》(The XXth Century)综合性英文杂志,克劳斯·梅奈特(Klaus Mehnert)主编,1941年10月—1945年6月。
- 《紫罗兰》 消遣性杂志,周瘦鹃主编,1922年夏创刊,后停刊,1943年5月复刊,月出一期,后改为不定期。
- 《万象》 综合性杂志,原由陈蝶衣主编,鸳蝴派色彩极浓,1943年8月起改由柯灵主编,渐多新文艺色彩。
- 《杂志》 纯文艺杂志,吴江枫主编。该刊上海战事之初已出版,中间停刊,1940年复刊,1945年8月停刊。
- 《古今》 散文半月刊,周黎庵主编,1942年3月—1945年6月。
- 《风雨谈》 文艺月刊,柳雨生主编,创刊于1943年4月。
- 《天地》 散文小说月刊,冯和仪主编,1943年9月—1945年8月。
- 《小天地》 散文小说月刊,周班公主编,1944年8月创刊。
- 《大家》 综合性杂志,唐云旌主编,1947年4月—7月。

三 评介及其他

- 《论张爱玲的小说》 迅雨,《万象》,1944年5月。
- 《评张爱玲》 胡兰成,《杂志》,1944年5月、6月。

- 《评张爱玲的流言》 许季木，《杂志》，1945 年 1 月。
- 《说张爱玲》 柳雨生，《风雨谈》，1944 年 10 月。
- 《谈张爱玲》 汪宏声，《语林》，1944 年 12 月。
- 《苏青与张爱玲》 谭正璧，《风雨谈》，1944 年 11 月。
- 《张爱玲与左派》 胡览乘，《杂志》，1945 年 6 月。
- 《浪子与善女人》 炎樱作，张爱玲译，《杂志》，1945 年 7 月。
- 《女作家座谈会》《杂志》，1944 年 5 月。
- 《〈传奇〉集评茶会》《杂志》，1944 年 9 月。
- 《苏青、张爱玲对谈记》《杂志》，1945 年 3 月。
- 《纳凉会记》《杂志》，1945 年 8 月。
- 《今生今世》 胡兰成，台北，远行出版社；台北，三三书坊出版，远流出版公司发行，1990 年 9 月。
- 《抗战时期沦陷区文学史》 刘心皇，台北，成文出版社有限公司，1980 年 5 月。
- 《奇女子张爱玲》 杨翼编，香港，奔马出版社，1984 年 8 月。
- 《中国人的光辉及其它》 殷允，台北，志文出版社，1971 年。
- 《爱情、社会、小说》 夏志清，台北，纯文学出版社，1970 年。
- 《中国现代小说史》 夏志清，香港，友联出版社有限公司，1979 年。
- 《张爱玲卷》 唐文标编，香港，艺文图书公司，1982 年。
- 《张爱玲资料大全集》 唐文标编，台北，时报文化出版事业有限公司。
- 《张爱玲研究》 唐文标，联经出版有限公司。
- 《张爱玲的小说艺术》 水晶，台北，大地出版社，1973 年；九龙，文化社。Unwel come Muse:Chinese Literature in Shanghai and Peking 1937—1945 年，Edward M.Gunn,Jr New York:Columbia University Press,1980. (《不受欢迎的缪斯：沦陷时期京沪两地的文学（1937—1945）》，耿德华，纽约，哥伦比亚大学出版社，1980 年。)
- 《昨日今日》 林以亮，台北，皇冠出版社，1981 年。
- 《乡土文学讨论集》 尉天编，台北，作者出版公司，1978 年。
- 《张爱玲的世界》 郑树森编，台北，允晨文化实业股份有限公司，1989 年 3 月。
- 《张爱玲语录》 林以亮，《明报月刊》，1976 年 12 月。
- 《读张爱玲的〈张看〉》 项青，《书评书目》，1976 年 10 月。

·《张爱玲传奇》 张葆莘,《文汇月刊》,1981年11月。

·《评张爱玲的短篇小说》 颜纯钧,《文学评论丛刊》,第15辑,1982年11月。

·《开向沪港"洋场社会"的窗口》 赵园,《中国现代文学研究丛刊》,1983年第3期,1983年9月。

·《遥寄张爱玲》 柯灵,《读书》,1985年4月。

·《一支淡淡的哀歌——评张爱玲的〈秧歌〉》 龙应台,《新书月刊》,1985年1月。

·《张爱玲创作中篇小说〈小艾〉的背景》 陈子善,《明报月刊》,1987年1月。

·《〈亦报〉载评张爱玲文章辑录小引》 陈子善,《明报月刊》,1987年4月。

·《〈小艾〉在我心》 萧锦绵,《明报月刊》。

·《〈金锁记〉与〈红楼梦〉》 吕启祥,《中国现代文学研究丛刊》,1987年第1期。

·《〈荻村传〉翻译始末——兼记张爱玲》 陈纪滢,《联合文学》,第3卷,第5期。

·《张爱玲的"失落者"心态及其创作》 宋家宏,《文学评论》,1988年1月。

·《张爱玲的感性世界——析〈流言〉》 余凌,《读书》,1991年7月。

后记一

1984年，应该是读研究生的第二年。几位教师都特别强调研究现代文学应有一种历史感，我们这一年的主要课业便是读旧时的报纸杂志。系资料室有一间专门放解放前书刊的屋子，很少有人坐在里面看书，桌椅书架上落满厚厚的灰尘，受潮发黄的纸张散出轻微的霉味，让这房间有一种类于贮藏室的冷落、萧索的空气，阴天的时候，更有几分张爱玲所谓的"古墓的清凉"。那时心浮气躁，主流作家的作品早就读过了，一些过去被文学史忽略的作家，其作品也都重新出版了，而大多数新文学作品实在幼稚得可以，要想再从中扒拉出几粒珍珠，近乎不可能，所以那些蓬头垢面的旧杂志在我眼中形同断烂朝报——让作品出现在具体的环境、特定的背景下，由读当时的出版物而感知、还原一种真实的历史氛围，这好处是后来才慢慢有体会的。但是在书架上发现了大批沦陷时期的杂志，而且张爱玲发表作品最多的两家刊物《杂志》和《天地》，还是"全须全尾"的，这真让人喜出望外。

　　张爱玲的名字我是读了夏志清先生的《中国现代小说史》以后才知道的。夏氏写此书，引以为荣的一件事便是发现了钱锺书和张爱玲。《围城》80年代初重新出版，在读夏书之前已经看过，兴奋之情，记忆犹新，那时有朋友熟人过往，多要谈起，写信时也常大掉书袋地引证，颇有言必称《围城》的意思。夏书对张爱玲的评价不在钱锺书之下，在书中许给的篇页超过其他任何一位作家，自然激发起我的好奇心，文中引录的几段《传奇》、《流言》中的文字，清新流利，玲珑剔透，更撩逗得人心痒痒急想一睹为快。但在祖国大陆，新版要到一年多以后才出来，旧版则一时找不到，好奇心亦只好由它一直在那里悬着。不意在系资料室的"断烂朝报"中间，这份好奇心算是有了着落。

在灰扑扑的旧书的包围中读张爱玲的没落之家故事，或许是相宜的吧？对于习惯于夜读的人，一大早去那里正襟危坐数小时却大是难事，也真不过瘾。感谢资料室那时不甚健全的规章制度，容得我们把旧杂志带回去看，而且借少借多也可通融，于是我将比砖头还厚几分的《杂志》、《天地》、《万象》的合订本，时常是一次好几本，一摞一摞带回家中，先是找张的作品，后又找到有关的评论、座谈纪要、文坛消息之类，很快一一都看了。

相信很多人都有这样的经验：听别人说某书如何如何好，因为期望值过高，待后来看了，不免意下未足；是自己找来看的，就另是一种情形，如果看了喜欢，因为似乎是亲手掘来的宝物，颇有一份"发现"的自喜，只会加倍地觉得好。我怀疑最初接触张爱玲感到的欣喜，里面就有这样的心理作用——虽然实是得了夏书的介绍指引，与听了周围的人一片叫好再去读，感觉又不一样。后来找到《传奇》初版的复印件，从头到尾读一遍，仍然觉得好，是享受，也有所得：吸引人的不仅是那一手泼得出、收得住的文章，不仅是作者丰盈、鲜灵的艺术直觉，而且是作者对人的处境的"苍凉"的理解，观察人生、体验人生的一种独特的角度和态度。这与习见的新文学作品，与从小受到的正统的理想主义教育相去太远了，而当时虽读了一些西方小说家的作品，颇领略到一些对人生的别样的理解，像加缪、卡夫卡，更深刻，更有震撼力，却终不及张氏作品来得可感、亲切。感兴趣的结果是，我选了张爱玲来作硕士学位论文。

论文的题目叫《论〈传奇〉》，《传奇》之外也"知人论世"地论到张的人生观，她与时代、与新文学的关系，等等。贪多求全，迷恋所谓"专著的规模"，我的论文拖泥带水写了十几万字，几位老师本鼓励为主之旨，给了不错的评语。因为懒，也因为做研究满足于一知半解，改不了喜新厌旧，打一枪换一个地方的毛病，论文通过了答辩之后也就束之高阁，虽然长篇大论，却是一行字也没发表。就这么一直放着，人已是胡乱看其他的书去了，只是偶或听说某人手里有尚未过目的张氏作品，或是关于张的资料，不免还要找来看看——并无别的目的，兴趣而已，而且那个世界已经是熟悉的，可以轻易地走进去。直到去年，有朋友告我海南出版社有意出一本关于张爱玲的书，建议我不妨将那论文改写扩充，写成一部传记，这才翻箱倒柜，将打印的论文寻了出来。

不看倒也罢了。当时虽无多高的自我评价，总觉也还凑合，事隔几年重读一遍，可以不夸张地用得上四个字：惨不忍睹。待一阵大的惶恐过后，稍稍可以自己譬解了，便想那原因，有一部分是见识未到，强作解人；有一部分，往正经里说，则是所谓"时代的局限"。到论文脱稿时，张的小说已出了几种，在祖国大陆的文学史上却还是个可疑的人物，权威的批评标准是现实主义或革命现实主义的，张氏作品却连批判现实主义的标签也贴不上。大部分研究、批评似乎还不足以言学术，或多或少带着"拨乱反正"的性质，要给张爱玲以恰切的评价，至少必须部分地对流行的标准采取质疑的态度，而持疑者本身也带着框框。我辈虽然是后生，自以为百无禁忌，其实条条框框并不就少到哪里。写论文的过程，一面雄赳赳以攻为守地与流行的标准论辩着，一面也是同自己的思维定势挣扎，所以真正"就事论事"的内容没多少，瞄着假想敌的有形无形的防卫式论辩倒有一大堆。时过境迁，论辩的背景已不复存在了，许多地方看起来好似郑重其事、义正辞严地在讲些一加一等于二的道理，自然有几分可笑。

不管如何自找台阶，那论文大部分反正是不能用了，何况那时只论及沦陷时期的创作，距完整的作家论还差了好远。于是另起炉灶，对旧稿大部分做了大大的删改之外，对过去未加讨论的后期作品，包括她的学术研究，都一一做了分析，此外自然也对她的生活经历做了更多的交待。看到旧日课卷的影子一点点消退下去，当然是高兴的，但有些地方还是留着痕迹，尤其是关于《传奇》的部分，要完全推倒重来，工作量太大，零打碎敲地改，于事无补，交稿日近，只好很不舒服地用上了。回头看看，重写、新写的部分固然谈不上成熟，利用旧稿的部分倒像未熟的果子上又烂了一个洞。

我遵命勉力将书写成一部传记。一面写着，一面感到心虚，怀疑所写的东西是否称得上"传"。传记的第一要义或者就是对有关传主生平详细材料的充分占有，在这方面虽然下了一些功夫，但是也像所有对张爱玲感兴趣的人一样，不得不面对材料匮乏的困窘，因为张爱玲对个人生活素少谈论，晚年更不欲引起公众的注意,牢守"私家重地,请勿践踏"的态度；另一方面，她性情孤僻，不大与人交往，关于她的生活和写作，知情人极少，就是这为数不多的知情人，有些也已经谢世了，有的又因种种原因，有不欲言、不愿言者。这是无法可想的事，除了尽可能地利用现有的材料，细心从她本人的散文里寻找蛛丝马迹，也只有加重分析讨论以为补救了。既然相对而言评论的成分较重，也就想到，或许称做"评传"是更相宜的，可是"传"与"评传"的界限在哪里，也就难说。说到底，本书不过是看张——张看张爱玲——的一种结果，只是叫做"看张"又有些不伦不类，亦且意思不明，不得已，权且冒称做《张爱玲传》。

然而书中坚持的一点，相信是符合传记求真的宗旨的：决不把传记当做传奇来做——虽然张爱玲是个不乏传奇色彩的人物。对于传主生平的交待叙述，皆是将史料凑拢比照而来，并无穿凿附会、"假语村言"之处。当然，有时于材料的弃取间也含着猜测，有时也要进入人物的内心，不免有对其心理的忖度推断，但是其一，"大胆假设"之外尚不忘"小心求证"；其二，何者为确有其事的事实，何者出于作者的猜测，界限清楚，读者当无混淆之虞。

还须交待的只有一事了：书中的引文，原本打算统统注明出处的，因担心注太多，穿靴戴帽过于正经，写到一半就将引自张爱玲作品中的部分舍去不注了，只有讨论《红楼梦魇》和《海上花》的部分，想来看的人少，多少加了一些。现在想来，实在有失严谨，要回过头来一一加上，又花时太多，等不及了。唯一可以自宽自解的是，对此书有兴趣的什九是张迷或准张迷，对于张爱玲的作品应该是很熟悉的吧？

作者

1993 年 8 月于南京大学南园

后记二

对于读书人，读书、买书恐怕是人生几大快事——当然，还应该加上出书。《张爱玲传》是我的第一部书，自有更多的理由感到兴奋。无奈不如意事常八九，1993年至今，该书出过几个本子，均不如意。祖国大陆封面设计换了三次，端的是一蟹不如一蟹。最奇的是第三版，是张爱玲去世后不久，出版社赶着印出的，正文前莫名其妙冒出极醒目的题词："献给所有热爱中国新文学的人们。"我是希望热爱新文学的人能够接受这本书的，但这样"庄严"的题词却让我莫名惊诧，也不知是何人代庖。1997年，该书在台湾晨星出版社出版，因有前车之鉴，事先多次与出版方交涉，希望书出得较有品位，出版社方面一诺无辞，且对有关书的质量的各个方面大打包票，害得我在附记里便将感激之词预支过去。不想样书拿到手，落下的却是加倍的失望。别的不说，封面就让人难以容忍：背景是都市，大约是上海吧，却又不像；背景上浮现出一人像，在这样一部传记中，你当然认定那应是张爱玲，却又不是——真不知从哪儿来的"创意"，叫人哭笑不得。

当然，对此书的不满还不止这些。上面说的是对别人，关乎书的"形式"，还有些不满则是对自己的，关乎书的"内容"。这方面的种种遗憾，"后记一"中已有交待，只是张爱玲去世后，有不少新的传记材料出现，而近年来张爱玲研究又有不少新的成果，书中难如人意之处也就越发凸显出来。此番广西师范大学出版社有意重出此书，当然是做全面修订的一次好机会，然时过境迁，很难打点起全副精神，好在我对张爱玲其人其书以及张与新文学史之间关系的理解和判断大体未变，似乎也还不算很过时，所以这里大体上还是维持了原先的格局。

虽然如此，对书中最单薄的部分，我仍勉力做了一些调整和增补。

这主要是写张赴美后的部分章节，限于资料的匮乏，这一部分原先几乎是以对张作品的分析代替了生平的叙述交待。此外附录中增加了《事迹与心迹》、《胡兰成其人其文》、《海峡两岸的"看张"》三篇文章。第一篇实际上是就司马新《张爱玲在美国——晚年与婚姻》一书写的读书随笔，涉及对张在美生活的一些判断。司马新书及夏志清《张爱玲给我的信》（连载于台湾《联合文学》）、林式同《有缘识得张爱玲》（见台湾皇冠版《华丽与苍凉——张爱玲纪念文集》）均为有关张在美生活的第一手材料，本书修改增补的部分基本上是据此写成。因手边无书，一时查不到出版或发表年月，故未将其列入参考书目，这里顺便说明。第二篇讨论对象是胡兰成的散文，与张似无直接关系，然胡、张二人关系非同一般，胡对张的理解别具慧眼，且文中亦涉及"张腔"与"胡体"的比较，与正文讨论二人关系的部分正可相互印证；再者大陆似尚未见有人从文学史角度对胡的散文作学术性的探讨，而依我之见，胡兰成在中国现代散文史上应算是一家，虽说很"另类"。借"张爱玲热"引起对胡散文的兴趣，不为无益。故将该文也收在这里。

第三篇是对张去世后海峡两岸种种反应的综述，也约略触及到"张爱玲现象"的问题。关于"张爱玲现象"，还有不少话可说，实在可以另写一篇大文章。张爱玲如今在大陆引起的关注，已非昔日可比，在各种现代文学史教科书中，张纵然称不上"位列仙班"，也总有了稳固的地位，现代文学研究中的"张爱玲热"更有愈演愈烈之势，说张爱玲研究已成"显学"恐怕并不过分。至于在各种媒体上，在读者群中，谈论张爱玲则可以是一种时尚。作为曾经吃过张爱玲这碗饭的人，我自然应该感到高兴。然而任何事物，一旦成为时尚，就不免令人生疑。我在修订本书时，最想做的其实倒是与"树碑立传"不相干的事，即是澄清由"张爱玲热"而来的"疑"。只因太费时费力，一时写不出来，只好将《海峡两岸的"看张"》收在这里，暂且将就。

作者

2001年8月4日于南京西大影壁

《张爱玲传》新版附记

《张爱玲传》1993年出版至今,已有十几个年头,现在仍有重出的机会,自己也觉得意外。看到昔日所写以不同的面目出现,是很有意思的经验,虽说除广西师大版之外,未必让人愉快。一出再出,自然是沾了传主的光,——此书出版后,还出版、发表过一些其他文字,有一些自以为较此书更成熟些,就再没有这样的好事。

　　时至今日,"张爱玲热"不能说是愈演愈烈,未见消歇却是肯定的,而且一有机缘,还要波澜再起,比如旧作的"出土",少不得有一番热闹;遇有某部小说搬上银幕或荧屏,更要引发对张爱玲新一轮的大规模"围观"。"围观"并非消费时代特有的现象,却的确是于今为烈,因有媒体的推波助澜,现今的"围观"更是有声有色。"围观"既已成为时代一大特色,学术研究有时亦不能幸免,有"张爱玲热"在前,张爱玲较别的作家的研究更容易演成"围观"的局面,是则于大众的围观之外,还应更立一名,叫"学术围观"。这里面踩在学术与非学术边界的传记又是大宗,因为已成文化符号的张爱玲,其人比其文更能引发"围观"的兴趣,传记一方面可满足大众的窥探隐私的欲望,另一方面其中显现(有时更是加以抒情性渲染)的张爱玲式人生姿态也很容易变成消费时代另类的"心灵鸡汤"。我不知道我的研究是否也在给"围观"提供材料,唯以本意而言,我想做的,实在是为张爱玲"祛魅"。

　　神化或妖魔化都是"魅",原以为所谓"妖魔化"的情形对张爱玲而言是不存在的,然而事情往往有出于意料者:两年前华东师范大学中国现代文学资料中心曾筹备开一张爱玲国际学术研讨会,本人受邀参加,及会期将至,仍未得正式通知,发邮件询问,方知会议已然取消。原因呢？据说有人上书有关部门，称纪念抗战胜利六十周年之际，为张爱玲这样一个有汉奸之嫌的人开研讨会，立场大有问题。这才意识到，张的"历史问题"仍然是个问题。说"仍然"盖因更早的时候曾因类似的原因遇到一桩咄咄怪事。事缘有家刊物于张去世后向我约稿，希望对海峡两岸的反应做一评述。结果写了收在本书附录二里的《海峡两岸的"看张"》一文。稿子交出一段时间后，约稿的朋友找上门来，面有难色，原来管杂志的上司读了之后大为不满，认为文中对张的政治立场未旗帜鲜明地予以批判。稿子是约来的，怎么办呢？他有高招，是挥如椽大笔，在我的文章后面加了一段，大意是点出张的历史问题，包括汉奸嫌疑等等，并要读者警惕张爱玲研究中的不正之风。让人哭笑不得的还不是他的观点——如果也算观点的话——，而是独出心裁的处理方式：那段话成为文章的一部分，算到我的账上。这等于是让我自己掌自己的嘴。不敢说"岂有此理"，但确乎是莫名其妙。只好表示，文章不发表可以，同时登批判文章也听便，鸡与黄鼠狼同笼的把戏不玩。最后是出了个"两全其美"的主意：将添加的一段作为编者按，如此本人可以文责自负，他那边舆论导向也有了。

但这是把话扯远了。为张爱玲祛魅，当然主要指的是张爱玲神话的拆解，据我想来，这里的关键词是"还原"和"理解"，"还原"是途径，"理解"是目标，二者不可分，还原到具体的背景或语境中去，理解才成为可能，而一旦心知其意，获得了一份理解，神话也即不复为神话。张爱玲在《惘然记》一文中说文艺的功用之一是"让我们能接近否则无法接近的人"，张也许并非不通过文艺就"无法接近的人"（所在皆是的"围观"态度才让她变得似乎不可接近），而传记是不是该划入文学虽未有定论，我的《张爱玲传》不是文学则是肯定的，但目标倒也有重合之处——就是"接近"。

这十几年间，张爱玲研究已成显学，且已有了"张学"之说，我虽偶尔还写点有关张爱玲的文章，却再没有认真下过功夫，除了时过境迁，兴趣转移之外，主要原因还在于对传主的理解，还是原地踏步。

这本新版《张爱玲传》并未对旧作重新修订，除新收入《对照记》、《张爱玲的自画像》两篇小文之外，与广西师大版并无不同，这是应该老实告诉读者的。

作者

2007 年 4 月 18 日

人文版附记

千禧年一过，媒体上提到过去的某个年代时，开始频频加上"上世纪"的前缀，比如原说"六十年代"，现在就要说成"上世纪六十年代"，——"跨世纪"的一个结果是，似乎去今不远的年代无端地有了某种沧桑感。迈入二十一世纪门槛的，当然都算跨世纪的人，只是都觉这一步跨得大了些，有点虚飘，有几分一脚踏空的意思。

语言这东西当真很魔幻，"跨世纪"可以跨出一派豪情，同样形容世纪之交，"世纪末"三字就透出萧肃颓丧之意。张爱玲没能跨世纪，即使多活几个年头，想必她也还是逗留在旧时的月色中，——她的"世纪末"从上世纪四十年代已然揭幕。论者说张，"世纪末"频现笔端，倒似张爱玲是世纪末的一位代言人，果真如此，"张爱玲热"在新世纪仍维持着，未尝不可看作某种暗示。

"千禧"云云，乃是人造的概念，倘概念可造成心理暗示，那也是虚的，时间嘀嘀嗒嗒往前走，则没有半点虚假，怪的是本书责编胡文骏先生说起这书初版迄今恰好二十年，我居然吃惊不小，仿佛不大真实。教科书上的历史时间惯以重大事件来标示："八年抗战"、"文革十年"、"新时期十年"……听上去都很漫长，二十年是什么概念？居然无声无息就过去，而当年直似昨日。

二十年前，中国现代文学的研究中尚能见到所谓"作家论"的余绪，再往前推，我读研究生的八十年代，"作家论"则更是相当之主流。记得读硕士时去参加上一届的答辩，四位学兄，似乎都是十几万字的长篇大论，清一色是这路数。"作家论"不单是指针对某一作家的个案研究，也意味着一定的程式和格局，与今相比，其特征大约是它的"就事论事"，且没有特定的理论背景。《张爱玲传》的底子就是"作家论"，

这也是后来可以演为传记的一个原因。时过境迁,"作家论"早成隔日黄花,所谓"学问"者,也早已在被重新定义,若我的学生还如此这般地做论文,我自己就期期以为不可了,虽然当作一本书来写,还当另说。

我对拙书的不满非止一端,倒不单是套路的老旧:对张其人其书的论析尚有未到之处之外,最大的遗憾是材料不够。胡适曾不无夸张地说,"找到一条新材料,不亚于发现一颗行星"(大意),傅斯年认定做研究的人,首要的功夫在于"上穷碧落下黄泉,动手动脚找材料",——当然不适于所有类型的研究,然对于传记而言,材料确乎性命攸关,有时一条新发现的材料,可让煞有介事的皇皇大论统统报废。因是"作家论"的底子,所重在"论"不在"述",讲述张爱玲其人以讨论其作品为目标,在材料上虽下过功夫却终难逃"无米之炊"的窘境,当初是当作评传来写的,以"传"的标准,自多语焉未详之处,近年来张的遗作挤牙膏般一点一点露面,生平材料亦陆续有零星的发掘,《张爱玲传》即使作为评传也显得难惬人意了。

二十年间有过多次机会对本书做全面修订,也不是没有动过念,但均未果。一则虽是从"作家论"开的笔,却一直觊觎更大的领域,更自由的书写,即以个案研究而论,也不想在一棵树上吊死。孰料觊觎只是觊觎,离开了张爱玲这一亩三分地,也没走到哪去,算来相较而言专门化一点的,还是只有这本书,以致成为笑柄。二则虽然这些年"张学"里有点什么动静也还知道,张的遗作面世,也还跟着看,甚至隔三岔五,还会命题之下写上篇把文章,然而或多借题发挥,或仅残丛小语,与"扎硬寨,打硬仗"的研究之间,尚有距离。我是喜欢做学问也有几分"业余"性质的,但那只该是一种从容不迫的状态,不应在研究深度、广度上当真就业余起来,玩票与下海毕竟是两回事。因为"业余",没再下过硬功夫,久而久之,便心中没底,待要想做全面的修订,不免未战先怯,稍一犹豫,即做罢论。是故我只是在广西师大那一版根据当时的新材料做了一些增补,南京大学出版社的那一版则附录了相关的单篇文章。

这次的新版正文部分也还是原封未动,附录部分原打算将此前未收的文章尽行收入,后考虑书已经相当之厚,再膨胀起来,越发像"高头讲章"了,且文章多出以随笔的调子,长长短短放在里面,显得体例驳杂,数量既多至有几万字之谱,也有尾大不掉之感,不如待日后另为一编。故尔最后选择了做减法,即除首版原有的附录《现代文学史上的张爱玲》之外,其余文字尽皆移去。就一本书而言,这样处理似乎反倒干净。

　　至于正文部分的一仍其旧,我给自己找到的理由是,照这几年的情形,不论就张的遗作,还是其生平的点滴材料而言,似乎还可以"有所待",而以我对本书的不满,一旦从头修订,势必大动干戈,不如等"尘埃落定"之后,再来毕其功于一役,打点起十二分精神做一次彻底的修订。

　　在这样一篇附记中许愿,好像不是地方,许了的愿亦未必可期,只能说,有一个愿景,总是好的。

作者

2013年1月于南京黄瓜园